高等院校电子商务专业系列教材

跨境电子商务运营与管理

（第二版）

主 编 黎新伍 叶晗堃

南京大学出版社

前　言

随着互联网的快速发展和贸易全球化的全面推进，互联网成为了影响企业营销发展的一股新力量。互联网正迅速渗入社会政治、经济及文化的各个方面，对人类的传统观念和生活方式带来了巨大的冲击，并将引起社会和人们生活方式的重大变革。在此环境下，我国外经贸企业如何与国际电子商务接轨，把握电子商务带来的新机遇，已经成为我外经贸企业迫在眉睫的问题。而与此同时我国外贸企业电子商务也正在积极发展中。据统计，目前 4.5% 的出口企业已广泛开展跨境电子商务，有 31.2% 的企业初步开始跨境电商，28.7% 的企业已着手开展，12% 的企业已有考虑，只有 23.6% 的企业还没有考虑。跨境电子商务的应用远远领先于其他领域，出口企业在与国际接轨方面一直走在前列，出现了许多巨资投入跨境电商网站的情形，如中国国际电子商务网、亚洲资源、中国出口商品网、阿里巴巴、中贸网、中企网等等。2020 年 4 月 7 日，国务院宣布新设 46 个跨境电商综合试验区，加上之前已经批准的 59 个，全国将有 105 个综试区，覆盖了 30 个省、自治区、市，形成了陆海内外联动、东西双向互济的发展格局，这彰显了我国政府对发展跨境电子商务的高度重视。

由于跨境电子商务涉及国际贸易、国际金融、国际市场营销、国际物流、客户关系管理、企业经营管理等多方面知识，再加上在国内这是一个全新的教学领域，面对跨境电子商务快速发展并不断变化的实际情况下，因此在本教材的结构体例设计、内容选取、概念定义等方面都有极大的写作难度。

本教材在撰写过程中，不断地试图列举出与跨境电子商务经营管理相关的各种知识点和应用技能，同时考虑到跨境电子商务应用的具体实践与市场技能需求，本文以出口电商为主，兼顾国内跨境买家，将写作重点聚焦于跨境电子商务物流和供应链管理、跨境网络营销、跨境客户沟通与服务、主要跨境电子商务市场分析、跨境电子商务服务与监管、跨境电子商务的实务操作等。本书在第一版的基础上进行了章节顺序上的小幅度调整，具体内容如下：

第一章介绍了电子商务和跨境电子商务的基本概念、类型、特征等知识，分析了电子商务对国际贸易的影响等；

第二章介绍了电子商务（本文为跨境电子商务）实际应用中可能用到的电子数据交换（EDI）和网络知识进行了应用性介绍；

第三章对我国跨境电子商务的主要出口市场进行了分析，主要包括美国、英国、俄罗斯和其他新兴市场等；

第四章分析介绍了传统网络营销和跨境网络营销技术，并以综合案例的形式分析了跨境网络营销的具体应用；

第五章分析了跨境电子商务的客户沟通技能，主要内容包括跨境电子商务客户心理分析、跨境电子商务客户沟通通用模板、跨境电子商务沟通实用英语、跨文化沟通禁忌等；

第六章分析了跨境电子商务物流知识点与概念，内容包括不同的国际物流模式与选择、跨境电商物流技术，最后以综合案例的形式分析了跨境电子商务物流知识点的应用；

第七章分析了跨境电子商务采购、供应链与跨境电子商务供应链管理的概念、特征等，最后以综合案例的形式分析了跨境电子商务供应链管理的应用；

第八章介绍了跨境电商的主要支付方式与当前常见的金融服务；

第九章对跨境电子商务监管法律规则、跨境通关、税收征管、网上纠纷与解决、消费者权益与保护、风险与防范等进行了详尽地分析；

第十章为跨境电子商务实务操作，对跨境电子商务企业注册、产品发布与优化、跨境电子支付、国际物流与选择的实际操作进行了案例式介绍和讲解。

关于以上章节顺序的调整，其原因主要为：第三章、第四章和第五章主要从企业对终端消费者的营销和销售为核心展开，第六章和第七章主要从企业内部以及企业与企业间商务活动的开展为核心展开，第八章第九章主要从跨境电商的支付服务，跨境电商的风险与监管等角度来加以介绍与分析，以尽可能实现知识体系的全面与完整。

面对跨境电子商务全方位、复合型的知识体系要求，跨境电子商务业务发展太快、太新，尽管编者已经极尽努力，仍未能全面地把握和描述与跨境电子商务经营管理相关的知识点和应用技能。比如考虑到跨境报关的高度专业性和复杂性，需要有专门教材予以精确讲解，虽然该版本在原来的基础上对跨境报关的知识点有所补充（补充在第九章），但仍略有不足。

本教材可以作为大学本科的国际经济与贸易、国际商务、电子商务、国际市场营销、物流管理、商务英语等专业的教材使用，也可以作为从事跨境电子商务实务工作者的参考资料。

本书在编写过程中得到了江西财经大学李果博士、徐书彬、增添、殷春锦、罗煌、张锦林硕士等的大力协助，他们为此书提供了大量的资料，付出了艰辛的努力，在此表示衷心感谢！此外本书在编写过程中也参考了大量网络资料与相关著作，在此对相关资料和著作的作者们表示崇高地敬意和深深地感谢！

由于编著者水平有限、经验不足、时间仓促等因素，本教材难免存在疏漏与不足之处，敬请广大读者提出宝贵意见和建议！

编　者
2021 年 6 月

目　录

第一章　跨境电子商务概述 ……………………………………………………… 1
1.1　电子商务基本知识 ………………………………………………… 1
1.2　电子商务与国际贸易 ……………………………………………… 4
1.3　跨境电子商务基本知识 …………………………………………… 7
1.4　跨境电子商务的交易现状 ………………………………………… 9
1.5　跨境电商平台 …………………………………………………… 11

第二章　跨境电子商务市场分析 ………………………………………………… 15
2.1　跨境电子商务市场概述 …………………………………………… 15
2.2　美国市场分析 …………………………………………………… 21
2.3　英国市场分析 …………………………………………………… 26
2.4　俄罗斯市场分析 ………………………………………………… 30
2.5　新兴市场分析 …………………………………………………… 36

第三章　网络营销及其跨境应用 ………………………………………………… 45
3.1　市场营销基础知识 ……………………………………………… 45
3.2　网络营销 ………………………………………………………… 52
3.3　网络店铺优化 …………………………………………………… 68
3.4　产品优化 ………………………………………………………… 73
3.5　搜索引擎优化 …………………………………………………… 82
3.6　论坛营销 ………………………………………………………… 91
3.7　付费广告 ………………………………………………………… 96
3.8　跨境电子商务营销案例分析 …………………………………… 101

第四章　跨境电子商务客户沟通与服务 ……………………………………… 107
4.1　跨境电子商务客户心理分析 …………………………………… 107
4.2　跨境电子商务沟通阶段分析 …………………………………… 111
4.3　跨境电子商务在线沟通技巧 …………………………………… 115
4.4　跨境电子商务沟通实用英语 …………………………………… 119
4.5　跨文化沟通禁忌 ………………………………………………… 136

第五章　跨境电子商务物流管理 ……………………………………………… 143
5.1　跨境电子商务物流概述 ………………………………………… 143

5.2 跨境电子商务物流分类 ·················· 145
5.3 跨境电子商务物流方式选择 ················ 153
5.4 跨境电子商务物流运费计算 ················ 155
5.5 主要发货国家注意事项 ··················· 157
5.6 跨境电子商务物流解决案例 ················ 158

第六章 跨境电子商务供应链管理 ············· 162
6.1 跨境电子商务供应链概述 ················· 162
6.2 跨境电子商务供应链管理 ················· 163
6.3 跨境电商采购 ······················· 164
6.4 跨境电子商务供应链解决案例 ··············· 165

第七章 跨境电子商务支付 ················ 168
7.1 跨境电商支付管理 ···················· 168
7.2 跨境电商支付渠道与工具 ················· 169
7.3 跨境移动支付 ······················ 178
7.4 跨境支付风险及其控制 ·················· 178
7.5 跨境电商支付发展前景 ·················· 180
7.6 案例分析 ························ 181

第八章 跨境电子商务风险与监管 ············· 183
8.1 跨境电子商务法律规则概述 ················ 183
8.2 跨境电子商务海关监管制度 ················ 187
8.3 跨境电子商务税收征管 ·················· 192
8.4 跨境电子商务网上纠纷与解决机制 ············· 197
8.5 跨境电子商务的消费者权益与保护 ············· 204
8.6 跨境电子商务的风险 ··················· 207
8.7 跨境电子商务风险防范 ·················· 224
8.8 案例分析——亚马逊店铺被封系列:侵犯知识产权 ······ 240

第九章 跨境电子商务操作实务 ·············· 242
9.1 网店注册操作 ······················ 242
9.2 产品发布与优化 ····················· 247
9.3 跨境电子商务支付 ···················· 260
9.4 国际物流操作实务 ···················· 263

参考文献 ··························· 270

第一章 跨境电子商务概述

1.1 电子商务基本知识

跨境电子商务是电子商务的一个分支,但是却比电子商务更加繁复,它集合了电子商务和国际贸易的相关理论和知识,需要掌握包括电子商务、外语以及国际贸易等在内的相关知识。因此掌握电子商务相关的内容是学习跨境电商的前期准备之一。

1.1.1 电子商务基本概念

电子商务是利用微电脑技术和网络通信技术进行的商务活动。各国政府、学者、企业界人士根据自己所处的地位和对电子商务参与的角度和程度的不同,给出了许多不同的定义。但是,电子商务不等同于商务电子化。

电子商务即使在各国或不同的领域有不同的定义,但其关键依然是依靠着电子设备和网络技术进行的商业模式,随着电子商务的高速发展,它已不仅仅包括其购物的主要内涵,还应包括了物流配送等附带服务。电子商务包括电子货币交换、供应链管理、电子交易市场、网络营销、在线事务处理、电子数据交换(EDI)、存货管理和自动数据收集系统。在此过程中,利用到的信息技术包括:互联网、外联网、电子邮件、数据库、电子目录和移动电话。

首先将电子商务划分为广义和狭义的电子商务。广义的电子商务(Electronic Business,简称 EB)定义为,使用各种电子工具从事商务活动。通过使用互联网等电子工具,使公司内部、供应商、客户和合作伙伴之间,利用电子业务共享信息,实现企业间业务流程的电子化,配合企业内部的电子化生产管理系统,提高企业的生产、库存、流通和资金等各个环节的效率;狭义电子商务(Electronic Commerce,简称 EC)定义为,主要利用 Internet 从事商务或活动,以计算机网络为基础所进行的各种商务活动,包括商品和服务的提供者、广告商、消费者、中介商等有关各方行为的总和。人们一般理解的电子商务是指狭义上的电子商务。E-Commerce 集中于电子交易,强调企业与外部的交易与合作,而 E-Business 则把涵盖范围扩大了很多。联合国国际贸易程序简化工作组对电子商务的定义是:采用电子形式开展商务活动,它包括在供应商、客户、政府及其他参与方之间通过任何电子工具。如 EDI、Web 技术、电子邮件等共享非结构化商务信息,并管理和完成在商务活动、管理活动和消费活动中的各种交易。

1.1.2 电子商务的系统构成

电子商务系统由企业内部网络系统(Intranet)、企业管理信息系统和电子商务站点构成。其中,企业内部网络系统(Intranet)是指企业内部的局域网(如 Windows,Novell 网);企业管理信息系统最基础的部分是 DBMS(数据库管理系统),它负责收集、整理和存储与企业经营相关的一切数据资料。如图 1-1 所示。

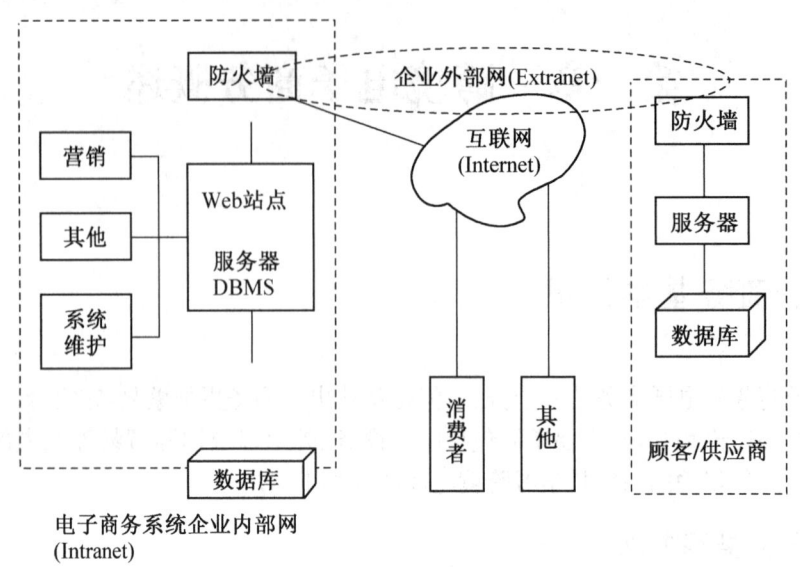

图 1-1　电子商务的系统组成结构图

1.1.3　电子商务的流通要素

电子商务系统的流通要素包括信息流、商流、货币流和物流。如图 1-2 所示。

信息流包括商品信息、贸易单证、与支付相关的认证等；商流是指商品所有权转移的运动过程，具体指商品交易的一系列活动；货币流指货币的转移过程，包括付款、转账等；物流指物质实体（商品或服务）的流动过程。

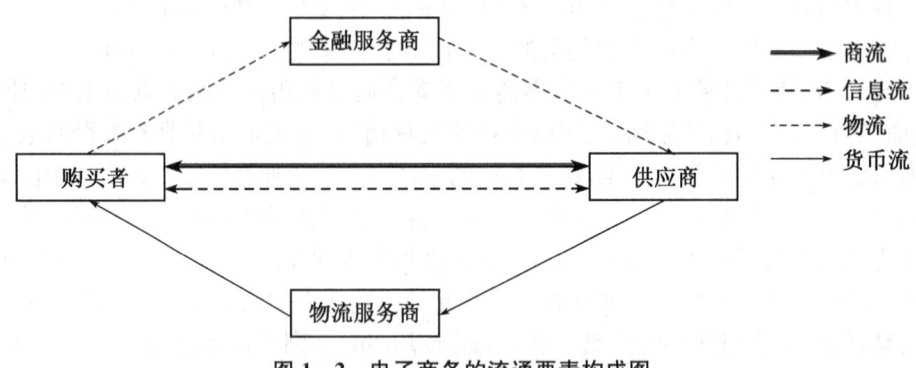

图 1-2　电子商务的流通要素构成图

1.1.4　电子商务的关联对象

电子商务的形成与交易离不开以下四方面的关系：

（1）交易平台

第三方电子商务平台（以下简称第三方交易平台）是指在电子商务活动中为交易双方或多方提供交易撮合及相关服务的信息网络系统总和。

（2）平台经营者

第三方交易平台经营者（以下简称平台经营者）是指在工商行政管理部门登记注册并领取营业执照，从事第三方交易平台运营并为交易双方提供服务的自然人、法人和其他组织。

（3）站内经营者

第三方交易平台站内经营者（以下简称站内经营者）是指在电子商务交易平台上从事交易及有关服务活动的自然人、法人和其他组织。

（4）支付系统

支付系统（Payment System）是由提供支付清算服务的中介机构和实现支付指令传送及资金清算的专业技术手段共同组成，用以实现债权债务清偿及资金转移的一种金融安排，有时也称为清算系统（Clear System）。

1.1.5　电子商务的主要类型

按照商业活动的运行方式，电子商务可以分为完全电子商务和非完全电子商务；

按照商务活动的内容，电子商务主要包括间接电子商务（有形货物的电子订货和付款，仍然需要利用传统渠道如邮政服务和商业快递车送货），和直接电子商务（无形货物和服务，如某些计算机软件、娱乐产品的联机订购、付款和交付，或者是全球规模的信息服务）；

按照开展电子交易的范围，电子商务可以分为区域化电子商务、远程国内电子商务、全球电子商务；

按照使用网络的类型，电子商务可以分为基于专门增值网络（EDI）的电子商务、基于互联网的电子商务、基于 Intranet 的电子商务；

按照交易对象，电子商务可以分为企业对企业的电子商务（B2B），企业对消费者的电子商务（B2C），企业对政府的电子商务（B2G），消费者对政府的电子商务（C2G），消费者对消费者的电子商务（C2C），O2O 模式，企业、消费者、代理商三者相互转化的电子商务（ABC），以消费者为中心的全新商业模式（C2B2S），以供需方为目标的新型电子商务（P2D）等。

（1）B2B 模式

B2B＝Business to Business，商家（泛指企业）对商家的电子商务，即企业与企业之间通过互联网进行产品、服务及信息的交换。通俗的说法是指进行电子商务交易的供需双方都是商家（或企业、公司），他们使用 Internet 的技术或各种商务网络平台（如拓商网），完成商务交易的过程。这些过程包括：发布供求信息，订货及确认订货，支付过程，票据的签发、传送和接收，确定配送方案并监控配送过程等。

（2）B2C 模式

B2C＝Business to Customer，B-C 电子商务模式包括无形产品和劳务、实物商品两类。无形产品和劳务的电子商务模式（B-C）主要有网上订阅模式、付费浏览模式、广告支付模式和网上赠予模式等四种。其中网上订阅模式又具体表现为以下几种：在线服务，在线出版，在线娱乐。

实物商品的电子商务模式主要是在线商店（虚拟商店），目前有两种形式，一种是在网上设立独立的虚拟店铺；一种是参与并成为网上在线购物中心的一部分。B2C 模式是中国最早产生的电子商务模式，如今的 B2C 电子商务网站非常的多，比较大型的有天猫商城、京东商城、一号店、亚马逊、苏宁易购、国美在线等。

(3) C2C 模式

C2C=Consumer to Consumer,C2C 同 B2B、B2C 一样,都是电子商务的几种模式之一。不同的是 C2C 是用户对用户的模式,C2C 商务平台就是通过为买卖双方提供一个在线交易平台,使卖方可以主动提供商品上网拍卖,而买方可以自行选择商品进行竞价。

(4) B2G 和 C2G 模式

B2G=Business to Government,B2G 模式是企业与政府管理部门之间的电子商务,如政府采购,海关报税的平台,国税局和地税局报税的平台等。类似地,C2G 就是消费者与政府管理部门之间的电子商务,比如居民登陆个人所得税 APP 办理申报退税等服务。

(5) ABC 模式

ABC=Agent、Business、Consumer,ABC 模式是新型电子商务模式的一种,被誉为继阿里巴巴 B2B 模式、京东商城 B2C 模式以及淘宝 C2C 模式之后电子商务界的第四大模式。它由代理商、商家和消费者共同搭建的集生产、经营、消费为一体的电子商务平台。三者之间可以转化。大家相互服务,相互支持,你中有我,我中有你,真正形成一个利益共同体。

(6) O2O 模式

O2O=Online to Offline,O2O 是新兴起的一种电子商务新商业模式,即将线下商务的机会与互联网结合在了一起,让互联网成为线下交易的前台。这样线下服务就可以用线上来揽客,消费者可以用线上来筛选服务,还有成交可以在线结算,很快达到规模。该模式最重要的特点是:推广效果可查,每笔交易可跟踪。如美乐乐的 O2O 模式为例,其通过搜索引擎和社交平台建立海量网站入口,将在网络的一批家居网购消费者吸引到美乐乐家居网,进而引流到当地的美乐乐体验馆。线下体验馆则承担产品展示与体验以及部分的售后服务功能。

(7) C2B2S 模式

C2B2S=Customer to Business-Share,C2B2S 模式是 C2B 模式的进一步延升,该模式很好地解决了 C2B 模式中客户发布需求产品初期无法聚集庞大的客户群体而致使与邀约的商家交易失败。全国首家采用该模式的平台:晴天乐客。

(8) P2D 模式

P2D=Provide to Demand,P2D 是一种全新的、涵盖范围更广泛的电子商务模式,强调的是供应方和需求方的多重身份,即在特定的电子商务平台中,每个参与个体的供应面和需求面都能得到充分满足,充分体现特定环境下的供给端报酬递增和需求端报酬递增。

1.2 电子商务与国际贸易

1.2.1 传统国际贸易与跨境电子商务交易流程比较与分析

传统的国际贸易交易流程(以出口为例)如图 1-3 所示。

电子商务环境下国家贸易的交易流程如图 1-4 所示。

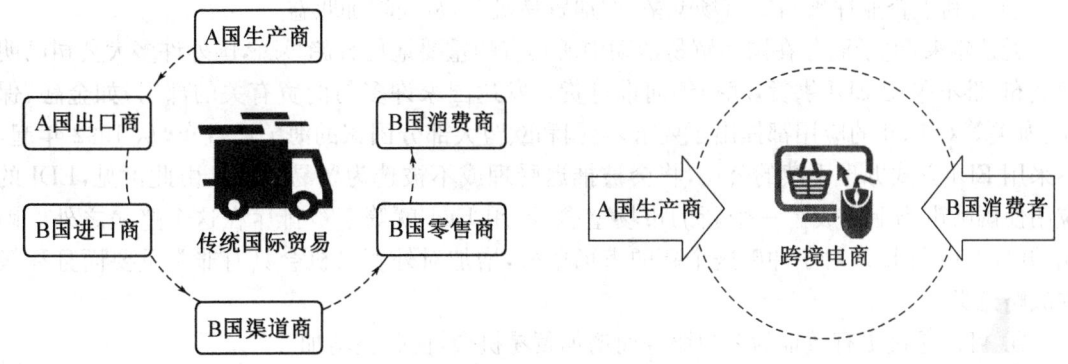

图 1-3 传统的出口国际贸易的交易流程　　图 1-4 电子商务环境下国际贸易的交易流程

跨境电商通过先进的互联网技术将传统的国际商业活动更加便利的完成,在交易流程上减少了交易的中间环节,让商业利益更大化。

1.2.2 电子商务对国际贸易的深刻影响

电子商务对国际贸易的影响极其深远,对此的学习与研究有着重要的现实意义。

(1) 电子商务对国际贸易收益的影响及分析

总体而言,电子商务使国际贸易的收益增加。

① 外贸企业采用电子商务后成本降低,收益增加

由上文所述,可以看出,在国际贸易中应用电子商务能显著的降低交易成本。因为商品的总成本等于商品的生产成本和双方的交易成本之和,所以假设商品的生产成本不变,则总成本下降。成本下降,则价格下降,商品更有竞争优势,因而使收益增加。

② 电子商务为企业在国际市场上创造了贸易机会,从而增加收益

信息革命把生产企业和消费者带入了一个网络经济、数字化生存的世界,在这个世界里,人类的生产、交换、分配、消费等经济活动都与信息网络密切相关。交互式网络模式为国际贸易提供了一种信息完备的市场环境,在解除了传统贸易活动中物质、时间、空间对交易双方限制的条件下,实现了资源的跨国传递和信息共享,一些公司在传统国际贸易运行环境下难以克服的区位劣势和竞争劣势因此得以克服。例如,通过互联网,企业可以构筑覆盖全球的商业营销体系,实施全球性经营战略,加强全球范围内行业间合作,从而增强全球性竞争能力,这对于中小企业尤其适用。因为在传统的贸易方式下相对于实力雄厚的大企业,中小企业受资金、人力等资源条件的限制,开拓海外市场的难度很大,许多中小企业,在产品上虽有优势,但苦于无实力开拓市场,只能维持小规模经营。而通过互联网络的信息资源共享,中小企业不仅能获得自身以常规方式无力收集的市场信息,还可以像大企业一样上网拓销,促进与遍布全球的公司间的合作,从而形成一种更大、更有效的经济规模,使自己更具竞争力,为开拓国际市场创造了机会。

总之,由于信息在互联网中充分、便捷地流动,减少了国际贸易中交易的不确定性和市场发展的盲目性,进一步削弱了因不完全信息或信息的不对称而产生的国际市场垄断行为,较好地实现了国际市场资源的有效配置和全球范围内动态的资源优化配置。

③ 有利于企业冲破新的市场壁垒,增加贸易机会,从而增加收益

近几年来,电子商务在国际贸易活动中所具有的重要地位日趋显著,国外许多大公司已明确宣布,谁不采用 EDI 供货,就拒绝向谁订货。发达国家许多与商贸有关的部门,如金融、保险、海关等对 EDI 的应用都提出了要求,美国和欧盟大部分国家的海关已宣布,从 1992 年起,不采用 EDI 方式办理手续的公司,将会被推迟受理或不被选为贸易伙伴。由此可见,EDI 的应用使国际市场上形成了一个新的市场壁垒,不用 EDI 就等于被排斥在这个壁垒之外。因此,开发和应用 EDI 对于冲破这个新的市场壁垒,增加对外贸易机会具有非常重要而且积极的战略意义。

④ 可以通过更有效地为客户服务而增加贸易机会,使收益增加

许多公司正在开始使用电子商务进行客户服务,在网上介绍产品,提供技术支持、查询订单处理信息,不仅可以解放公司自己的客户服务人员,让他们去处理更为复杂的问题,调整与客户的关系,而且也会使客户更满意。公司常常收集和存储有关客户和产品的信息,放入只有拥有一定权限的雇员才能开取的数据库。客户可以进入公司在因特网上的 WEB 站点,输入它的定购号,查询它所定购的产品是否已经装车待运,然后就等第二天早上到货了。这类信息可以在送货公司的 WEB 站点上检索,一分钟就足够了。客户的满意程度,从某种程度上讲,是衡量企业销售是否成功的根本,也是企业赖以存在的基础。试想,一个无法提供足以令客户满意、方便服务的公司,如何吸引客户的眼光,又如何最充分的开展其业务,在竞争的市场中站稳脚跟。

(2) 电子商务对国际贸易的其他影响及分析

① 服务贸易将成为国际贸易的增长热点

20 世纪 90 年代以来,国际服务贸易发展迅速,年增长率远远超过国际货物贸易,在全球贸易总额中的比重不断上升,其发展水平已成为衡量一国(地区)对外贸易实力的重要标志之一。电子商务的兴起更是为国际服务贸易的发展起到了推波助澜的作用,在电子商务方式下,任何一种可数字化的服务都可以在网上瞬间传送到世界各地,大大降低了服务贸易的成本,提高了服务贸易效益。同时网络技术使原本当地化特征突出、市场化相对较低的服务产品(如医疗、教育、咨询、设计、艺术创作等)也进入了国际市场,丰富了服务贸易的品种,扩大了服务贸易规模,并为金融、保险、电信、物流等主流服务业营造了更为广阔的市场前景。

② 统一国际市场

首先,产生了全球统一的虚拟市场。互联网已经覆盖了 150 多个国家,联结的网络已达 10 万多个,终端用户每年以 30% 的速度递增。建立在互联网基础上的电子商务成为全球统一的虚拟化的交易市场。

其次,市场价值规律将在全球范围内发生作用。虚拟市场的形成,超越了以往地理界限的制约,使商品与服务等有关信息能在全球范围内充分准确地流动,表现出公开、完整和实时等特性,减少了进出口双方信息的不对称性,从而避免或减少了市场信息不完全而引起的扭曲,同等质量的商品或质量相似的商品之间的竞争更加激烈,保证了价值规律充分发挥作用。

再次,增大市场风险。电子商务运用于国际贸易,交易者、交易方式、交易意向和交易标的表达都虚拟化,交易者的知觉线索被部分剥夺,交易过程与结果的不确定性增加,加上网络黑客侵扰,商品和服务的提供方式、支付方式的信用风险,质量风险和技术风险都大大增加。

③ 更新国际贸易交易手段

电子商务时代的到来,使得服务于国际贸易的一些交易手段在不知不觉间变得更便利、更快捷了。电子商务将订单、发票、提货单、海关申报单、进出口许可证等日常往来的经济信息,按一定的数据格式通过网络进行传送;网上定向信息发布部分代替了电视、报章等日常新闻媒介中的广告宣传;网上市场、虚拟洽谈进行着促销活动;电子传输减少甚至淘汰传真、信函等传统的信息交换工具;电子货币代替纸质货币,网上信用证结算、转账高速运行,引发国际贸易付款方式的巨大变革;电脑软件、电子书刊、电子音像制品等无形产品的直接贸易通过计算机网络完成成为全新的国际贸易交货方式。

④ 改造国际贸易经营主体

电子商务在国际贸易领域的广泛应用,产生了大批向世界市场提供产品或服务的"虚拟"企业。这种创新型的跨国公司战略联盟与虚拟经营采取合作竞争的经营方式,揭开了信息社会公司组织及运作方式变革的序幕。通过开放系统的动态网络组合寻找资源和联盟,这种虚拟公司能够适应瞬息万变的经济竞争环境和消费需求向个性化、多样化方向发展的趋势,给跨国公司带来分工合作、优势互补、资源互用、利益共享的好处。同时,电子商务技术简化了国际贸易的流程,为中小企业进入国际市场提供了有力的武器,扩大了国际贸易的经营主体。

⑤ 电子商务对国际消费的影响

首先,网络贸易消费者有更多的选择性,消费者通过因特网可以了解更多的商品劳务信息,对商品进行比较,选择符合自己需求的商品同时,因特网上同种商品的种类比较多产品之间的替代性强,消费者有更多的选择余地和购买机会。

其次,网络贸易给小额消费提供便利,节约了消费者的购物时间。再次,最大限度地缩短了生产与消费间的距离,使得按需消费在技术上讲成为可能。最后,网络贸易使世界消费偏好有趋同倾向;网络的全球化使得信息流送加快,企业的广告一旦上网便可行销天下,对消费者有统一的示范效应。同时,一种消费理念、消费时尚也可以通过因特网络在世界各地快速的传播,世界的消费偏好有趋同的潮流。当然,在当今的买方市场中,买方居于主动地位,这逼迫企业在同类产品的差异性上做文章,商品和服务更加独特,每种商品和服务的市场细分进一步深化,这样的消费趋势必将冲击传统的国际贸易模式。

1.3 跨境电子商务基本知识

1.3.1 跨境电子商务的概念

跨境电商概念(Cross-boarder E-commerce),简称跨境电商,是指分属不同关境的交易主体,通过电子商务平台达成信息交流、商品交易、提供服务的国际商业活动。根据跨境电商模式的不同,平台提供支付结算、跨境物流送达、金融贷款的服务内容均有不同。跨境电子商务是指分属不同关境的交易主体,通过电子商务平台达成交易、进行支付结算,并通过跨境物流送达商品、完成交易的一种国际商业活动。这是广义上的概念。

广义上理解跨境电商指分属不同关境的交易主体,通过电子商务手段从事各种商业活动的行为。狭义上理解跨境电商即在线国际贸易(Online International Trade),是指分属不同关境的交易主体,通过电子商务手段达成交易并完成支付、办理运输等一系列过程的商品交换活动。

1.3.2 跨境电子商务的基本分类

(1) 按照市场主体划分

按照市场主体来划分,目前国内经营的跨境电子商务的主要类型有B2B、B2C和C2C三种类型。一般分为B2B(已纳入海关一般贸易统计,主流)、B2C(日益高涨)、C2C(所占比例太少,几乎可以忽略不计)。

① 跨境B2B电子商务

跨境B2B是指分属不同关境的企业对企业,通过电商平台达成交易、进行支付结算,并通过跨境物流送达商品、完成交易的一种国际商业活动。

② 跨境B2C电子商务

跨境B2C是指分属不同关境的企业直接面向消费个人开展在线销售产品和服务,通过电商平台达成交易、进行支付结算,并通过跨境物流送达商品、完成交易的一种国际商业活动。

③ 跨境C2C电子商务

跨境C2C是指分属不同关境的个人卖方对个人买方开展在线销售产品和服务,由个人卖家通过第三方电商平台发布产品和服务售卖、产品信息、价格等内容,个人买方进行筛选,最终通过电商平台达成交易、进行支付结算,并通过跨境物流送达商品、完成交易的一种国际商业活动。

(2) 按照服务类型分

按照服务类型来划分,目前国内经营的跨境电子商务的主要类型有信息服务平台、在线交易平台和外贸综合服务平台三种类型。

① 信息服务平台

信息服务平台主要是为境内外会员商户提供网络营销平台,传递供应商或采购商等商家的商品或服务信息,促成双方完成交易。代表企业:阿里巴巴国际站、环球资源网、中国制造网等。

② 在线交易平台

在线交易平台不仅提供企业、产品、服务等多方面信息展示,并且可以通过平台线上完成搜索、咨询、对比、下单、支付、物流、评价等全购物链环节。在线交易平台模式正在逐渐成为跨境电商中的主流模式。代表企业:敦煌网、速卖通等。

③ 外贸综合服务平台

综合服务平台可以为企业提供通关、物流、退税、保险、融资等一系列的服务,帮助企业完成商品进口或者出口的通关和流通环节,还可以通过融资、退税等帮助企业完成资金周转问题。代表企业:阿里巴巴、一达通等。

(3) 按照跨境电子商务市场盈利模式分

按照市场盈利模式,跨境电商可以分为以下五个类型。

① 传统跨境大宗交易平台(大宗B2B)模式

为境内外会员商户提供网络营销平台,传递供应商或采购商等合作伙伴的商品或服务信息,并最终帮助双方完成交易;收取会员费和营销推广费。

② 综合门户类跨境小额批发零售平台(小宗 B2B 或 C2C)模式

独立第三方销售平台,不参与物流、支付等交易环节;收取交易佣金,此外还包括会员费、广告费等增值服务费。

③ 垂直类跨境小额批发零售平台(独立 B2C)模式

批发零售平台,同时自建 B2C 平台(含物流、支付、客服体系),将产品销往海外;销售收入构成主要的收入来源。

④ 专业第三方服务平台(代运营)模式

不直接或间接参与任何电子商务的买卖过程,而是为行业不同,模式各异的从事小额跨境电子商务的公司提供通用的解决方案,帮助客户提供后台的支付、物流以及客户服务、涉外法律顾问等模块服务。

⑤ 外贸综合服务平台,亦称外贸综合服务企业

(4) 按流向划分

分为跨境进口和跨境出口。

1.4 跨境电子商务的交易现状

1.4.1 国际跨境电子商务交易现状

Forrester 预测在未来四年,跨境电子商务的增长速度将超过境内电子商务。到 2022 年,全球跨境电商的销售额将达 6 270 亿美元,占电子商务的 20%。2018 年,全球 B2C 跨境电商交易额突破 6 500 亿美元,同比去年增长 27.5%,预计 2020 年全球 B2C 跨境电商交易额达 9 940 亿美元,同比增长 20.3%,预计到 2020 年全球 B2B 电商的跨境交易额为 2.32 万亿美元。跨境电商产品品类主要集中在消费电子产品、服装及配饰、手机及配件、首饰、宝石与手表、汽车配件等六大产品种类。目前跨境电商投资主要集中在美国、英国、德国、日本、中国地区。

1.4.2 我国跨境电子商务交易现状分析

(1) 我国跨境电商交易规模

中国的跨境电商交易规模不断增长,占货物进出口总额比重逐年增加。预计到 2020 年全球 B2B 电商的跨境交易额为 2.32 万亿美元,而中国跨境 B2B 电商交易将达到 1.24 万亿美元。据埃森哲数据显示,跨境电商的主流是 B2B,约占 80%以上,但是 B2C 日益活跃,所占比例日益高涨。2019 年我国跨境电商零售进出口额达 1862.1 亿元,是 2015 年的 5 倍,年均增速为 49.5%。受疫情影响,2020 年 1 月份至 2 月份,我国跨境电商零售进出口额 174 亿元,同比增长 36.7%。跨境电商综合试验区在外贸发展中的作用日益凸显,2020 年 4 月 7 日,国务院决定新设 46 个跨境电商综合试验区,加上已经批准的 59 个,全国将拥有 105 个跨境电商综合试验区,已经覆盖了 30 个省区市。

(2) 我国跨境电商参与主体

跨境电商综合试验区已成为创新创业新高地。各综试区设立"创客小镇""众创空间"等各类

孵化基地、平台共37个，2019年新增跨境电商企业超6 000家。截至目前，跨境电商综合试验区企业品牌已经超过3 000个，综试区企业已建设海外仓超过1 200个。超过20多万家企业从事在线出口贸易，超5 000家电商平台，年交易额已超过2 500亿美元。而且新注册的主体中，中小企业和个体商户超九成。中国外贸中小企业已超过了500万户，创造了约60%的对外贸易总额。

（3）我国跨境电商出口市场

中国跨境电商的出口区域有集中性：主要面向美国、欧盟、东盟、日本等发达市场的中低端客户群。同时俄罗斯、巴西、印度等新兴市场呈现高速增长趋势。2016年4月新政后欧美市场跨境电商进入门槛提高，东南亚、拉美、非洲市场因此崛起。

（4）我国跨境电商的主要业务模式

中国跨境电商业务模式主要为以下四种："代购"模式、"海淘"模式、一般贸易模式、跨境电子商务试点模式，其中前两种偏B2C模式，后两种偏B2B模式。

"代购"就是找人帮忙在国外购买你所需要的商品，然后通过快递或直接带给购买人。这些商品要么暂不能在中国销售，要么就是售价高昂。一般而言，个人入境一般携带商品通常是可以免税的，税额在50元及以下，但是如果是销售，可能导致"蚂蚁搬家"式走私。如果是通过国际邮政或快递机构进口到国内再通过网上销售，表面上看来是合法，但是个人自用量没有这么大，一旦查验，进口国判定为此货物为贸易货物，那么得补交税，情节严重的还要按走私处罚。代购模式发展的弊端：货量小（一旦货量大就会被查）、物流成本高、难以成为主流。

"海淘"模式：境外购物，就是通过互联网搜索海外商品信息，通过电子订单发出购物请求，然后通过私人信用卡支付，由海外购物网站通过快递发货，或是由转运公司代收货物再转寄回国，款到发货。随人民币的坚挺，海淘人士越来越多。海淘有直邮和转运两种方式，转运模式比直邮运费便宜，但需交消费税，且运输时间长，不适合时效性短的商品。

一般贸易模式：完全按照各国贸易项下货物的一般贸易进口规则，正常申报货物进口，再通过网络（或传统）渠道在国内销售。完全合法正常做账，但是需要具备熟练的进口业务处理能力，需要一定的货物批量（当然一定的货物批量可以降低流通环节成本，但是也会导致库存及销量问题）。

跨境电子商务创新试点模式：电子口岸建设机制和平台优势，实现外贸电子商务企业与外贸的业务协同和数据往来，优化通过监管模式来提高通关管理和服务水平。从实践中制定通关、结汇、退税等方面的标准和方法。

（5）我国跨境电商发展中政府的规划与相关措施

中国跨境电商的发展离不开政府的支持，目前我国已有试验区57个城市，具有跨境电商进口业务的城市有10个：郑州、上海、重庆、杭州、宁波、广州、深圳、天津、福州、平潭。因此，目前我国的跨境电商发展以出口为主，进口为辅。海关对不同跨境电子商务业务模式的监管方式主要如下：

B2C直购进口（邮件/快件）的监管方式：按比例抽查。

B2B2C网购保税进口的监管方式：整进散出、集中申报。

B2C一般出口（邮件/快件）监管方式：清单核放、汇总申报。

B2B2C保税出口监管方式：整进散出、汇总申报。

1.5 跨境电商平台

1.5.1 跨境电商平台分类

(1) 按交易主体属性分为 B2B 平台、B2C 平台和 C2C 平台。

B2B 平台:敦煌网、中国制造、阿里巴巴国际站、环球资源网。

B2C 平台:速卖通、兰亭集势、大龙网。

C2C 平台:个人与个人之间,eBay 等。

(2) 按服务类型分为信息服务平台与在线交易平台。

(3) 按平台运营方分为:

平台型:通过线上搭建商城、整合物流、支付、运营等服务资源,吸引商家入驻,为其提供跨境电商交易服务。平台收取佣金以及增值服务佣金为主要盈利模式。速卖通、敦煌网、阿里巴巴国际站。平台具有规模大、流量大、货源广、品种多等特征,但是受物流、关境、商检影响较大,且平台仅提供交易场所,商品质量保障性差,售后难。

自营型:在线上搭建平台,平台整合供应商资源以较低的进价采购商品,再以高价卖出,故高低价之间的差价是其盈利模式。代表企业:兰亭集势、米兰网、大龙网、炽昂科技。故平台掌控能力较强、商品质量保障性高、货源较稳定、跨境物流、关境与商检等环节资源稳定、跨境支付便捷。但随之而来的是整体运营成本高、资源需求多、运营风险高、资金压力大、商品滞销、退换货等问题显著。

(4) 按涉及的行业范围分为:

垂直型:在某一个行业或细分市场深化运营,细分为品类垂直跨境电商(如母婴类)、地域垂直跨境电商(专注于某一地区)。

综合型:种类繁多,品种较全。

(5) 按商品流动方向分类为:

进口:进口业务,境外商品售到境内市场。如天猫国际。

出口:出口业务,境内商品售到境外市场。如亚马逊海外购。

1.5.2 跨境电商模式

主流跨境电商分类模式:综合平台型(天猫国际)、综合自营型(亚马逊海外购)、垂直平台型(美丽说)、垂直自营型(蜜芽)。

跨境出口:B2B 信息服务平台,第三方平台仅撮合交易,收取会员服务费和增值服务费。如阿里巴巴国际站、环球资源。

交易服务平台:供需双方网上交易的模式,成交后收取一定的佣金及相关展示费。如敦煌网、大龙网。

B2C 开放平台:如亚马逊、速买通、eBay、Wish。

自营平台:自营的产品统一生产或采购,有一定的标准。如兰亭集势。

跨境进口:B2B 和 B2C。如海淘、代购、直发、自营、导购、闪购。

按照关境监管模式:网上直购进口与网购保税进口。

1.5.3 主要的跨境电商平台

(1) 亚马逊

亚马逊公司(Amazon),是美国最大的一家网络电子商务公司,成立于1995年,从只经营书籍销售业务扩展到范围相当广的其他产品,已成为全球商品品种最多的网上零售商和全球第二大互联网企业。在2008年时市值就突破万亿美元。

亚马逊与中国:2004年8月,亚马逊全资收购卓越网。2016年6月30日,亚马逊日本网站推出汉语版页面;2019年4月18日,亚马逊中国正式对外宣布,将于7月18日停止为亚马逊中国网站上的第三方卖家提供卖家服务,但保留跨境贸易、全球开店、云计算、kindle等业务。这意味着,亚马逊中国的本地化电商将成为历史。从2004年7 500万美元接手卓越网开始,15年时间里,亚马逊中国市场占有率一路从15.4%下滑到0.7%。本土化战略一直不是很理想。

平台特色:① 重产品、轻店铺。平台产品多,但不重视推荐与产品相关的店铺的按钮和链接。② 轻广告。平台非常重视用户体验,而后台数据计算处理能力强,平台是基于数据的关联和流量推广。③ 重详情、轻咨询。鼓励自购,无在线客服。

FBA服务:亚马逊提供物流仓储、订单管理、配送、质量控制和退货环节的工作,且使有FBA配送的Listing拥有产品优先曝光权。配送快捷,物流品质有保障。

注册条件:从未在平台上注册过的双卡信用卡;从未在亚马逊上使用过的固定电话号码或手机号码;没有在亚马逊上使用过的邮箱;正确的中文地址。

平台费用:店铺费、成交费、退款费、FBA费。

店铺费:账户分为专业账户和个人账户两种类型。现在全球开店项目只针对公司,注册成功就是专业卖家(每月交月租和佣金)。

成交费:不同类目成交费不同,同一产品在不同区域所产生的成交费不一,具体收费标准见官网。

退款费:一旦退款,平台收取成交费的20%为手续费,而退还之前已交成交费的80%。

站内推广费:专门针对某一产品的推广与促销,站内CPC广告需收取费用。但是站内促销(包邮、折扣促销)在站内推广是免费的。

平台的营销服务:SP广告,类似于淘宝的直通车服务。卖家为某个关键词进行出价,当客户搜索这个关键词时,广告产品会出现在前台的页面上,仅客户点击才收费,按点击量收费;LD闪购,类似于淘宝的秒杀活动,是打造爆款时常用的方法,平台提供的一项Deal展示的收费广告服务;Promotion免费广告服务,是用于产品店铺的关联营销;站外营销推广手段:Google PPC点击付费广告;SNS社区(Facebook、Twitter);折扣类网站(发帖);EDM营销(邮件营销)。

交易流程:开设网店的卖家发布产品信息、买家在平台选购下单、买家付款至平台、卖家接受订单后发货、卖家向平台汇总订单请款、平台定期将货款扣除应保留部分后返还买家。

(2) eBay

易贝成立于1995年,是美国第二大的网络电子商务公司。eBay已有1.471亿注册用户,有来自全球29个国家的卖家,每天都有涉及几千个分类的几百万件商品销售,是世界上最大的电子集市之一。2003年交易额为238亿美元,净收入22亿美元。2015年4月10日,PayPal从eBay分拆,协议规定,eBay在5年内不得推出支付服务,而PayPal则不能为实体产品开发自主的在线交易平台。

平台收费:店铺租金+10%的佣金+基础费+特色费+促销商品费+增值服务费+运费。

物流:稍远地区快件使用UPS等,大约需要5个工作日。

平台政策:产品发布、侵权保护、物流配送、交易纠纷等方面的规则及配套措施。

业务流程:任何一个站点注册都可以登陆所有eBay站点。前往Paypal注册并认证、获得商品销售资质。

注意,2015年4月10日,PayPal从eBay分拆,eBay2018年2月宣布自主管理支付流程,简化从买家到卖家端的购物体验。eBay和Adyen签约,成为首要支付处理合作伙伴。Paypal仍是可选用支付方式,但在2020年双方协议到期,预计会全面转换。

(3) Wish

是北美和欧洲最大的移动电商平台,全球第六大互联网电商。商品是全品类的,包括3C母婴、美妆和家居,用户人群为15～30岁白领。

平台特点:精准推送。虽弱化了搜索功能,却做到个性化推送,每个人的平台界面显示不同,大大提高了购物体验感。有近5亿注册用户、超过40万入驻商户;日常活跃用户大于1 400万;月活跃用户大于7 000万;1.6亿活跃的SKU周重复购买率大于75.45%。

平台费用:Wish目前注册账号、开设店铺、上架产品都是免费的。门槛很低,个人或企业均可注册,只从卖家每笔交易中收取15%的额外佣金。如果有退款,是直接退款给客户无须扣款。但是无法进行比价。

销售模式:Wish以B2B、B2C垂直类销售模式为主。主要针对手机移动端的客户,以北美市场为主。Wish会依靠大数据根据客户的搜索习惯给客户推送相应的产品,所以运行模式和销售模式与亚马逊与eBay完全不同。

平台营销:个性化推动机制。产品图片不经修饰,为了营销产品产生了许多衍生类APP,如Geek电子产品类购物应用,Mama母婴类购物应用,Cute彩妆购物应用,Home家居类购物应用四个垂直类购物App。

WE(Wish Express)是海外仓产品的一个区分标识。

PB(Product Boost)是Wish对搜索要求的客户推出的工具。商家需在Wish后台进行PB报名,填写报名产品的关键词。

平台优势:Wish的市场主要分布在北美地区,其中在美国市场人气最高,卖家可以进行精准营销。

据有关数据统计,目前Wish平台9成以上的订单量都来自手机APP,就目前的移动互联网发展的趋势来看,在移动电商未来的竞争中潜力巨大。

平台的劣势:一般来说,产品审核短则2个星期,长则2个月。

佣金收取费用:目前成交订单需要收取15%的产品成交费用和1.2%的提现费用。

物流方式:Wish和ebay一样都是以自发货为主。

平台的产品审核:对产品质量要求高,仿品审查严格。

物流:Wish将物流服务商分为4个等级,由妥投率和退款率因素划分不同等级。

Wish邮:Wish和中国邮政共同推出的专属商户跨境电商物流产品。可为优质商户提供专属集货仓、专线产品、专业仓储一体化物流解决方案,并且所有 Wish 订单将享受快速放款政策。

FBW:Fulfillment By Wish 类似于亚马逊的 FBA。是由 FBW 海外仓为支撑构建,是 Wish 与某一个第三个物流方合作的物流形式。优势:让商家获得更多流量、直接作为等级 1 的物流,无须 WE 审核期,直接加入 Wish 海外仓项目。

FBW-CN 是 FBW 中国仓,相对于海外仓 US&EU 而言的,也是 Wish 对中国消费者重视的体现,是专门针对中国国内直发产品设计的境外交付生态链升级方案,解决国内直发产品配送问题。

(4) 全球速卖通

全球速卖通(英文名:AliExpress)是阿里巴巴旗下唯一面向全球市场打造的在线交易平台,被广大卖家称为"国际版淘宝"。正式上线于 2010 年 4 月,全球速卖通面向海外买家,通过支付宝国际账户进行担保交易,并使用国际快递发货,是全球第三大英文在线购物网站。

全球速卖通(AliExpress)是阿里巴巴帮助中小企业接触终端批发零售商,小批量多批次快速销售,拓展利润空间而全力打造的融合订单、支付、物流于一体的外贸在线交易平台。2017 年时就是中国最大跨境出口 B2C 平台,拥有世界 17 种语言站点,用户遍及 224 个国家和地区。2014 年海外消费者突破 1 000 万。2017 年更是突破 1 个亿。

注册资质:卖家必须是企业,拥有企业支付宝账号,通过企业账号完成认证,且必面拥有或代理一个品牌,根据品牌资质确定是官方店、专卖店还是专营店,卖家必须缴纳技术服务年费,各经营大类技术服务年费不同。

收费方式:技术服务年费+佣金。

营销服务:提供直通车、数据纵横等营销工具,让卖家了解买家的关注,有针对性的优化商品,提升卖家流量。

平台优势:无忧物流,覆盖全球的官方优质物流网络,渠道稳定,时效快,运费少,平台承担售后,节省商家的精力和时间。

平台劣势:速卖通的卖家主要以发展中国家和欠发达国家为主。

第二章 跨境电子商务市场分析

2.1 跨境电子商务市场概述

近年来,随着跨境电子商务的蓬勃发展,跨境电子商务市场受到各界广泛关注。由于不同国家在经济发展程度、消费需求、消费习惯及语言文化等方面存在较大差异,国际电商市场不尽相同。目前全球跨境电商市场主要分布在欧洲、北美、南美和亚洲。了解跨境电商市场整体发展状况,对现阶段主要跨境电商市场的特点、发展状况及存在的问题进行分析,充分挖掘市场潜力,对跨境电商企业有效占领国外市场具有重要意义。

2.1.1 全球跨境电商市场发展概况

全球主要区域跨境电商市场发展基本情况如下:

(1)欧洲

欧洲电子商务市场可以分为北部成熟的市场、南部增长迅速的市场和东部新兴市场。一旦资金和物流体系有所改善,东欧将会有很大改变。仅以俄罗斯来说,该国共有6 000万互联网用户、1 500万在线购物用户和很高的移动设备渗透率,电子商务发展环境较好。但俄罗斯较低的信用卡渗透率以及落后的物流服务等,导致了俄罗斯的电子商务仍停留在现金交易阶段。欧洲立法的多样性,同时也阻碍了跨境电子商务的进一步发展。埃森哲对146家欧洲商户进行了调研,超过1/4的受访者认为,如果能够利用多渠道机会销售在线和跨境物品,他们的销售额会增长25%。促进在线商务增长,目前已成为欧盟的经常性议题。欧盟设立了统一数字市场,来消除技术和法律的障碍。

2007年,欧盟立法合作者通过了一项支付服务指导意见,除了为统一欧洲支付提供法律基础外,这个指导意见还引进了一项新的认证制度,以鼓励非银行机构进入支付市场;建立了一个有着高透明度的共同的支付标准;在欧盟及其他地区执行最大限度使用欧元和其他欧洲货币支付;针对一些成员国,在供应商和消费者之间引进一种快速责任制来对消费者进行保护。

为了更好地保护和刺激跨境电子商务市场,欧盟执行委员会将这些都移植到了法律中。刺激多渠道跨境电子商务可能会潜在地为欧盟贡献10%的GDP。电子商务除了可能会带动经济增长外,还能减少温室气体的排放。

超过一半的欧洲前300强在线零售商都在跨境销售,欧盟在线买家的数量也在不断扩大。如果产品和服务是线上销售,那么产品和服务会是来自美国商户或是欧洲近邻的商户。

欧洲有一个共同语言所驱动的跨境电子商务环境。奥地利和瑞士会从德国的电子零售商买货,比利时的商店会在法国的网站上卖东西,这些都取决于他们有共同的语言。全球电子商务市场正在快速发展,但国家之间或地区之间的发展都存在着巨大的差异,一些关键性的驱动因素,如有竞争力的价格,共享地理边界或者共享同一种语言,都会促进跨境电商发展,在数字高速公路上,地理边界慢慢被模糊,电商正迎来令人激动的发展机遇。

(2) 北美

全球约37%的跨境在线买家集中在北美。美国拥有3.15亿居民,2.55亿网民,1.84亿在线购买者。美国和加拿大在线总销售额达到3 895亿美元,占到全球的33.1%,在线零售领域,美国是世界上最大的市场。CyberSource的调研显示,超过半数的美国电子商户都从国外接受订单。虽然跨境电子商务存在各种挑战,依然挡不住巨大的商机。尼尔森调查表明,美国是最受欢迎的跨境市场,紧接着是英国、中国大陆、中国香港、加拿大、澳大利亚和德国。在跨境运送服务方式中,45%的美国商户会选择标准邮政渠道。信用卡成为美国在线支付的首选。虽然最活跃的买家大多都在25岁到45之间,但是不需要旅行就能进行购物的舒适性还是会吸引超过55岁以上的人,这部分人群正变得越来越习惯于网购。

在线支付是美国3/4网购者的钟爱,但是具有可替代性的移动支付方式正越来越流行。美国移动支付在全球的份额达到了1/3。平均来说,通过智能手机或平板电脑网购的人要比用电脑的人买得更多。

目前,88%的美国网民都在网购,这一数字还在上升。语言是跨境电子商务的有趣动力,因为在线销售一般开始于搜索,顾客会用自己的母语进行搜索,而搜索习惯是由语言驱动的;关键词是找到信息的催化剂,从而引导网购者到达指定的网络商店。

加拿大的互联网、手机和银行服务的普及率很高,但由于加拿大地广人稀,物流对于加拿大偏远地区来说是一个挑战。加拿大也是美国跨境电子商务的重要市场之一,因为其税率比美国要更加优惠。60%的加拿大人从美国网购,其中38%的加拿大人生活在安大略省。这里相对较低的物流费和相对较低的汇率,使加拿大居民的网购热情有增无减。加拿大信用卡的渗透率也非常高,81%的在线支付都是信用卡支付,紧随其后的是使用PayPal。这些因素都促进了跨境金融的发展。

北美的南部和加勒比海地区的在线购物发展势头迅猛。这些地区对于美国和加拿大来说都是潜在客户,但目前来看,对欧洲的电子商务发展得更加迅速。美元贬值吸引了更多欧洲、加拿大和亚洲的在线购买者。

虽然美国网上商家一直关注电子商务,但零售商们仍旧错过了跨境电子商务提供的绝佳机会。当中国以90%、日本以71%、加拿大以55%的速度增长时,美国落后了。

北美市场是中国跨境出口的主要市场,其中美国是世界上最大的电子商务市场之一,在线买家数量众多,在线消费能力极强,市场容量非常大。美国人不但极少储蓄,而且很多人都会办理几张信用卡进行超前消费,因此也使得美国成了全球最大的消费品市场。

因为历史的原因,美国存在着大量的移民,他们来自不同的国家和地区,拥有不同的文化习俗,所以他们对市场上的商品拥有很强的接受度,非常愿意尝试和购买新产品,只要产品的质量和品质确实不错,他们就会记住这个牌子,以后有需要的时候进行重复购买。

另外,美国非常重视商标和专利,中国的跨境卖家千万不要在这方面铤而走险,如果在当地建立了仓储或是售后点,还要注意环保、税务、劳工等方面的问题。美国电商的最大节日都集中在下半年,比如圣诞节、网购星期一、黑色星期五等,这些节日是美国电商平台的销售旺季,加在一起能够占到全年销售额的三分之一以上。

(3) 南美

南美共有十几个国家和地区,大部分属于发展中国家,总人口在5.7亿左右,是跨境电商的一个新兴市场。随着当地互联网普及程度的日益增加,南美的跨境消费群体也在不断增长,一些年轻的南美消费者的消费能力并不比中国差,而且他们移动化购物的人群比例也在增长。

另外,南美人并不倾向于将资金进行储蓄,这种习惯与中国人不同,所以这也给中国的跨境卖家带来了一定的商机。只是南美的物流始终处在相对落后的状态,即便是南美洲最大的国家巴西,也只是主要的物流通路比较完善,但枝、干物流通路非常差。

作为世界人口大国之一,巴西近几年在支付和物流方面的基础建设正在逐步完善,基于这一点,其潜在的市场红利还是有被进一步挖掘的可能性,根据目前的数据调查,巴西人对手机和平板电脑的需求量相对较大。

(4) 亚洲

亚洲跨境电子商务市场增长最快。在亚洲在线销售统计中,日本和韩国独树一帜,他们有80%的人活跃在网上,25%的韩国人和18%的日本网购者都会海淘。中国拥有5亿多网民、2亿多的在线买家。日本电子商务的渗透率达到了97%。亚洲各地区之间有着极强的联系。排名前三的跨境电子商务地区分别是:中国香港、中国大陆、日本。从卡的支付总量来看,前五名都分布在环太平洋地区。互联网的普及是电子商务的重要推手,没有互联网的普及就不可能有在线销售。在网民增长率排名中,中国和印度分列第一和第二位。亚洲数字产业发展呈现出不同的情况。在一些国家,例如印度,互联网的渗透率只有8%,但使用互联网的用户数量却很高。相比之下,日本有着相当高的互联网普及率,但它的网民却只有1.01亿,明显少于印度的1.37亿网民。中国有5.86亿互联网用户,没有达到总人口的一半,但由于总量大,中国的网购十分活跃。

整个东南亚地区有6亿人口,几乎相当于中国的一半,但目前为止,东南亚的网络零售占比仅为1%。而作为中国的电商巨头,阿里巴巴约10亿美金收购东南亚最大电商Lazada,并把天猫体系的卖家产品输出东南亚。东南亚市场是属于新兴市场,跟欧洲美国相比市场阶段比较早期,所以物流支付面临的挑战比较大。但这个市场在所有新兴市场里面各方面基础建设条件是最优的。比如物流,中国到东南亚地区跨境物流比拉美、俄罗斯和非洲跨境物流方案更成熟,因此时效和成本相对于东南亚本地电商劣势没么大。

从消费者特征而言,东南亚最大特点是人口密度较大,共拥有六亿人口。此外,因为东南亚距离中国市场比较近所以用户消费习惯受中国影响比较大,即更符合亚洲人习惯。东南亚市场目前所处阶段有点像十年前淘宝兴起的时候。当时中国网购用户通常都是去淘宝买便宜的东西,比如OEM产品或地摊货,到后来才慢慢开始有买单价比较高的产品。东南亚市场目前其实处于淘宝早期的时候。

在东南亚兴起时,一开始有一些传统大卖家,使用的是杂货铺的模式,SKU非常多,产品性价比很高,流量获取快,加上移动端是冲动型购物,所以销量很高。跨境物流使用的最多的渠道是直邮和海外仓,但是东南亚市场还是比较新,所以直邮模式为主。直邮有邮政和快递为主,东南亚各国的物流基础设施是参差不齐的,很多国家邮政的质量其实是不可靠的。如果快递的话,抵达东南亚用户手上一般一个星期多一点,即7到10天左右的配送时间。东南亚市场比起欧美、中国所处阶段还是更加早期,远远还没到饱和时候,电商渗透率很低,跨境卖家所占数量还是很低。

中国台湾市场也是值得关注的,该市场属于泛东南亚的范畴。人口虽然只有两千万,但社会发展程度跟东南亚不一样,明显前进很多年,渗透率也很高,语言文化跟大陆的跨境电商卖家也没隔阂。

纵览全球各个地区,经济发展水平和产业结构等诸多差异使各个区域市场呈现不同的特征和发展轨迹。目前,全球跨境电商市场发展主要有以下三个特点:

第一,发达经济体目前仍然是跨境消费最主要的市场。北美和欧洲为主的成熟市场尽管增速较慢,但庞大的市场基数仍然确保了两个市场总共超过30%的新增市场交易额贡献。北美自由贸易区(NAFTA)的建立,以及欧洲经济一体化战略(尤其是数字单一化战略),将大大推进区域内跨境电商的发展。

全球约37%的跨境在线买家集中在北美,其中美国拥有全球最大的电子商务市场,优秀品牌众多。由于通胀率较低,美国成为全球跨境电商最重要的货源地,在很多国家,美国都是消费者跨境购物的第一产品来源国,因此美国是跨境电子商务最大的受益国。另外,由于加拿大的互联网、手机和银行服务的普及率很高,且其税率比美国要更加优惠,加拿大也是北美跨境电商的重要市场之一。但由于地广人稀,物流对于加拿大偏远地区来说是一个挑战。

互联网对欧洲GDP的贡献也在迅速增加,尤其是英国,它引领了欧洲电子商务的潮流。在欧洲,不论是在成熟的还是新兴市场里,移动电话渗透率超过了100%,这意味着每个人至少拥有一部以上的手机。平均来说,5.5%的电子商务交易都是通过移动设备进行的,这一数字在将来还会大幅提高。同时,西欧拥有众多规模较小的国家,本土市场规模有限,更加依赖跨境渠道对小众产品的供应。尽管市场商机巨大,欧洲跨境电商进一步发展还存在一些障碍。欧洲立法的多样性及各国不同的监管体系,是影响跨境电商发展最主要的原因。现行在线购物的法律框架缺少和谐,给不同国家试图保护各自消费者权益留下空间,给零售商的承诺造成了更大的成本,同时也破坏了消费者对跨境电子商务的信任。

第二,亚太以其领先的市场规模和强劲的增长成为全球最重要的区域市场。

Rakuten Marketing的一项国际研究发现,亚太地区的购物者(65%)对国际购物的兴趣较高。整个区域内消费品工业较为发达且各国错位发展,成为市场增长的主要来源。其中,以中日韩为主的东亚,相关基础设施发达,移动互联网普及率高,是整个亚太地区市场的核心。东南亚由于区域经济一体化进展迅速,经济发展潜力巨大,成为亚太地区的另一个热点。

中国是全世界网民规模最大的国家,截至2020年3月,中国网民规模达9.04亿,较2018年底增长7 508万。据数据统计显示,2018年中国电子商务整体交易规模约为28.4万亿元,增长17.8%。随着电商商务行业的逐步完善,预计2019年中国电子商务交易规模将超30万亿元,成为全球跨境电子商务市场潜力最大的国家。中国规模日益扩张的中产阶级群体对于国外优质商品具有强烈的购买倾向,因而这一市场未来将高速发展。根据埃森哲发布的预测数据,2020年中国跨境B2C零售电商市场规模将从2014年的210亿美元上升到2 450亿美元(不受疫情影响前提下),成为全球最大的跨境B2C电商市场。同时,印度互联网渗透率正在急速上升,是未来跨境电商发展的潜力股。

2000年,泛亚太电子商务联盟成立,这是亚洲第一个区域性电子商务联盟。它的成立,旨在为亚洲提供一个安全的、可信任的、有价值的IT架构,增加全球贸易能力,促进跨境电商充分利用物流体系,提升和加强亚洲内部B2B跨境贸易。2009年7月,中国人民银行宣布一项新政策,扩大了人民币跨境商务试点区域。此举使得跨境RMB的交易量达到7 400亿元人民币。德意志银行表示:"自欧盟形成之后,人民币的国际市场化是金融市场最重要的改革。"这些发展注定会给亚洲的跨境电子商务发展,以及中国与世界之间的跨境电商带来巨大帮助。

第三,拉美、中亚、中东和非洲是快速增长的新兴市场。

产业结构造成的对进口消费品的强烈需求是这些市场需求的重要来源,例如依赖资源和初级产品出口的拉美和中东地区。同时,这些市场较为薄弱的线下零售业也为跨境 B2C 电商在这些地区的发展留下了广阔空间。

在拉美,巴西跨境电子商务交易人数到 2018 年已超过 1 000 万人,交易额年均增长率达到 25% 左右。而哥伦比亚、巴拉圭、委内瑞拉等国家,由于国内电子商务交易较为落后,大多数网购是通过跨境电子商务交易的方式进行。中东地区的跨境市场主要集中在以色列和沙特阿拉伯,其中 eBay 来自以色列的网站访问比例占 0.6%,国家排名居第 11 位;亚马逊来自沙特阿拉伯的网站访问比例也占 0.6%,国家排名第 21。

尽管北美、欧洲、亚洲跨境电商市场形态各有优势,总体而言欧美依然是占据我国跨境电商进出口市场主导地位的。但社交网络的发达,物流结构的成熟,海外仓和边境仓的建立,移动端的增长,新兴市场的逆袭,跨境电商平台对小语种市场的布局……这些都为跨境电商市场发展增加了不少亮点和变数。正是基于这些变化和日益成熟的市场形态,越来越多的中小企业和品牌商已经意识到通过跨境电商平台让中国制造的走向世界是便捷的,也是有巨大盈利空间的,更有不少在跨境电商市场打拼多年的卖家开始利用这些变化去完善自己的营销方式,去开拓有潜力的新兴市场。

2.1.2 中国跨境电商市场发展概况

跨境电子商务市场分为进口市场和出口市场。据中国电子商务研究中心监测数据显示,2018 年中国跨境电商交易规模达 9 万亿元,同比增长 11.6%。2018 年中国跨境电商的进出口结构上出口占比达到 78.9%,进口比例 21.1%。跨境电商交易结构中,出口依然占据主导地位,品牌出口成为近年来发展的主流趋势。

在跨境电商交易模式结构上,2018 年中国跨境电商的交易模式跨境电商 B2B 交易占比达 83.2%,跨境电商 B2C 交易占比 16.8%。B2B 模式在跨境电商模式占比中超八成,多年来一直是主导的商业模式。

2018 年中国出口跨境电商卖家主要集中在广东省 20.5%、浙江省 17.2%、江苏省 12.8%、上海市 8.3%、福建省 6.5%、北京市 5.2%、山东省 3.4%、河北省 2.2%、其他 23.9%。当前中国出口跨境电商卖家主要还是聚集在长三角和珠三角地区,尤其以广东、浙江、江苏最为集中。

在品类分布上,2018 年中国出口跨境电商卖家品类分布上,3C 电子产品 18.5%、服装服饰 12.4%、家居园艺 8.5%、户外用品 6.5%、健康美容 5.2%、鞋帽箱包 4.7%、母婴玩具 3.5%、汽车配件 3.2%、灯光照明 2.3%、安全监控 1.7%、其他 35.2%。在品类上,3C 电子产品、服装服饰配件等消费品一直是跨境电商平台最畅销的品类,家居园艺、户外用品等需求也庞升。

2018 年中国出口跨境电商主要国家和地区分布为:美国 17.5%、法国 13.2%、俄罗斯 11.3%、英国 8.4%、巴西 5.6%、加拿大 4.5%、德国 3.7%、日本 3.4%、韩国 2.5%、印度 2.4%、其他 27.5%。从主要国家及地区分布来看,美国、法国等发达国家依然是中国出口电商主要的目的地。基础设施完善、较为成熟的网购环境和人群等因素都促使电子商务的发展程度较高。

(1) 中国跨境电商市场的分类及市场特点

中国跨境出口电商的主流国家按照性质可以分为五类。第一类是发达国家,主要有北美地区的美国和加拿大,欧洲地区的英国,这些国家属于比较成熟的跨境电商市场;第二类是俄语系国家,包括俄罗斯、乌克兰、白俄罗斯,这几个国家的电商都是"一体"的,比如乌克兰人也会在俄罗斯的电子商务网站上买东西;第三类是小语种国家,我国有许多跨境平台是做小语种的,有的也是从小语种发家的,主要原因是小语种的竞争比较小;第四类是目前市场规模比较小的国家,比如澳大利亚和欧洲其他国家,这些国家的体量不大,但是也在不断地增长;第五类国家则是非洲国家。

以美国和英国为代表的第一类市场,由于人均购买力强、跨境网购观念普及、线上消费习惯成熟、物流配套设施完善等优势,在未来仍是我国跨境电商零售出口产业的主要目标市场,且将持续保持快速增长。然而这类市场已经拥有了一套成熟的电商体系,而中国跨境电商在这类市场上的品牌认知度不高,想要站稳脚是非常艰难的。因此,不断崛起的新兴市场正成为跨境电商零售出口产业的新动力。

事实上,随着中国跨境电商市场的不断拓展,我国出口电商企业也将目光转移到一些既不具备中国这样的生产制造能力,又不具备美国供应链能力的国家和地区。俄罗斯、巴西等国家的本土电商企业并不发达,消费需求旺盛,中国制造的产品物美价廉,在这些国家的市场上优势巨大。东南亚市场人口数量较多,且消费偏好与中国较为接近,具有巨大的消费潜力。同时,据全球监测数据,某国际知名C2C网站多语言区销售额占比达到45%,经济发展良好且境外电商市场进入率较低的小语种国家必将带动跨境电商市场新一轮的高速增长。

跟美国这样的发达国家,以及俄罗斯这样具有巨大发展空间的国家相比,非洲市场则表现出与其他海外市场截然不同的情况。中国人在非洲本土创业、创建电商平台。目前已有一家名为Kilimall的中国公司做到非洲第二大平台,第一名的平台是法国人做的,Kilimall要成为第一名也是很有机会的。另外,就整个非洲市场的体量而言,相比之下还没有中国的"当当"体量大。不仅如此,非洲相比前四类国家的产业经济形势也是完全不一样的。比如,中国是从PC时代顺利过渡到移动时代,支付方式也从传统的电汇到信用卡再到电子支付,发达国家们也基本如此。但是非洲几乎没有经历PC时代,就直接进入到移动时代,PC端昂贵而移动端便宜,小米、联想等品牌在非洲卖的也很便宜,所以极易快速普及。在支付方式方面,非洲的支付也展现出跟中国完全不一样的途径。因为非洲没有经历过PC时代,而支付还是PC时代的支付体系,但由于突然过渡到移动时代,它现在唯一能依赖的就是电信网络,也就是依靠移动运营商来支付。这样产生的问题就是当我们把东西卖到非洲去的时候,是无法使用Visa和Paypal(国际第三方支付平台)的。

但随着国家"一带一路"政策的推动,沿线国家已成为我国跨境电商的重要目标市场。国内多省市纷纷开通中欧班列,基础设施逐渐实现互联互通,国家之间往来的物流成本大幅降低,为不少进入"一带一路"沿线国家的中国企业注入一针强心剂。同时,沿线国家跨境电商产业链也在不断完善,中国产品的口碑日渐提升及跨境电商平台的不断搭建产生的"化学反应",正促使"中国制造"更多更快地进入当地市场。

(2) 海外仓发展带来的机遇与挑战

2016年全国两会,李克强总理在政府工作报告中提出:扩大跨境电子商务试点,支持出口企业,建设一批出口产品"海外仓",促进外贸综合服务企业发展。一时间,海外仓成了业内热词。所谓"海外仓",是指跨境电商企业按照一般贸易方式,将商品批量出口到境外仓库,电商平台完成销售后再将商品送达境外的消费者。自海外仓从诞生第一天开始,就不是一个单一的物流运输方案,而是对现有市场上所有物流运输方案的全面整合,形成一套一站式的整体解决方案。也就是说,整合才是海外仓作为跨境电商整体解决方案最大的价值。原来我们认为跨境物流最大瓶颈局限在成本、时效和清关,而海外仓的横空出世被认为是为解决这三大难题而产生。除此之外,受买方体验规律的制约,越是电商买方市场配套成熟的地区或国家,比如欧盟和北美,买家对本土化服务的要求就越高。而海外仓,是目前作为不断强化买方市场本土化服务体验的最佳最实惠且的方案,在欧美市场电商仓储物流社区化时代没有到来之前,海外仓储是无可替代的。

但海外仓并不是完美的,海外仓需要巨大的投入和精细化管理,对中小企业来讲尤其困难。目前企业海外仓主要集中在美、德、英、日、澳、俄等电子商务较为发达的国家。这些国家人力成本普遍高昂,租仓时业主还需要提供企业信用证明,新设立公司无法提供,必须缴纳巨大保证金给银行做担保,再加上硬件设备、开发软件系统等投入,海外仓的建立和运营实属不易。除了成本考量外,清关风险、产品质量问题、库存压力、产品竞争力、税务合法性,都是隐藏的风险,海外仓涉及的环节非常多,需要非常专业的运营体系和团队,也需要有一定的海外资源。由于这些问题和风险的存在,海外仓在快速发展的同时,也面临着巨大的挑战。

2.2 美国市场分析

纵观整个北美市场,虽然已被新兴市场抢了不少风头,但仍然是各大跨境电商的交易重地,同时也是大家绝对不愿放弃的市场。这不仅仅是因为北美市场在语言沟通和文化渗透方面对中国商家来说更容易,也是因为这个看似"红海"的市场还蕴藏着商机。美国市场空间庞大,互联网设施完善,电子商务的应用领域和规模都远远领先于其他国家,在全球所有电子交易额中,目前大约有50%以上都发生在美国,而美国网民网购率高达88%,这一数字还在上升。美国是中国跨境电商的主要市场,中国邮政的跨境包裹几乎有一半是寄往美国。美国对中国的跨境电子商务的进口交易频率指数较高可能与当地华人华侨数量较多有关。同时,美国是低关税国家,对跨境电商持开放的态度,因此可以预见,未来中美跨境电商规模将会持续稳定增长。

2.2.1 美国电商现状

美国电商市场2018年已经处于平稳发展,体量已达到3 500亿美元,每年增长均速保持在15%左右,在线零售的比例首次超过10%,并且处于逐步上升的状态。专业人士预计,到2020年电商在美国零售市场中的份额将达到17%。比较美中电商市场,美国电商行业集中度远低于中国。亚马逊是美国人最欢迎的电商网站,其次是eBay,剩下则分散在传统零售巨头与中小电商之中。而中国的情况是,B2C市场里的天猫与京东两者占据了超过80%的份额;

而在C2C市场上,淘宝占据了中国C2C市场超过90%的规模。这说明美国消费者比较开放,并不迷信最大的电商品牌,也乐意从中小电商下单,同时这也意味着创业公司进入美国电商市场并不会直接面临着巨头的挤压,反而能从愿意尝鲜的消费者中寻找到机会。因此,美国电商现状是:百花齐放,创意百出。

目前,亚马逊通过自建仓储物流在电商市场建立起不可动摇的地位后,逐步把重心转向了云计算、数字出版、智能硬件等,和阿里集团一样布局很广;而剥离了Paypal的eBay现在正处于转型之中,尽管营收有所下降,但仍是美国电商市场的一大寡头。除去这两大电商寡头,以下几家电商平台表现也很抢眼,尽管有些平台创立时间不久,但却也能在自己的细分领域内做得风生水起。

(1) Newegg(新蛋):成立于2001年,总部位于洛杉矶,是美国第一大3C电子类销售平台。Newegg最初只销售消费类电子产品和IT产品,现在已经扩大到全品类。其已在加拿大、澳大利亚、中国等8个国家建立分站和运营团队,进行全球化布局。

(2) Sears(希尔斯):是美国最大的百货连锁店,也是世界最大的私人零售企业,靠邮购起家,发展为互联网零售商500强中的第八。目前,其在线零售业务面向全球消费者,可运至全球100多个国家。

(3) 手工艺电商Etsy:这家2015年4月上市的公司为富有创造力的手工艺品卖家提供了销售平台,目前拥有150万卖家和2 400万买家,来自150个国家。Etsy坚持"必须是手工定制作品""电商社区交流"等特色,聚集了大批艺术家和制造商出售他们的手工制作产品。尽管Etsy很小众,但其2015年的GMV(商品交易总量)也达到了近24亿美元,三年复合增长率达到40%,可以说Etsy开创并占据了手工品电商市场。

(4) Jet.com:Jet是一个2015年才上线的一家会员制全品类电商,致力于打造线上版的会员制超市Costco,经营模式是大批量购买可以获得优惠。最初Jet对所有用户收取49.95美元的会员费,并为用户提供性价比极高的商品,上线几个月之后,为了更快地发展用户,Jet放弃了收取会员费的模式,任何用户都可以在Jet上购物,以此来吸引更多用户;同时,Jet推出的"Jet Anywhere"的计划对未能在Jet.com上找到自己所需商品转而在别家(如阿迪达斯、耐克等)买到商品的顾客提供无使用限制的代金券,以此抓住了大波潜在用户。

(5) Pinterest:这家估值为110亿美金,月活过亿的第四大社交网站目前也在利用其流量优势转型做电商。Pinterest先后尝试了两次变现模式,promoted pins与buyable pins,前者是传统的PPC(付费点击)收费模式,只为Pinterest带去了不到2 500万美元的收入;而后者,buyable pins让用户可以通过Pinterest直接采购商品,也正式打上了社交化电商的标签,根据硅谷著名风投Andreessen Horowitz的预测,buyable pins将会为Pinterest带来超过27亿美元的收入。

因此,尽管亚马逊与eBay两大寡头牢牢占据着美国电商市场,而以Newegg、Sears、Jet.com等为代表的一众各有特色的电商平台同样虎视眈眈,意欲在美国电商市场抢得自己的一席之地。

2.2.2 美国市场基本特点

(1) 市场成熟,竞争激烈

因为美国的市场巨大,以及集中度不像中国那么高,在2011年以来的移动互联网大潮中,不少中国电商公司也把目标放在了美国,其中既有阿里这样的巨头,也有创业公司。目前,中国跨境电商确实对美国市场造成了一定程度的影响,但无论从品类,还是规模来看都不是很大,美国市场竞争很激烈。

速卖通(阿里巴巴旗下面向全球市场打造的在线交易平台)将美国作为最先拓展的重点国家,但后来他们发现美国本土的全球供应链体系非常完善,以及品牌商品比中国更丰富,而且大部分商品都是物美价廉。当中国的货物品质和价格都不能超越消费者期望时,中国出口电商企业要想从美国本土企业嘴中分得一杯羹非常不易。因此,跨境电商在传统产品上很难有所作为,还需另辟蹊径。

(2) 法律健全,法制观念强

美国的市场经济比较成熟,政府对企业的经营范围与经营方式很少限制,但对各行各业产品外贸进出口,以及批发、零售均有极为详尽的法规与执照要求,而且执法十分严厉。

2014年,淘宝因为假货问题被各大时尚品牌起诉,而这次控诉一度成为阿里巴巴在美国上市之前的最大阻碍。在美国,从事仿冒和盗版产品批发交易绝对是"犯罪行为"。美国联邦法律规定,初犯者将面临10年以上的监禁,重犯者将面临20年以上监禁和500万美元的罚款。而中国市场屡次入选美国"恶名市场名单"。根据美国海关及边境保护局的统计报告,2015年在美国海关查货的假冒商品,将近九成的假货来自中国,52%来自中国大陆,35%来自香港。因此,美国人对中国产品质量大多心存顾虑,在他们的意识里,不诚信的商业是没有任何潜力的。

不可否认的是,虽已加入WTO十余年,但中国知识产权保护工作和西方国家仍有较大差距,而这正是中国电商进入世界市场必须面临的法律问题。中国商户在进入跨境电子商务活动中,应采取有效措施加大打假力度,并充分认识到中外知识产权保护法律的不同之处,有效规避法律风险,挽回已损失的口碑。

(3) 美国网民消费习惯

① 重质量,讲品牌。美国人最关心的首先是商品的质量,其次是包装,最后才是价格。因此产品质量的优劣是进入美国市场的关键。美国市场对产品质量的含意已扩展为广义的,并不局限于一般的产品用途、技术指标与规格,他们认为这些是产品进入市场本来就应该符合的。他们还将产品的包装质量、产品使用说明质量,尤其是售后服务质量也纳入质量含意之中。按美国市场的惯例,美国大零售商都接受顾客退货,只要有发票,即使包装已拆开、商品已被使用,也可退换,而且不用作什么说明。另外,美国消费者对产品品牌的认可度极深,因为品牌很全面的包含了他们对质量概念的理解,而且也比较准确的表示了自己的消费层次,所以他们较多购买有品牌的产品,也愿意付更多的钱。

② 销售季节性强。美国消费品市场对各种商品的需求均有较强的季节性。每个季节都有商品换季的销售高潮,如感恩节(11月底)开始便是美国人冬季节日购物的季节,特别是圣诞节,这时又是退税季节,人们都趁机添置用品,购买圣诞礼物。再加上黑色星期五和网络星期一等购物旺季,这一时期的销售额通常要占全年的三分之一。美国进口商进口订货均是根据其国内销售季节来组织的,因此,如错过销售季节,这些商品就难以销售,意味着这一年度退出美国市场,甚至被竞争对手长时间排除在市场之外。此外,美国有许多节日,如情人节、母亲节就是商家销售礼品的良机。美国作为移民大国,各个民族都有自己不同的传统节日,这些传统节日也就形成了为数众多的消费市场,电商平台可好好利用这些传统节日来进行促销。

③ 上网时间不统一。美国的版图比较大，横跨三个时区，所以不同时区的买家的上网采购的时间不同。为了提高卖家发布商品的关注率，卖家应该积极总结，选择一个美国买家上网采购时间比较集中地时间段来进行针对性的工作。

④ 美国电商是无声电商，整个交易过程都是流水线完美设计，然后就是邮件通知。而中国电商就是客服要多，什么事情都要事先沟通好，网页上写的东西似乎没有什么作用。美国消费者上网购物时，往往会从网店里的照片、买家评论、商家信誉等级视频资料以及其他的细节描述获取商品的信息。他们知道，点击购买了之后，只要自己不喜欢就可以很安全无误地退货。在此情况下，消费者很有安全感，而一般不需要与卖家进行交流。

⑤ 由于美国是高度发达的经济体，美国消费者习惯并熟悉于各种先进的电子支付方式，包括网上支付、电话支付、电子支付、邮件支付等。在美国，信用卡是在线使用的常用支付方式，同时美国商业信用程度比较高，是信用卡风险最少的地区。另外，PayPal 也是美国人异常熟悉的电子支付方式。与美国做生意的中国商家，一定要习惯并善于利用各种各样的电子支付工具。

⑥ 物流速度很重要。美国是一个注重效率的国家，浪费时间就等于浪费生命，他们希望下单后可以尽快收到自己满意理想的产品。实际上，85％的美国人在接受调查的时候表示，网购时不愿意等超过一星期。如果用小包的话估计会让大部分客人感到不耐烦，所以在设置运费模板的时候中国卖家应尽量同时设置四大快递等效率高的物流运输或者使用中美快递专线，如果不能这样做的话也应在产品详细描述中解释说明。

2.2.3　美国市场的开拓

(1) 中国电商在美国的布局

阿里巴巴是电商巨头，也是对海外电商市场最有野心的一家。美国时间 2014 年 9 月 19 日上午，阿里巴巴正式在纽交所挂牌交易，创下了全球最大 IPO 融资纪录。然而阿里巴巴进军美国市场的道路并非一帆风顺。在 B2C 方面，阿里也失败过，2014 年公开募股前，阿里自主经营了一家叫 11Main 的网站，但在美国消费者中评价一般，于是阿里在 2015 年又出售了这家网站。在 11Main 上的失败经验让阿里转变了在美国的战略方向，由一线白刃战转变为退居幕后，通过投资和并购的方式与亚马逊抗衡。2015 年，阿里资本先后在 2 月和 9 月参与美国电商 Jet.com 天使轮和 B 轮融资，又斥资 5 600 万美元购买了西雅图的一家母婴用品团购网站 Zulily 9.3％的股份，成为该网站最大的外国股东。由此可见，尽管阿里巴巴目前在美国市场的份额非常小，但其庞大的业务规模和现金储备使其成为美国电商潜在的巨大竞争对手。

阿里在美国直接做电商的曲折，并不代表中国团队做不好美国电商，中国制造席卷了全球，也在一段时间内成了中国经济增长的引擎；而如今，中国创造将会成为中国经济增长的新引擎，中国的人才、资本、非制造业的互联网产品、技术等，都将会逐渐席卷全球。而在美国的电商市场，也不乏这么一些中国创造的身影。

相比于传统的电商巨头，2013 年之后崛起的不少创业公司在美国电商业做出了标杆产品，例如做美国 C2C 电商的 5miles、做女装的 SheIn、做母婴的 PatPat、做选品工具的爆款易等。这些在细分领域表现不错的案例或还没有 BAT、谷歌、Facebook 的规模，却发展迅猛。而这些例子也说明，除了投资并购这种方式，中国团队也能在美国电商市场找到生存之道并拥有一席之地。

2015年1月进入美国电商市场的5miles意欲颠覆Craigslist(美国最火的大型免费分类广告网站),并打造了一个更安全、更高效的二手商品交易平台。仅一年的发展时间就在美国积累了超过900万用户。5miles快速发展的核心一是其拥有深厚的电商背景和丰富的中美生活经验的团队,团队平均有7~8年的电商经验;二是其深谙获客和留客之道,5miles通过社交网络等方式吸引了大量中小商家和美国普通家庭,并在产品内植入了社交属性,用户可以在平台上关注自己喜欢的卖家,且当自己的Facebook或通讯录好友登录时自己也会收到通知;三是极致本地化,从文案到产品迭代测试,5miles的美国团队都会参与进来,避免中国团队的想当然。5miles也深受资本青睐,IDG、晨星、SIG、蓝湖资本这些顶级VC(风险投资)已经给这家创业公司注资5 500万美金供其快速发展。

跨境电商SheIn从运营之初主打外贸大热单品婚纱礼服到转变战略方向做潮流女装,品牌定位清晰并善于用低价和网红、社交媒体获客。而做母婴商品的跨境电商PatPat,采取的是移动端闪购模式,价格比亚马逊低,垂直品类比亚马逊更专业;在人群定位上,以欧美中低等收入和年轻家庭作为突破口;推广渠道主要以社交媒体和病毒传播为主;为了达到质优价廉的效果,PatPat剪断出口商、进口商、和美国分销商这几个非价值创造环节。除此之外,为了做好本地化,PatPat团队还聘请了美国设计师免费为供应商产品重新设计包装,并在美国组织专业团队对每家供应商的产品按照欧美习惯与标准在营销和宣传方面下功夫。

做大数据选款和调研工具的爆款易的诞生,则是为了满足卖家们打造"爆款"的终极目标。简而言之,爆款易提供的服务就是帮助中小跨境电商找寻套利机会。大数据分析应用是爆款易为用户提供服务的切入点,通过对eBay、亚马逊、速卖通、Wish等网站的数据抓取,爆款易可以获得这些商品的销量、进价、售价,这些信息从侧面反映了消费者是否愿意购买这款商品。同时,爆款易自动匹配国内批发市场的货源,为客户提供进货渠道以及利润分析。而用户可以分析这些信息以决定自己是否要售卖这件商品。

除了上述例子外,还有很多中国电商公司开始了美国市场的布局,比如2016年对购物APP开发商Wish进行投资的京东,等等。中国团队如今已涉足了美国电商的各个领域,而至于效果如何,则需等待市场的反馈。

(2) 未来中国电商在美国市场的机会

① 深耕垂直领域。在美国,现阶段想要强行与亚马逊等巨头争夺市场是不现实的,阿里也只能退居幕后。因此,中国团队若想进入美国电商市场,一定要找准一个垂直细分领域,然后深耕,前面提到的PatPat、SheIn等中国团队都是采取这种战略抓一个较大的细分市场。

② 找出知名电商的致命缺陷,并将此转化成自身的优势。分类信息巨头Craigslist没有移动端、界面不友好和缺少信任和安全交易环境长久以来一直被人们所诟病,5miles正是抓住了这一痛点,主打附近八千米以内的二手商品交易,并不收取任何费用,为用户提高了交易效率、增加了信任,也降低了交易成本,让用户获得了更好的服务体验。

③ 目前很多中国跨境电商都在创品牌,但是只要东西是从中国寄过去的,美国人都是半信半疑的。因此,要想创牌最好是在美国成立公司,注册美国商标,更能让美国人相信。

④ 把握共享经济。共享经济一般是指以获得一定报酬为主要目的,基于陌生人且存在物品使用权暂时转移的一种新的经济模式。比如前面提到的二手电商5miles,一项调研显示每个美国家庭平均拥有8 000美元的闲置商品,如Airbnb(一家联系旅游人士和家有空房出租的房主的服务型网站)一样,5miles提供了让万千美国家庭中闲置的物品重新进入流通

的平台。将共享经济的思路用到其他还未被好好利用的资源过剩的电商领域,未来的想象空间很大。

2.3 英国市场分析

2.3.1 中英跨境电商发展概况

英国是发展最早的电商市场之一,其影响力不容忽视。作为百年商业帝国,英国整体商业氛围良好,领先的物流体系和便利的经商环境,为互联网电子商务的快速发展提供了有力的基础保障。英国政府一贯对电子商务持鼓励态度,且制订了一系列的电商交易政策来为电子商务的规范化发展保驾护航,因此,英国的电子商务获得了良好的发展。

截至 2015 年 6 月,中国已成为英国第五大主要出口国,最终出口至中国(不包含香港特别行政区)的商品占全英出口总额的 5.9%。与此同时,来自中国的商品占全英进口总额的 8.1%,中国已成为英国第三大进口国。

近年来,英国企业也注意到了中国正在蓬勃发展的跨境电子商务,这种新的贸易形态极大地改变了人们的消费习惯。尽管英国的电子商务市场非常成熟,但是对一些高质量的中国商品仍有很大的需求空间。新华社《经济参考报》与 Visa 公司在北京联合发布报告指出,英国紧随美国之后,是中国第二跨境电商进出口国,而就单笔交易的金额而言,英国是比美国更高的。尽管英国脱离欧盟给中英跨境电商的未来带来较大的不确定性,但经过一段时间的调整终究会趋于稳定,因此,英国依旧是不能放弃的市场。

2.3.2 英国市场基本特点

英国是世界上主要的贸易国家之一,也是联合国安理会五大常任理事国之一,英国人非常具有绅士风度,无论在生活中还是工作中,都非常温文尔雅。同时英国人的计划性很强,特别看重礼仪,在产品上则比较关注细节,追求产品的质量和实用主义。

近几年以来,英国电商在快速发展着,网络下单和支付规模不断刷新以往的记录。据统计,有 80% 以上的英国网民都在网络上有过多次购物的行为,这个比例在 G20 国家中是非常之高的。据 Statista 统计机构,英国是全球第三大电商市场,全球六大跨境电商市场分别是美国、英国、德国、澳大利亚、中国、巴西。而就欧洲电商而言,英国电商渗透率最高,占欧洲电商总营收的三分之一以上,全民 82% 的人经常网购是欧洲各国中比例最高。

做英国市场的中国跨境商家,可以按照英国消费者的习惯、喜好、风俗文化、消费特征等条件进行本地化的运营,了解英国的历史和节日,在这方面策划相应的活动,或许会取到意想不到的效果。

(1) 电商规模较大,未来增速放缓

相关数据显示,英国人使用互联网的比例为 95%,社交媒体普及率超过 60%,网购和网络视频等在线娱乐行业也非常普遍。英国国家统计局的调查数据显示,对于所有年龄层,网络使用达 90% 以上,16~24 岁的青少年,互联网使用率高达 99%,发展迅猛。每周英国在线消费支出就高达 11 亿英镑。因此,未来英国电子商务市场仍然拥有良好的用户基础,整体市场仍然存在进一步上升空间。

基于完善的基础设施和良好的商业氛围,英国电子商务发展迅速。Ecommerce Foundation 发布的《2019 英国电商报告》显示,2019 年底,英国的 B2C 电商销售额超过 2 000 亿欧元,与 2018 年相比增长了 14.6%。随着英国整体线上 B2C 交易市场区域成熟,英国 B2C 市场交易增速将逐步放缓,预计未来将维持 8% 左右的年均增速。在整体市场交易规模增速放缓的同时,英国线上人均消费增速也呈现同样的态势。

(2) VAT 税监管力度大

VAT 是增值税(Value Added Tax)的简称,适用于在英国境内产生的进口、商业交易以及服务行为。欧洲 VAT 问题一直受到中国出口电商行业关注。欧洲的发达国家拥有很好的消费能力,电商市场广大。不过,由于中国大量的包裹通过低价申报,以豁免增值税,给欧洲国家财政造成了严重的损失。英国政府对此反应强烈,多次采取措施加大监管力度,并要求第三方平台进行相关配合。

2016 年 3 月英国财政大臣奥斯本宣布 2016 年英国财政预算的同时,表示英国政府将采取措施应对海外贸易商逃避英国境内销售增值税(VAT)的问题。卖家被要求进行真实、及时、准确的税务申报。如果故意延误、错误或虚假申报,都可能受到英国税务及海关总署包括货物查封、向电商平台举报导致账号受限、罚款在内等不同程度的处罚。如果卖家继续偷税漏税,并且在线交易平台未采取任何措施阻止该项欺诈行为,那么在线交易平台也将负起连带责任。这个政策适用于使用英国本地仓储进行发货销售的卖家,而从中国直邮的卖家将不受影响。对于已经使用海外仓,但没有注册销售 VAT 的卖家,他们如果继续销售,将属于非法运营。这个政策将在一定程度上使得英国市场更加规范,长远来看,一个规范且良性发展的市场对电商而言也意味着更少干扰和更多保障。

(3) 英国的电商平台

英国的电子商务很发达,除了亚马逊和 eBay 这种全球知名电商平台外,还有一些本土的零售电商平台及各类垂直领域的电商和 APP,而利用 Facebook、推特等社交媒体达成交易在英国也是很常见的。下面介绍几个在英国比较受欢迎的电商平台。

① Argos:英国本土电商,家喻户晓的百货零售连锁商,覆盖 2/3 的英国家庭,采取了一种与传统零售商不同的经营模式,通过多种手段来满足消费者的不同消费方式,实现"线下目录销售+B2C+O2O"三模式整合。Argos 是线上下单、线下自提业务开创者,全英有超过 800 家的实体服务店铺,每个城市的街头巷尾都可能看到一个 Argos 的实体店。Argos 的门店经营与传统门店完全不同。门店大堂里没有陈列商品,所有的商品都储存在门店后或楼上的仓库里。消费者可以翻阅摆设在店里的购物目录来选择商品,这些资料在所有的门店里随手可取,顾客还可以拿回家慢慢挑。其经营范围涉及五金交电工具、汽车配件、运动器材、家具、装饰材料、文化用品、家用电器、珠宝首饰、工艺品、照相器材、玩具,等等。

② Tesco:英国最大的食品和日用杂货零售商。其电商网站成立于 2012 年,聚集 50 多个卖家,4 300 万俱乐部卡会员,每月 400 万访问量,Tesco 正逐渐把线下庞大的客户群转移到线上。该平台只对被邀请的卖家开放,产品包括如家居和园艺、婴儿用品、运动休闲、服装和珠宝等。

③ 乐天 Play.com:成立于 1998 年,是英国最大的在线娱乐零售商之一。聚集超过 3 000 卖家和 1 500 万客户群。最初卖游戏和媒体产品,但是现在发展到多品类。它是唯一允许零

售商定制自己的店面电商平台,使其迅速成为仅次于亚马逊和 eBay 英国的第三大在线市场。

④ Groupon:Groupon 为 coupon 的谐音,意为优惠券,是一家团购网站。Groupon 所拥有的用户均为 29~33 岁具有高消费能力的用户,主要售卖的均是餐馆、酒店、美容、健身、培训等服务类的优惠信息,即使跟知名服装企业 Gap 合作也是以优惠券的形式售卖,这均避免了库存、物流配送成本。Groupon 还推出了个性化团购新功能,来更好的匹配商户与用户的需求。根据用户的性别、购买历史以及兴趣向其发送更为密切的团购信息,使所提供的产品购买率实现最大化,也使用户黏性大增。

(4) 英国网民消费习惯

① 和许多其他国家一样,服装是英国人目前最喜欢的产品类别,国际电商研究会的数据显示,在英国线上 B2C 商品交易市场中,总体市场销售额高达 171.89 亿欧元,远领先于其他商品品类的销售额。除服装外,英国人更加偏爱在线上购买鞋类、生活用品、媒体娱乐、信息科技、家居及电子产品等。而在英国线上 B2C 服务市场中,机票、酒店消费大幅领先于团游和交通、保险等其他服务,总体市场销售额高达 350.87 亿欧元。

② 移动电商是目前英国电商增速最快的领域。Facebook IQ 调查显示,60% 的英国时尚消费者在购物前会在手机上研究产品,52% 的人会在 Facebook 或 Instagram 上进行研究。英国零售业中,移动电商势头最强的行业分别是时装和奢侈品(移动端交易占该品类电商总交易的 55%)、大宗批发(移动端交易占 50%),以及家居用品(移动端交易占 46.8%)。APP 仍将是拉动英国移动电商发展的主要动力,APP 端交易占全球移动端总交易的 65%,另外 35% 则发生在移动网页端。而在英国移动互联网用户中,16~24 岁是最活跃的群体,使用率高达 96%,上网时长是英国网民平均时长的 3 倍。

③ 英国消费者非常在意商品的包装,据英国某项调查显示,相当一部分消费者表示在网络购物的过程中,最为不悦的事就是收到的货品包装不当,包装破损、尺寸不合适都会让他们感到不满意。因为在英国人眼里,包装在一定程度上代表了商品的质量,包装有问题会导致消费者对商品质量产生疑问。

④ 在支付方面,借记卡主导英国线上支付市场,以 PayPal 为代表的电子钱包在英国也很受欢迎,占据 23% 的份额,而信用卡(14%)及银行转账(6%)是其他流行的支付方式。

2.3.3 英国脱欧对中英跨境电商的影响

英国民众票选出来的脱欧(英国脱离欧盟)风波在全球范围内持续发酵,跨境电商领域也受到波及。

(1) 跨境进口短期利好

英国脱欧公投结果公布的那一刻,国际金融市场迅速做出反应:英镑汇率大幅下跌,创下 30 多年来历史最低点。汇率下降这意味着人民币购买力增强,进口跨境电商采购成本会进一步降低。这直接点燃了国内海淘族购买英国乃至欧洲商品的热情,代购、跨境电商平台的生意突然间火了起来。各个英国系进口跨境电商平台也没有放弃这个借势营销的机会,纷纷下场。"欧淘热"无疑给中英跨境电商带来了利好。

短期利好并不意味着进口跨境电商可以高枕无忧。"欧淘热"主要是英国脱欧个案引起的,汇率波动处在一定范围内而且很可能是短暂的,也就是说这仅是一场短暂的狂欢。而长期来看,由于汇率跳水带来的所谓价格实惠无论从英淘消费者还是跨境电商企业本身来说都是不利的。因为脱欧带来的变化是深层次和一系列的,随着时间推移,由于贸易条款、关税和对于中国市场的贸易政策调整等因素,跨境电商企业在英国的供应商及一系列的商品价格会出现变动,这些变动的冲击力不是简单靠英镑汇率下跌可以对冲的。所以对于跨境电商企业来说,仍应该有长远的考虑和打算。

(2) 跨境出口受挫

相较于跨境进口电商的短暂狂欢,跨境出口电商却面临了巨大的压力。英镑贬值,可能造成英国消费者购买能力的下降,其中缩水部分可能需要在跨境出口电商内部消化,短期内企业利润必定降低。以浙江点库电子商务有限公司一款出口到英国的摇摇马为例,英镑暴跌前每只售价 70 英镑,约合人民币 700 元,现在只有 630 元,利润明显下降。而若长期维持低汇率状态将导致国内商品的价格竞争力下降。

此外,英国一直在中国出口欧盟地区扮演着重要角色,英国脱欧意味着中国跨境出口电商在欧盟地区打造的原有体系将被改写,甚至需要重建。欧盟无论对于传统外贸企业还是跨境电商企业来说都是一个非常诱人的市场,但欧盟对于中国很长时间内都处于比较保守和消极的贸易保护态度,作为欧盟国家中对中国最开放和自由的英国一直是中国外贸和跨境电商企业转入欧盟的重要跳板。中国跨境出口电商出口欧盟地区时一般在一至两个地区建仓,然后辐射欧盟地区,而英国则起着中间站的重要作用。脱欧后意味着以后英国和欧盟等于是两个完全不同的体系,通过英国转运到欧盟又面临重复的关税和报关的问题,所以很多跨境出口电商企业需要针对英国或欧盟区重新建立经营体系,国内出口跨境电商企业出口到欧盟的渠道会变窄,而且这样的影响会比较深远。

总体而言,英国市场因为税费(VAT)规范门槛会提升,部分卖家可能会自动撤退。大卖家或是最大的受益者,因为门槛提高会挤出不少中小卖家。但只要留下来,对于走本土化运营的卖家来说,成本有较大攀升是有可能成为现实的。例如:物流配送英国难度和费用都会上升,再也很难做到一国入仓五国派送;海外仓会倾向于英国一个、欧盟一个,这也是运营成本增加的一个方面。英国脱欧对跨境电商而言将带来价格优势减小、物流成本增加、税收政策调整等多方考验。

当然,从投票结果产生到英国正式脱欧,可能还要一段比较长的时间,双方都还没有开始做脱欧的工作准备。所以,当前有关物流的法令还是按原规定执行,不会出现突然"熔断"的局面。不过,既然英国真的要脱离欧盟了,跨境贸易服务商就应该提前做好备案,重新制定合作方案。再加上货币红利不复存在,英国就不再是"人民币"的最佳合作伙伴了,那么下一步往什么地方发展,就需要跨境电商抓好时机,重新布局了。

英国脱欧对很多出口电商企业而言是一次不可抗力,这也是出口企业经常会遇到的汇率波动等风险。就目前中国外贸出口的本质来说,脱欧带来的汇率和政经局势的变动已经不是最根本的问题,最根本的问题是传统低价格模式(包括劳动力、生产资料、规模化模式)带来的模式困境,所以我们应该把更多精力放在企业的转型升级上,靠新模式及外贸+互联网方式提升自己的企业核心竞争力。

2.4 俄罗斯市场分析

俄罗斯市场和中国市场是一个高度互补的市场,其国内的重工业和轻工业比例严重失衡,他们对日常消费品的进口需求很大,这其中包括服装、鞋子、电子产品、配饰等。研究报告称,俄罗斯的互联网普及率(约80%)和智能手机使用率(66%)很高,2019年俄罗斯网购人数比例增长10%。42%的俄罗斯人经常进行网购,这一比例是5年前的两倍。2018年,俄罗斯消费者在网店购买的衣服和鞋子价值达到2 200亿卢布(1美元约合62卢布)。网购订单约9 800万份,比2017年增长56%。1/3的受访者表示,他们通过智能手机或平板电脑等移动设备进行网购。2019年,这类订单比2018年增加50%。

在俄罗斯市场上,支付和物流是一个障碍,由于俄罗斯人对网络支付的安全性持有怀疑态度,所以很少有人使用电子支付,仍是以现金支付的方式为主。而俄罗斯小包的时效还是在20~30天左右,物流体系的不完善由此可见一斑。

俄罗斯网购人数约占其总人口数的2%左右,比较关注的是产品的性价比,在产品的选择上会有一定的滞后性。过去在中国网站上购买跨境商品的多是一些低端的消费人群,现在俄罗斯一些主流的消费人群也渐渐开始在线上购买商品了,这也给中国跨境卖家带来了不少的商机。

这几年,俄罗斯市场在不断地发生变化,变得更加包容和开放了,这让中国的卖家在俄罗斯市场拥有了更加深入的可能性,比如设立一些办事机构,或者寻找一些当地核心的合作伙伴进行渠道的开拓,甚至包括品牌的售后服务。

俄罗斯电商市场的跨境贸易板块也在不断扩大。截至2018年底,俄罗斯跨境电商规模增长了12%,达到63亿美元,跨境购物的俄罗斯消费者中,最受其欢迎的产品类别包括鞋服类(38%)、家用电器和电子产品(33%)以及香水和化妆品(8%)。根据对俄边境口岸的不完全统计,中国对俄出口额已达350亿美金,灰色贸易部分将近400亿美金。除此之外俄罗斯还辐射东欧俄语系国家超过3.5亿人口。在跨境B2C贸易中,俄罗斯市场已经表现出了巨大的爆发力。2015年双11,俄罗斯银行曾经被蜂拥而至的交易订单挤到瘫痪。而其中,绝大多数的海外网购来自于中国。俄罗斯是一个几乎没有轻工业的国家,因此,价格低廉、质量过硬的中国轻工产品对俄罗斯消费者有很强的吸引力,服装服饰、3C数码、家居用品等产品尤其受欢迎。

2.4.1 中俄跨境电商发展概况

从2012年阿里巴巴全球速卖通打入俄罗斯市场以来,越来越多的人开始把目标投向新兴市场,在俄罗斯的竞争更是日益白热化。事实证明,俄罗斯市场的潜力确实非常巨大。俄罗斯是欧洲互联网用户第一大国,拥有6 000万互联网用户、1 500万在线购物用户和很高的移动设备渗透率,消费群体庞大。2019年俄罗斯电商市场增速将超过30%。《中俄跨境电子商务发展报告(2015—2016)》指出,俄罗斯网购群体不断扩大的同时,中国对俄跨境电商发展迅猛,俄罗斯跨境电商交易订单中,中国商品占总量的70%,中国网店已成为最受俄消费者欢迎的外国网店。同时,根据毕马威会计师事务所(KPMG)的数据显示,17%的俄罗斯人会在亚洲的网络商店购物,其中大部分是中国卖家。从俄罗斯人花钱最多这一指标来看,中国同样排名第一,其次为欧盟国家、美国。这对面临经济下行压力的中国企业,展现了极强的吸引力。

中俄跨境电商市场迅速增长跟俄罗斯国情有关,俄罗斯的轻工业不发达,国内重工业和轻工业比例严重失衡,且消费者对产品的价格较敏感,所以它对中国的轻工业产品的需求很高,渗透率也很高,是一个天然的大市场。俄罗斯是中国的邻国,经济结构互补,居民的消费需求增长,消费能力高,欧美又对俄罗斯有所打压,这也使得中俄的口岸打开了,对中国产品的敏感度也相应地有所降低。再加上"一带一路"政策的推动,2015年4月,中俄跨境电商通关服务平台在绥芬河正式开通。我国黑龙江省正着力打造区域性物流集散枢纽,将哈尔滨打造成中国物流共同配送试点城市,并完善物流通道、仓储配送等跨境基础设施,重点推进边境口岸地区跨境物流园区建设。依托现有境外园区,黑龙江将加快境外园区建设,制定《黑龙江省对俄境外园区发展规划》,重点规划建设20个在俄产业园区,着力培育10家以上升级境外重点产业园区,推动境外园区提档升级。黑龙江鼓励对俄贸易企业在俄建设海外仓、境外服务网点,打造覆盖俄罗斯的跨境电商物流枢纽中心。基础设施的互联互通,逐渐打通了中俄跨境电商的"任督二脉"。

目前,我国电商巨头阿里和京东正在加速布局俄罗斯市场。在物流方面,莫斯科格林伍德国际贸易中心与黑龙江省俄速通国际物流有限责任公司共同投资建设了海外仓项目,搭建中俄跨境品牌分销平台。海外仓建成后,中俄跨境电商物流时效从20至30天提升到2至7天,这一举动实现了中国外贸在俄罗斯转型升级。因此,尽管现在俄罗斯的跨境电商发展速度很快,但其实这对于俄罗斯本土的零售市场来说只是冰山一角,包括对于中国的贸易来说也只是很小的一部分,从这个角度来讲,对俄的跨境出口电商市场还存在巨大的发展空间。

2.4.2 俄罗斯市场基本特点

(1) 地区发展不平衡,东西部差距较大

俄罗斯是一个高度复杂的市场,这个国家幅员辽阔,横跨欧亚两大洲,不同地区的宽带普及率和人员的IT水平有着明显差异。一般来说,中心城区占据了国内电子商务市场的大部分规模,莫斯科平均市场规模约为其他地区市场规模的10倍。俄罗斯是全球面积最大的国家,四分之一面积位于乌拉尔山西侧,属于欧洲;四分之三面积位于乌拉尔山东侧,属于亚洲。但是人口分布刚好相反,欧洲部分生活了四分之三的人口,亚洲部分只生活了四分之一的人口,而且居民收入水平比欧洲部分相差较大,分布相对非常分散,物流基础设施落后。尽管如此,由于与中国接壤和经济水平的原因,东部地区居民对中国的认同感更强,对中国商品的需求也更强烈(欧洲居民更推崇欧美商品)。据俄罗斯用户对外国搜索兴趣报告显示,中国在外国的排行榜中位居第四名。每月搜索量均达到410万次——国家相关的总搜索量的5%。在俄罗斯地区之间,西伯利亚与远东地区的居民对中国的兴趣最强。

在与中国边境接壤的一些城市,如赤塔,中国商品几乎占据了市场的绝对优势,小到手套和日常吃的蔬菜水果,几乎都是中国进口的,每天都有数趟火车和大巴到中国购物和消费。同时不可忽视的问题是,过去这些年中国商户在当地销售次品假货,极大地损害了中国商品的形象,树立物美价廉的口碑对赢得该地区市场极为重要。这一地区市场适合建立边境仓发货,不少物流公司如俄速通已配备了边境仓服务。

(2) 品类需求有一定的独特性

俄罗斯市场消费者通过跨境购物的主要两个原因是:较低的商品价格和更广泛的商品品

类。来自中国的货物刚好具有这两方面的优势。目前中国跨境电商企业中主要向俄罗斯出口六种商品,分别是服装、电子产品、鞋、箱包、汽配产品、珠宝首饰,卖家主要集中在江浙和深圳,前者主要出口服装,后者专攻电子类产品和珠宝首饰。考虑到目前的物流配送时效,俄罗斯人选择从中国购物的商品有一些共性的特点:即差异化和丰富性,或者价格优势相对非常明显。中国跨境电商卖家在面对俄罗斯市场时,服装鞋帽类的选品把握他们的基本风格和季节需求即可,尽量个性化;3C类和汽配类要重点积累信誉度,产品描述要精准,最好找翻译公司精翻成准确的俄语,同时主推有买家好评的产品。

在买家的性别和年龄特征方面,根据Yandex和GFK发布的一项研究报告可以看出,与中文网站相比,男人更喜欢从英文网站(54%)购买商品,而大多数女性更喜欢从中文网店购物(52%)。这种现象可能与购买的商品品类有关,女性购买的品类多为服装、饰品、儿童用品和家居用品,男性经常集中购买电子产品和汽车配件。另外,跨境在线购物的核心年龄段分布在20~29岁,在俄罗斯,这个年龄组也是最活跃的一个年龄段,他们对国际支付方式有较深的了解。这个年龄段约有40%的受访者有在英文和中文零售平台购物的经历。

(3) 支付方式多元化

俄罗斯市场主要有四种非现金支付方式:离线支付自助机(用户可在该机器中插入现金,并通过电子钱包使用这些资金来支付各种服务费用)、银行卡、Web和移动电子钱包、短信支付(即直接从手机账户中支付)。多元化的支付方式是俄罗斯在线支付市场的一个显著特点,为了获取更多的客户,商家们几乎必须向消费者提供所有付款方式。Yandex.Money(俄罗斯最大的电子支付服务提供商)的市场调查显示,那些可接受所有主要付款方式的商店可将销售额提高10%~15%的份额。银行卡与电子钱包是四种非现金支付方式中最流行的:34%的用户使用银行卡进行支付,28%的用户使用电子钱包进行支付。此外,现金支付畅行也是俄罗斯市场不同于其他市场的一个特点。

① 电子钱包

根据国际智库TNS的调查,在俄罗斯,约50%的互联网用户每月至少在PC端使用电子钱包进行一次支付,29%的互联网用户至少在移动设备上使用电子钱包进行一次支付。其中,使用电子钱包进行得最多的支付类型是在线购物,然后是移动运营商计费、家庭水电费、音乐、电影、游戏以及转账给其他用户。

另外,全球支付领域的领先者在俄罗斯市场上却并不是领先者,这一情况与中国市场类似。这主要是由于全球支付领域的领先者仍无法打破用户喜欢使用本地服务的习惯,所以,俄罗斯境内支付系统比国际支付系统更受欢迎。除Yandex.Money外,WebMoney、Qiwi、PayPal也是俄罗斯消费者使用最多的电子钱包。其中,Yandex.Money的使用率(44%)在俄罗斯保持第一,43%的消费者使用WebMoney,36%的消费者使用QIWI,35%的消费者使用PayPal。

② 银行卡

在俄罗斯,最流行的银行卡支付系统是Visa和MasterCard。其中,Visa占有65%的俄罗斯市场,MasterCard的市场份额为35%。中国银联和美国Express在俄罗斯鲜为人知。

③ 现金支付

尽管有着多种在线支付方式,但俄罗斯和其他东欧国家一样,现金仍然是一种使用较为广泛的支付方式。目前,43%的俄罗斯用户会选择货到付款的方式支付。之所以存在这种现象,是因为消费者对当地网上商店缺乏信任,当然,这种不信任也在逐年下降。

(4) 卢布汇率波动带来新机遇

研究显示,阿里巴巴全球速卖通在2014年成为俄罗斯访问量最大的电子商务网站,来自西方国家的总体销售额却停滞不前或者开始减少。究其原因主要有两点:第一,2014年初俄罗斯推动与西方国家的政治对抗,俄罗斯受到西方国家的制裁,国内消费者看到这一情况,在购物的时候表现出极大的爱国情操,一些业内人士、消费团体有意冷落西方零售商,不购买西方国家出产的产品;第二,由于卢布大幅贬值,在卢布汇率不稳定的情况下,未来俄罗斯消费者将会对价格更为敏感,他们也会更青睐网购,尤其是跨境网购中国产品。由于本身就较贵的西方产品愈发变得昂贵,而俄罗斯并无本土的制造业,市场必然会被经济实惠的中国进口产品填充。

另外,面对卢布持续贬值带来的购买力下降,中国跨境电商可以采取以下应对策略,一种是对消费者和产品重新定位,新增一些性价比较高的、适应中产阶级消费需求的产品。俄罗斯中产阶级承受价格上升的能力相对较强,购买力变化不大,而他们更关注质量和消费体验。要认真研究他们的需求和嗜好,提供有针对性的产品和服务,从而赢得他们的青睐。另一种方法是通过实施差异化的营销活动,来提高品牌知名度、塑造良好的销售环境、引导客户购买、坚定客户信心,如通过事件、活动营销,吸引顾客参与,提升人气,或者通过促销、赠品等给予消费者实惠,吸引更多的消费者购买。

(5) 其他俄语国家市场潜力较大

截至目前,法律上给予俄语"官方语言"或者"第二官方语言"地位的有白俄罗斯、哈萨克斯坦、吉尔吉斯斯坦和摩尔多瓦四国。乌克兰也是广泛使用俄语的国家。爱沙尼亚、拉脱维亚、立陶宛、格鲁吉亚、亚美尼亚、阿塞拜疆、乌兹别克斯坦、土库曼斯坦、塔吉克斯坦也有相当的人口使用俄语,在俄罗斯的务工人员很多来自这些国家,虽然没有专门学习过,但俄语都很熟练。乌克兰和白俄罗斯是除了俄罗斯外俄语国家市场中容量最大的国家,哈萨克斯坦市场居于其后。来自波罗的海沿岸三国立陶宛、爱沙尼亚、拉脱维亚的订单数量也不少,阿塞拜疆作为石油国家,经济也较为可观。

值得注意的是,当下俄罗斯市场竞争已经非常激烈,俄罗斯之外的其他俄语国家市场还比较少被关注,这些国家目前从中国跨境网上购物的人口数量还比较少,但是有一定比重的B类客户(即有长期合作意向的海外零售商或公司采购型买家),而且重复购买率相比俄罗斯乌克兰白俄罗斯要高很多。考虑到这些国家现有的经济发展水平,很多地区商品还比较匮乏,基本上是靠批发商到莫斯科等大城市进货然后在市场上再批发给更小的零售商,中国跨境电商企业如果能赢得当地小B类买家,销售会进一步飙升。

2.4.3 中俄跨境电商存在的问题

尽管吸引了很多中国电商企业的视线,俄罗斯电商市场依然存在一些问题亟待解决。中国跨境电商只有采取积极的措施来应对,才能充分抓住俄罗斯电商市场的发展机遇。

(1) 通关和退税

中俄跨境电商遇到的第一个困难就是通关,由于俄罗斯海关是按照常规进出口海关货量来配置人员和海关基础设施,面对洪水般涌入的境外小包裹,无论是人手、设施,还是原有的包裹通关流程,都不足以应付,所以造成的后果就是通关时间较长、大量包裹积压在海关。加上产品门类过多,品种过多,致使大部分包裹的处理时间长达 40~80 天。第二,灰色通关致使入境货物没有合法的身份,安全没有保障。众所周知,俄罗斯的灰色通关是中俄贸易的顽疾,它的存在只是少部分人获利。第三,货物安全。经常出现大量的货物丢失,俄罗斯海关缺少跨境货物安全解决机制和方案。第四,由于多数出口货物为包裹,电商无法正常结汇,无法退税,大部分销售货款通过灰色渠道回到国内,这既有风险,也有违现行法规。这种状况可能不是短时间能够改变的,中国跨境电商可以通过重新设计运作模式和选择有较强通关能力的海关关站方法来设法缓解。

目前,灰色通关的问题已经有所改善。俄罗斯总统普京于 2016 年 1 月 15 日签署总统令,俄海关署将划归俄财政部管辖。这种变化意味着正规企业进入俄罗斯市场成为可能。俄罗斯境内公司间走账检查严格,非法汇款一再被打击,促进和保障了正规企业的正常经营。以前通过灰色通关和钱庄汇款,经营者非法取得尽可能低的经营成本,现在很难实现了,现状是在俄罗斯政府的严管下,一个公平竞争的商业环境形成了。

（2）投送

俄罗斯是世界上国土面积最大国家,跨越 9 个时区,网上购物在这里遇到的挑战要难于任何其他国家。俄罗斯基础设施、物流网络和邮政分拣、投送等大都停留在多年前的水平,面对暴增的电子商务类包裹处理能力和经验严重不足,导致货物大量积压。四大国际快递在俄罗斯的服务也极大区别于欧美国家,不仅价格高出了很多,而且带电带磁的产品不能邮寄,清关要求较多,即使货代实力很强,也依然会时常遇到扣关或者退货的情况。因此,除非产品非常正规,手续也很齐全,而且和货代有长期合作,线路很了解,而且产品货值较高,否则用四大快递将会带来巨大的成本。

目前,针对俄罗斯物流问题,不少物流服务商都在积极中应对中。俄罗斯本土实力雄厚的电商平台投入巨资构建代理网络和发展 IT 系统,如 Wildberries 和 Ozon 公司,他们依靠自身的力量组织起地区送货。俄罗斯人对于配送的质量和速度有很高的要求,可以说,决定俄罗斯电商成功与否的其中一个关键因素就是物流,这就大大提高了新商家进入市场的门槛。而中国跨境电商要想在俄罗斯市场获得发展机会,可在当地建立海外仓或设立分公司进行本土化运营。但部分物流行业人士则认为,从对俄出口的产品结构来看,海外仓未必是最佳选择,目前中国跨境电商对俄出口主要是轻工业产品,海外仓主要适合重量大、尺寸超标的产品,且建立海外仓的成功和风险也不低,一旦货物进仓,销售不出去,很难再退回国内,因为大宗货物要涉及大额的关税和烦琐的清关流程。因此,综合成本和时效来看,建立边境仓比海外仓更具灵活性。

（3）低价恶性竞争

中国电商将国内的恶性价格竞争又带到国外,以中国阿里巴巴为首的许多中国商家,其竞争模式仍然是低价竞争,结果是大家无利可图。例如,2013 年年末,某电商推出了俄罗斯团购活动,将针对全平台所有重点类目在 12 月 23 日至 12 月 29 日期间开放销售展示。对此,很多卖家指出活动参与规则十分严格,折扣要求也非常高,可谓是"亏本赚吆喝"。

低价策略是中国跨境电商争夺客户的主要方式,不过这一条路却是死胡同。eBay 大中华区 CEO 林奕彰表示,今后跨境电商单纯靠商品本身的价格优势来做生意,会越来越没有竞争力。他认为,出现这种情况主要有三方面的原因,一是跨境电商竞争日趋激烈,卖家所能赚的差价越来越少;二是中国世界工厂的优势逐渐消失,卖家成本会不断上升,削弱价格优势;三是有一小部分跨境卖家成长起来,他们可以依靠规模优势去压低综合成本,尤其是能通过提高运营效率而扩大利润空间。跨境零售正在从个人卖家向企业卖家过渡,类似国内电商平台从淘宝到天猫的升级。中国跨境电商必须实行从低价竞争向价值竞争的转变,通过品牌化运作,商业模式创新,提高消费者体验等方法,提升自己的竞争优势。

(4) 同质化竞争

目前大多数中国跨境电商所采用的销售模式,是典型的"卖产品"。由于大多数产品款式、功能、外形、价格高度趋同,用户选择余地非常大。要摆脱同质化的竞争,中国跨境电商必须从卖产品上升到卖服务、卖模式、卖故事、卖文化。以卖服务为例,通过提供差异化的服务实现品牌溢价,在目标消费者心目中树立起良好的品牌形象。尽管产品大同小异,但是通过强化服务可以弥补核心产品上的不足。例如,俄罗斯电商 Lamoda 的"送货上门再试穿"服务让快递员变身时尚导购,为用户免去了烦恼。Lamoda 不仅快递服装,还会附带一个时尚导购,为顾客出谋划策。如果你试穿后发现商品不合心意,还可直接退货。这一"试穿"模式广受好评,不仅为 Lamoda 吸引了用户,还积攒了大批回头客。

(5) 俄罗斯对本土电商的保护

根据独立贸易监控服务机构"全球贸易预警"(GlobalTradeAlert,简称 GTA)发布的数据,2013 年在世界范围内,俄罗斯发布的贸易保护主义政策最多,占到全球现有贸易保护主义政策的 20%,其中包括从减少外籍工作人员配额到国家对稀土工业、农业和飞机制造商的支持措施。俄罗斯的强势保护主义决定了中俄跨境的艰难处境。例如,俄罗斯计划推出的对国外网购商品全面征税,无疑将提升其国内电商企业的竞争力,压制国外跨境电商。俄罗斯人有自己独特的行事风格,他们对国外商人的警惕和有意识的自我保护,让国外电商不能很好地融入当地。谷歌在经过了艰苦奋斗后,只拿下了 27% 的份额,远逊于本土竞争对手 Yandex 的 61%,亚马逊干脆在该国销声匿迹。模仿 Craigslist 模式的 Avito 也已经在本土市场遥遥领先美国竞争对手。无论是搜索引擎(Yandex)和社交媒体(Vkontakte 和 Odnoklassniki)都是本土化为主。

解决这个问题的最直接的方法就是本土化。俄罗斯有它独特的文化和语言体系,实施有效的俄罗斯本土网络营销需要较深的语言文化功底,不是一般只会日常会话的中国员工就能解决的。无论是网站建设、关键搜索营销、行业网站推广、还是深度的专业内容营销、电子邮件许可营销、移动互联网营销、博客和论坛营销等,无不需要对独特的俄罗斯文化和语言深刻洞察和积淀,这都需要吸引俄罗斯本土人才参与。

(6) 中国跨境电商的网站推广模式

非常值得中国跨境电商重视的一个重要问题是,关键词竞价排名推广和互联网硬广告的效果大幅下降,而社交网络的营销效果明显上升,最重要的原因是俄罗斯网民对社交网络的狂热爱好。据统计,俄罗斯网民保持着对社交网络的狂热爱好,八成以上的俄罗斯网民都使用着社交网站,俄罗斯最流行的社交网站 VK 拥有超过 1.2 亿注册用户,主打同学社交的本土社交网站 Odnoklassniki.ru 市场占有率也在 Facebook 之前。Mail.ru 是俄罗斯本土最大的门户网站,同样还有 rambler.ru,正受到社交网站的冲击,传统的门户网站对用户的吸引力正不可避免地下降。因此,中国跨境电商必须考虑修正自己的策略,不要图省事仅仅依靠关键词竞价排名推广和互联网硬广告的推广。

2.5 新兴市场分析

中国跨境电商的发展已经到攻坚阶段。尽管北美、西欧等市场发展依旧强劲,然而随着近年来新兴市场和多语言市场热度的蔓延,更多小语种市场也受到了较大的关注。由于很多新兴市场的产业结构正好与中国互补,且竞争对手相对较少,具有先机优势,新兴市场的开拓已成为我国跨境电商发展的新蓝海。下面简单介绍几个市场潜力较大、发展速度较快的跨境电商新兴市场。除此之外,拉美、南欧、印度及非洲等很多地区也是具有巨大发展空间的。

2.5.1 巴西市场分析

提到巴西,人们想到的往往是热情的桑巴和疯狂的世界杯,但巴西市场也是跨境电商的一块热土。巴西电子商务市场是拉丁美洲市场最大的市场,同时也是巴西国内增长最为活跃的领域之一。巴西互联网渗透率较高,加上这几年政府在大力建设电子商务基础设施,更加促进了电子商务的快速发展。尽管 2015 年巴西遭遇经济危机,货币贬值、失业率高涨,但电商市场却保持逆势增长。巴西人为了节约开支,为买到性价比更高的商品纷纷转投网购怀抱,其中中国电商网站已成为巴西人海淘的首选,占据了半壁江山。

百度数据预测 2024 年巴西全国人口将达到 2.25 亿,超六成使用互联网,超五成使用智能手机。年轻人口和中产阶级比例将进一步增加,平均消费人群年龄 42.2 岁。人口的红利会带来潜在消费群体增长、互联网普及度提高,社交媒体使用广泛,这也是巴西跨境电商市场潜力巨大的原因。再加上奥运会的成功举办带来的便利性,因赛事修建和完善的里约交通体系、国际银行卡支付体系和汽车租赁行业革新。

但是巴西的跨境电商价值被严重低估了,巴西是南美最大的市场。作为金砖五国之一,世界第七大经济体,美洲第二大经济体,综合实力是拉美首位,经济结构接近发达国家水平。国土面积是 854.7 万平方公里,仅次于俄罗斯、加拿大、中国、美国,周边辐射国家较多。仅 2018 年平均巴西跨境电商消费 36.5 美元,总计 27 亿美元(但电商的体量是总体 5%)。而这一切是建立在"三高"基础之上的高税率(35%)、高利率(基准为 6.5%)、高物流成本,平均消费品价格是中国市场的 3~4 倍。这也是跨境电商的优势。

(1) 巴西网民购物特点

在巴西跨境电子商务交易中,前 5 位畅销品分别是时装及配件、化妆品、个人护理和健康产品、电子类产品、图书与杂志。这一表现与巴西的产业结构相匹配。农业与制造业属于巴西的弱势产业,在巴西经济比重中偏低,第一产业与第二产业对巴西国内生产总值的贡献率显著低于第三产业。中国制造业则较发达,所以也导致了巴西跨境电子商务的产品现状。另外,巴西地处热带,炎热的天气使得人们户外活动比较丰富,游泳、冲浪、爬山这些活动也使得相关产品能够热卖起来。

在巴西跨境电子商务交易中,既有巴西本土电子商务平台,也有国外知名电子商务平台。从整体上看,国外知名电子商务平台的表现要优于巴西本土电子商务平台。在巴西,表现较为抢眼的平台主要有魅卡多网(巴西版"淘宝")、阿里速卖通、Americanas、Olx(分类信息网)、Submarino、Buscape(消费电子类)、Netshoes(体育用品)、Admngronline、Almart、亚马逊、

eBay 等,其中又以速卖通、亚马逊、eBay 等全球知名电子商务平台表现更为突出。

(2) 支付方式

巴西的信用卡普及率较高,喜欢分期付款和赊账,尤其是信用卡支付,但是信用卡中有七成不支持跨境支付,而且大部分人信用消费额度较低。全国拥有约 8 260 万张活跃的信用卡,其中 Visa 与 Master Card 主导着信用卡市场。在跨境电子商务交易中,最常用的在线支付方式是信用卡或借记卡,这是由于信用卡公司积极地推出各类促销活动所导致的。巴西网民比较常用的在线支付方式还有 Ebanx 的 Boleto,也是当地人交水电费等生活费用的主要方式。

(3) 物流及关税

巴西是发展中国家,为了保护本国的工业生产,在进口方面,对国外进口的货物采取征税的贸易保护政策。只要是寄往巴西境内的包裹内产品只要是巴西有企业能生产,不论价值和重量如何都征高税。而且规定巴西当地人每年境外免税额只有 50 美金,因此所有巴西消费者购买产品都需要交税。巴西海关是国际上少数几个检查比较严格的国家,他们对于包裹的检验率高达 100%。如果是快件在发货的时候没有注明 TAX 号码,巴西海关会将商品自动退回发件地,并且还要向发件地征收退回的费用。因此,中巴在进行跨境交易时,要在发货之前做好资料信息的准备,以免商品被扣关,引起不必要的纠纷。进口商需在出口国将货物装箱送达巴西前就在巴西外贸网站上申请许可证,未取得的先交海关估价的 30% 作为罚款,如失效了则必须交 10%~20% 作为罚款。巴西海关不接受任何海运单,同时所有无单货物一入港口视为走私,先交罚款。即使有正本提单,也有要求,地址不详者扣留,补齐才允许通关。还必须标明货物体积。如果出现退回,产生所有费用由买家承担。海关办事效率低,2018 年评选的 144 个国家海关效率中巴西是第 138 名。

巴西作为跨境电商的新兴市场,存在着较大的物流问题:小包慢,丢包率高;当地建仓非常困难;从附近国家建仓,利用南美自由贸易协定空运货物进入巴西也有操作上的复杂性。而随着往巴西的跨境包裹数量的快速增长,巴西海关清关速度跟不上成了发展巴西跨境电商的一大难题。同时,巴西处于本土保护的目的,又限制境外包裹的大量进入,同时收紧了邮政包裹入关政策,这也加剧了跨境物流的困难。

2.5.2 德国市场分析

一说到德国,我们都会想到德国人的工匠精神,以及他们的严谨和专业,也正是由于这些优秀的品质,才让德国出现了 2 000 多个世界名牌,出现了宝马奔驰奥迪这样的德系汽车。

德国本土的产品已经足够优质,所以外国的产品要想在德国市场上立足,就需要在品质上精益求精,才能得到德国人的认可。同时我们要知道德国的退货率很高,将近 50%,这与德国的法律和他们的消费行为有关。德国的法律规定网购时,消费者可以将没有开封的商品在 14 天内退回,而德国人也经常会购买多个颜色或者尺码的产品,在试用过后将不满意的那部分退掉。

德国人的消费观念相对其他国家相对理性,基本上不会冲动消费,购买奢侈品的人比较少,相对于外在的追求,他们更注重的是生活的品质。此外,德国人很看重节日,每当重大节日时都会跟朋友互赠礼物,借此联络和增强感情。

在经过长时间的市场培养和积累之后,德国消费者对于在线购物的热情开始井喷,外加德国移动电子商务的高度普及,都助推了电子商务在德国的发展。占据欧洲市场 25% 消费体量的德国成为业内研究和跨境电商企业开拓的重点市场。

(1) 德国网民购物特点

德国 8100 万居民中,互联网用户达 83%,其中 77% 在网上至少购买过一次;10 岁以上 5 400 网民中有 55% 至少有过一次或多次网购经验,其中 24 岁至 54 岁年龄段的德国网民尤其热衷网上购物,而在 55~69 岁的老人中,网购族占了 40%,可见老年购物群体的庞大。因此德国中老年客户是不可忽视的群体,他们关注的健康品、旅游产品、日用品、休闲用品等都值得关注。另外,德国亚马逊是其网民最爱消费的地方,据说其他九个德国本土电商加起来的体量勉强胜过亚马逊,中国跨境电商进军德国市场,还是需要踏上亚马逊这块绝佳跳板。

而在众多国家拔得头筹的流行服饰,在德国却吃了闭门羹。德国在线销售最热的产品是书籍,其次才是服装,以及电子产品等热门消费品类。德国人也很喜欢购买二手产品,包括二手衣裤、鞋帽、桌椅等。至于中国产品,很多德国人已经改变了原有的偏见,除了愿意购买很贵的中国瓷器外,以联想、华为为代表的中国品牌逐渐受到他们的喜爱。同时,汽车汽配、母婴用品、消费电子、电子烟等产品等也是德国消费者跨境网购的热门品类。

德国消费者忠诚度高,但对产品品质及服务期望也很高,这源于德国人相对严谨保守的性格。产品作为一个整体来看,邮购保证、包装的外箱、产品描述、产品使用说明、产品保护性的包装,对德国人来讲都是至关重要的。因此,德国人对产品整体品质的宽容度是相对较小的。这就导致了另外一个问题,德国的退货率很高。

(2) 支付方式

德国人以严谨著称,在支付方式方面更能体现这种性格特点。尽管德国网上购物支付方式很多,相较于信用卡支付,德国人更喜欢网银转账、货到付款、直接扣款等结算方式;PayPal 的方便操作也赢得了大批用户的青睐。因此,跨境电商想在德国深挖市场,需要一个可靠的支付服务商来帮助他安全收款,降低风险。

(3) 德国电商市场的推广模式

① 大约 90% 的德国人用 Google 搜索,Google Adwords 是非常有效的推广方式;而 PPC(付费点击)在德国的竞争不是那么激烈,投资回报率会较高。同样,SEO(搜索引擎优化)在小语种市场相对来说竞争也没那么激烈。另外,zanox 联盟在德国的覆盖率很高。

② 节日营销很重要。德国民众非常看中每一个重大节日,在节日时他们会互赠礼物用以联络感情,而购买途径也从实体店转移到了网络。因此,重要的节日是卖家"吸金"的最佳时期。

③ 社会化营销要谨慎。根据欧盟委员会公布的互联网习惯的研究报告,与其他欧洲邻国相比,德国社会化媒体渗透率比较低,只有 37%。同时,开展邮件营销要更谨慎。在德国,将近 20% 不相关的邮件容易被扣留或认为是垃圾邮件被丢弃,比美加英等国高很多。因此在德国开展邮件营销需要非常专业和谨慎地处理。

④ 税务与清关

德国清关严格,针对中国过去的所有货物都要求提供商业发票,而不是形式发票,如果被海关发现提供虚假的申报价值,就会进入德国海关的黑名单,再次出口到德国的时候,海关系统自动会批复查验。出口到德国的货物,必须在 20 天之内清出关(从预计到达时间算起,包括休息日和节假日)。因此,建立德国仓库,做到本地化运营是解决清关问题的有效办法。而德国具有"十字路口"的地理优势,卖家发货到德国仓库后,当其他国家站点出单的时候,一样可以从德国仓快速发货，带给欧盟消费者本土购物体验。欧盟对于已经入境的产品，不会再征税，也不用二次清关，所以通过一个德国仓辐射整个欧盟市场，让卖家海外仓的动销率大大提升，同时形成强大的聚合效应，无须分仓，极大降低使用海外仓的成本。

2.5.3 法国市场分析

当今的法国电商在迅速发展，在欧洲市场，电商市场份额最大的前两名是英国和德国，法国排名第三。无论是从法国经济来看，还是从消费者的习惯来看，法国都是跨境电商的蓝海市场。法国消费者一般会在网站上直接搜索自己想要的产品，准确、全面和富有吸引力的产品信息能够更有效地吸引他们，他们的网购目的性相对而言比较强，很多时候都是确定了想要购买什么产品才去网上进行购买的。法国网上购物的客户群主要集中在 25～40 岁，女性客户多于男性客户，因为法国旅游业很发达，所以很多法国消费者购买的产品都与旅游、文化和服务有关，当然也有一些法国人购买 3C、服装、美容类的产品。在法国，银行卡支付是主流的在线支付方式，其他的支付方式法国人使用的比较少。当然 PayPal 是个例外，它在法国在线支付市场上大行其道，是除银行卡支付以外的第二大支付方式。

（1）法国网民购物特点

据统计，法国网民最常去的购物网站比较集中，大众零售类亚马逊位居第一，其次为 eBay，而法国在线销售平台 Cdiscount 排在第三位，阿里巴巴旗下的速卖通位居第五。此外，近年来法国最受欢迎的电商产品主要是服饰类、时尚/媒体类，紧随其后的是家居园艺电器类等。因此在最受法国网民欢迎的购物网站里也有专门垂直品类，如家具园艺类 LEROY MERLIN，电子产品类 DARTY 以及服装类 LaRedoute 等，排名也都在前十中。

持续的法国经济危机导致家庭的购买力降低，越来越多的法国人在网上搜索更便宜的价格，并尝试在网上购买之前从未在网上购买过的产品。"价格更有诱惑力"和"更容易比较价格"是促使法国人加入网络购物大潮的主要动因。然而，法国人虽然可以"宽容"接纳国外的产品，但对商品的质量要求十分严格，也重视商品的美感，要求包装精美，尤其对产品的配套服务（网站速度、网页设计、物流、客服、支付等）却诸多挑剔，会用法兰西本土商家的标准来衡量，这就需要中国跨境电商要努力提供跟法国本土电商一样或接近的服务水平，即本土化运营。

在法国，银行卡仍然是最受欢迎的在线支付方式。57% 的在线销售是通过 Cartes Bancaires（Visa 卡、万事达卡）或者是美国捷运公司来支付的。另外，PayPal 也是使用比较频繁的支付方式，货到付款和替代付费方法也使用，占比不大。

（2）法国市场的开拓

尽管中国跨境电商的价格优势非常明显，但想要成功打入法国市场却还是任重而道远。2015 年有 49% 的法国网民从境外网站上购物，中国没有进入前三。大致原因是法国买家网购目的性较强，法国网民会到网站上直接输入自己想要的产品，当产品描述和价格等符合自己要求之后即下单。因此，准确、地道的产品信息资料对吸引法国线上消费者具有至关重要的影响。中国零售商借助第三方等翻译工具，机械地翻译产品资料，用词不地道不准确。而且不同销售平台有不同的产品信息输入要求，如果产品目录不进行优化，大量手动输入产品描述费时费力，也会出现错误，让欧洲消费者觉得不专业，信任度便会降低。而中国跨境电商想要开拓法国市场应该要做到以下几点：

① 选择法国人信任度高的线上平台，了解渠道的运营规则，从关键词以及语言等方面，优

化产品描述,最大限度地引流。

② 在支付方面,尽量选择借记卡或者信用卡进行支付,方便买家查看消费记录,增加店铺信任度,培养忠实客户。

③ 在运费上下功夫。具有竞争力的运费方式如免运费等相比到货时间更能吸引法国消费者,但一定明确标注运费费用,提前告知是否会产生额外费用。

④ 提前研究好欧洲各月的畅销品以及法国的地方性节日等促销活动,法国人表示有优惠券的吸引,会促使他们下单,他们很喜欢 coupon。法国每年会有两次的官方打折季(冬季和夏季),可提前设定好价格、线上关键词以及打折区间,即时修改,把握最大的线上用户量。

⑤ 利用好整合型线上营销工具和 Facebook、Twitter 等社交媒体进行线上宣传,结合重定位营销、用户浏览跟踪等线上工具做好线上营销。

2.5.4 东南亚市场分析

东南亚经济持续高速增长培养了大量中产阶级和巨大消费需求,但这个市场目前的电子商务并不发达。东盟的六大主要经济体:新加坡、马来西亚、印尼、泰国、菲律宾和越南,零售总量的平均占比还不到 1%,如果这个数字能够被推到 5% 的话,整个电商市场将会每年创造 200 亿美元的产值。另外,现在电商的核心渠道已经从传统的 PC 端转移到移动端,而东盟是世界上最大的智能手机市场之一,移动客户端交易额占据全球电商交易的 40%,这是东盟地区电商发展的一个关键优势。因此,继中国、印度之后,东南亚将成亚洲最具有诱惑力的电商市场。

(1) 东南亚市场发展概况

东盟电商发展的最大特点是:全球品牌如亚马逊和 eBay 发展的并不好,而本土的跨境电商平台发展一直遥遥领先。其中 Lazada 是本土最受欢迎的电商。Lazada 成立于 2012 年,先后推出了印度尼西亚、马来西亚、越南、菲律宾、泰国、新加坡六大东南亚国家市场,并在这些国家市场均保持电商第一的位置,是东南亚市场真正的一枝独秀。2016 年 4 月 12 日,阿里巴巴以 10 亿美元购买东南亚电子商务平台 Lazada 的控股权。其实阿里早就看中了东南亚市场:在 2013 年就已经在新加坡和马来西亚等国家推出了淘宝国际,在印尼启动了 AliExpress 试水市场;2014 年和 2015 年两轮总共超过四亿五千万美金买入了新加坡邮政将近 15% 的股份,在物流方面也开始布局;同时更是一步到位控股了东南亚最大的 B2C 电商平台,为进一步的发挥提供了一个坚实的基础。

尽管东盟六大主要经济体的语言、文化、用户习惯、经济发展程度和政府政策等差异给在区域内运营的电商和互联网企业带来了不小的挑战,但也提高了竞争的门槛:巨头不容易轻易渗透,而早进入市场,有区域运营经验的团队会占很大的优势。大环境上,过去几年东南亚虽然有一些政治问题,但是经济基本稳定发展,好几个国家的经济增长率都处在 6% 以上的高位。水涨船高的消费能力,加上移动互联网基础设施的快速增长,吸引了多方来到这块市场淘金。其中包括 2009 年就进入市场,但终究水土不服而于 2016 年 2 月宣布退出的日本乐天,以及拥有 1 700 万注册用户,于 2015 年获得了新加坡报业控股领投的 1.12 亿美金注资的韩国公司 Qoo10。除阿里外,国内电商和互联网巨头们已经悄然开始在东南亚布局:滴滴投资了东南亚打车平台 Grabtaxi;京东自己在印尼开店;腾讯在马来西亚推微信支付;支付宝和大众点评都已经在泰国、新加坡和马来西亚通过第三方代理做了大量的地推工作。而在拥有二亿五千万人口,政局稳定的印尼,除了京东和 Lazada 以外,还有软银加红杉投资的 Tokopedia,以及本国第二大财团力宝投资5亿美金建立的Matahari Mall。

（2）物流

东南亚的物流面临着很多艰难的挑战。首先，东南亚地区的地形和地貌具有多样性。仅仅印尼这个国家就有上千多个岛屿，菲律宾也有七千多个岛屿，由于这样的岛国各个城市之间非常分散，物流配送难度非常高。更为艰难的是东南亚物流的连通性很差，整个物流网络是割裂的，对于很多偏远地区，物流根本无法达到覆盖。再加上东南亚物流设施不是很发达，本土的物流快递公司发展也是参差不齐，丢件破损的案例屡屡发生。

其实东南亚早已存在一些物流系统，但是这些物流系统对于电商的支持能力弱，而且比较分散。实际上要白手起家，从零做起很困难，所以电商企业可以选择和第三方物流合作。但对于一些第三方物流覆盖不到的区域，为了解决"最后一公里"的配送问题，基础设施的增加也是必需的，比如物流系统、分拣中心。物流系统可以选择最优路径，因为在东南亚一些国家，起始地和目的地相同，而线路不同的配送，成本可能会有20倍差距。因此，自建物流和第三方物流协同配合可有效解决东南亚地区的配送困境。

（3）支付

在东南亚地区因为历史原因，信用卡的普及率非常低，而类似支付宝和PayPal等第三方支付工具也并不流行，目前东南亚地区的主要支付方式是货到付款。数据显示，东南亚很多地区现金货到付款要占到总单量的80%以上，这体现了货到付款对于东南亚电商市场的重要性。目前Lazada已经推出了一款名为Hellopay的在线支付平台，而随着电子支付的不断发展和信用卡的不断渗透，货到付款的很可能也会被其他支付产品所取代。但即使是这样，最可能的情况也是东南亚地区每个国家都有一个领先的支付产品，因为这个地区是支离破碎的。

（4）对中国跨境电商的机会

巨头已经在布局，那中国的其他互联网企业和投资机构是不是又错过了一次好机会？其实不然。包括Lazada这次在内的巨头并购都集中在成熟的项目上面。还有很多早期的机会有待发现和挖掘。东南亚的电商和互联网整体发展水平比国内落后若干年，很多国内已经成熟的商业模式这边还没有出现，有很多复制的空间。现在已经有人在印尼复制今日头条，也有人在尝试蘑菇街的模式；而新加坡Zwoo Mobile的"番薯游"则从微信端做周边游模式开始切入，未来延伸会做成东南亚的"去哪儿"；Zap Delivery和Zyllem则是以达达配送的方式在东南亚做电商快递。虽然落地的具体运作可能不同，但是在某一个特定发展阶段市场需求的基本面是相通的。而且正由于竞争没有那么激烈，选对方向的团队，如果早期获得适当的资金和高效的运营扶持，成功率其实是很高的。

而中国跨境电商要抓住这些机会，首先是要了解市场。这个了解指的不只是看数据或读新闻，而是要走出去把数据和媒体渠道的信息结合当地的实际情况。第二是选好渠道和合作伙伴。目前很大一部分在线流量掌握在Facebook和Google两大巨头手上，但是未来也许会有更多创新性的合作模式和推广方式，找对了点能够起到事半功倍的效果。第三，积极获取本地优秀人才，并重视他们的本地知识和经验。从投资人的角度，投在正确、靠谱的团队可能比投准一个商业模式更重要。目前这个阶段东南亚市场的发展会比人才的发展来得快，抢到优质的人才对成功至关重要。

总之，东南亚是一个具有吸引力、移动端驱动的消费市场，目前碎片化很严重，进入市场的壁垒很高，市场商机和风险缺陷共存。但是在强大的市场驱动下，未来的东南亚的电商市场会变得越来越规范和成熟,目前最为棘手的支付和物流问题也会慢慢解决完善好,其增长空间不容忽视。

2.5.5 中东市场分析

在中东地区,尤其是产油国,居民有钱,但物资缺乏,加上互联网的普及率高,人们跨境网购的热情也非常高。纵观整个跨境电商行业,涉足中东市场的玩家不在少数,但这个市场总是缺乏关注度和重视度,巨大商机遭到忽略。

目前,我国一些垂直类跨境电商平台已经将中东地区作为其主要目标市场之一。沙特、科威特、阿联酋、以色列、伊拉克等国家的人普遍比较有钱,买东西客单价比较高。而且,在中东很多女人不上班,平时爱逛街,也爱上网,购物频率非常高,在商场买不到的东西都通过互联网实现。另外,中东客户能接受中国制造的产品,很多人甚至还知道中国的淘宝,也乐意从中国的购物网站买东西。

中东地区之所以能成为较理想的跨境电商市场,还有一个很重要的原因就是物流和支付的顺畅。中东专线、邮政、国际快递在中东线路都比较成熟,很少遇到俄罗斯、南美等地所遇到的困难。支付方面,Visa、Mastercard等很早就打通了中东市场,目前运行比较顺利,给跨境电商交易铺平了道路。而敦煌网及 eBay 等全球电商进入中东市场的时间比较早,在培养居民的网络消费习惯、打通跨境电商服务等方面起到了一定的作用,为后来者奠定了基础。

此外,在移动互联网领域,中东地区的飞速成长也呼应了电子商务的发展。据 YeahMobi 研究显示,移动技术服务的普及率已大大提升,现在很多阿拉伯国家的普及率已经超过100%。因此,无论是 PC 端还是移动端,中东地区的电商市场都隐藏着巨大的潜力,这将成为中国跨境电商良好契机。

2.5.6 日本市场分析

日本电商起步于 1995 年,是受美国影响而发展起来的。网络渗透率极高,尤其是移动端,是全球移动互联网发展最好的国家。现在日本接入互联网终端通信设备就是移动端,而非 PC 端。小体量经济所限,但是同时日本也是世界上富豪最集中的国家,也是仅次美国、中国的第三大跨境电商市场,但是 2014 年年底才向中国开放。

(1) 支付方式

日本网上购物的支付方式主要为信用卡和网银支付,目前使用手机上网的人数已经超过了电脑上网的人数,所以他们也会经常使用手机进行网上购物。实际上,在全球普及以前,日本人就已经开始使用 NFC 等创新型的支付方式了,以 NTT DOCOMO 为代表的移动运营商,也在手机支付产业链中占据极其重要的地位。

(2) 消费结构

日本是以单职工家庭为主,很多女性婚后就回归家庭了,所以购物是女性的主要生活和社交方式,但是日本的女性从小学到大学都有家政课,从烹饪、打扫、食物营养搭配、家电维修、家庭财务规划,所以很少有冲动购物。日本人口数量为 1.3 亿左右,是典型的月光族国家,几乎每个人都持有信用卡,互联网普及率高达 81%,网络消费意愿非常强,只要中国的跨境卖家有针对性地选择产品,筛选出好的渠道,就有可能在这块大蛋糕上分得一杯羹。日本本土有乐天市场这样的电商巨头,大部分的消费者会选择在亚马逊和乐天这样的大型电商平台进行购物,只有极少部分会在谷歌等搜索引擎上去搜索,或是选择独立的小型购物平台。

由于国情使然,日本每年7月和12月会发放奖金,而且不低于三个月薪水,所以这是消费高峰期,正好迎合了亚马逊的7月店庆,12月圣诞节和黑五及网络星期一,但完美错过了双11。

(3)关税与物流

日本是岛国,关东地区人口密集,线下零售也发达,线上线下竞争激烈,但是关西地区人口较少。北海道、冲绳等偏远地区,网上购物率很高。日本配送很快,一般一至两天内可以全部签收。日本海关对货物检查要求非常严格,稍不符合就会查验扣压。

2.5.7 韩国市场分析

韩国的网速多年位于世界第一位,约有80%的人活跃在网络上,而且他们当中的大部分都会网购,网上购物市场非常发达。相对于其他网络设施比较落后和网购习惯尚处于培养阶段的国家而言,韩国市场相对容易进入一些。

韩国女性人口在2 500万以上,是跨境网购消费的主要群体,女性服装、美妆、饰品等,都是很受欢迎的产品。不过韩国人的在线支付方式比较封闭,一般只使用韩国国内银行,Visa卡和MasterCard卡用的都很少。

2.5.8 印度市场分析

印度的市场还处在一个起步时期,但增长速度很快,和中国不同的是,它的PC互联网时代非常短暂,印度的电商普及率为47.9%,预计2023年将增长到64.8%(9.2亿人)。随着智能手机的普及,已经向移动互联网时代转型了,使用手机购物的人群比例在逐渐增加,预计到2021年,智能手机用户将达到8.29亿,而跨设备购物显然也将成为主流趋势。印度是跨境电商们不容忽视的市场,一些欧美媒体甚至发出"印度将在2040年成为美中之后世界第三经济大国"的赞誉声。电商已成为印度国内发展最快的产业,其交易额年增长率达51%,为全球最高,预计2023年交易额将达到623亿美元。到2020年,零售销售额和电商销售额将分别达到15 990亿美元和794亿美元,其中电子商务占总销售额的比例将会达到2020年的5%。此外,预计到2020年通过数字平台购物的消费者会达到3.52亿。印度20岁以下的青年人比例比中国高出34%,13亿人口的印度网民高达4.6亿,网民月均消费是1.6万卢比(1 517元)而且60%网络消,潜力巨大,也说明是全球最有潜力的市场。

根据市场调研公司Frost&Sullivan的数据显示,预测2026年印度市场将突破2 000亿美元,很明显,印度市场已经是中国邻近地区中预期市场容量最大的电商市场。移动端会优于PC端发展,预测2020年印度互联网用户将高达7.3亿,其中75%新增用户不是一线城市,电商买家将增长3.5倍,达1.99亿,70%的交易将在移动端。

2.5.9 澳大利亚市场分析

2017年澳大利亚GDP为1.2万亿美元人均GDP高达52 976美元。全球第二富裕国家,但人口仅2 400万左右,同时澳大利亚几乎没有轻工业的产业,消费品几乎都需要进口。人口集中,几乎50%的人口居住在悉尼和墨尔本两大城市。互联网和智能手机普及率高,90%人口都上网。30%的网购概率高于实体购物。

移动端在顾客获取数字服务的过程中扮演着越来越重要的角色。75%澳大利亚消费者从手机端连接网络,而49岁以下人口更是有超过90%在用手机上网。据PayPal最近公布的数据显示,澳大利亚有630万线上跨境购物者,花费超过65亿澳元。2018年,约840万人使用线上跨境购物,花费大院166亿澳元。从任何角度来说,这都意味着澳大利亚将成为一个对电商极具吸引力的庞大市场。

中国是澳大利亚最大的出口伙伴(29.5%),紧跟着是日本(19.3%)和韩国(8.0%)。主要的进口伙伴包括中国(18.2%),美国(11.6%)和日本(7.8%)。澳大利亚的贸易合作伙伴中,中国越来越重要,而且中国已经是澳大利亚的最大债权国。

(1) 政策利好

澳大利亚市场发达且友好,政府也对创业给予了很多支持,提出了一些帮助企业发展或促进贷款的激励措施和方案。最受关注的方案是企业基础设施项目,用来促进企业的竞争力和生产能力。这项措施提供三个方面的支持,商业管理,与研究机构合作和加速商业化。其他一些与零售行业相关的政策包括为技能培训提供资金支持,在某些州实行的创新基金,针对研发的税收优惠政策,以及对小型商业的支持和顾问服务。澳大利亚政府为自己国家的财政纪律感到自豪,但通常会避免对市场过分干涉。现在,政府也在努力改善官僚主义作风,简便税收程序,尤其是简化小企业可能遇到的繁文缛节。

(2) 支付

澳大利亚的中央银行是澳洲联储(the Reserve Bank of Australia),通过支付系统委员会(Payment Systems Board)监管整个澳大利亚的支付系统。支付系统法案1998规定,澳洲联储可以管辖任何支付系统,为系统中设立的安全和性能相关问题设立约束性规定。在过去的二十年间,澳洲联储在这一领域施行了多项改革,包括风险管控,提高支付效率,促进支付服务竞争等等。虽然有澳洲联储的监管,澳大利亚的支付系统大都没有收到监管的干涉。虽然信用卡的利息没有降至澳大利亚现钞汇率的历史最低,信用卡使用率仍然很高。

(3) 消费行为特征

每日上网时间超过10小时,不仅仅指中青年,还含老年人,澳在互联网和智能手机普及率是全球第三。澳大利亚智能手机覆盖率居世界前列,达到78%,比英国、美国和大部分西欧国家都高。澳大利亚的智能手机市场分裂为三星(32%)和苹果(38%)两大阵营,iPhone是45岁以下人群的首选。在一项市场调查中,有三分之一的人表示他们曾用智能手机购物。平板电脑在澳大利亚的普及率是49%。澳大利亚人更倾向于在智能手机上购买音乐和快餐,但其他类别的线上购物,平板电脑就更受欢迎了。

(4) 物流

澳大利亚地缘广大,配送位置的分裂让高效运送成为最大的挑战。尤其是在诸如北部领地,塔斯马尼亚,昆士兰州和西澳大利亚这些区域,地理因素和人口密度都挑战着配送服务的水准。据配送公司wnDirect的数据,大部分商品会配送到大都市和首府,只有8.1%的商品被送到农村地区。对于想要链接当地配送方案的国际物流公司来说,多样的运输目的地再加上一些热门地址都需要关注。以wnDirect为例,配送货物会走船运,到达悉尼,墨尔本,佩斯,或布里斯班,再从这些地方分别转运至较近的目的地,缩短了最后一程的距离,也为躲过一些内陆地区的自然灾害提供了另一种方案。澳大利亚的顾客也同样希望能将不想要的货物退回,收到替代品或退款,没有延迟或多余的麻烦。澳大利亚海关对于跨境退换货的态度会影响退货及退款的具体操作。

第三章 网络营销及其跨境应用

3.1 市场营销基础知识

3.1.1 什么是市场营销

1. 市场营销概念的发展

(1) 不同角度的市场营销概念

西方市场营销学者从不同角度对市场营销进行定义。

从宏观角度,麦卡锡将市场营销定义为目的在于满足社会或人类需要、实现社会目标的社会经济活动过程;菲利普·科特勒(Philop Kotler)将市场营销定义为与市场有关的人类活动,为了满足人类需要和欲望去实现潜在的交换。

从微观角度,1960 年美国市场营销协会(American Marketing Association,AMA)对市场营销的定义是:市场营销是引导产品或劳务从生产者流向消费者的企业营销活动。麦卡锡对微观市场营销的定义为"市场营销是企业经营活动的职责,它将产品及劳务从生产者直接引向消费者或使用者以便满足顾客需求及实现公司利润",指出满足顾客需求及实现企业赢利是公司的经营目标。这两种定义都说明,市场营销活动是在产品生产活动结束时开始,经过一系列经营销售活动后,在商品转到用户手中时结束。因而把企业营销活动仅局限于流通领域的狭窄范围,而不是视为企业整个经营销售的全过程,即包括市场营销调研、产品开发、定价、分销广告、宣传报道、销售促进、人员推销、售后服务等。

(2) 不同学者的市场营销定义

菲利普·科特勒于 1984 年对市场营销又下了定义:市场营销是指企业的这种职能,"认识目前未满足的需要和欲望,估量和确定需求量大小,选择和决定企业能最好地为其服务的目标市场,并决定适当的产品、劳务和计划(或方案),以便为目标市场服务"。

美国市场营销协会于 1984 年对市场营销下了更完整和全面的定义:市场营销"是对思想、产品及劳务进行设计、定价、促销及分销的计划和实施的过程,从而产生满足个人和组织目标的交换。"这一定义比前面的诸多定义更为全面和完善,主要表现是:产品概念扩大了,不仅包括产品或劳务,还包括思想;市场营销概念扩大了,市场营销活动不仅包括赢利性的经营活动,还包括非营利组织的活动;强调了交换过程;突出了市场营销计划的制定与实施。

2004 年,美国市场营销协会进一步完善市场营销的概念:市场营销是组织的一种功能和一系列创造、交流并将价值观传递给顾客的过程和被用于管理顾客关系以及让组织及其股东获利。

美国经济学家包尔·马苏认为,市场营销是"传送生活标准给社会"。人们普遍认为这个定义将市场营销的实质生动地体现了出来。例如,汽车、电脑、家庭影院、手机等许多产品的市场营销活动,的确在向全社会传递着一种新的生活标准,同时也有效地促进了这些产品的市场销售。

2. 市场营销的定义

美国市场营销学家菲利普·科特勒对市场营销的解释得到了广泛认同,本书采用菲利普·科特勒的定义:市场营销是个人或组织通过创造并同他人交换产品和价值以满足需求和欲望的一种社会和管理过程。

根据这一定义,可以将市场营销具体归纳为以下几点:

(1) 市场营销的最终目标是"满足需求和欲望"。

(2) 交换是市场营销的核心,交换过程是一个主动、积极地寻找机会,满足双方需求和欲望的社会过程和管理过程。

(3) 交换过程能否顺利进行,取决于营销者创造的产品和价值满足顾客需求的程度和交换过程管理的水平。

3.1.2 市场营销相关概念

1. 市场(Markets)

市场是由一切愿意并可能从事交换来使特定的需求或欲望得到满足的潜在顾客组成。一般来说,市场是买卖双方进行交换的场所。但从市场营销学角度看,卖方组成行业,买方组成市场。行业和市场构成了简单的市场营销系统。买方和卖方由四种流程所联结,卖方将货物、服务和信息传递到市场,并收回货币及信息。现代市场经济中的市场是由诸多种类的市场及多种流程联结而成的。生产商到资源市场购买资源(包括劳动力、资本及原材料),转换成商品和服务之后卖给中间商,再由中间商出售给消费者。消费者则到资源市场上出售劳动力而获取货币来购买产品和服务。政府从资源市场、生产商及中间商购买产品,支付货币,再向这些市场征税及提供服务。因此,整个国家的经济及世界经济都是由交换过程中联结形成的各类相互影响的市场所组成。

2. 营销(Marketing)

营销的任务是辨别和满足人类和社会的需要。对营销所做的最简明的定义是:"满足需求的同时获利。"美国营销协会从管理角度所下的定义是:营销既是一种组织职能,也是为了组织自身及利益相关者的利益而创造、传播、传递顾客价值,管理顾客关系的一系列过程。营销是个人和集体通过创造,提供出售,并同别人交换产品和价值,以获得其所需所欲之物的一种社会和管理过程。营销的目的在于深刻地认识和了解顾客,从而使产品或服务完全适合他的需要并形成产品自我销售。营销的对象包括十大项,分别是有形的商品、无形的服务、事件、体验、人物、地点、财产权、组织、信息和理念等。

3. 市场营销(Marketing)及市场营销者(Marketers)

上述市场概念使我们更全面地了解市场营销概念,它是指与市场有关的人类活动,即为满足消费者需求和欲望而利用市场来实现潜在交换的活动,它是一种社会的和管理的过程。美国学者基恩·凯洛斯将各种市场营销定义分为三类:一类是将市场营销看作一种为消费者服务的理论;一类是强调市场营销是对社会现象的一种认识;还有一类是认为市场营销是通过销售渠道把生产企业同市场联系起来的过程,这从一个侧面反映了市场营销的复杂性。本书采用菲利普·科特勒的定义:市场营销是个人或组织通过创造并同他人交换产品和价值以满足需求和欲望的一种社会和管理过程。

市场营销者,显而易见,是指从事市场营销活动的人。市场营销者既可以是卖方,也可以是买方。作为卖方,其在市场上推销自己的营销对象,已获得潜在消费者的关注,从而为实现销售打下基础。作为买方,其力图在市场上推销自己,表达自己的需求,以获取卖者的关注,以满足特定需求。当买卖双方都在积极寻求交换时,他们均可称为市场营销者,并称这种营销为互惠的市场营销。

3.1.3 市场营销基本步骤

市场营销的基本步骤分为四步,分别是:分析市场机会、选择目标市场、确定市场营销策略、市场营销活动管理。

其中,选择目标市场实质上包括了前期的市场细分及后期的市场定位。确定市场营销策略即营销组合的确定,营销组合即营销手段,是指企业根据顾客需求和企业的营销目标确定的可控营销因素的最佳组合。营销组合首次提出是由哈佛大学商学院教授尼尔·保顿(Neil Bolden)于1940年提出。经发展,目前常用的营销组合有4P组合(产品Product、地点Place、价格Price、促销Promotion)、4R组合(关联Relativity、反应Reaction、关系Relation、回报Retribution)、4C组合(消费者Customer、成本Cost、便利Convenience、沟通Communication)。广义上,市场营销活动管理包括营销计划的确定、产品生产、营销活动的具体执行与控制,以及售后服务与信息反馈。

在网络快速发展的时代,市场营销不再局限在线下,其与网络的结合催生出网络营销这一新的营销方式。传统企业纷纷把目光瞄向了庞大的网络市场,企业如何选择适合自己的网络营销模式,本书将在6.1.2中对网络营销进行详细讲解。

3.1.4 STP理论

STP理论是指企业在一定的市场细分的基础上,确定自己的目标市场,最后把产品或服务定位在目标市场中的确定位置上。市场细分(Market Segmentation)的概念是美国营销学家温德尔·史密斯(Wended Smith)在1946年最早提出的,此后,美国营销学家菲利浦·科特勒进一步发展、完善,最终形成STP理论,即市场细分(Segmentation)、目标市场选择(Targeting)和市场定位(Positioning),是战略营销的核心内容。

1. 市场细分(Segmentation)

市场细分(Segmentation)是指根据顾客需求上的差异把某个产品或服务的市场逐一细分的过程。每一个消费者群就是一个细分市场,每一个细分市场都是具有类似需求倾向的消费者构成的群体。

细分消费者市场依据有多种,主要有:

地理细分(geographic segmentation):国家、地区、城市、农村、气候、地形;

人口细分(demographic segmentation):年龄、性别、职业、收入、教育、家庭人口、家庭类型、家庭生命周期、国籍、民族、宗教、社会阶层;

心理细分(psychographic segmentation):社会阶层、生活方式、个性;

行为细分(behavior segmentation):时机、追求利益、用户地位、产品使用率、忠诚程度、购买准备阶段、态度。

2. 目标市场选择(Targeting)

目标市场选择(Targeting)是指企业从细分后的市场中选择出来的决定进入的细分市场,也是对企业最有利的市场组成部分。麦卡锡提出了应当把消费者看作一个特定的群体,称为目标市场。市场细分有利于明确目标市场,通过市场营销策略的应用,满足目标市场的需要,即:目标市场就是通过市场细分后,企业准备以相应的产品和服务满足其需要的一个或几个子市场。

根据各个细分市场的独特性和公司自身的目标,共有三种目标市场策略可供选择:

无差异市场营销,指公司只推出一种产品,或只用一套市场营销办法来招徕顾客。当公司断定各个细分市场之间很少差异时可考虑采用这种大量市场营销策略;

密集性市场营销,是指公司将一切市场营销努力集中于一个或少数几个有利的细分市场;

差异性市场营销,指公司根据各个细分市场的特点,相应扩大某些产品的花色、式样和品种,或制定不同的营销计划和办法,以充分适应不同消费者的不同需求,吸引各种不同的购买者,从而扩大各种产品的销售量。

3. 市场定位(Positioning)

市场定位(Positioning)是指企业针对潜在顾客的心理进行营销设计,创立产品、品牌或企业在目标顾客心目中的某种形象或某种个性特征,保留深刻的印象和独特的位置以取得竞争优势,即确定自己产品或服务在目标市场上的竞争地位,也叫竞争性定位。市场定位的实质是使本企业与其他企业严格区分开来,使顾客明显感觉和认识到这种差别,从而在顾客心目中占有特殊的位置。

传统的观念认为,市场定位就是在每一个细分市场上生产不同的产品,实行产品差异化。事实上,市场定位与产品差异化有本质的区别。市场定位是通过为自己的产品创立鲜明的个性,从而塑造出独特的市场形象。一项产品是多个因素的综合反映,包括性能、构造、成分、包装、形状、质量等,市场定位就是要强化或放大某些产品因素,从而形成与众不同的独特形象。产品差异化乃是实现市场定位的手段,但并不是市场定位的全部内容。市场定位不仅强调产品差异,而且要通过产品差异建立独特的市场形象,赢得顾客的认同。需要指出的是,市场定位不是从生产者角度出发单纯追求产品变异,而是在对市场分析和细分化的基础上,寻求建立某种产品特色,它是现代市场营销观念的体现。

3.1.5 营销组合理论

1. 4P营销理论(The Marketing Theory of 4Ps)

4P理论产生于20世纪60年代的美国,随着营销组合理论的提出而出现的。1943年,尼尔·博登(Neil Borden)在美国市场营销学会的就职演说中创造了"市场营销组合"(Marketing Mix)这一术语,其意是指市场需求或多或少的在某种程度上受到所谓"营销变量"或"营销要素"的影响。

4Ps营销理论实际上是从管理决策的角度来研究市场营销问题。从管理决策的角度看,影响企业市场营销活动的各种因素可以分为两大类:一是企业不可控因素,即营销者本身不可控制的市场,营销环境包括微观环境和宏观环境;二是可控因素,即营销者自己可以控制的产品、商标、品牌、价格、广告、渠道,等等,而4Ps就是对各种可控因素的归纳:

(1) 产品策略(Product Strategy)

主要是指企业以向目标市场提供各种适合消费者需求的有形和无形产品的方式来实现其营销目标。其中包括对同产品有关的品种、规格、式样、质量、包装、特色、商标、品牌以及各种服务措施等可控因素的组合和运用。

(2) 定价策略(Pricing Strategy)

主要是指企业以按照市场规律制定价格和变动价格等方式来实现其营销目标,其中包括对同定价有关的基本价格、折扣价格、津贴、付款期限、商业信用以及各种定价方法和定价技巧等可控因素的组合和运用。

(3) 分销策略(Placing Strategy)

主要是指企业以合理地选择分销渠道和组织商品实体流通的方式来实现其营销目标,其中包括对同分销有关的渠道覆盖面、商品流转环节、中间商、网点设置以及储存运输等可控因素的组合和运用。

(4) 促销策略(Promoting Strategy)

主要是指企业以利用各种信息传播手段刺激消费者购买欲望,促进产品销售的方式来实现其营销目标,其中包括对同促销有关的广告、人员推销、营业推广、公共关系等可控因素的组合和运用。

这四种营销策略的组合,因其英语的第一个字母都为"P",因而通常称之为"4Ps"。4P理论主要是从供方出发来研究市场的需求及变化,如何在竞争在取胜。4P理论重视产品导向而非消费者导向,以满足市场需求为目标。4P理论是营销学的基本理论,它最早将复杂的市场营销活动加以简单化、抽象化和体系化,构建了营销学的基本框架,促进了市场营销理论的发展与普及。

2. 4P理论发展(6Ps、10Ps、7Ps)

4Ps后经过延伸发展,形成了6Ps、10Ps、7Ps等一系列扩展的营销策略。

在4P的基础上,现代营销学之父菲利普·科特勒针对现代世界经济迈向区域化和全球化的趋势,在原4P的基础上再加政治(Politics)和公共关系(Public relations)提出了6P组合,即大市场营销理念。大市场营销发展了市场营销观念和社会营销观念,一是在企业与外部环境关系上,突破了被动适应的观念,认为企业不仅可以通过自身的努力来影响,而且可以控制和改变某些外部因素,使之向有利于自己的方向转化;二是在企业与市场和目标顾客的关系上,突破了过去那种简单发现、单纯适应与满足的做法,认为应该打开产品通道,积极引导市场和消费,创造目标顾客需要;三是在市场营销手段和策略上,在原有的市场营销组合中,又加进了政治权利(Power)和公共关系(Public Relations)两种重要手段,从而更好地保证市场营销活动的有效性。

随后,科特勒又进一步把6P发展为10P。他把6P称为战术性营销组合,新提出的4P:研究(Probing)、划分(Partitioning)、优先(Prioritizing)即目标选定(Targeting)、定位(Positioning),称为战略营销。

1981年布姆斯(Booms)和比特纳(Bitner)根据服务及服务市场具有若干特殊性及外部营销环境的变化,建议在传统市场营销理论4Ps的基础上增加了人员(Participant)、有形展示(Physical Evidence)和过程管理(Process Management),而形成了7Ps理论,多被用于服务行业。人员(Participant)在营销组合里,意指人为元素,扮演着传递与接受服务的角色,即公司的服务人员与顾客。有形展示(Physical Evidence)可以解释为"商品与服务本身的展示亦即使所促销的东西更加贴近顾客"。有形展示的重要性,在于顾客能从中得到可触及的线索,去体认你所提供的服务质量。因此,最好的服务是将无法触及的东西变成有形的服务。过程管理(Process Management)中的过程是指"顾客获得服务前所必经的过程"。进一步说,如果顾客在获得服务前必须排队等待,那么这项服务传递到顾客手中的过程,时间的耗费即为重要的考虑因素。

4Ps与7P之间有明显差别。从总体上来看,4Ps侧重于早期营销对产品的关注上,是实物营销的基础,而7P则侧重于后来所提倡的服务营销对于除了产品之外服务的关注上,是服务营销的基础。从营销过程上来讲,4Ps注重的是宏观层面上的过程,它从产品的诞生到价格的制定,然后通过营销渠道和促销手段使产品最终到达消费者手中,这样的过程是粗略的,并没有考虑到营销过程中的细节。相比较而言,7P则是在这些宏观的层面上,增加了微观的元素,它开始注重营销过程中的一些细节,因此它比4Ps更加细致,也更加具体。它考虑到了顾客在购买时的等待、顾客本身的消费知识以及顾客对于消费过程中所接触的人员的要求。从所站立的立场来说,4Ps可以说是站在了企业者的角度所提出的,而7P则更倾向于消费者的一面。站在企业者的这一面,往往会忽略掉顾客的一些需求,有时候这种忽略是致命的。7P完善了企业者的这种忽略,虽然不是完整的,起码给企业者一个提醒:顾客的需求是不容忽视的。从营销对象来讲,4P组合侧重于对产品的推销,而7P组合则侧重于对顾客的说服。4P讲究推的营销策略,而7P则更加注重拉的策略。

3. 4R营销理论(The Marketing Theory of 4Rs)

美国营销学者艾略特·艾登伯格(Elliott Eisenberg)2001年在其《4R营销》一书中提出了4R营销理论,阐述了四个全新的营销组合要素:关联(Relativity)、反应(Reaction)、关系(Relation)和回报(Retribution)。4R理论是以关系营销为核心,重在建立顾客忠诚。

关联(Relevancy),即认为企业与顾客是一个命运共同体。建立并发展与顾客之间的长期关系是企业经营的核心理念和最重要的内容。

反应(Reaction),在相互影响的市场中,对经营者来说最难现实的问题不在于如何控制、制定和实施计划,而在于如何站在顾客的角度及时地倾听和测性商业模式转移成为高度回应需求的商业模式。

关系(Relationship),在企业与客户的关系发生了本质性变化的市场环境中,抢占市场的关键已转变为与顾客建立长期而稳固的关系。与此相适应产生了4个转向:从一次性交易转向强调建立长期友好合作关系;从着眼于短期利益转向重视长期利益;从顾客被动适应企业单一销售转向顾客主动参与到生产过程中;从相互的利益冲突转向共同的和谐发展;从管理营销组合转向管理企业与顾客的互动关系。

报酬(Reward),任何交易与合作关系的巩固和发展,都是经济利益问题。因此,一定的合理回报既是正确处理营销活动中各种矛盾的出发点,也是营销的落脚点。

4R理论强调企业与顾客在市场变化的动态中应建立长久互动的关系,以防止顾客流失,赢得长期而稳定的市场;其次,面对迅速变化的顾客需求,企业应学会倾听顾客的意见,及时寻找、发现和挖掘顾客的渴望与不满及其可能发生的演变,同时建立快速反应机制以对市场变化快速做出反应;企业与顾客之间应建立长期而稳定的朋友关系,从实现销售转变为实现对顾客的责任与承诺,以维持顾客再次购买和顾客忠诚;企业应追求市场回报,并将市场回报当作企业进一步发展和保持与市场建立关系的动力与源泉。

4. 4C营销理论(The Marketing Theory of 4Cs)

整合营销传播理论的奠基人之一罗伯特·劳特朋(Robert F. Lauterborn)1990年从营销者的角度提出了4C营销组合策略,即消费者(Consumer)、成本(Cost)、便利(Convenience)和沟通(Communication)。4C营销组合策略强调企业首先应该把追求顾客满意放在第一位,企业要想在市场竞争中立于不败之地,必须力求尽量经济、方便地满足顾客的需要,同时和顾客保持有效的沟通。

消费者(Customer)主要指顾客的需求。企业应根据顾客的需求来提供产品和服务,但更重要的是由此产生的客户价值(Customer value)。

成本(Cost)不仅仅包括企业的生产成本,还包括顾客的购买成本。这意味着产品定价时,应该是既低于顾客的心理价格,也能够让企业有所盈利。顾客购买成本不仅包括其货币支出,还包括其为此耗费的时间、体力和精力消耗以及购买风险。

便利(Convenience)即所谓为顾客提供最大的购物和使用便利。4C营销理论强调企业在制定分销策略时,要更多地考虑顾客的方便,而不是企业自己方便。要通过好的售前、售中和售后服务来让顾客在购物的同时,也享受到了便利。便利是客户价值不可或缺的一部分。

沟通(Communication)则被用以取代4P中对应的Promotion(促销)。4C营销理论认为,企业应通过同顾客进行积极有效的双向沟通,建立基于共同利益的新型企业/顾客关系。这不再是企业单向的促销和劝导顾客,而是在双方的沟通中找到能同时实现各自的目标。

4C的提出进一步明确了企业营销策略的基本前提和指导思想,从操作层面上讲,仍然必须通过4P为代表的营销活动来具体运作。4Ps仍然是目前为止对营销策略组合最为简洁明了的诠释。

其实,4Ps与4Cs的关系是互补的。如:Customer,是指用"客户"互补"产品",要先研究顾客的需求与欲望,然后再去设计、生产和销售顾客确定想要买的服务产品;Cost,是指用"成本"互补"价格",了解顾客要满足其需要与欲求所愿意付出的成本,再去制定定价策略;Convenience,是指用"便利"互补"地点",意味着制定分销策略时要尽可能让顾客方便;Communication,是指用"沟通"互补"促销","沟通"是双向的,"促销"无论是推动策略还是拉动战略,都是线性传播方式。4Ps与4Cs二者之间的关系如图3-1所示。

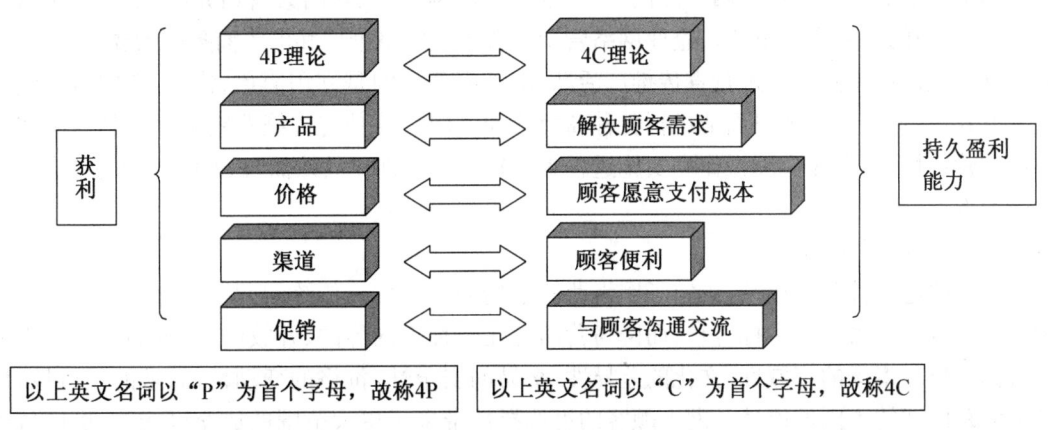

图3-1 4Ps与4Cs二者之间的关系图

3.2 网络营销

3.2.1 什么是网络营销

网络营销是进入20世纪90年代以后才开始形成的一门新学科,是以现代电子技术和通信技术的应用与发展为基础,与市场的变革、市场竞争以及营销观念的转变密切相关。它对企业改变销售环境、提高产品竞争力和提高市场占有率产生的影响越来越大。

1. 网络营销的定义

网络营销(E-Marketing)是以现代营销理论为基础,借助网络、通信和数字媒体技术来实现营销目标的商务活动,是科技进步、顾客价值变革、市场竞争等综合因素促成的信息化社会的必然产物。简单地说,网络营销就是以互联网为主要平台进行的,为达到一定营销目的的营销活动。网络营销是企业整体营销战略的一个组成部分,是建立在互联网基础之上借助于互联网特性来实现一定营销目标的营销手段。其中可以利用多种方式方法,如E-mail营销、博客与微博营销、网络广告营销、视频营销、媒体营销等。广义的网络营销指企业利用一切计算机网络进行营销活动,而狭义的网络营销专指互联网营销。网络营销的英文有多种表达,常见的有E-Marketing、Cyber Marketing、Internet Marketing、Network Marketing等。

网络营销的主体是个人或组织,客体(即对象)是网络市场,其中最典型的网络营销主体是企业。网络营销是在个人与个人(C2C)、组织与组织(B2B或B2G)、组织与个人(B2C或C2G)之间进行的一种交换活动。网络营销的目的是满足交换双方的需要,只同时满足这两方面需要的企业网络经营活动才是网络营销,不满足任何一方或仅仅满足其中一方的活动本质上都不是真正的市场营销。网络营销的宗旨是通过满足网上消费者需要实现企业赢利的目的。现代市场经济条件下,买方市场长期存在,网络营销的前提和重心是满足消费者需要,是设法发现消费者现实需要和潜在需要,并通过商品交换尽力满足它,把满足消费者需要变成企业的赢利机会。网络营销的手段是企业的整体性营销活动。

2. 网络营销的特点

网络营销的主要特点有两个方面:一是基于互联网,以互联网为营销介质;二是属于营销范畴,是营销的一种表现形式。企业网络营销包含企业网络推广和电子商务两大要素。其中,网络推广就是利用互联网进行宣传推广活动;电子商务指的是利用简单、快捷,低成本的电子通讯方式,买卖双方无须谋面地进行各种商贸活动。网络营销与传统营销一样都是为了实现企业的营销目的,但在实际操作和实施过程中有较大的区别。具体而言,网络营销的特点表现为以下五点:

(1) 市场的全球性

网络的连通性和开放性,决定了网络营销市场的全球性。传统的营销理念和营销方式是在一定的范围内去寻找目标客户;而网络营销是在一种无国界的、开放的、全球的范围内去寻找目标客户。市场的广域性,文化的差异性,交易的安全性,价格的变动性,需求的民族性,信息价值跨区域的不同增值性及网上顾客的可选择性带来了更大范围的成交可能性,更广域的价格和质量的可比性。而且可比性越强,面临的市场竞争也越发激烈。

(2) 资源的整合性

在网络营销的过程中将对多种资源、多种营销手段和营销方法进行整合,对有形资产和无形资产的交叉运作和交叉延伸进行整合。这种整合的复杂性、多样性、包容性、变动性和增值性具有丰富的理论内涵。营销商务软件在这种多维整合中发挥了重要作用。无形资产在营销实践中的整合能力,及其在多种资源、多种手段整合后所产生的增值效应,也是对传统市场营销理念的重大突破和重要发展。

(3) 明显的经济性

网络营销具有快捷性,将极大程度地降低经营成本,提高企业利润。促成网络营销的经济性有诸多原因,包括:资源的广域性、地域价格的差异性、交易双方的最短连接性、市场开拓费用的锐减性、无形资产在网络中的延伸增值性等,都极大地降低交易成本,给企业带来经济利益。

(4) 市场的冲击性

网络的冲击能力是独有的,网络营销的这种冲击性及由此带来的市场穿透能力,明显的挑战了传统的 4P 和 4C 理论。网络营销的过程更具针对性、主动性。无论是在信息搜索中,还是在发布后,网络营销都在创造一种竞争优势,争取一批现实客户,获取一些显在商机,扩大既有优势范围,这种网络营销的冲击能力有力地冲击了"忘记效益观"。

(5) 极强的实践性

网络营销的实践性极强,突出表现在它对以往营销理念的审视性和对新论断广泛的检验性。网络信息时代的发展为网络营销提供了扎实的实践基础。网络营销的理论性扎根在网络营销实践中,其发展促使网络经济理论研究的深入。

3. 网络营销与电子商务

网络营销与电子商务既有联系,又有区别。网络营销与电子商务有着共同的技术基础,网络营销是企业电子商务整体战略的核心环节,网络营销整体战略的实现需要电子商务等其他环节工作的密切配合。此外,网络营销与电子商务也有区别。网络营销与电子商务研究问题的角度与侧重点不同。在现代市场经济条件下,营销一般主要是站在卖方的角度研究产品如何售卖与推广的问题;而商务却既要站在买方的角度研究供应与采购问题,也要站在卖方的角度研究产品的售卖与推广问题。

3.2.2 网络营销主要内容

网络营销的实质是应用因特网对产品销前、销中、销后各个环节进行跟踪服务,贯穿于企业经营的全过程。网络营销的主要内容包括:网络营销基础环境建设、网络市场调查、网上消费者行为分析、网络营销战略规划、网上产品和服务策略、网上价格营销策略、网上渠道选择与直销、网上促销与网络广告、网络营销管理与控制等。

1. 网络营销基础环境建设

网络营销的基础环境主要包括因特网技术基础、电子商务网及其他网络营销相关基础环境等。

(1) 网络营销环境的构成

网络营销环境的构成包括内部环境和外部环境,其中内部环境为有效地进行网上经营奠定了基础,外部环境为开展网络营销提供了潜在用户以及向用户传递营销信息的各种手段和渠道。

(2) 网络营销基本环境的影响因素

网络营销基本环境的影响因素众多。影响网络营销内部环境的主要因素包括：企业网站的专业水平、网站推广方法和力度、企业内部网络营销资源容量及使用状况等。影响网络营销外部环境的主要因素包括：上网用户数量及人口统计特征、上网用户对网络营销的行为、上网企业数量及结构、带宽等基础网络服务状况、网络营销专业服务市场状况等。

一家企业若想经营好网络营销，需要做好网络营销环境与策略的协调，既做好对外部环境的适应和选择，同时又做好对内部环境的创造和利用。

2. 网络市场调研

网络市场调研是利用互联网对特定的营销环境进行市场调研，以获取与企业产品或服务的消费需求、目标市场、竞争对手市场环境等相关信息。包括直接和间接两种方式。

网上直接调查是通过利用互联网直接进行问卷调查等方式收集一手资料，方法可分为网上问卷调查法、网上实验法、网上观察法等。其中，网上问卷调查法是将问卷放置在 WWW 站点上或通过 E-mail 方式发送给被调查者，调查对象通过网络完成问卷调查。此外，其他网上直接调查方法还有设立留言板、论坛和专题新闻组等对企业产品或服务进行讨论等，这些都有助于获取有关资料。

网上间接调查是利用互联网的媒体功能收集二手资料，一般通过搜索引擎搜索相关站点的网址并访问包含相关信息的网站或网页来收集二手资料。由于传统媒体、企业以及政府机构等纷纷网络化，网上信息越来越全面丰富，挖掘并发现有价值信息已成为网上间接调查的关键。

进行网络市场调研的主要步骤可概括为选择合适的搜索引擎、确定调研对象（包括潜在消费者和企业竞争者）、查询相关调研对象、确定使用的信息服务以及对收集的信息进行整理、分析、运用。

3. 网上消费者行为分析

网上消费者行为分析包括分析网络消费的需求、影响网络消费者购买行为的因素、网络消费者的购买决策过程等内容。

3.2.3 网络消费者的需求

分析消费者行为背后的重要理论之一就是马斯洛需求理论。美国人本主义心理学家马斯洛（Maslow）于 1943 年提出了"需要层次理论"，把人类多种多样的需要划分为上述五种基本类型，层次上依次为生理需要、安全需要、爱和归属的需要、尊重的需要以及自我实现的需要。20 世纪 70 年代，马斯洛在上述分类基础上又增添了认知和审美两种需要。认知的需要产生于人们对未知事物的好奇心和对客观世界的探索欲望。审美的需要是出于人类爱美的天性，表现为对美好事物的追求和向往。

网络消费的需求主要有以下七方面特点，包括个性化的消费需求、消费需求的差异性、消费的主动性、消费者与厂商的互动性、追求方便的消费过程、挑选商品的理性化、价格是影响消费心理的重要因素。

消费者的购买行为主要表现为谁参与购买活动（Who）、购买什么商品（What）、为什么购买（Why）、什么时候购买（When）、在哪里购买（Where）、准备购买多少（How much）、如何购买

(How)等几个方面,即 4W+2H。

影响消费者上网购物行为的主要有心理、价格、安全可靠性等因素。

网上消费者行为分析实际上是对消费者的生活形态进行了解,并迎合广大消费者的需求进行营销活动,从而达到推广企业的产品或服务的目的。相应地,运用到的营销手段叫作生活形态营销。所谓生活形态营销是指企业通过对消费者心理、价值观、消费行为、视听接触的了解,让一群有着相同的支配时间和金钱模式的同质消费者产生一种感同身受相融合的认知并获得消费者自发性认同,创造出真正让消费者感动的商品的一种营销方式。通过研究一群人支配时间和金钱的公式,生活形态营销提倡企业应该经营的是消费者的生活模式,培养他们的消费习惯,在消费者的需求还未显像表现出来时根据对其生活形态的研究挖掘其内心深处的需求加以创造性的发挥,生产合适的商品,提供适宜的服务,从而创造需求,刺激消费。

网络消费者的购买动机主要包括方便型动机、低价型动机、表现型动机。

影响网络消费者购买的因素主要包括产品特性、安全感和信任感、产品价格等。

3.2.4 网络消费者行为的变化趋势

(1) 消费个性更明显

更多的网络消费者主张个性化消费,希望能得到与别的消费者不一样的商品或服务。如2013年7月中旬,爱奇艺PC客户端推出个性化视频内容推荐,此举受到了广大网友的推崇,很多网友因此成为爱奇艺的忠实付费会员。

(2) 消费品质要求更高

网络消费者在网上购物,不仅能够完成实际的购物需求,还能获得许多额外的信息,得到在传统商店没有的乐趣。同时,更多的消费者希望有更便捷的渠道、更低廉的价格,购买到更优质的商品。这主要分两种情况:一种是工作压力大,时间安排非常紧凑的消费者,他们期待尽量节省时间和劳动成本,但对商品品质要求丝毫不含糊。这类消费者收入水平较高,是高端商品和进口商品的主要购买力。另一种消费者自由支配时间较多,希望通过网上购物来寻找更低廉的价格,从而在心理上获得满足感。此类消费者会花大量的时间在互联网上货比三家,价比三家,也会因为某个电商购物节而通宵达旦。这种看似省钱的消费者,实际上仍然是网络消费者的中坚力量。

(3) 移动购物渐成主流

未来几年,移动购物预计将保持48%的复合增长率,成为网络购物市场快速发展的主要推动力,越来越多的网络消费者选择使用移动网络完成商品浏览和购物。在移动互联网时代,用户对于手机App(应用)的接受显然比预期要快,分析其原因有以下几点:我国手机用户数量和手机上网用户数量增加迅速;廉价智能手机及平板电脑大量普及;上网速度增快,无线宽带资费下调;传统电商为移动电商的发展奠定了基础。

(4) O2O 应用更加广泛

O2O 即 online to offline,简单地讲就是"线上拉客,线下消费"。对于 O2O 模式来说,其核心理念是把线上用户引导到现实的实体商铺中,通过在线支付,实体提供优质服务,实时统计消费数据并将其提供给商家,再把商家的商品信息准确推送给消费者。这种模式对于服务型尤其是体验型的产品将是最佳的方式,与传统电子商务的概念有较大差别。传统电子商务产品的销售缺少了商户的参与。O2O 依靠线上推广交易引擎带动线下交易,以加大商户的参与度和用户的体验感,这种融合产生的价值十分惊人。而在此基础上的数据分析更是为O2O模式的持续发展提供了不竭动力。电子商务主要由信息流、资金流、物流和商流组成。O2O的特点是只把信息流、资金流放在线上进行,而把物流和商流放在线下。目前O2O模式已广泛应用于在线旅游、房地产、订票、餐饮、汽车租赁、奢侈品等诸多领域。

3.2.5 全球跨境电商消费者行为表征

研究表明,当前跨境消费中,made in the USA(美国制造)产品是全球跨境出口最高的,爱尔兰、奥地利、以色列拥有世界上最活跃的跨境电商用户,全球16%的在线支付是通过智能手机完成的,其中,尼日利亚、中国、阿联酋的比例最高,尼日利亚的手机付款达到37.8%,高出平均水平近3倍,其后是中国(34%)和阿联酋(31%),法国、荷兰和阿根廷增长最快。目前超过10%的网络购物是跨境购物,跨境购物消费者的平均支出大约是境内购物消费者的两倍。跨境消费者买得都多的是衣服和鞋子(39%)(北美(33%)、拉丁美洲(47%)、中东(47%)、西欧(33%)、北欧(36%)、中东欧(40%)、亚太(43%));电子产品(26%)。北美、拉丁美洲、北欧和中东地区消费者普遍喜欢美国产品,西欧跨境消费者主要喜欢德国产品,而中东欧消费者喜欢从中国购买商品,而亚太地区消费者主要喜欢消费衣服鞋子、化妆品、美容用品和电子产品。

3.2.6 跨境电商消费者购买决策的心理模式

(1) 损失厌恶

人们对将要失去某事物的恐惧感受非常真切,而很多电商网站会利用消费者的这种心理,促使人们尽快做购物决定。在网站上设置一个关于库存或是促销时间的倒计时,消费者会感觉到自己需要加快速度,在优惠消失之前赶紧入手。利用消费者的这种损失厌恶心理确实可以增加销量。

(2) 社会认同

人天生具有社会性,倾向于依赖团体的力量。消费者一般对品牌推广都会持怀疑的态度,所以通过一些比较有影响力的形象大使甚至是一些想跟其他人分享自身体验的普通人来推广自己的网站、产品等就显得非常有必要。电商网站应该通过展示评论、推荐等来得到社会的认同,并且应该知道,消费者的观点带来的影响是很重要的。当然,展示的评论也并不一定很完美,太完美的评论反而不容易赢得消费者的信任。正所谓"众口难调",实际上,一些负面的评价反而会显得更加真实,也会更容易得到消费者的认可。相信权威和社会认同类似。权威更容易在品牌和用户之间建立起信任,人们更倾向于信赖专家的观点和他们对某一产品的评价。对于一个还在犹豫的消费者来说,专家的观点是一个很好的助推器,这也是电商网站寻求权威推荐的原因。而且,电商网站还可以通过展示著名合作伙伴商标的方式来增加消费者的信任度。如果消费者对其合作商家有好感,那他们也就更容易信任网站。

(3) 长期关系

人的本性都是期望建立长期关系的。可以通过给消费者一些小礼物或是店铺优惠券,给予二次购买打折等方式,在消费者和品牌之间建立一条纽带。毕竟,每个商家都希望与顾客建立一种长期、友好的关系,而忠诚度也是企业成功的关键。这样,商家和顾客之间就会有一种往复,消费者在得到满足之后倾向于回馈商家,不管是通过再次购买的方式,还是通过在社交媒体上宣传的方式,对商家来说都是一种成功。

(4) 寻求组织

人会本能地寻求组织,寻求一些有共同爱好、信仰、想法的组织,这种融入感会让他们更自信。而这种心理促使人们更容易信任能引起他们共鸣的品牌,并与该品牌达成一种长期的关系。如 Weekend Society 是一个服装品牌,该品牌的美好发展都是靠那些热爱旅行的团体支撑起来的。而那些热爱旅行的人,为了让自己能更加融入组织,就会更倾向于选择该品牌。

(5) 选择恐惧

在自己的网站上放置各种各样的商品当然比较容易,但这也更容易使消费者陷入选择恐惧的状态,从而放弃做购物决策。如果某个选择包含太多的选项,消费者会感觉非常不舒服,所以电商网站最好聚焦在少数产品上,主推某几个产品。一次主推一个产品是一种比较好的方法。

3.2.7 跨境电商消费者的消费新特征

(1) 体验消费

消费是一个过程,消费结束后留下来的将是对过程的体验——体验另一种身份、另一种环境(场景),以及体验自身的创造力等,消费者愿意为这类体验付费。体验式消费不单单是看、试用一个产品那么简单。消费者应该能够进入购物环境,参与销售的过程,体验一种完全不同的消费氛围,而不仅仅是接受卖家单方面的信息灌输。体验式消费不纯粹是买东西,而是一种新型的消遣方式。

(2) 品质消费

首先是新中产崛起带来的消费升级。目前在中国就有超过1亿的新中产群体,他们在消费中更加关注品牌、品质和服务。价格不再是核心影响因子,消费者倾向于通过可信、便捷的渠道购买具有良好信誉、正品率高、货物来源可靠、售后服务有保障的品质商品。

(3) 理性消费

随着社会化媒体时代到来,自媒体的爆发增长令消费者对购物、商品认知越来越全面,消费者的投机消费行为也逐渐减少,随之而来的是理性消费。消费决策从价格导向变成了需求导向。

3.2.8 营销活动对跨境电商消费者的影响

(1) 品牌认知阶段—广告策略

这个阶段,就是网购者对品牌从不知道到知道的过程。最能让网络消费者直接感知品牌的最有力工具无疑是网络广告,普及面广,曝光率高。当然也有通过软文、博客、微博、社区等传播方式认知品牌的,但这些效果都很慢。当然,也并不是用户看到你的品牌广告就记住这个品牌了,因此,需要不断地投入广告,加深消费者的印象。

(2) 品牌调查阶段—口碑营销

消费者已经是该品牌的潜在客户了。消费者在购买之前,必定有一个品牌调查期,调查的结果将对是否选购该品牌起关键作用。调查品牌的渠道通常有三:第一,通过网络搜索相关信息,如果搜到的是品牌的好评或是企业正面新闻,成交的希望就很大,否则反之;第二,向周边的人询问,这个要看企业的服务到底怎么样了,大家都说好,距该消费者成交也就不远了,若大家都有一种被骗的感觉,成交也就会成为泡影;第三,直接打电话或者与品牌服务人员在线沟通,这需要专业的咨询师来处理。因此,这阶段就需要加大口碑营销的投入力度,用好评来博得用户的信任。

(3)选购决策阶段—定价与促销策略

当用户觉得品牌是值得信任的,接下来就要考虑该品牌产品的价格是否在他可承受的范围之内,再者就是看与该品牌相对等的竞争品牌的价格。如果在定价上稍占优势,这一环节容易胜出;如果定价高出竞争品牌,可通过促销策略来变相体现价格优势。

(4)购后体验阶段—产品与服务营销

这一切都搞定,用户也下单购买了,那么就万事大吉了吗?并没有!我们的产品有缺陷吗?肯定是有的,没有完美的产品,但相对其他产品能够更人性化,这就能体现出优势。像苹果手机,从产品自身创新出发,而不是从品牌策划出发,产品制胜仍是王道。

另外需要做好的是售后服务,好品牌加上好服务,才会留住客户。如果售后服务质量差,不仅影响品牌形象,还可能导致现有顾客的流失。

案例拓展

亚马逊卖家注意了,美国消费者最关心的是这些问题

数字营销机构 CPC Strategy 最新报告数据显示,超过一半的美国消费者,不会单单浏览亚马逊后就下网购订单,而会到其他不同的电商网站对比价格。另外,亚马逊购物者最关心的是价格和运费。

2016年12月,CPC Strategy 对1 400名年龄在18岁及以上的美国购物者进行了调查。调查结果显示,23.1%的购物者表示,价格是促使他们在亚马逊上购物的主要影响因素,其次是运费,占了19.8%。

在 CPC Strategy 的报告中,有一半以上的购物者(43.4%)表示,他们会先到其他网站上对比价格再购买,只有18.2%的人表示,他们在购买前仅会在亚马逊上查看价格,而其余受访者(28.3%)表示不在亚马逊上购物。

多年来,运费一直是影响消费者做购买决定的主要因素。2013年,Forrest Research(弗雷斯特研究公司)发现,49%的美国消费者会在做网购决策时考虑运费,43%的受访者表示,运费低是促使他们转向其他零售电商购买的重要原因。McKinsey&Co.(麦肯锡公司)的报告中指出,70%的消费者会选择最便宜的配送服务。McKinsey&Co 的报告调查了中国、德国和美国的4 700多名消费者(每个国家受访者数量超过1 400名)。根据 Top400Guide.com 称,美国网上零售商前1 000强中,有634家提供免费配送服务。

亚马逊 Prime 会员项目为特定产品提供了两日达服务,不需要额外费用,也不限最低购买额。对非 Prime 会员,亚马逊刚把免费送货限额从49美元降至34美元,此举旨在应对沃尔玛三周前所做出的类似举措。消费者愿意在其他网站搜寻产品,给试图与亚马逊竞争的零售商打开了一扇门,它们可以提供更低的价格和运费组合来吸引消费者。

CPC Strategy 在报告中指出:亚马逊购物者不一定会对品牌忠诚,但他们会永远对价格忠诚。亚马逊购物者基本上可以分为两类:第一类是图方便的购物者,他们看中如送货速度和客服等;另一类是看中产品价值的购物者,他们想在亚马逊上买到真正有价值的好商品。如果没有找到想要的产品,他们就会到其他零售商那里购买更便宜的产品。

CPC Strategy 的报告还显示：

亚马逊购物者倾向于购买熟悉的商品或品牌。44.8%的受访者表示,他们偶尔或很少在亚马逊上尝试购买新产品,而只有 23.2%的受访者表示,他们经常尝试新产品或品牌。

与手机(23.4%)和平板电脑(10.4%)相比,购物者更喜欢在电脑上购买(37.7%),其余购物者表示他们不在亚马逊购物。

大多数亚马逊购物者不会在"黑色星期五"期间上亚马逊购物。66.7%的受访者表示不会在"黑五"期间购物,而 19.8%的受访者表示,"黑五"期间他们会在亚马逊上买东西。

3.2.9 网络营销战略规划

一份有实际操作价值的网络营销战略规划不仅对企业网络营销活动有非常深远的影响,而且对于制定与网络营销活动密切相关的生产、财务、研发、人力资源等计划也有非常重要的指导意义。

网络营销战略规划要求决策者把企业的网上投资业务当作一个投资组合来管理,在企业资源一定的条件下结合离线营销进行配置。决策者应通过考虑市场增长率和企业网上的定位及组合,尽可能准确地估量每项网上业务的未来利润潜量。强调网上战略规划是一种战略。决策者必须明确企业在本行业的地位、目标、资源、机会中哪些因素举足轻重,从而对每项网上业务制定出相应的战略方案。

广义上,网络营销战略规划包括网络营销需考虑到的各个方面,包括网络营销一般过程、网络营销实施条件、网上产品及服务策略、网络营销价格策略、网络营销渠道策略、网络营销促销策略、网络营销管理与控制。网络营销规划在了解网络营销环境的基础上,企业需确定网络营销目标、制定网络营销初步方案,并进行网络营销可行性分析。

网络营销目标与传统营销目标相同,即确定开展网络营销后达到的预期目的,以及制订相应的步骤,组织有关部门和人员参与。制订网络营销目标时,必须考虑到与企业的经营战略目标是否相一致,与企业的经营方针是否吻合,与现有的营销策略是否产生冲突。一般网络营销应考虑以下五种目标:销售型网络营销目标、服务型网络营销目标、品牌型网络营销目标、提升型网络营销目标以及混合型网络营销目标。

当企业全面地考察了企业的产品特点、企业管理者的信息化素质水平以及网络营销的外部环境条件后,还要有一个网络营销实施的可行性分析。网络营销实施的可行性分析十分重要,是评价一份营销战略是否能够进入实施环节的不可或缺的步骤。考虑如何在网上实现业务流程,如何完成竞争对手分析和用户分析,进行网页布局与外观设计。

(1) 网上品牌策略

网络营销的重要任务之一就是在互联网上建立并推广企业的品牌并快速树立品牌形象,达到提升。网络品牌建设是以企业网站建设为基础,通过一系列的推广措施,达到顾客和公众对企业的认知和认可。在一定程度上说,网络品牌的价值甚至高于通过网络获得的直接收益。

(2) 网上产品和服务策略

企业在规划网络营销的过程中,需要确定准备在网上销售的商品类型。也就是考虑"网上销售什么"这一问题。

目前网上销路比较好的商品多为一些小商品,如亚马逊就是从书籍零售起家的,其他的像唱片、软件等商品在网上都有很好的销路。一般来说,比较适合网上销售的商品主要有电脑软硬件产品、知识含量高的产品(如书籍、音像制品等)、创意独特的新产品、纪念物等有特殊收藏价值的商品、服务等无形产品(如旅馆预订、鲜花预订、储蓄业务和各类咨询服务等)及一般性产品的促销(如可以利用网络扩大品牌的宣传)等。虽然有些商品更适合在网上直接销售,但网络营销对于大多数产品和服务领域都能发挥作用。

网络营销使企业从有形市场转向信息化市场,使企业的目标市场、顾客关系、企业组组、竞争形态及营销手段等发生了改变。企业既面临着新的挑战,也存在着无限的市场机会。企业必须确立相应的网络营销战略,提供比竞争者更有价值的产品、更有效率的服务,扩大市场营销规模,实现企业的经营目标。

(3)网络营销价格策略

网络营销价格策略,简而言之,即对企业的产品或服务进行定价。企业的定价目标一般有:生存定价、获取当前最高利润定价、获取当前最高收入定价、销售额增长最大量定价、最大市场占有率定价和最优异产品质量定价等。定价目标需与企业的战略目标、市场定位和产品特性相符。

网络营销定价的特点有全球性、低价位定价、顾客主导定价等。

网络营销面对的是开放的和全球化的市场。企业面对地区间差异性极大的全球性网上市场,不能采取统一市场策略,须采用全球化和本地化相结合原则进行定价。

网上产品定价较传统定价相比较低是建立在成本费用降低的基础之上,企业有更大的降价空间来满足顾客的需求。但若面对的是工业、组织市场、高新技术的新产品之类,顾客对其产品价格不太敏感,故这类产品可以先不考虑低价定价的策略。

所谓顾客主导定价,是指为满足顾客的需求,顾客通过充分市场信息来选择购买或者定制生产自己满意的产品或服务,同时以最小代价获得这些产品或服务,即顾客价值最大化,以最小成本获得最大收益。顾客主导定价的策略主要有顾客定制生产定价和拍卖市场定价。顾客主导定价是一种双赢的发展策略,既能更好满足顾客的需求,同时企业的收益又不受到影响,而且可以对目标市场了解得更充分,企业的经营生产和产品研制开发可以更加符合市场竞争的需要。

网络营销定价策略可考虑选用以下几种策略:

① 低价定价策略。

其中,直接低价定价策略是在定价时采用成本加一定利润,有的甚至是零利润。这种定价在公开价格时就比同类产品要低,一般是制造业企业在网上进行直销时采用的定价方式。另外一种低价定价策略是折扣策略,它是在原价基础上进行折扣来定价的。这种定价方式可以让顾客直接了解产品的降价幅度以促进顾客的购买。

② 定制生产定价策略

定制生产满足了客户的个性化需求,其根据顾客对象可以分为两类:一类是面对工业组织市场的定制生产,这部分市场属于供应商与订货商的协作问题,主要通过产业价值链,从下游企业向上游企业提出需求和成本控制要求,上游企业通过与下游企业进行协作设计、开发并生产满足下游企业需要的零配件产品。定制定价策略是在企业能实行定制生产的基础上,利用网络技术和辅助设计软件,帮助消费者选择配置或者自行设计能满足自己需求的个性化产品,同时承担自己愿意付出的价格成本。但目前消费者只能在有限的范围内进行挑选,还不能完全要求企业满足自己所有的个性化需求。

③ 使用定价策略

所谓使用定价,就是顾客通过互联网注册后可以直接使用某公司的产品,顾客只需要根据使用次数进行付费,而不需要将产品完全购买。一方面减少了企业为完全出售产品而进行的不必要的大量生产包装,另一方面吸引因产品更新换代周期短而驻足不前的顾客来使用产品。采用按使用次数定价,适用于能够通过互联网传输、可远程调用的产品,如软件、音乐、电影等。如我国的用友软件公司推出网络财务软件,用户在网上注册后在网上直接处理账务,而无须购买软件和担心软件的升级、维护等非常麻烦的事情。

④ 拍卖竞价策略

网上拍卖由消费者通过互联网轮流公开竞价,在规定时间内,价高者获得产品。根据供需关系,网上拍卖竞价方式有下面几种:竞价拍卖大量用于C2C交易;竞价拍买是竞价拍卖的反向过程,消费者提出一个价格范围,求购某一商品,由商家出价,出价可以是公开的或隐蔽的,消费者将与出价最低或最接近的商家成交;集合竞价模式是一种由消费者集体议价的交易方式,是多个意向买家结合起来向卖家以数量换价格。

(4) 网络营销渠道策略

网络营销渠道策略的内容主要包括网络营销的特征,网络营销渠道建设,网络营销渠道经营策略等。与传统营销渠道一样,以因特网作为支撑的网络营销渠道也应具备传统营销渠道的功能。营销渠道是指与为提供产品或服务以供使用或消费这一过程有关的一整套相互依存的机构,它涉及信息沟通、资金转移和实物转移等。网上销售渠道就是借助因特网将产品从生产者转移到消费者的中间环节。它一方面要为消费者提供产品信息,供消费者进行选择;另一方面,在消费者选择产品后要能完成钱货的交易手续。因此,一个完善的网上销售渠道应有订货、结算和配送等三大功能。

由于因特网的信息交互特点,网上直销市场得到大力发展。因此,网络营销渠道可以分为两大类:一是网络直接营销渠道,二是网络间接营销渠道。

网络直接营销渠道是通过因特网实现的从生产者到消费者的网络直接营销渠道,简称网上直销。此种情况下,传统中间商的职能发生了改变,由过去的销售环节的中间力量变成为直销渠道提供服务的中介机构。例如提供货物运输、配送服务的专业配送公司,提供贷款网上结算服务的网上银行以及提供产品信息发布、网站建设和电子商务的服务商。

另一类网络营销渠道是通过融入因特网技术后的中间商机构提供网络间接营销渠道。传统中间商由于融合了因特网技术,大大提高了中间商的交易效率、专门化程度和更大的经济规模,比某些企业通过网上直销渠道更有效。例如,亚马逊网上书店的发展吸引了许多出版商在其网站上销售自己的产品。

(5) 网络营销促销策略

网络促销方法的类型包括网络广告、站点推广、销售促进、关系营销等。

网络广告主要是借助网上知名站点或者提供免费电子邮件服务或者以及在一些免费的公开交互站点(如新闻组、公告栏)上发布企业产品信息,进行宣传推广。网络广告作为有效可控制的促销手段,是网络促销的主要形式,是多数企业选择的主要促销方式。网络广告策略包含网络广告对象选择、网络广告设计、广告发你途径、广告效果测评等内容。

站点推广就是利用网络营销策略扩大站点的知名度,吸引网上流量访问网站,起到宣传推广企业以及产品的效果。中小企业可以选择比较有优势的地址建立自己的网站,建立后应有专人进行维护，并注意宣传，这一点上节省了原来传统市场营销的很多广告费用。站点推广主要方法包括搜索引擎注册、创建链接、发送电子邮件、发布新闻、提供免费服务、发布网络广告以及改进网站内容和服务来吸引用户访问，达到宣传推广站点的目的。销售促进是企业利用可以直接销售的网络营销站点，采用价格折扣、有奖销售、拍卖销售等促销方式来宣传和推广产品。

关系营销是通过借助互联网的交互功能，吸引用户与企业保持密切关系，培养顾客忠诚度，提高顾客的收益率。

（6）网络营销管理与控制

网络营销在实施的过程中，时刻需要管理与控制，需要不定期地进行评价并处理分析从营销对象处获取的反馈信息，以便不断地调整、改进网络营销战略。网络营销的评价包括确定评价目标和内容、制定评价指标、评价并撰写评价报告、网络营销策略的调整与改进。

网络营销战略转变为具体的行动方案就是回答"将做什么""由谁负责做""何时做"等问题。主要包括组织资源、确立实施时间框架、预算、维护、控制等。

组织资源包括人力资源和信息资源。人力资源应尽量组织企业内部人员完成，对于技术性强的工作可以请组织外部的专业人士完成，这样可以保质保量并节省时间。信息资源可以通过多种途径搜集，如收集企业 Web 站点的访问者，包括商业伙伴、客户和其他人对企业网上形象的一些肯定的评论。

确立时间框架时，任何行动方案都必须指明行动开始、检查和结束的时间。将行动方案划分成几个阶段，给出每个阶段的明确任务以及完成的时间。可以使用软件把日程和进度制作成表格或图表的形式，看起来更直观。

制定一个可行的市场营销预算计划时，由于网络营销的不稳定性及动态变化性，准确的市场营销预算很难制定。如果企业的目标客户有10%上网，就可以考虑技企业营销预算的10%用于网络营销的预算。

作为计划的一部分，应写明维护和更新的计划，包括对企业的 Web 站点上收到的电子邮件的答复，更新企业 Web 站点上的内容，监控新闻组和网上服务论坛等。

通常目标和预算按月或按季度制定。写网络营销计划书时要继续收集信息。对竞争对手网上工作的变化，以及客户对网上形象需求的变化保持关注。如果企业的网上形象是成功的，有可能收到来自潜在客户和现有客户的大量电子邮件，而且所有的人都期望有个答复。

总之，网络营销是一个周而复始、螺旋式上升的周期过程。需要通过不断地完善和改进，才能充分发挥网络营销的作用，最大可能地实现营销目标。

3.2.10 网络营销的主要方法

网络营销的方式方法有许多，主要包括以下几种。具体的适用于跨境电子商务的主要网络营销方法将在后面的小节中进行详细讲解。

1. 搜索引擎营销

搜索引擎营销（SEM）通过开通搜索引擎竞价，让用户搜索相关的关键词，并点击搜索引擎上的关键词链接进入网站/网页进一步了解他所需要的信息，然后通过拨打网站上的客服电话、与在线客服沟通或直接提交页面上的表单等来实现自己的目的。

2. 搜索引擎优化

搜索引擎优化(SEO)是通过对网站结构、三要素描述、高质量的网站主题内容、丰富而有价值的相关性外部链接进行优化而使网站为用户及搜索引擎更加友好,以获得在搜索引擎上的优势排名为网站引入流量。

3. 电子邮件营销

电子邮件营销是以订阅的方式将行业及产品信息通过电子邮件的方式提供给所需要的用户,以此建立与用户之间的信任与信赖关系。

4. 即时通讯营销

即时通讯营销,是利用互联网即时聊天工具进行推广宣传的营销方式,如 QQ 营销和微信营销。微信营销是网络经济时代企业营销模式的一种创新。用户注册微信后,可与"朋友"形成一张联系网。用户订阅自己所需的信息,商家通过提供用户需要的信息,推广自己的产品,从而实现点对点的营销,比较突出的如体验式微营销。

5. 博客或微博营销

博客营销是建立企业博客或个人博客,用于企业与用户之间的互动交流以及企业文化的体现,一般以诸如行业评论、工作感想、心情随笔和专业技术等作为企业博客内容,使用户更加信赖企业深化品牌影响力。微博营销是指通过微博平台为商家、个人等创造价值而执行的一种营销方式,也是指商家或个人通过微博平台发现并满足用户的各类需求的商业行为方式。

6. BBS 营销

BBS 营销是利用电子信息公告板进行产品推广宣传的网络营销方式。已经得到广泛应用,尤其是对于个人站长,大部分到门户站论坛灌水同时留下自己网站的链接,每天可带来大量的流量。

7. 视频营销

以创意视频的方式,将产品信息移入视频短片中,被大众化所吸收,也不会造成太大的用户群体排斥性,也容易被用户群体所接受。

8. 数据库营销

数据库营销主要包括数据库资源,数据库资源挖掘与应用技术,数据库营销系统模型数据库营销策略。

9. 病毒式营销

病毒营销模式是利用用户口碑相传的原理,通过用户之间自发进行的营销手段,具有费用低的优势。

10. 软文营销

软文广告顾名思义,它是相对于硬性广告而言,由企业的市场策划人员或广告公司的文案人员来负责撰写的"文字广告"。与硬广告相比,软文追求的是的传播效果,精妙之处就在于"软",使受众在没有抵抗情绪的情况下,不知不觉地接受对产品或服务。

11. 体验式微营销

体验式微营销以用户体验为主,以移动互联网为主要沟通平台,配合传统网络媒体和大众媒体,通过有策略、可管理、持续性的 O2O 线上线下互动沟通,建立和转化、强化顾客关系,实现客户价值的一系列过程。体验式微营销认为消费者消费时是理性与感性兼具的,消费者在消费前、消费时、消费后的体验,才是研究消费者行为与企业品牌经营的关键。体验式微营销以 SNS、微博、微电影、微信、微视、微生活、微电子商务等为代表新媒体形式，为企业或个人达成传统广告推广形式之外的低成本传播提供了可能。

12. O2O 立体营销

O2O 立体营销是基于线上（Online）、线下（Offline）全媒体深度整合营销，以提升品牌价值转化为导向，运用信息系统移动化，帮助品牌企业打造全方位渠道的立体营销网络，并根据市场大数据分析制定出一整套完善的多维度立体互动营销模式。其对受众进行全视角、立体式的营销覆盖，帮助企业打造多渠道、多层次、多元化、多维度、全方位的立体营销网络。

13. 关联营销

产品互链指在产品信息展示页中添加其他近似或不同类型产品，使得买家可以通过展示页面中的其他产品入口进入到他感兴趣的其他产品展示页面。产品互链可以帮助卖家提高自身产品的曝光水平，合理的产品互链还会提高产品的营销性，促进不同产品的搭配销售。其优势在于自主推荐优质或者与主产品关联性强的产品，通过不同产品间的流量相互传导增加产品的曝光，促进产品间的关联销售。

3.2.11 网络营销的理论基础

1. 网络整合营销理论

整合营销传播理论的开创者是美国西北大学唐·E 舒尔茨教授，其经典著作《整合营销传播》是全球第一本整合营销传播方面的著述，书中提出的战略性整合营销传播理论，成为 20 世纪后半世纪最主要的营销理论之一。根据对组织应当如何展开整合营销传播的研究，并考虑到营销传播不断变动的管理环境，其对整合营销传播的定义是：整合营销传播是一个业务战略过程，它是指制定、优化、执行并评价协调的、可测度的、有说服力的品牌传播计划，这些活动的受众包括消费者、顾客、潜在顾客、内部和外部受众及其他目标。

网络营销要求把消费者整合到整个营销过程中来，从他们的需求出发开始整个营销过程。整合营销就是企业通过对各种营销工具和手段的系统化结合，对品牌进行一系列计划实施和监督的营销工作，使得双方在交互过程中实现价值增值，最终完成建立、维护、传播品牌以及加强客户关系的目的。整合营销的特征包括：消费者处于核心地位；建立数据库，全面细致地了解消费者；培养真正的"消费者价值"观是核心；以信息的一直传播为支撑点；综合利用各种传播媒介进行传播。其一般操作思路与原则是以整合为中心、追求系统化管理、强调协调与统一、注重规模化与现代化。过去企业习惯于使用广告"一对一"的手段来促进产品的销售，但我们今天已处于现代社会的信息时代，现在的传播手段越来越多，传播本身开始分化和组合。这就要求企业在营销传播过程中，注意整合使用各种载体，达到最有效的传播影响力。

网络整合营销是建立在互联网基础上的整合营销，是在深入研究互联网资源、熟悉网络营销方法的基础上，从企业的实际情况出发，根据不同的网络营销产品的利弊，整合多种营销方法，为企业提供解决案，也称为整合网络营销。简单地说，整合营销就是整合各种网络营销方法，和客户需求进行比配，给客户提供最佳的网络营销方法。网络整合营销的 4I 原则是指趣味原则（Interesting）、利益原则（Interest）、互动原则（Interaction）、个性原则（Individuality）。使企业所有的营销活动在市场上针对不同的消费者进行传播，形成一个总体的、综合的印象和情感认同，这种将消费者细分，建立相对稳定、统一的印象的过程，就是塑造品牌，即建立品牌影响力和提高品牌忠诚度的过程。

2. 网络软营销理论

网络软营销是相对于强势营销而言,指在网络环境下,企业向顾客传送的信息及采用的促销手段更具有理性化,更易于被顾客接受,进而实现信息共享与营销整合。网络软营销理论是针对工业经济时代的大规模生产为主要特征的强势营销而提出的新理论,它强调企业在进行市场营销活动时,必须尊重消费者的感受和体验,让消费者乐意地主动接受企业的产品或服务。概括地说,软营销与强势营销的根本区别在于:软营销的主动方是消费者,而强势营销的主动方是企业。消费者在心理上要求自己成为主动方,而网络的互动特性又使他们真正变为主动方成为可能。

网络软营销的具体方式也是多种多样的,包括参与评论、发起活动、访谈报道、话题炒作、软文写作,等等。其中,软文就是需要宣传的产品或服务的广告载体。能够发表软文的平台有很多,任何能够合法发表文章的网络平台都可以,如网上客户俱乐部、即时通讯平台、电子邮件、门户新闻、SNS 网站、博客、论坛等。软营销手段之一是软文营销。软文营销是由企业的市场策划人员或广告公司的文案人员来负责撰写的"文字广告"。与硬广告相比,软文营销是藏而不露,是软营销的一个大类。

网络社区和网络礼仪是网络营销理论中所特有的两个重要的基本概念,是实施网络软营销的基本出发点。网络社区是指那些具有相同兴趣和目的、经常相互交流、互利互惠、给每个成员以安全感和身份意识等特征的互联网上的单位或个人所组成的团体。网络礼仪是互联网自诞生以来所逐步形成与不断完善的一套良好、不成文的网络行为规范,如不使用电子公告牌 BBS 张贴私人的电子邮件,不进行喧哗的销售活动,不在网上随意传递带有欺骗性质的邮件等等。网络礼仪是网上一切行为都必须遵守的准则。

软营销强调企业以友好的方式宣传自己,淡化营销过程中的商业活动,尊重消费者的感受和体验,在提供有价值的内容给公众的同时,建设软实力,打造社会型企业。互联网使用者比较注重个人体验和隐私保护。因此,企业采用传统的强势营销手段在互联网上展开营销活动可能会适得其反,如美国著名 AOL 公司曾经对其用户强行发送 E-mail 广告,结果招致用户的一致反对,许多用户约定同时给 AOL 公司服务器发送 E-mail 进行报复,结果使得 AOL 的 E-mail 邮件服务器处于瘫痪状态,最后不得不道歉以平息众怒。

3. 直复营销理论

直复营销理论是 20 世纪 80 年代引人注目的一个概念。美国直复营销协会对其所下的定义是:"一种为了在任何地方产生可度量的反应和(或)达成交易所使用的一种或多种广告媒体的相互作用的市场营销体系。"

直复营销(direct response marketing)源于美国。1872 年,蒙哥马利-华尔德创办了美国第一家邮购商店,标志着直复营销的诞生。直复营销作为一种已经广为市场所接受的营销方式,它既是一种商业战略思想的体现,同时也是一种具有高度可操作性的方法和工具。直复营销的含义中,"直"是经过媒体直接与客户接触,"复"是复合的基础方式,即多种媒体沟通同时进行,"营销"则包括了市场推广和产品或服务的销售。简而言之,直复营销就是通过多种沟通方式,反复直接与客户接触进行的营销活动。

直复营销的特征包括互动性、效果的可测量性、空间的广泛性等三大特点。它的种类较多,可以通过多种媒介进行,如直接邮购营销、目录营销、电话营销、电视营销、直接反应印刷媒介、直接反应广播、计算机网络营销、整合互动营销等。

4. 网络关系营销论

网络关系营销是 1990 年以来受到重视的营销理论。关系营销是把营销活动看成一个企业与利益相关者发生互动作用并建立和发展良好关系的过程。宏观上,认识到市场营销会对范围很广的一系列领域产生影响,包括顾客市场、劳动力市场、供应市场、内部市场、相关者市场以及影响者市场(如政府、金融市场等)。微观上,认识到企业与顾客的关系不断变化,市场营销的核心应从过去的简单的一次性的交易关系转变到注重保持长期的关系上来。关系营销的核心是保持顾客。为顾客提供高度满意的产品和服务价值,通过加强与顾客的联系,提供有效的顾客服务,保持与顾客的长期关系,在此基础上开展营销活动、实现企业的营销目标。

关系营销的特征包括双向沟通、合作双赢、情感亲密和过程控制等。关系是信息和情感交流的有机渠道,交流应该是双向的,即可以由企业开始,也可以由营销对象开始。广泛的信息交流和信息共享,可以使企业赢得支持和合作。当关系建立在互利的基础上时,就要求互相了解对方的利益要求,寻求双方利益的共同点,并努力使双方的共同利益得到实现。如果关系双方各具优势,互相取长补短、联合行动,协同动作去实现对双方都有益的共同目标,可以说是协调关系的最高形态。在过程控制中,信息的及时反馈使关系营销具有动态的应变性,有利于挖掘新的市场机会。关系营销的基本模式是以顾客忠诚为关系营销中心,梯度推进关系营销构成。而关系营销的具体实施涉及关系营销的组织设计、关系营销的资源配置和关系营销的效率提升等方面,均需要细致的规划以及可行性分析,才可保证关系营销的成功实施,达到预期的营销效果。

5. 服务营销理论

服务营销理论是企业在充分认识并满足消费者需求的过程中所采取的一系列活动。在服务营销中,企业营销的是服务,消费者购买了产品仅仅意味着销售工作的开始而不是结束,企业关心的不仅是产品的成功售出,更注重消费者使用产品所提供服务的全过程感受。

服务营销的一般特征包括供求分散、营销方式单一、营销对象复杂多变、服务消费者需求弹性大、服务人员的技术和技能要求高等。

开展服务营销的策略包括构建服务平台、消费认知、售前调查、前期预热、中期控制、后期宣传。其中,构建服务平台有利于企业和消费者进行互动沟通。促进消费认知的过程是企业塑造出自身品牌形象的重要过程。并且在销售之前,需要对市场进行仔细的调研,了解销售环境,以做好战略规划。而当销售开始后,在营销前期需要营造活动气氛,在中期时刻进行控制并体现活动权威,并且在后期还需要加强宣传,强化活动效应。

6. 病毒式营销理论

病毒式营销是指发起人发出产品的最初信息到用户,再依靠用户自发的口碑宣传,是网络营销中的一种常见而又非常有效的方法。它描述的是一种信息传递战略,经济学上称之为病毒式营销,是因为其病毒一样利用快速复制的方式将信息传向数以千计、数以百万计的受众。也就是说,通过提供有价值的产品或服务,让大家告诉大家,通过别人为你宣传,实现"营销杠杆"的作用。如我们网络店铺的留言板和友情链,即是我为别人宣传,同时别人也为我宣传。病毒式营销和其他营销方式相比有着其自身的特点。病毒式营销首先具有一个机具病毒传染力的病原体,病毒式营销从某种意义上就在利用有影响力的人去影响"免疫力"低的群体,如果病原体没有价值或影响力,则难达到效果和目标。

企业开展病毒式营销需要注意如下几点:一是需要提供富有创新和想象力或引起消费者

共鸣或能给消费者带来利益产品或者服务,即感染力强的病原体,否则会引起传播者的反感。二是消费者在互联网上浏览主要的目的是为了获取信息以为之带来有价值的产品和服务,故而病毒式营销需要围绕这样基本目的开展营销活动。

7. 体验营销理论

伯德·施密特在其《体验式营销》一书中指出,体验式营销(Experiential Marketing)是站在消费者的感官(Sense)、情感(Feel)、思考(Think)、行动(Act)、关联(Relate)等五个方面,重新定义并设计营销的思考方式。

体验营销通过看(See)、听(Hear)、用(Use)、参与(Participate)的手段,充分刺激和调动消费者的感官(Sense)、情感(Feel)、思考(Think)、行动(Act)、关联(Relate)等感性因素和理性因素,重新定义、设计的一种思考方式的营销方法。企业应注重与顾客之间的沟通,发掘他们内心的渴望,站在顾客体验的角度,去审视自己的产品和服务。

8. 数据库营销(DATABASE MARKETING)

以特定的方式在网络上(资料库或社区)或是实体收集消费者的消费行为资讯、厂商的销售资讯,并将这些资讯以固定格式累积在数据库当中,在适当的行销时机,以此数据库进行统计分析的行销行为。

9. 绿色营销

是指企业为了迎合消费者绿色消费的消费习惯,将绿色环保主义作为企业生产产品的价值观导向,以绿色文化为其生产理念,力求满足消费者对绿色产品的需求所做的营销活动。

10. 危机营销

危机营销提醒企业通过适当延长产品经营线、加大对终端网络的建设和维护力度、加强与制造商的合作以及强化自身经营能力等方面来减少企业面临的潜在风险与危机。

3.2.12 跨境电子商务营销

一般跨境电子商务营销就是市场分析、选品或选市场、引流和推广。

1. 市场分析

(1) 市场分析的主要内容

包括环境分析、海外消费者分析、竞争对手分析。其中环境分析包括对宏观经济环境分析、人口、GDP,互联网用户规模、互联网用户渗透率、电子商务环境(支付、物流、快递及国家政策和税收)等方面的分析;消费者分析包括对消费者习惯、消费者产品偏好、影响消费者购买因素(汇率变化、配送费用、交货周期等,不同国家因素不一)、网络习惯等方面的分析;竞争对手分析包括对竞争对手、竞争对手所在市场、流量来源、对手的关键词、对手销售地区、广告投放地区等方面进行分析。

(2) 常用的分析工具

市场趋势分格工具:谷歌趋势 Google Trends(谷歌消费者晴雨表 Google Barometer with Google)

销售平台站内营销工具:Sorftime、AMZScout

登录页优化工具:Landingi、Unbounce

网站内容创作工具:envatomarket、Shopify

数据采集与分析工具:StatsCrop、SimilarWeb、Ubersuggest

搜索引擎优化工具：SemrUSH

社交营销工具：Buzzsumo、inbusiness、Linkedin

2. 选品或选市场

所谓选品就是由市场找产品，利用市场影响力推出更多有需求的产品。选品主要适用于非生产型外贸企业、大部分B2C跨境电商企业，而传统的外贸企业是选市场。企业选品策略需结合线上批发平台或线下实体批发市场来完成。

从市场角色关系看，选品即选品人员从供应市场中选择适合目标市场需求的产品。从这个角度看，选品人员一方面要把握用户需求，另一方面要从众多供应市场中选出质量、价格和外观最符合目标市场需求的产品。

从用户需求的角度看，选品要满足用户对某种效用的需求，比如带来生活便利、满足虚荣心、消除痛苦等方面的心理或生理需求。从产品的角度看，选出的产品，在外观、质量和价格等方面要符合目标用户需求。

3. 引流与推广

引流与推广即在互联网平台上，把访问者的流量或者访问引导到你的平台上，然后对你的产品或服务做推广。引流方法包括基于独立站的引流和基于非独立站的引流。引流可以直接产生效果（直接见效），也就是通过搜索引擎、Facebook等获取访问量并加以转化，直接把流量导入推广（间接见效）给受众留以深刻印象，仅通过"展示"获得，最终是否能否转化成订单，转化成收益还是未知。

传统独立站需要经过域名注册、服务器（托管或租用或购买）、网站建设（网站设计、内容建设）、网站平台，比通过渠道速卖通、亚马逊要见效快，通过独立站营销可以更好地树立自己的品牌而不仅仅是渠道，直接获取客户信息，有利于维护客户资源。

常见的引流或推广方法与工具主要有：搜索引擎（谷歌、Yandex）、社交媒体（Facebook、LinkIng、Twitter）、图片营销平台（Pintrest、Instagram）、视频营销平台（YouTube）、邮件营销、外贸整合营销。随着大数据技术的不断发展，整合以上营销平台与分析工具、数据采集工具、优化工具等成了新型营销与推广的基本方法。

3.3 网络店铺优化

跨境电子商务的运营需要借助跨境电子商务平台，在其上搭建自己的网上店铺。其中，平台就相当于是商场，网店则相当于商场中的一家家实体店。因而，网上店铺的优化结果与店铺的销售业绩息息相关。以下以敦煌网外贸平台为例，介绍如何进行网上店铺优化操作。

3.3.1 店铺信息设置

1. 填写店铺信息

依此点击"我的DHgate-产品-商铺-商铺信息"，进入到店铺信息填写的界面，填写基本信息息和经营信息。其中，基本信息内容包括商铺名称、商铺标志、商铺推广语、商铺介绍等四项内容，商铺信息在提交审核后，待全部信息审核通过，便会更新至商铺中。而店铺的经营信息分为公司名称、商业类型、创建时间、注册地址、公司规模、商铺关键词、产品/服务关键词、商铺横幅、个性商铺地址等9项。下面对其中几项进行简要说明。

（1）商铺名称

增值用户和品牌商户的商铺名称每个月仅可以修改一次，且商铺名称在敦煌网平台具有唯一性，同一个商铺名称只能存在一个。商铺名称不得违反任何法律法规、平台规则，例如不得包含任何违反第三者版权、违禁、禁止或限制销售的产品名词，不得包含任何引导线下交易的词汇（如第三方网站、Paypal等），不得侵害他人的合法权益。在确定商铺名称时，应当融入主营产品"关键词"，这样有助于买家定位商铺经营的产品类型，提升商铺点击率。

推荐模板：商铺特征词＋主营产品关键词，如：New Moon Baby Clothing。

（2）商铺标志

商铺标志也就是店铺logo，一般用图片标示。图片大小支持200KB，图片尺寸为100＊100像素。

（3）商铺推广语

使用英文简单描述商铺主营信息或特色，对商铺在搜索引擎中有所帮助，有助于提升该商铺在搜索引擎中的点击，提升商铺曝光率，需注意的是最多可输入400个字符。可以在商铺推广语中展示主营产品或热卖产品。

模板推荐："主营产品/热卖产品＋商家类型"，如："Professional Baby Garment, Suits & Shoes Supplier"。

（4）商铺介绍

英文介绍公司产品、公司实力、业务范围，重点突出商铺主营/热销产品（可帮助买家快速定位商家）、特色卖点/优惠/折扣等；适当添加主营类目名称和关键词，文字通顺。有吸引力的商铺介绍，有助于提升该商铺在搜索引擎中的点击，提升商铺曝光率。

（5）商铺关键词

关键词必须和商铺内产品相关，可使买家快速在商铺找到产品进行购买。推荐填写12~14个关键词，越多关键词越有助于提升商铺收录量和搜索流量；填写买家习惯搜索的商品词，点击关键词可直达商铺下搜索"关键词"的产品列表页。

（6）产品/服务关键词

填写所销售的产品或提供的服务，最多可添加10项；详细的产品/服务信息可提升商铺专业度；推荐填写8~10项产品/服务信息，帮助卖家快速定位商家。

（7）商铺横幅

图片大小支持2 000 KB，图片尺寸为740＊240像素，链接地址只允许填写敦煌网地址，以http://www.dhgate.com起始的地址（链接地址可填写多条）。

（8）个性商铺地址

商铺个性地址仅允许设置一次，审核通过后将不可修改。

3.3.2 店铺装修设计

1. 店铺装修误区

做好店铺装修，不是一朝一夕的事情，新卖家完成平台注册后，都迫不及待地赶紧把产品上传。完成产品上传后却发现，网店装修设计不够精致，无法吸引顾客。常见的店铺装修误区有如下几种。

（1）抄袭成功店铺风格

借鉴同类产品成功网店的优点，了解国外买家购买心理和行为，结合自己产品的特点，设计有自己风格的店铺。

（2）首页配色过多或者仅放几张产品大图

国外的买家都很喜欢简约的风格，网店首页如果配色过多，容易让买家心生烦躁；产品大图加载速度慢，买家更是没有耐心欣赏下去。

（3）主导航和产品分类导航混乱

店铺主导航和产品分类导航能更好地引导用户快速找到自己想要购买的产品。但是主导航和分类导航若不是精心制作，结构不清晰。

（4）装修没有主次

不管是对热销产品的推荐，还是对新产品的推荐，都需要有层次，否则可能会让买家感到疑惑。过季产品建议放在导航最后一栏。

（5）忽视店铺搜索功能

对购买某一款产品针对性很强的买家一般会使用搜索框，所以搜索框在首页、分类页、详情页都要有一个突出的位置展示。同时，推荐几个店内热搜的产品名称给新买家做引导，方便买家找到自己想要的产品。

（6）热卖和新推荐产品详情页入口太多

适当地推荐热卖产品和新品有利于提升销量，但是过多地展示热卖产品及新品，反而容易流失客户。

2. 店铺装修技巧

店铺成功需要以产品为核心，并与店铺设计、营销推广、服务/物流、客户黏性等要素共同拼成一个店铺的成功版图。产品是店铺成功的基本前提，营销推广会为店铺带来流量和人气，服务/物流可以改善客户体验，客户黏性增加客户的忠诚度。其中店铺设计相当于卖场的终端呈现，它搭建了买卖双方的平台。一般情况下，人们所感受的外部信息有83%是通过视觉传达到人们心智的。好的店铺设计通过视觉向顾客传达产品信息、服务理念和品牌文化，可以达到促进商品销售、树立品牌形象的目的。店铺的装修技巧总结有以下几点。

（1）店铺招牌设计

店铺招牌是店铺文化的浓缩，会在店铺首页上方出现。因为关键位置一定要精心布置，既要让新买家印象深刻，又要让常客有新鲜感。这就需要认真思考要为客户展示什么内容，突出显示最重要的内容。设计的整体理念为大气、精致，目的是达到对店铺最有效的阐释。

（2）自定义分类模块设计

自定义分类模块，也是买家经常关注的模块。好的自定义分类可以凸显店铺风格定位、商品重点推介、特惠活动、与买家互动等。如果卖家精心设计，会让买家感觉到店铺独具气质。自定义分类相当于一个店铺的横向目录，通过点击不同的分类项可以展示不同的页，以加深店铺的浏览深度。

（3）左侧分类模块设计

左侧分类模块是提高店铺浏览深度的一个非常重要的操作，而其中的类目排列则为重中之重。通过左侧模块可以向顾客展现店铺销售的各类商品，通过合理排序，可以让顾客便捷快速地寻找需要的商品。增加相应的模块，可以在优化分类搜索的同时，更有针对性地进步向顾客展现产品及卖点,增加客户黏性。买家停留的时间越长,购买的概率也就越高。左侧模块不能太过"素净",可以增加帮派入口、新款推荐、产品类别、本月爆款、产品热销排行榜、特价促销、一元换购等。

(4) 右侧模块设计

右侧模块是店铺的首屏黄金位置,建议设置最新店铺活动热销款、主打商品、快速导航。需注意的是必须要是图片性质。新颖的 BANNER 形式更加吸引人。店铺增加了右侧模块的细节处理,比如新品上线日期、商品配搭元素后,配合各种活动满足了追新买家的需求。合理的店面布局,如人气宝贝、热卖宝贝、滞销宝贝的分类排版,宝贝类目的组合排列,可以促进店铺流量增加流程化设计是为了搭建便捷的购物通道,通过深入分析客户的需求,努力使店铺目标和客户需求达成一致,直观呈现店铺整体流程导向,引导主动消费。

总而言之,准确的店铺诊断及定位结合精准的用户数据及购买行为分析、合理的购物导向流程化设计、适时的营销策划、独到的文案点子以及精湛的技术,可以增加页面访问深度,最终提升用户转化率,提升店铺销售业绩。

3.3.3 店铺运营优化

店铺运营优化的内容包括店铺 Logo 优化、搜索引擎优化、店铺类目设计、Banner 设计、店铺关键词设计、店铺推广语设计、新品设计以及热销产品设计等内容。

1. 店铺 Logo 优化

图 3-2 中左侧正方形位置就是店铺核心标志的位置,可以放置品牌 logo,用来展示店铺的形象。新入驻的店家可以简单学习参考国外服装品牌的 logo 设计,结合自身店铺特点,设计属于自己的独特的店铺核心标志,集中展示店铺形象。右侧长方形的位置是买家搜索的关键词,可以结合最近比较热销的关键词,突出店铺产品的特性,这对于站外搜索也有所帮助。

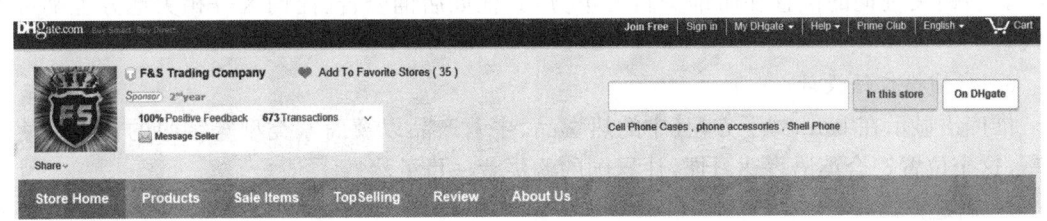

图 3-2 店铺 logo 位置

2. 搜索引擎优化

搜索引擎优化时,需要注意以下几点。第一,使用 Top 长尾词(3 个左右单词)。第二,结合当下最新的热搜关键词。第三,需要突出店铺产品特性。第四,申请被 Google 等国外使用普遍的搜索引擎收录。第五,发挥站外链接的作用。具体的搜索引擎优化内容在章节 4.4 会进行详细的介绍。

3. 店铺类目设计

店铺的类目设计需遵循与产品关联紧密的原则。有条理地展示商铺的产品类别,并分不同划分方式,方便浏览的客户搜寻到自己心仪的商品,提升搜索流量。图 3-3 中的左上角为店铺类目位置。店铺核心类目的位置可以提升搜索流量。

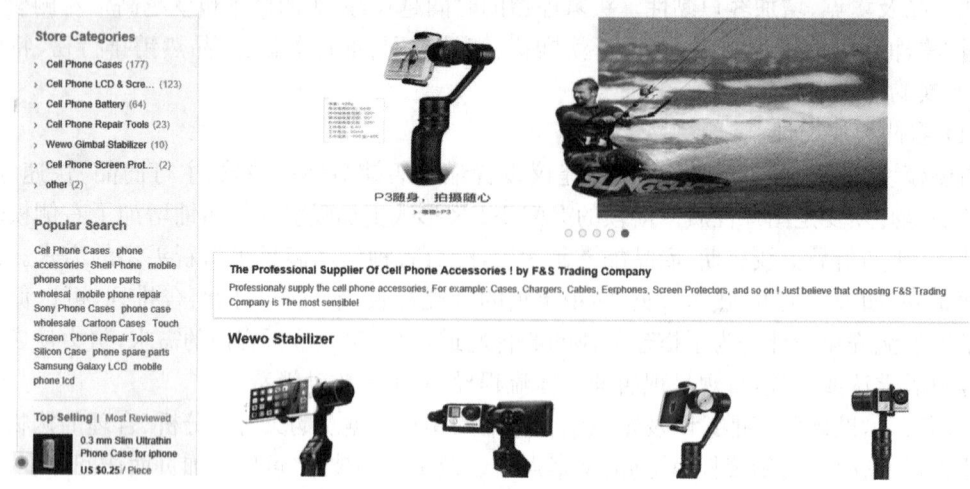

图 3-3　敦煌网店铺设计关键要素位置

4. Banner 设计

Banner 要保证美观、具有高清晰度、与文字相和谐，并突出产品特点。Banner 是店铺自主营销的一个窗口，同时可以连接到产品类目。但需注意的是 banner 不宜设置过多帧。

5. 店铺关键词设计

建立具有真正相关价值的产品关键词。店铺关键词设计的内容是仅仅针对搜索还是仅仅针对你的访客和顾客？答案是两者都包含在内。此外，最重要的就是商品名称本身。可以参考各大电商平台商品分类里的热门关键词，放到你的商品名称里面，也可以加入品牌名、功能描述等等内容。同时，把自己当成一个买家，假设自己若买自己的商品，会搜索什么样的商品名称。店铺关键词的位置在店铺类目的下方，其他如店铺公告、促销区等相关地方也都可以插入。

6. 店铺推广语设计

推广语显示在 banner 下方，其中的热卖品、主营产品以及商家类型等字眼的首字母使用大写，这个位置符合英语表达习惯，让异国的购买者一目了然。

7. 新进产品设计

新品的英文是 New arrival，所谓的新品是店铺之前没有上传过的新产品。新品可以做轻度折扣促销，但是其折扣力度必须控制，否则无法突出其新品的特质。

8. 热销产品设计

热销产品的英文是 Hot items，热销产品的设计需要与左侧的 Top selling 有所区分，并且产品的折扣力度要适当控制。图 3-4 中展示了新近产品、热销产品及销售榜单的相对位置。

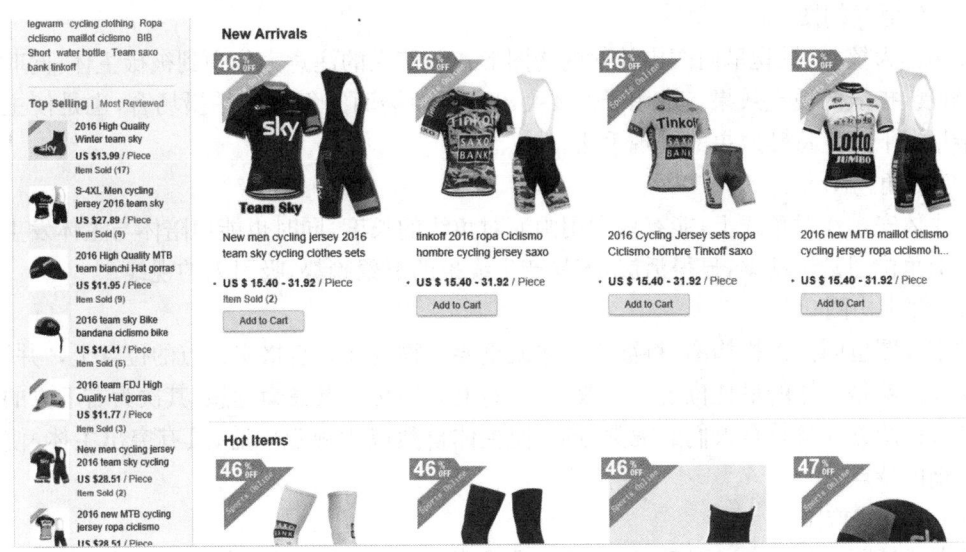

图 3‑4　新进产品、热销产品及销售榜单的相对位置

3.4　产品优化

3.4.1　产品拍照

产品上线前需要给产品拍照,若想给产品拍出美观的展示照,需要一些技术方法。首先需要准备三脚架、辅助灯光设备、摄影棚等拍摄器材,并如图 3‑5 所示方式摆置。

图 3‑5　产品拍照器材位置摆放

表面较光滑的静物表面容易留下指纹和灰尘,所以拍摄前需把被摄物体擦干净。特别是一些表面光滑且反光的小物件,在拍摄过程中取放物品时,甚至需要戴上手套。

1. 商品摆放与构图技术

商品的摆放是门艺术,同样的商品使用不同的造型和摆放方式会带来不同视觉效果。

(1) 放射式构图

以主体为核心、景物呈向四周放射的构图形式可使人的注意力集中到被摄主体,同时又有开阔、舒展、扩散的视觉效果。常用于需要突出主体而场面又复杂的拍摄场合,也是使主体在较复杂情况下产生特殊效果的表现手法。

(2) 对角构图

把主体安排在对角线上,能有效利用画面对角线的长度,同时也能使陪体与主体发生直接关系。对角构图富于动感,显得活泼,容易产生线条的汇聚趋势,吸引人的视线。

(3) 井字构图

井字构图也叫九宫格构图,将被摄主体或重要景物放在九宫格交叉点的位置上,"井"字的四个交叉点就是主体的最佳位置。一般认为,右上方的交叉点最为理想,其次为右下方的交叉点。这种构图方式较符合人们的视觉习惯,使主体自然成为视觉中心,具有突出主体、使画面趋向均衡的特点。

(4) 斜线式构图

斜线式构图可分为立式斜垂线、平式斜横线两种,常表现运动、流动、倾斜,也有的画面利用斜线指出特定的物体,起到固定导向的作用。

(5) 三角构图

以三个视觉中心为景物的主要位置,有时是以三点成一面的几何形式安排景物的位置,形成一个稳定的三角形。这种三角形可以是正三角,也可以是斜三角或倒三角,其中斜三角形较为灵活。三角形构图具有安定、均衡、灵活等特点,突出稳定感、跃动感、高度感和宽阔感。

2. 产品图片拍摄注意事项

(1) 照片尺寸

上传产品图片时,图片的长宽最低要保持在 240 * 240 像素以上,大小在 200 KB 以内。将相机的解像度设为中等(如 1 024 * 768 像素),不但可以确保图片质素,也可加快图片档案在网站的上载时间,方便图片编辑。图片的格式并没有严格要求,JPG、JPEG、GIF 都可以,图片以 4 到 8 张为宜。

(2) 拍摄光线

注意拍摄时光线是否充足,并确认整件物品都能均匀采光,并尽量使用自然光。将相机架在脚架上,拍出来的相片会更加清晰。最好正反两个光线是在商品的斜对角方向,而不是正正面和正反面。

(3) 背景色

选用与物品颜色对比的背景色。利用素色的布料当背景,能让物品更加显眼。颜色较暗的物品及珠宝,可以使用纯白的背景。硬木地板对大、小型物品都是很适合的拍摄背景。背景应该简单,从而突出物品。当物品颜色较浅时,可以用深色背景衬托物品。避免杂乱的拍摄背景,这样不但会分散买家的注意力,也会令买家弄不清你实际要出售的是什么物品。

(4) 细节与角度

考虑拍一些细节和多角度(正面、背面、侧面、顶部)的特写,以便潜在买家可以更详细地看到物品的实际情况。产品配件、包装、赠品也需要在图片中体现出来,卖家可以拍摄物品标签、原先的包装和配件等,让买家通过图片直观了解。拍摄物品时,拉近距离并选取一个好角度。图片中的物品尺寸必须够大,以便清楚显示物品的细节。此外,如果物品有瑕疵、磨损或破裂,请务必用图片将这些物品状况显示出来。

3. 产品拍摄避免事项

(1) 请勿在未经许可的情形下,复制其他平台卖家或厂商的图片。

(2) 如果你的物品会反射光线,例如镜子或相框上的玻璃,请不要使用闪光灯拍摄。

(3) 尽量不要使用闪光灯。

(4) 如果相机闪光灯自动弹起,表示你需要额外的光源,或是现场的自然光不足。

3.4.2 产品描述

产品描述包括产品标题和产品内容描述两个部分。产品标题是匹配关键词搜索、影响产品曝光率的关键。在产品标题上尽可能多地完善关键词,精准关键词与长尾关键词相结合,把那些烦琐、累赘的形容词变成精准的关键词。关于关键词的相关内容之前已有介绍,本节内容则主要围绕产品的内容描述方面。产品描述是为了让买家了解产品的功能以及细节的一项重要步骤,同时也是减少与买家的纠纷的重要策略。

好的产品描述应该具备以下特点:能够抓紧消费者心理,将产品的特点展示出来;对每个产品进行单独的关键词围绕和描述,提高搜索引擎的优化效果;文笔流畅,语法,结构,措辞专业;提高产品介绍条理性,增强产品介绍有用信息,增加可读性;增加图片展示,尽量从多角度,高清晰度来展示产品。并且描述包括以下内容:产品的规格、型号、参数、专业性描述(多用表格);产品细节图片;产品特性(与同行比较,您产品的优势在哪里);包装、颜色、交易方式;第三方认证(或者你成功的案例);售后服务;延伸阅读(公司介绍,联系方式,案例);产品视频链接(Youtube 等)等。产品描述应当遵循 FAB 法则,即:F—属性,A—作用,B—利益。产品描述的格式需注意写作时要分段,每一段加上标题,并多用表格和数据,多使用"您"等尊称。

1. 数码类产品描述优化技巧

描述数码类产品与其他产品有一些区别,数码类产品有一些使用功能以及匹配的型号特征。为了让买家了解产品,需要给出详细的产品数据。

(1) 产品优势

描述数码类产品的功能以及一些特征细节,在数码商品描述当中尽量把产品的特殊细节描述出来,并加图片具体说明产品优势。也可以用一些特殊字体去标注产品的重点特征,吸引买家注意到产品的优势。具体操作可以有以下几种。

第一,使用特殊文字。如放大加粗描述字体或选择颜色加注文字描述数码产品的重点功能或者特征等。

第二,使用图片说明。图片中适当加注文字说明,描述商品的细节部分,给买家讲解产品的特色,让买家对产品了解得更多,也会吸引买家购买。

第三,采用视频描述。如果卖家想把自己的产品越做越专业,建议使用视频的方式描述产品,既能清晰地描述产品的特征,也能教买家如何使用数码产品。

(2) 产品规格

产品的规格让买家详细了解一个产品所涉及的功能以及产品的技术数据,如产品的规格描述。采用表格的形式能够更好、更清晰地说明产品功能以及技术数据。

(3) 包装描述

数码产品的包装描述是提供给买家一个明确的产品内容。数码产品中包括很多的附件,或为促销而提供的一些小礼品,都可以在包装描述中明确描述出来。详细的包装描述能减少买家的提问,大大减少沟通工作量。

2. 鞋类及鞋类辅料产品描述优化指导

鞋类产品商品描述的重要性众所周知。在给鞋类产品写详细描述时候,要采用一定的格式和策略。具体可以参考以下几点:

(1) 开头描述的吸引性

关于销售鞋类产品的商铺,产品描述的开头是买家是否继续关注我们所销售产品的关键。其重要的作用是可以在极短的时间内让买家产生兴趣,并且产生购买的欲望。在编写鞋类产品描述时,要好好揣摩消费者的心理活动,如流行趋势、材质特点、专业程度等。以此把鞋类产品的描述写得更加贴合顾客的需求,刺激顾客的购买兴趣。可采用较为感性的笔触进行描述,避免开头便向顾客展示鞋类产品的相关数据。

(2) 促进顾客直接下单

如果鞋类产品描述已经引起了买家注意,下一步要做的就是尽快促成交易。长篇大论有可能让买家产生厌烦的心理,从而不会再购买我们的产品。要尽快说服买家按照我们的想法去做,即使我们的产品价格已经超过了买家的消费底线,我们也要不断地刺激他,让他尽可能地下单。

(3) 建立对店铺的信任感

我们要通过多种方式让顾客对商铺产生信任。通过其他买家购买产品的见证评论或专家的见证等,让买家消除心理防线。我们可以通过向买家提供合理的建议,讲述产品具有的特点、优势等,以专业的方式取得买家的信任。

3. 服饰类产品描述

做服装品类外贸电商的朋友应该如何做好产品描述呢?服装类产品不需要过多描述功能,重点是尺寸和面料的详细介绍。除了这些常规的描述,针对不同消费心理的描述也能带来意想不到的结果。

(1) 产品基本描述

对物品进行简单的描述,包括款式方面、特殊设计方面、用料颜色等。这段描述可以比较简短,其中可以使用稍多的形容词,或使用稍微夸张的笔触突出说明物品的独特性及其价值。服饰类物品的描述中尺码尤其重要,且需注意每个国家通用的尺码标准会有差异。因此,建议在产品描述中添加尺码对照表,让买家更加清楚的了解对应的是什么尺码;并说明尺寸是如何量取的,最好能有个示意图展示肩宽、腰围、臀围等数据是如何量取的。

(2) 提供搭配建议

有时候买家会觉得衣服买回去不知道如何搭配而放弃购买,尤其是一些潮流服饰,比较出挑的款式会让一般的买家觉得难以搭配。如果能够给出搭配的建议,买家消除了这方面的顾虑,可以提高物品的成交率。比如一件衬衫的描述除了衬衫的尺寸、面料等信息外,还可以提供如下搭配建议:"A crisp button-down shirt is a no-fail piece for the office. For a streamlined appearance, tuck a light-hued blouse into matching skinny jeans and take it to the next level with chic heels and a status bag. Or, if your workplace is more laid-back, try a patterned version, and add boots and a bright satchel."

(3) 激发购买欲

针对不同的消费群体和不同的消费心理,还可以采用以下描述方法来激发消费者的购买欲。

第一,针对价格导向型的消费群体,可以在描述中突出该商品的价格优势,吸引这部分人群的注意力,如:"Unbelievable!! Only ﹩12.99, the whole sets of cups will go your home, ﹩4 instant saving now."

第二,针对质量导向型的消费群体,可以在描述中突出该商品的性能优势,让该群体买家有深入了解的欲望,如:"To provide 1080P high-quality video output, 6 times definition more than ordinary DVD, Smoothly play 1080P video files."

第三,针对情感向导的消费群体,可以在描述中突出该商品传承的情感元素,告诉买家,此物能够代替他/她表达什么情感,多以分享爱、幸运、永恒、时尚等为主题,如:"Four-leaf clover stone symbolizes luck, don't be hesitated to bring your family luck. Share your love with the people you love."此外,还可以把物品本身蕴涵的特别的故事、使用的特殊材料、不寻常的产地或怪异的设计等作为卖点,适当地加入到描述当中,用物品的独特魅力吸引买家驻足。

4. 产品描述实用英语例句

(1) 产品质量方面

品质优良 excellent/high quality

质量上乘 superior quality

质量稳定 stable quality

质量可靠 reliable quality

品种繁多 wide varieties

规格齐全 complete in specifications

保质保量 quality and quantity assured

性能可靠 dependable performance

操作简便 easy and simple to handle

使用方便 easy to use

经久耐用 durable in use

以质优而闻名 well-known for its fine quality

数量之首 The king of quantity

质量最佳 The queen of quality

信誉可靠 reliable reputation

闻名世界 world-wide renown

久负盛名 to have a long standing reputation

誉满中外 to enjoy high reputation at home and abroad

历史悠久 to have a long history

畅销全球 selling well all over the world

深受欢迎 to win warm praise from customers

(2) 产品工艺方面

制作精巧 skillful manufacture

工艺精良 sophisticated technology
最新工艺 latest technology
加工精细 finely processed
设计精巧 deft design
造型新颖 modern design
造型优美 beautiful design
设计合理 professional design
造型富丽华贵 luxuriant in design
结构合理 rational construction
款式新颖 attractive design
款式齐全 various styles
式样优雅 elegant shape
花色入时 fashionable patterns
任君选择 for your selection

（3）产品色泽方面

五彩缤纷 colorful
色彩艳丽 beautiful in colors
色泽光润 color brilliancy
色泽素雅 delicate colors
瑰丽多彩 pretty and colorful
洁白透明 pure white and translucence
洁白纯正 pure whiteness

3.4.3 产品上传

1. 选择正确的类目

以敦煌网为例，有三种添加类目的方式，分别是系统添加、手动添加和搜索添加。

第一，点击"添加新产品"类目搜索栏中通过产品关键词搜索，点击"快速查找"系统根据搜索的内容，为卖家推荐4个以内的类目，从中选择符合的类目。如图3-6所示。

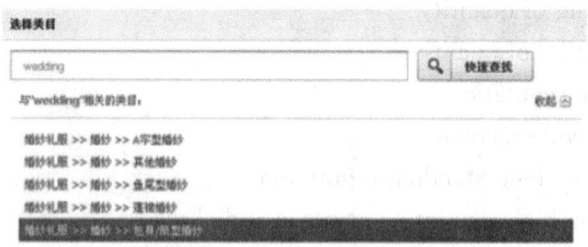

图3-6 系统自动添加目录

第二，如果通过关键词搜索的方式，没找到令您满意的产品类目，可以直接手动查看并选择类目。

第三，如以上两种方法都没有找到可以选择的类目，则卖家可以登录买家页面，输入产品关键词,从搜索出的产品中选择与自己产品类似的,点击进入产品最终页参考该卖家所选择的类目,如图 3－7 所示。

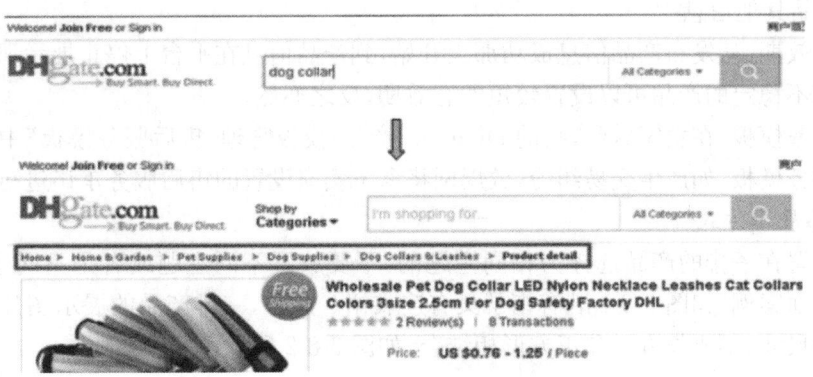

图 3－7　手动添加目录

2. 上传产品信息

上传包括产品属性、产品销售信息、产品内容描述、产品包装信息、运费设置及其他产品信息等。

（1）产品基本信息

建议产品标题的单词数量在 16～23 个,把好前 4 个甲的位置,将主要长尾关键词前置;高分商品的属性填写率应满足 80％以上,如系统祖荐的属性不能足卖家对产品的描述,可以设置自定义属性;产品规格为必填项,如系统推荐的规格不能足卖家对产品的描述,可以设置自定义规格。

（2）产品销售信息

销售计题单位及销售方式:计量单位即单个产品的量词。根据实际所卖产品的重量、体积、货值来选择打包方式。

备货状态:设置有备货时还需设量备货所在地,备货数量及备货期。备货期不大于两个工作日,如遇节假日顺延。设置待备货,需设置一次最大购买数量备货期可设置 1～60 个工作日。

价格区间:可以根据产品的需求设置多个价格区间。设置第一个价格区间时设置的产品数量即为该产品的最小起批量。

（3）产品内容描述

产品图片:建议上传的产品图片满足 8 张,同时上传一张推广图片,图片的长宽最低要保持在 240 * 240 像素,大小在 2 M 以内。

产品简短描述:短描述单词数周尽满足 21 个以上,28 个以下,避免直接复制标题,产品短描述和产品标题之间的单词重复度小于 40％。

产品详细描述:建议文字与图片相结合。尽量包含详细使用说明,包装信息是否有配件、商户服务承诺等信息。可插入关联产品模板。

（4）产品包装信息与运费

准确填写按照产品销售方式(1 件或者 1 包)进行物流包装后的重量和尺寸。

产品计重阶梯设定:部分产品的包装重量不是完全根据产品的数量等比增加,所以平台对于产品重量比较大、体积比较小的产品,提供了自定义重量计算功能,当卖家勾选后,系统将忽略计算您产品的体积重量。

（5）产品其他信息

产品有效期:从发布产品信息成功那天开始,到产品信息在平台上停止展示那天为止的时间段。货源不稳定的产品可以设置较短的有效期,反之亦然。

售后服务模板:在卖家后台"我的 DHgate-产品-模板管理-售后服务模板"中设置。产品添加售后服务模板,如产生交易纠纷,敦煌网将参考卖家设置的售后服务承诺进行调解。

3. 产品展示方式

建议放置在一排的产品选择为相同主题的,不要放置不同主题或者是不同季节的产品。下图中为反面案例,如图 3-8-1 既有帽子又有连衣裙。此外,一排产品的展示图片应尽量保持相同大小的尺寸,不要长方形和正方形相结合,如图 3-8-2 所示。

图 3-8-1　产品展示反面案例 1

图 3-8-2　产品展示反面案例 2

除上述两点之外,关于产品展示的规则还有以下几点:首页产品数不宜过多,但也不要只有两三排;首页产品不要重复;Banner 尽可能多放置,不要只有一个;热卖产品也尽量不要一个出单记录都没有;有条件的卖家,如果一排中有白底图,尽量整排都是白底,不要白底与彩色底同有;务必站在买家体验的角度去考虑考虑产品展示,不要一味追求个人喜好。

3.4.4　产品定价

当新客户发来询价单,及时回复后却没有下文。不知是报价太高吓跑了客户,还是报价太低让客户一看就知道您不是行家,而不敢冒险与您做生意。对老客户也不知如何报价:报得太低,没钱赚;报得太高,又怕丢了订单。怎样报价才有效呢? 有经验的网商会在报价前进行充分准备,在报价中选择适当的价格术语和合适的报价渠道,并利用合同里的付款方式、交货期、装运条款、保险条款等与买家讨价还价,也可以凭借自己的综合优势,在报价中掌握主动。

1. 报价前充分准备

(1) 分析顾客需求

认真分析客户的购买意愿,了解他们的真正需求,拟就出一份有的放矢的好报价单。有些客户把低价作为决策因素,所以一开始就报给他接近底线的价格,赢得订单的可能性较大。广州市某公司的曾先生说:"我们在客户询价后至正式报价前,会认真分析客户真正的购买意愿,然后决定是尝试性报价(虚盘),还是正式报价(实盘)。"

(2) 市场跟踪调研

做好市场跟踪调研,清楚市场的最新动态。由于市场信息透明度高,市场价格变化迅速,因此,必须依据最新行情报出"随行就市"的价格,才有成交的可能。现在甚至有很多正规、较有实力的外商对中国内外行情、市场环境都很熟悉和了解。因此,公司自己必须对信息也十分了解。同时,作为长期经营专一品种的专业公司,由于长时间在业内经营拓展,不但要了解行业发展和价格变化历史,而且要对近期的走势做出合理分析和预测。

2. 选择合适的价格术语

价格术语是一份报价的核心部分之一。因为采用哪一种价格术语实际上就决定了买卖双方的责权、利润的划分。所以,在拟就一份报价前,除要尽量满足客户的要求外,自己也要充分了解各种价格术语的真正内涵并认真选择,然后进行报价。

若选择以 FOB 价成交,在运费和保险费波动不稳的市场条件下于自己有利。但也有许多被动的方面,比如:由于进口商延迟派船,或因各种情况导致装船期延迟,船名变更,就会使出口商增加仓储等费用的支出,或因此而迟收货款造成利息损失。

若选择以 CIF 价出口,船货衔接问题可以得到较好的解决,使得出口商有了更多的灵活性和机动性。在一般情况下,只要出口商保证所交运的货物符合合同规定,只要所交的单据齐全、正确,进口商就必须付款。就是说,以 CIF 价成交的出口合同是一种特定类型的"单据买卖"合同。

现在利润普遍不是很高,因此对贸易全过程的每个环节精打细算比以往更显重要。国内有些企业外销利润不错,他们的做法是,对外报价时,先报 FOB 价,使客户对本企业的商品价格有比较,再询 CIF 价,并坚持在国内市场安排运输和保险。这样,不但可以给买家更多选择,而且在运保费上还可以赚一点差价。

3. 选择合适的报价渠道

在进行网上贸易时,可直接进行报价,如阿里巴巴的"诚信通会员"可以使用网上报价功能。当有感兴趣的求购信息时,直接填写完"报价单"发送后,为了让采购商迅速收到反馈,可以通过以下方式:

第一,在"报价单"中选择"手机短信",将您的报价内容发送到对方手机上,或短信提醒对方查看您的报价。最快速地将您报价信息传达给采购商,避免报价不及时而失去潜在客户。

第二,当通过 E-MAIL 或系统留言收到客户的询价单时,可选择直接回复进行报价。

第三,利用贸易通及时进行网上报价,把握商机。如果询价的采购商"正在网上",可以马上洽谈报价,详细了解对方的采购需求和进一步核实对方身份及意向程度。如果采购商召开网上会议,可通过贸易通进行多方商务洽谈,了解同行报价,并结合公司实际状况和利润空间及时调整。

第四,根据采购商联系方式,直接打电话与对方进行交流,判断对方合作意向、询价真实性,以及把握客户需求和预算。

4. 利用合同其他要件

合同的其他要件主要包括:付款方式、交货期、装运条款、保险条款等。在影响成交的因素中,价格只是其中之一,如果能结合其他要件和客户商谈,价格的灵活性就要大一些。

同时,还可以根据客户的地域特点、买家实力及性格特点、商品特点来调整报价。有的客户特别在意价格的高低,订单会下给报价最便宜的卖家,那么报价时就直接报给他您所能提供的最低价格。有的客户习惯于讨价还价,那么,第一次报价时可预留幅度。如果一种产品在一段时间行情低迷,为了抢下订单,就不妨直接报出最低价。对于服装等季节性很强的商品,给客户承诺快速而又准时的交货期,可以让客户关注报价单。根据销售淡、旺季之分,或者订单大小也可以调整自己的报价策略。

5. 以综合实力取胜

对于自己的综合实力有信心,就不需要一味地以低价来取悦客户。报价要尽量专业一点,在报价前或报价中设法提一些专业性的问题,显示自己对产品或行业的专业性。除了通过传统 B2B 网站出口产品外,也可以通过 DHgate、ebay、速卖通、亚马逊等跨境电商出口平台进行产品在线外贸交易。

3.5 搜索引擎优化

3.5.1 什么是搜索引擎优化

搜索引擎优化是搜索引擎营销的一个主要基本方法。因而在认识搜索引擎优化之前,我们先来简单了解一下什么是搜索引擎和什么是搜索引擎营销。

1. 什么是搜索引擎

(1) 搜索引擎的定义

搜索引擎是一个对互联网上的信息资源进行搜集整理,然后提供查询的系统,它包括信息搜集、信息整理和用户查询三部分。简单来说,搜索引擎就是是一个提供信息检索服务的网站,它使用某些程序把因特网上的所有信息归类,帮助人们在茫茫网海中搜寻到各自所需要的信息。

(2) 搜索引擎的工作原理

根据工作原理划分,常见的搜索引擎技术大概有两类:一类是纯技术型的全文检索搜索引擎,如 Google。其原理是通过机器手法检索程序到各个网站收集、存储信息,并建立索引数据库供用户查询。这些信息并不是搜索引擎即时从网络检索到的,通常所谓的搜索引擎,其实是一个收集了大量网站或网页资料并按照一定规则建立索引的在线数据库,这种方法不须各网站主动登录搜索引擎;另一类称为分类目录,这种方法并不采集网站的任何信息,而是利用各网站向搜索引擎提交网站信息时填写的关键词和网站描述资料,经过人工审核和编辑从各网站或网页登录到索引数据库中。

在早期,因为搜索引擎第一种技术的未出现,大多用的是第二种技术。加之其他网络营销工具缺乏,当时的网络营销者们认为,只要可以将网址登录到 YAHOO 并保持排名靠前(通过搜索引擎优化),网络营销的任务就基本完成。无论付费登录还是免费登录,也无论登录上搜索引擎是被机器收检索到的,还是网站主动提交资料登录的,作为搜索引擎营销的最底层目标,搜索引擎营销最基本的方法之一就是登录到搜索引擎。这也是实现更上层目标和其他方法的基础。搜索引擎的具体工作原理可简化如图 3-9 所示。

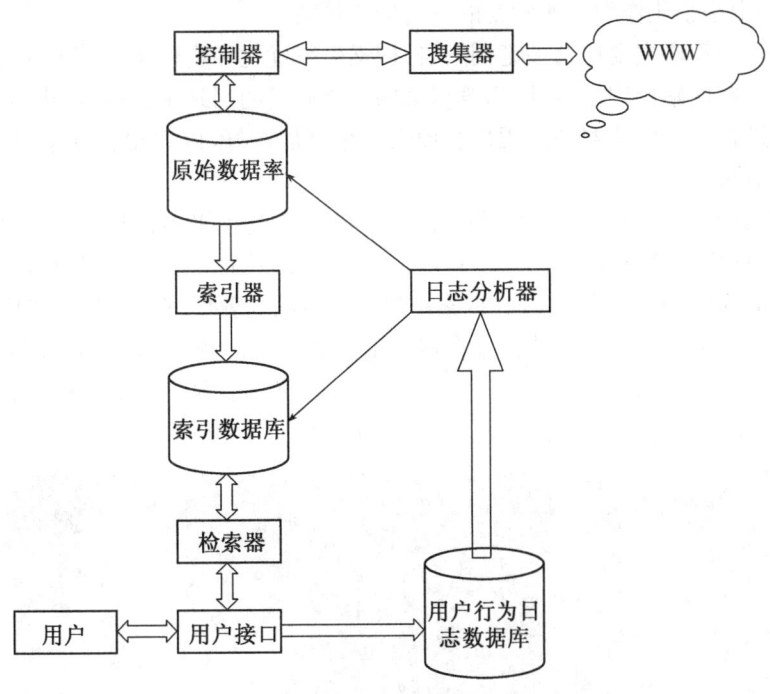

图 3-9 搜索引擎工作原理简化图

"控制器"大规模搜索引擎文档的提供网页数据,每天要搜集上百万网页,而且是持续进行,情况很复杂,核心是要综合解决效率、质量和"礼貌"的问题,这就是"控制器"的作用。

所谓效率,就是如何利用尽量少的资源(计算机设备、网络带宽、时间)来完成预定的网页搜集量。由于网页之间的独立性,利用多台计算机同事做这项工作很不错。但这里要注意三点:第一,即是用一台计算机来搜集网页,也应该注意并发性的开发和利用。第二点,并不是设备越多越好。设备多带宽就会成为瓶颈。第三点,发生在网络的另一端,即服务方,它可能来不及提供所需的网页。

所谓质量问题指的是,在有限的时间内搜集有限的网页,希望它们尽量是比较重要的网页,或者说不漏掉那些很重要的网页。

将搜集活动过多地集中在几个网站上,或者在一小段时间里从一个网站抓取太多的网页还可能引起其他的严重后果,即所谓"礼貌"问题。不加控制的网页抓取给网站造成的现象有时候和制造拒绝服务攻击的黑客造成的现象一样。

2. 什么是搜索引擎营销

(1) 搜索引擎营销的定义

所谓搜索引擎营销(SEM,Search Engine Marketing),是利用搜索引擎的特点,根据用户使用搜索引擎检索信息的机会,配合一系列技术和策略,将更多的企业信息呈现给目标客户,使企业获得更好的销售或者推广渠道以达到盈利目的的一种网络营销方式。搜索引擎营销是以关键词搜索为前提,以企业盈利为目标的目前应用最广泛、时效性最强的一种网络营销推广方式,被广大的中小企业作为企业营销的首选推广策略。

搜索引擎营销策略主要包括关键词广告、搜索引擎优化和竞价排名等方式,通过对网站结构(内部链接结构、网站物理结构、网站逻辑结构)、高质量的网站主题内容、丰富而有价值的相关性外部链接进行优化而使网站为用户及搜索引擎更加友好,以获得在搜索引擎上的优势排名为网站引入流量。

例如,搜索查看为我国中小企业提供 B2B 跨境电子商务平台的网站——敦煌网(www.dhgate.com)在搜索引擎谷歌(https://ww.google.com)中的表现。假设顾客在谷歌搜索栏中输入的搜索词为"dhgate",则出现在搜索结果第一条的是敦煌官方网站,从"广告"字样不难判断出是通过关键词竞价排名而获得排在搜索结果的第一位;第二条则是因为敦煌网站结构和内容描述和搜索关键词一致,见图 3-10。同时在后面的搜索结果中,也可以发现敦煌网在 Facebook、Youtube 出现频率也挺高,有相当不错的知晓度,见图 3-11。

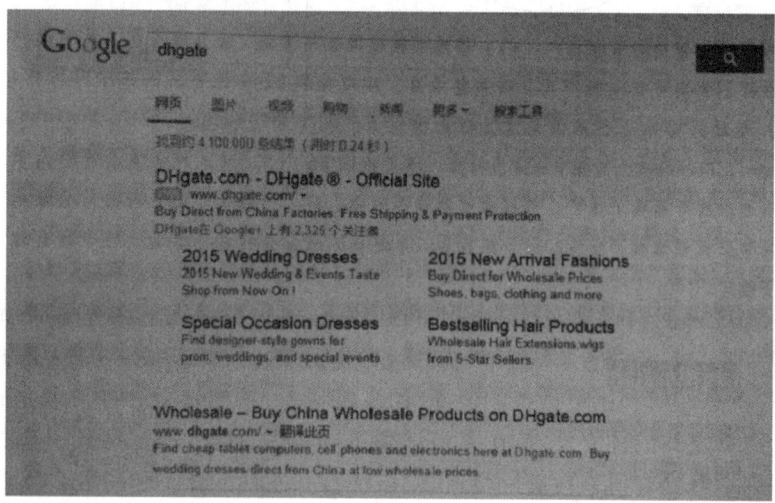

图 3-10 Google 关于"dhgate"的搜索结果

图 3-11 敦煌网对 Facebook 和 YouTube 友好

(2) 搜索引擎营销的特点

搜索引擎营销的实质是，通过搜索引擎工具向用户传递他所关注对象的营销信息。相较于其他网络营销方法，它具有以下特点。

第一，搜索引擎营销既有主动性又有被动性。主动性是说可以对用户行为进行准确分析并实现高程度定位；被动性是指搜索引擎营销中是用户主动创造了营销机会。

第二，搜索引擎营销方法与网站密不可分。网站及产品的推广是搜索引擎营销的主要目的之一。网站的专业性以及搜索引擎的友好性会对搜索引擎营销的效果产生直接的影响。因此，搜索引擎优化和搜索引擎营销往往密不可分。

第三，受众自主选择，可信度高。前文指出搜索引擎营销是一种用户主导的网络营销。信息检索行为是用户自主发生的，对搜索引擎广告的接受没有强迫性，消费者有更多的自主选择权力，所以会给予更高的信任度。

第四，搜索引擎营销可实现高精度的客户定位，搜索引擎营销可以对用户行为进行准确分析并实现高程度定位，尤其是在关键词定位方面，完全可以实现与用户所检索的关键词高度相关，从而提高营销信息被关注的程度。

第五，搜索引擎营销需要辅以其他手段以实现最终交易。搜索引擎营销的效果主要表现为网站因营销而访问量增加。至于访问量的增加最终是否能转化为收益的增加，还取决于其他一些因素，这是搜索引擎营销无法决定的。

第六，搜索引营销对搜索引服务商依赖较大。如果搜索引擎更改算法，那么企业的搜索引擎营销也应做出相应的改变，以保证企业网站与产品在搜索引擎用户面前的曝光率。

第七，搜索引擎营销门槛低，竞争影烈。搜索引擎是门槛较低的开放性平台。不论企业规模大小或产品知名度高低，都可以在搜索引擎上推广宣传，并且机会均等，因而其市场竞争十分激烈。

(3) 搜索引擎营销的基本方法

搜索引擎的基本方法包括搜索引擎优化、竞价排名和关键词广告等。

网站信息在搜索结果中的排名非常重要。在一个检索结果中，往往前面几页或者第一页的前几个的点击录最高，搜索引擎优化的目的是要通过对网站关键字、标题、网站结构的修改，使网站更符合搜索引擎的检索规则，使网站更容易被检索，排名更靠前。当然，现在很多搜索引擎，例如百度，采用竞价排名的方法，即在同类网页或网站信息之间.用付费竞价的形式，通过一套信用审核机制，最终谁出的价钱越高，谁的排名就越是靠前。

所谓关键字，就是用户所关注信息中的核心词汇，用户就是用它通过搜索引擎查找自己期望的网页或网站。现在不少搜索引擎，如 Google、百度等，充分利用用户对这些核心词汇的高度关注，在搜索结果的旁边显示与关键字相关的产品广告，这就是关键字广告。事实证明，关键字广告是一种成功率很高的宣传媒体，成功率比其他网络广告高得多。现在也有不少网站用网页内容定位的方法，这种方法实质上是关键字广告的一种拓展。它的基本做法是在某些和搜索引擎友好的网站的某些关键字旁显示有关于这个关键字的广告链接。

3. 什么是搜索引擎优化

(1) 搜索引擎优化的定义

搜索引擎优化(Search Engine Optimization)，简称 SEO 优化，是一种利用搜索引擎的搜索规则来提高目前网站在有关搜索引擎内的自然排名的方式，是搜索引擎营销的主要策略之一。通过采用易于搜索引擎索引的合理手段,使网站各项基本要素适合搜索引擎的检索原则并且对用户更友好(Search engine friendly),从而更容易被搜索引擎收录及优先排序。由于 SEO 使网站更适合搜索引擎的索引原则,故又被称为对搜索引擎友好(Search Engine Friendly)。对搜索引擎友好不仅能够提高 SEO 的效果,还会使搜索引擎中显示的网站相关信息对用户来说更具有吸引力。SEO 也可以说属于广义上的搜索引擎营销,但其重点关注的是网站生态式的自我营销,让企业网站在行业内占据领先地位,从而获得品牌收益。通俗理解是:通过总结搜索引擎的排名规律,对网站进行合理优化,使你的网站在百度和 Google 的排名提高,让搜索引擎给你带来客户。简而言之,SEO=更多页面的收录+页面文字的友好安排+转化率。

(2) 搜索引擎优化的特点

SEO 有其特有的优势,不仅可以避免过多的无效点击,节省成本,而且花费成本低,能够轻松地让自己的商品展示到客户最喜欢看的位置。其排名稳定,能够在 24 小时内轻松找到客户,甚至可以打造品牌。其稳定的自然排名获得同行和客户的信任。例如,用关键词"wedding dresses"在 Google 中搜索,敦煌网能在搜索结果中占据较为靠前的位置,说明敦煌网对 Google 是友好的。

(3) 搜索引擎优化的方法

目前搜索引擎优化方法分为黑帽、白帽、灰帽三大类。黑帽(Black Hat),是一种采用搜索引擎禁止的方式优化网站,一般被称为 SEO 作弊。它属于完全用作弊手段进行关键字排名,比如隐藏文笔、链接工厂、桥页、跳页等。桥页(doorway pages),通常是由软件自动生成大量包含关键词的网页,然后从这些网页做自动转向到主页。关键词堆砌(keyword stuffing)是在网页中大量堆砌关键词,希望提高关键词密度,提高网页针对关键词的相关度。隐藏文字(hidden text)是在网页的 HTML 文件中放上含有关键词的文字,但这些字不能被用户所看到,只能被搜索引擎看到。隐藏链接(hidden link)和隐藏文字相似,区别是隐藏链接是把关键词放在链接里,而这个链接也是用户所看不到的。隐藏页面(cloaked page)是使用程序或脚本来检测来访者是搜索引擎还是普通用户,将搜索引擎引入到经过优化的网页版本,而将普通人,返回的是另外一个版本。白帽则是采用 SEO 的思维合理优化网站,提高用户体验,合理与其他网站互联,从而使站点在搜索引擎排名提升。它属于是正统的搜索引擎优化途径,也是搜索引擎厂商自身认可的一些手段。灰帽则是介于前两者之间的一种。

其实,所有搜索引擎都是为用户所使用,它们的目标也是为了让用户找到所需要的内容,所以搜索引擎优化的最高境界就是围绕用户进行研究,研究目标用户的搜索习惯,搜索用关键字,只有这样才能真正做好优化工作。

搜索引擎定位(Search Engine Positioning)和搜索引擎排名(Search Engine Ranking)是较为流行的搜索引擎优化。其主要目的是增加主推关键词的曝光率以及增加网站在搜索引擎中的能见度,进而增加销售的机会。分为站外 SEO 和站内 SEO 两种。SEO 的主要工作是通过了解各类搜索引擎如何抓取互联网页面、如何进行索引以及如何确定其对某一特定关键词的搜索结果排名等技术,来对网页进行相关的优化,使其提高搜索引擎排名,从而提高网站访问量,最终提升网站的销售或宣传的效果。

关键词排名的影响因素分为站内因素和站外因素,即分别针对站内优化和站外优化的影响因素。其中,站内因素包括网站结构、关键词分析布局、META 标签优化、文章信息质量以及内链布局。而站外因素主要是由于友情链接、第三方平台链接等站外链接。

3.5.2 跨境电子商务搜索引擎优化

1. 搜索引擎优化如何实施

搜索引擎优化既是一项技术性较强的工作,也是一项同企业特点息息相关,需要经常分析和寻求外部合作的工作。实践证明,搜索引擎优化工作不仅能让网站在搜索引擎上有良好的表现,而且能让整个网站看上去轻松明快,页面高效简洁,目标客户能够直奔主题,网站发挥出了沟通企业与客户的最佳效果。

(1)搜索引擎优化技巧

第一,高质量的内容。产生高质量的外部链接最好的方法就是书写高质量的内容,使文章能够让读者产生阅读的欲望而对文章进行转载,使合作伙伴、链接交换与合作伙伴互相推荐链接,与行业网站、相关性网站进行链接。

第二,分类目录。将网站提交到 DMOZ 目录、Yahoo 目录和 ODP 目录一些专业目录网站。

第三,发布到分类信息网站分类信息网站是一个很好的平台。可以将自己的网站描述成一个比较吸引人的内容,以便吸引访客浏览网站。

第四,使用社会化书签,将网站加入百度搜藏、雅虎收藏、Google 书签、QQ 书签等社会化书签中。

第五,发布博客。创建链接目前获取外部链接最有效的方式之一就是通过发布博客文章。

第六,论坛发帖或签名档。在论坛中发布含有链接的原创帖或者编写签名档中插入网址。

(2)搜索引擎优化的基本步骤

第一,关键词的研究与选择。首先要把需要做的关键词都列表出来,尤其是要分析用户习惯的关键词。在对客户的网站、搜索引擎占有率和市场目标进行分析后,SEO 工作室需要与客户共同建立关键词列表。用户将通过这些词来搜索客户公司的产品或服务,同样客户也会提出在搜索引擎需要获得的关键词排名。

最重要的关键词不是由企业本身来决定,而是由用户决定,因为每个用户发生的音讯都有极有可能决定着网站的关键词及产品战略。社会化媒体下,网页的内容信息应该是对用户无效和急需想获得的这些内容信息依旧可以从寒暄网站上得到参考。内容信息的创建网站建设以原创为最佳,不是复杂的关键词堆砌。

第二,全面的客户网站诊断和建议。在建立了全面的关键词列表后,就需要对客户网站进行全面诊断,目的是让客户网站的每个页面都在搜索引擎获得更高的排名,全面的诊断和建议包括搜索引擎的快照时间、收录速度、每个网页的具体内容和元信息优化的分析,使客户网站更符合搜索引擎的排名要求。SEO 工作室需要不断的探索搜索引擎新算法,来保证客户网站的排名。

第三,搜索引擎和目录的提交。一旦客户网站的建议被应用上,就需要把客户网站系统性地提交到目录和搜索引擎中。每个搜索引擎都允许用户提交未收录站点,这个工程一般要等待 3~4 天。选择高质量的目录是最为关键的一点,比如 Google、Lycos、SearchEngine 等。很多 SEO 工作室购买的自动登录目录及搜索引擎的工具,搜索引擎非常厌恶这种作弊行为,严重的会屏蔽掉客户网站,所以建议手动操作,更有保障。

第四,月搜索引擎排名报告和总结。衡量自然搜索引擎优化是否成功,可以通过搜索引擎来检查先前制定的关键词。做得比较好的 SEO 工作室一般都会提供一个基线排名报告,报告会根据每一个关键词在每一个搜索引擎中显示客户网站的排名位置。如果客户的网站以关键词来排名,那么这个基线排名报告将显示具体的页码、位置,以及关键词排名的搜索引擎。此外,好的 SEO 工作室还会提供一篇每月摘要,这篇每月摘要将显示客户网站总的搜索引擎优化的进展,商讨具体的排名计划。

第五,季度网站更新。通常关键词的提升和期望值会有所差距,因此最初的高排名只是成功的一半,搜索引擎会不断改变算法。因而,搜索引擎优化和营销目标,都是通过每个季度客户网站的更新,而不断改变搜索引擎的显示。这些更新通过结合搜索引擎的算法,将附加的产品关键字推广出去。搜索引擎优化不只是一个结果,而是一个持续不断的过程。

2. 跨境电子商务搜索引擎优化如何实施

(1) 选择与商品相关的目标关键词

目标关键词是指经过一系列的关键词分析,最后确定下来的商品主打关键词。通俗地讲,是指网站商品和服务的目标客户可能搜索的关键词,也可以叫作核心关键词。通常每个网站页面的目标关键词有一个,最多不能超过二个,且一般第二个目标关键词和第一个目标关键词比较相近,如 apparel wholesale 是第一个目标关键词,那么第二个目标关键词可能是 fashion apparel wholesale。

目标关键词具有以下几点特征。关键词一般是由 1~4 个单词组成;目标关键词具有一定的搜索量;网站的内容会围绕着目标关键词来展开和布置内容;目标关键词会出现在 tile,keywords,description(页面主体中看不到此代码),页面主体中会出现在标题、副标题和文字段落中。

在选择目标关键词时,还需要考虑词根和长尾关键词两个要素。词根,就是目标关键词中的核心词,如"apparel wholesale"这个目标关键词的词根就是"apparel"。长尾关键词比目标关键词还要更细分,是定位更精准的词,长度一般比目标关键词要长,如"Free shipping apparel wholesale"能更进一步地表达采购者的需求,强调了想要免运费的需求,具体见图 3-12 所示。

(2) 编辑内容和写商品资料

为了增强用户体验,应结合商品特点,

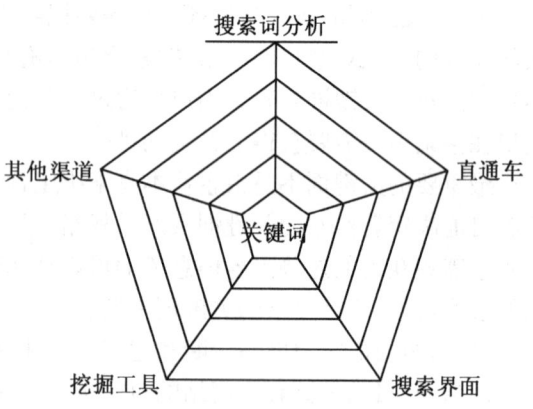

图 3-12 关键词的主要来源

恰当地将关键词应用于文案中。关键词应该自然地出现,不能为了增加关键词而刻意加进去。刻意地加入关键词会影响文案的可读性,同时也降低了用户体验。此外,关键词的密度要适当,如果密度过强,综合排名分值反而会下降。关键词的密度安排,可通过分析竞争对手的比率以及运用 Role 关键词分析工具找到一个均衡值。通常情况下,每 100 个单词中出现 2~3 关键词较为合理。图 3-13 以速卖通平台为例进行简要说明跨境电子商务填写商品资料时有关商品属性的添加。

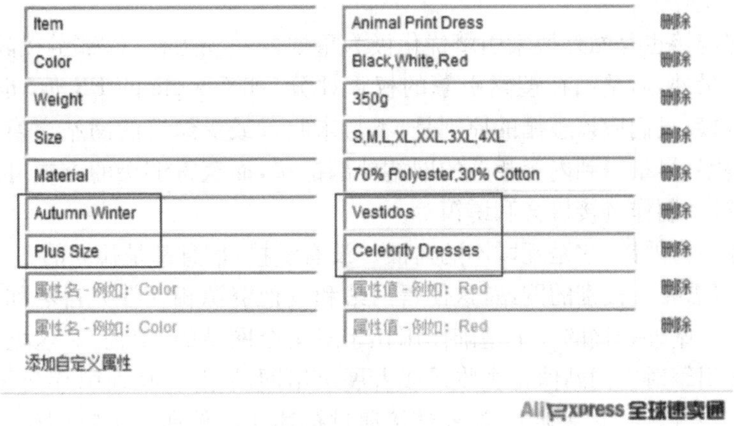

图 3-13 添加自定义商品属性

（3）站内链接策略

站内链接，又简称内链，是在网站域名下的页面之间进行互相链接，使得自己的网站内容链接到网站的内部页面。搜索引擎的工作方式是通过"蜘蛛"程序抓取网页信息，追踪网页内容并通过网页链接地址来寻找网页，抽取超链接地址。许多 SEO 专家建议网站提供网站地图，在网站上的每个页面之间最好都有一个到两个的深入链接。网站需要确保导航中包含目录页面，同时确保每个子页面都有链接回到主页面和其他的重要页面。建立站内链接，可以达到以下四种作用：一是网站内部之间的权重传递；二是推动网站页面的搜索引擎排名；三是提高蜘蛛对网站的索引效率，增加网站的收录；四是提高用户体验度，让访客留得更久。如果想要打造个热销商品，最简便的方法即链接上这个商品对应的关键词链接。文案中的站内链接形式较为简单，如：http://www.ahc.com/a.html 中有个关键词 b 链接到 http://www.abc.com/b.html。

跨境电子商务平台中上店铺的站内链接表现为店铺内的商品推荐，以速卖通网站为例，其商品推荐编辑界面如图 3-14 所示。

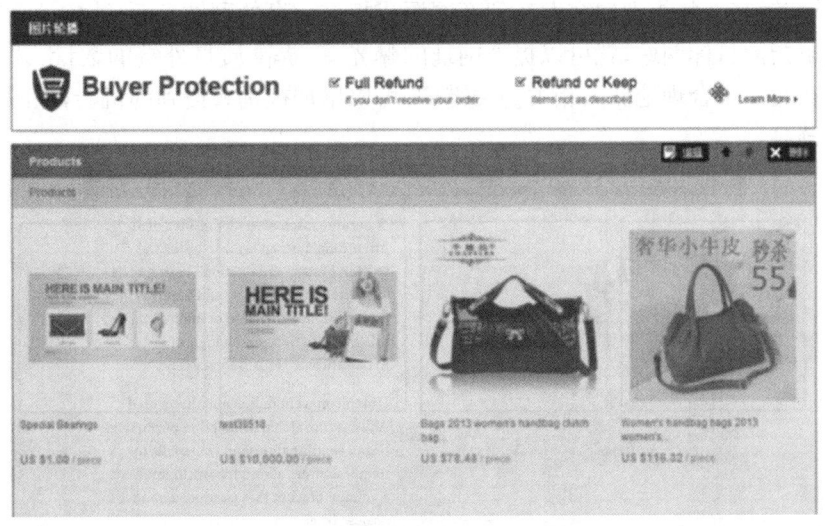

图 3-14 速卖通旺铺商品推荐板块

（4）站外链接策略

网站的外部链接也是站外搜索引擎优化极为重要的一项工作，外部链接除了提高网站的知名度并带来流量外，对整站在搜索引擎的权重评分（如 Google 的 PR 值）也起到关键性作用。增加外部链接，我们应该遵循的原则是：不与未收录或受惩罚的网站交换链接，链接文字中尽量包含关键字，尽量得到内容相关的网站外部链接，而获得链接的方式可以是合作交换、带链接的软文推广、制作链接机会和诱饵等。

站外链接也称为外链，它是互联网的血液。没有链接，信息都是孤立的。一个网站很难做到面面俱到，所以需要链接别的网站，这使得网站和其他资源相互补充自然称为一种需求，站外链接由此而生。站外链接的一个基础作用在于对某个网站的"信任"。这里所谓的"信任"，指的是告诉搜索引擎对方网站值得去收录或者展示给网站用户，从而引导 spider 通过这些站外链接来访问。在"信任"的基础上，站外链接通过描述文本传递与关键词相关的网站的主题价值，也就是 PageRank。PageRank 可能被用于评估彼此相关联的页面的价值，从而为搜索引擎结果页面安排出值得"信任"的位置。

站外链接的途径有很多，主要有软文、友情链接交换平台、登录网址导航或分类目录等，此外还有网络书签、博客群发或评论、建立独立博客及博客链接，或者在分类信息网站发布信息、在论坛发帖回帖、论坛签名等等。下面介绍几种使用较为广泛的站外链接方式。

第一，文字链接。文字链广告是只有文字的广告，是营销人员将文字链接的企业网站放置在各大门户网站的相应模块，使浏览者看到并点击则可进入到企业的网站上的一种广告营销方式，如图 3-15 所示。

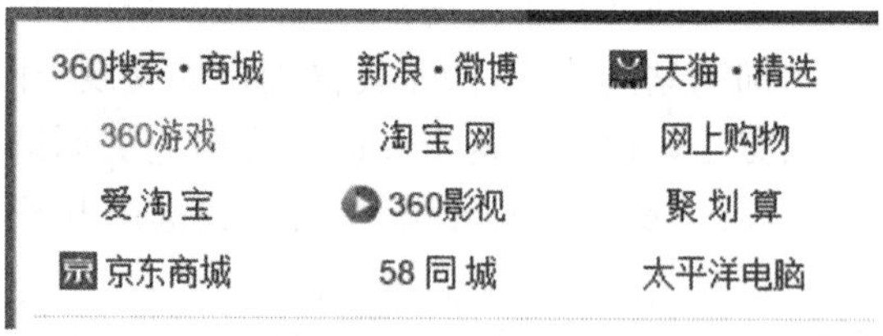

图 3-15　文字链接

第二，软文链接。如果把软文发布到新闻源或权重较高的网站上面，这样就会有机会在上面留下链接来指向目标网站，就可以提高网址的曝光率，提高质量外链的数量，并引导权重的传递。如果在文章中合理地嵌入相关的关键词，可以增加被别人搜到的机会，如图 3-16 所示的阿里巴巴链接。

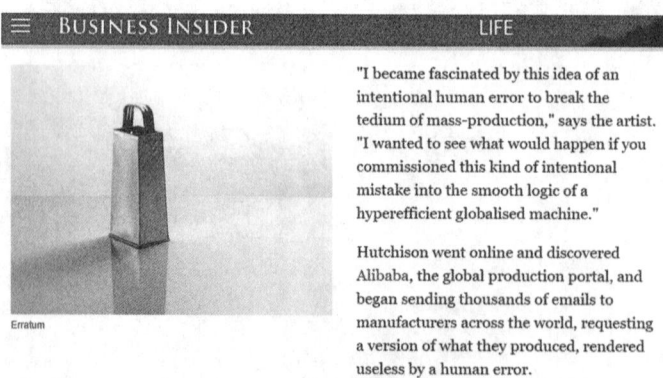

图 3-16　软文中的阿里巴巴链接

第三,Logo 链接。Logo 链接是指设置了通常指向本站首页地址的网站链接的 Logo 图标,如图 3-17 所示。

图 3-17 Logo 链接

3.6 论坛营销

跨境电子商务企业竞争日趋激烈,如何在众多竞争对手中脱颖而出就成为卖家要考虑的首要问题。此时,有效的自我推广就显得尤其重要。利用国外的 BBS 进行自我宣传推广不失为提高外贸网店人气和名气的好方法。在线推广的目的是,直接获得潜在的买家流量,帮助商户的产品页面或者店铺页面在 Google 搜索结果中有更好的排名,从而直接从 Google 获得更多的流量。

论坛营销是指企业利用论坛这种网络交流的平台,通过文字、图片、视频等方式发布企业的产品和服务的信息,从而让目标客户更加深刻地了解企业的产品和服务,最终达到企业宣传企业的品牌、加深市场认知度目的的网络营销活动。

德国比价搜索引擎公司 Idealo 研究了每个行业里不同社交网络的普及程度。研究结果显示,Facebook 仍是迄今为止最受欢迎的社交网络。该公司还研究了英国、法国、德国、西班牙、意大利和波兰的网络零售商的情况。在六个国家中,Facebook、Twitter、Google+ 和 YouTube 是网络零售商最常使用的四个社交网络。Facebook、Twitter 和 Google+经常被全品类网络零售商和时尚行业、电子产品零售商使用,但是在汽车行业,Facebook 的使用频率高于 Twitter 和 Google+。在德国和波兰,博客是第四流行的平台。德国有一半在线零售商依赖博客。在其他国家,Pinterest 比博客更受欢迎,特别适合推广产品,而 Instagram 更适合记录个人事件。然而,Instagram 在波兰和西班牙不是非常受欢迎。对电商而言,使用社交网络仍然是合适的,比如可以提供公司和产品的详细情况。

3.6.1 欧洲电商 Facebook 推广

Facebook 在欧洲电商中是一个非常受欢迎的社交媒体,然而,英国电商却在 Twitter 上更加活跃。在德国和西班牙有一半的网络零售是依仗社交媒体完成的。这些网络零售商使用社交媒体的目的各不一样。有些人用来发布产品信息、折扣信息或者一些小贴士,而 B2B 供应商则给自己的分销商提供产品供应信息。

1. *跨境电商必备 Facebook 知识*

你曾想过"通过 Facebook 在短短两星期内吸引 10 万粉丝吗?"创造这次奇迹的正是隶属

于香港金佰利有限公司旗下的 Huggies 系列产品首次展开的社交媒体大型推广活动。如今通过 Facebook 等社交媒体进行企业推广营销的浪潮早已风生水起。图 3-18 为 Facebook 的主页界面。

图 3-18　Facebook 的主页界面

这是最好的时代,也是最坏的时代。好处在于,如果你想成为主角,社交网络能够帮助你迅速成为焦点。坏处在于,所有人都像孤单的游鱼,瞬间就被淹没在信息的海洋中。你推广的内容有创意、有看点,则可借助社交网络信息的低成本扩散,迅速让你成为焦点,提高曝光率。但如果推广做得平淡无奇,缺乏互动和沟通,那么你就会被社交网络里的海量信息瞬间淹没,丝毫不被别人注意。那么,对于想通过 Facebook 等社交媒体做推广的跨境电商而言,究竟该如何操作才能让你在社交网络中既能成为焦点,又可使"生命之树常青"呢?

(1) 准备工作

如果你的企业或个人外贸店铺想要通过 Facebook 进行相关推广工作,那么,前期工作定要考虑周全并做好充分准备。

第一,缜密细致的思考。首先,你要考虑你所经营的产品是否适合在这个平台进行推广,对不合适的产品,推广效果几乎可以让你放弃这一想法。其次,考察调研 Facebook 用户群与你所经营产品的目标群所具备的特征是否相吻合?最后,就是对维护这个平台你是否有充足的人力、物力和财力,只有你本身具备这些实力,才会更有利于达到预期的推广效果。

第二,不断提出质疑。企业要做的第二项准备工作就是对自己不断地产生质疑,同时进行自我解答。在准备进行 Facebook 推广前,首先考虑公司是否有做 Facebook 推广的长期打算,即使短期内看不到任何回报?做社交网络推广最重要的就是不能急于求成、急功近利。不能因在前一两个月没有给公司带来询盘或订单,就立刻放弃或减少投入。

此外,公司是否有懂得 Facebook 推广的专员?且这位专员需具备了解目标市场和目标客户的能力、跟粉丝互动的能力,以及掌握 Facebook 广告投放的技巧等。同时,不断询问自己想通过 Facebook 这个平台达到什么目标?以免在投入了大量人力物力后,却浑然不知自己为何这么做,还浪费了很多资源。

第三,软硬件缺一不可。无论是细致缜密的思考,还是自问自答式找问题的方式,都是出自管理者本身。若想成功做好 Facebook 推广,企业还应具备一定的外在条件:硬件方面,由于 Facebook 在国内还处于被禁状态,因此要有 VPN 之类的翻墙工具;软件方面,即内容和人才。Facebook 推广时,内容很关键,吸引粉丝的前提是有高质量的内容,以及运营 Facebook 的人才。这些人必须具备如何创作高质量的内容、如何与粉丝互动、如何清晰、明了地将公司的定位、产品、服务等内容有效地传达给潜在客户的能力。

(2) 操作运营

当所有的准备工作就绪后,即可开始 Facebook 的运营。创建一个页面是开展 Facebook 营销的第一步,也是至关重要的一步。Facebook 一向以良好的用户交互设计著称,无需特别的技术背景,在 Facebook 上创建一个属于自己公司的页面是件非常容易的事情。但如果想使自己的页面足以吸引客户,扩大自己公司的影响力,并想借助 Facebook 平台开展商业活动并非易事。

首先,Facebook 的页面分为 Local Business or Place、Company、Organization or Institution、Brand or Product、Artist、Band or Public Figure、Entertainment、Cause or Community 几大类,企业一般都会选择 Brand or Product,即产品或服务。选好页面后,就需取个可以体现公司特点和能够吸引人的名字了,可以是公司的名字、品牌的名字或者产品的名字等,但需注意的是,所起的名字需要和页面内容相符。如果希望增大用户在搜索栏搜到公司页面的可能性,建议最好是根据产品名字来取页面的名字,就和做 SEO 的选取关键词一样。

其次,关于专业信息的填写,根据产品信息将其填写完整即可。这些信息必须包括告知用户公司或品牌的基本描述信息、官方网站、联系方式及创建信息等。

再次,就是需要做些如欢迎页面、Poll 投票、FBML 静态页面等应用程序的加载。在公司有条件的情况下,也可根据自己需求做些更适合自己的插件来使用。

最后,当企业专页准备就绪后,就可通过 Facebook 官方网站的插件将其添加到网站上。

(3) 吸引粉丝并与粉丝互动

诸如 Huggies 在两周内吸引十万粉丝的奇迹虽然虚幻得让人不敢相信,但这却是事实。只要用对方法,用心经营,相信会有更多奇迹发生。这里就以 Facebook 提供的三个工具为例,以助企业专页能够吸引更多粉丝,也可让你的品牌跟消费者联结更紧密。

第一,Rich 点出粉丝专页是 Facebook 的任务控制中心,所有品牌相关的 Facebook 行销活动都会连到这里。尤其在加了动态时报(Timeline)后,不仅可以放置更具代表性的封面照片,也可把重要内容置顶。同时,后台的分析数字会让大家更及时地知道哪些内容比较受粉丝喜爱。

第二,广告(Sponsored stories)。如果企业想吸引更多的粉丝加入,可选择一则专页上的内容设定成广告,并决定这则广告的目标族群是谁,例如只显示给还不是粉丝的人。广告的内容除了是你原本设定的内容以外,还会将朋友跟该粉丝专页的互动也显示,这类型的广告可以帮你触及粉丝数 3~4 倍的会员,即让品牌跟人的距离更加拉近。

第三,外挂(Social plug-in)较适用于网站上已有固定流量的品牌,比如购物网站上就可以看到哪个朋友也喜爱某件商品,或是哪些朋友已经加入粉丝专页。另外,能引起互动的内容格式以影片为首,其次是照片,最后是纯文字形式,周末或放假的时候更新的专页信息会比平时更容易被人看到。

2. Facebook 推广小技巧

(1) Facebook 使用自定义页面

你可以创建一个着陆页面,为你的网站注册提供免费的礼物。你也可以通过测试,改变不同的福利,创建多个不同的着陆页。

（2）利用揭示页面获取更多的 Like

一个"揭示"页面提供像一个在线教程、一个好的视频或歌曲这样优秀的内容，这样的内容能够激励你的访客点击 Like 按钮。

（3）进行调查

如果一个产品是可以进行调查的，那么这个 B2B 品牌可以利用 Facebook 去测试下，去问下人们是否喜欢这个产品，实时开放的论坛提供了免费市场调查的机会。

（4）发表琐碎的问题

这些问题可能不能直接影响你的服务或者产品，但是应该是关联到你的目标市场的。

（5）Twitter 链接

允许你的访客在你的 Facebook 页面上浏览 tweets 而不用离开 Facebook。

（6）回应评论

回应评论不仅可以提高你的 Facebook 排名，而且你们的互动能赢得粉丝的忠诚。

（7）放置 Like 到博客或网站上

当看完你的网站或博客后，会促使人们"Like"你的 Facebook 页面。

（8）在 Facebook 上做广告

这是一个相对便宜和简单的做广告的方式。成本可以每天封顶，如 14 美元一天，可以用低预算的广告去做测试。

（9）参与竞争

很多人喜欢挑战。Facebook 中有很多应用，可以让你参与到挑战中。

（10）邮件订阅加入 Facebook 链接

整合营销让你的品牌获得更高的曝光，也会让人更容易"like"你的页面。

（11）用最近发表的博客文章更新页面

这会让你的访客在你的 Facebook 页面阅读你的文章，而不用离开 Facebook，去往你的网站或者博客上。

（12）嵌入在线商店

当你想办法增加你的用户，但是记住你的终极目标是让他们购买你的服务或产品。因此，你最好能在 Facebook 上有在线商店。

3.6.2　Twitter 营销推广

大家都比较熟悉 Twitter 的社交娱乐功能。对于跨境电商卖家而言，Twitter 是一个为店铺引入流量的绝佳渠道。它还可以帮助获取销售线索，并与成交客户或是潜在客户获得联系。

1. Twitter 简介

Twitter 是一家美国社交网络（Social Network Service）及微博客服务的网站，是全球互联网上访问量最大的十个网站之一，允许用户将自己的最新动态和想法以移动电话中的短信息形式（推文）发布（发推），可绑定 IM 即时通讯软件。所有的 Twitter 消息都被限制在 140 个字符之内。图 3-19 为 Twitter 界面。

Twitter 开发了"品牌频道"，企业可以在 Twitter 构建品牌页面，同时组建多种品牌小组，同一品牌的粉丝能够聚合在一起。而企业通过平台可以向用户发送各种新品、促销信息，Twitter 的即时性和分享性让一个消息可以迅速遍布有相同兴趣爱好的 group、team。

图 3-19　Twitter 界面

甚至用户之间也发生互动,他们也可能把信息转发给其他好友。不少美国企业已经在采取这种方式。(案例来源《网络整合营销兵器谱》)据悉,戴尔从 2007 年 3 月开始使用 Twitter 企业平台,到 2013 年戴尔官方网站上已拥有 64 个 Twitter 群组。戴尔已经在 Twitter 内获得了约 100 万美元的销售收入。

这种方式增加了公司品牌直接接触消费者的机会,有利于维护品牌认知和客户忠诚度。如果企业自身有博客、定期出版物或者新闻发布做基础,是非常有效的。但如果没有新鲜的信息内容源作支撑,就很难吸引 followers。甚至乏味、不经常更新的 Twitter 账号比没有更糟。NBC 的一个官方 Twitter 叫 Today Show,但仅仅是公关人员发布的一些不超过 140 个字的新闻稿,内容极端乏味。对用户加入到这个社区参与对话毫无吸引力。

2. Twitter 营销的技巧

(1) 实名注册并用好记的网名

Twitter 大部分都是实名制的用户,所以想利用 Twitter 引流的话,你在注册时最好也实名注册,这样可以让其他的用户认为你是一个可信的真实的人。

此外,你的网名和用户名也要方便他人记忆,因为你给自己取的网名会显示在 Twitter 为用户定制的 URL 中,例如"twitter.com/你的网站地址"或者"twitter.com/你的讨论主题",这个 URL 地址会成为搜索索引的静态地址。而你的用户名能够增加身份的可信性,在其他用户进行搜索时,你的用户名会出现在搜索结果里。

(2) 重视你的个人资料

需要重视 Twitter 页面的"Bio(个人资料)",说明自己最主要的信息,在个人资料里尽可能的包含你的品牌或店铺名。你的 Twitter 个人资料会被编入搜索引擎,因此个人资料内容应该与 Twitter 保持较好的相关性。而且不管是谁 Follow 你,都会看到你的资料,所以应该把你的个人资料当作是最重要的 Tweet 来写。

(3) 了解行业关键词

在发 Tweet 之前,不妨先看看行业关键词,看看其他的卖家、企业都在说些什么,了解一下是否有可以借鉴的地方。你可以时不时地看看这些关键词下的 Tweet,这样能够激发你的灵感和新思路。如果可能的话,你在发布 Tweet 时也可以用行业关键词开头,以提高被搜索的概率,不过别忘了考虑到那些关注你的用户的感受。

同时,在这个过程中,你也会发现行业内非常活跃的用户,你可以重点 Follow 他们,看看他们都在关注些什么,做到有的放矢。

(4)适当互动并发布有价值 Tweet

当有了一定的 Follower 之后,就可以和大家进行适当的互动了,但是注意内容一定要是有价值、有意思的,频率也一定不要太高,强推有可能引起其他用户的反感,反倒不能达到预期的推广效果。

如果你发得太频繁,你的粉丝会觉得你在刷屏。相比于一次性把内容都发出来,更合理的策略是将他们分开发布,这样能明显提高你的点击率。

(5)推广自己的 Twitter

在所有可用的社交网站上(例如你的 Facebook 主页等)推广自己的 Twitter,你可以把你的 Twitter 消息导入到 Facebook 中,这是一种很好地为 Twitter 争取访问量的方法,还能增加 Twitter URL 被收录的概率。

(6)使用清楚的语言

随着智能手机的发展,现在用户在移动端上随手一划就能显示新的内容,所以用户不会在每一条信息上花太多时间,一下子就刷过去了。Twitter 用户同样如此,想要抓住他们的注意,要尽可能地使用清晰而且精练的语言,让人一眼扫过去能够知道你在说什么。有调查显示,清晰直白的消息会比稍微婉转一点的消息多出了 18% 的点击率以及 29.8% 的转发率。

(7)确保链接有效

当你顾及上面的一切,在正确的时间发布了一条精心设计的 Tweet,希望能给自己的带来理想的点击流量时,你忽然发现你附上的链接是无效的——没有比这更糟糕的情况了!最常见的错误是没有在链接的 URL 前面加空格,所以在你发布之前一定要好好检查有没有将正文与短链接分开。

3.7 付费广告

目前敦煌网平台的广告营销系统主要包括定价广告、竞价广告和展示计划三块内容,如图 3-20 所示。

图 3-20 敦煌网广告营销系统

3.7.1 定价广告策略

定价广告是敦煌网整合网站的资源,为平台卖家打造的一系列推广展示位。定价广告分布于网站的高流量页面,占据了页面的焦点位置,以图片或者橱窗等形式展示。定价广告更适合品牌卖家、平台大卖家进行店铺推广。敦煌网卖家定价广告位置分类如图 3-21 所示。

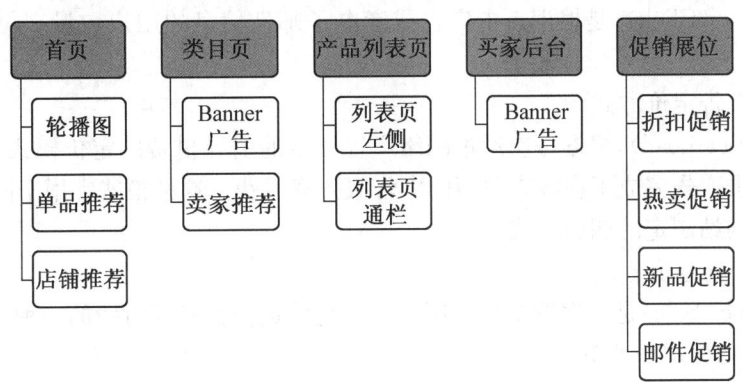

图 3-21 敦煌网买家定价广告位置

1. 常见广告定价方式

购买流量是网络行销很重要的一件事情,不同类型产品需要下不同类别的广告。常见的广告定价方式有三种,分别为 CPM、CPC 以及 CPA。

(1) CPM 广告定价方式

每千次展示计价 CPM(Cost Per Mille),即广告每被看见一千次所需支付的费用成本。即使没有产生任何点击,或是购买的效应,只要被浏览一千次就会计费。如果你的点击率(CTR)不高,很容易白白浪费广告成本,所以要针对广告内容不停优化。

(2) CPC 广告定价方式

CPC(Cost Per Click)每次点击计价,即只要广告被点击,每点一次计价一次。不管广告曝光量多少,没有点击就没有付费。点击成效计价方式较为划算,但点击计价通常会高一点,所以要以点击率来判断,产品是不是要使用 CPC 来当作计价方式。

(3) CPA 广告定价方式

每次有效行动定价 CPA(Cost Per Action),即以实际行动效果来计算成本。例如会员注册表单、下载游戏安装、填写问卷调查等动作,只要使观众完成某种行动,才会产生费用。

由此可见,CPM、CPC、CPA 这三种不同的广告定价方式各有特色,广告主可以根据自己的产品需要,想要达到的成效,广告的目的等等因素,来进行选择。更多网络广告代理请继续关注广告门户网。

(4) CPS 广告定价方式

CPS(Cost Per Sales)每次有效销售定价,CPA 的变种广告方式,现在渐渐流行起来。产品售出后才需要付费,广告主负担的风险因此变小。例如亚马逊的行销联盟、博客的 AP 联盟,甚至粉丝团主的团购也能算是这类的广告方式。

2. 其他广告定价方式

(1) CPO 广告定价方式

CPO(Cost-per-Order)，也称为 Cost-per-Transaction，即根据每个订单/每次交易来收费的方式。

(2) PPC 广告定价方式

PPC(Pay-per-Click)，是根据点击广告或者电子邮件信息的用户数量来付费的一种网络广告定价模式。

(3) PPL 广告定价方式

PPL(Pay-per-Lead)，根据每次通过网络广告产生的引导付费的定价模式。例如，广告客户为访问者点击广告完成了在线表单而向广告服务商付费。这种模式常用于网络会员制营销模式中为联盟网站制定的佣金模式。

(4) PPS 广告定价方式

PPS(Pay-per-Sale)是根据网络广告所产生的直接销售数量而付费的一种定价模式。

3. 敦煌网定价广告类型

定价广告是敦煌网整合网站的资源，倾力为敦煌网卖家打造的一系列优质推广展示位，分布于网站的各个高流量页面，占据了页面的焦点位置，以图片或者橱窗等形式展示。买家可以在"敦煌网产品营销系统"平台上购买。定价广告的分类敦煌网的定价广告分为以下 3 种类型。

(1) Banner 广告

Banner 广告主要分布在网站首页、各类目频道首页、产品列表以及买家后台首页等超高流量页面。同时广告位于页面的醒目位置，拥有很好的展示效果和点击率；广告以图片形式展示，更能吸引用户的焦点；Banner 广告适合进行店铺宣传、品牌推广和大规模促销。

(2) 站内展位

站内展位主要分布在网站首页和各类目频道首页等超高流量页面；专门的单品和店铺展示橱窗，贴合买家的浏览习惯，获取更精准点击；站内展位适合进行店铺宣传和单品爆款。

(3) 促销展位

促销展位分布在网站的各种促销活动页面，季节性和主题性强，针对最适合的群体展示；按类目和产品特性定制化打造的展示界面和橱窗展位，最全面的展示产品，赢取流量和转化；站内展位适合进行新品促销和单品爆款。

投放定价广告的优势多多，主要包括以下几点。定价广告的展示位置明确，买家清晰可见，展示周期长。且多方位的展示吸引的流量大、覆盖面广。此外，投放定价广告的受众是全站买家、类目精准。能够迅速提升店铺和热销产品曝光，可打造店铺品牌效应。

3.7.2 竞价广告策略

1. 竞价广告流程

(1) 出价

竞价广告出价原则是卖家出价的最小单位为 1 敦，出价不能低于竞价位置的底价，每次出价不能和当前队列中已有的出价重复。

(2) 排序

金橱窗展位取前 14 个产品,黄金展位取前 34 个产品,按照出价由高到低排序。

(3) 竞价类型

竞价类型分"自动竞价"和"手动竞价"两种,默认显示自动竞价。

(4) 扣款

扣款分为冻结、扣款、退款三种情况。

第一,冻结。成功进入竞价队列后,在敦煌币账户中按照出价金额冻结;每次更新出价成功后,解冻之前的出价金额,然后按照新的出价金额进行冻结;产品被挤出竞价队列后不解除冻结的款项。

第二,扣款。结算时对刚展示结束的广告扣款,按照最终冻结的金额进行扣款;如果广告是"自动竞价",同时展示时候排名第一,按照"第二名出价+1 敦"的金额进行扣款。

第三,撤销和退款。已经投放竞价广告的产品不可撤销,所以在投放广告前需要慎重选择产品进行投放。由于卖家原因造成的广告不展示是不会退款的;而由于敦煌平台造成的广告不展示,将会退还卖家相应的广告费。

2. 竞价广告技巧

为保障平台买家的利益,参与竞价广告的商户/卖家必须符合参与平台竞价广告的规则,避免纠纷比率和退款比率过高,增加平台的好评率,提高平台的审核通过率。

(1) 避免纠纷比率过高

为避免过高的纠纷率,卖家应及时回复买家信息,提高沟通技巧,站在买家角度考虑问题,及时更新产品信息。

(2) 避免退款比率过高

退款一般是由于断货或者价格设置错误导致,保证货源稳定是避免退款的关键因素;当货物有可能出现断货时,请在描述中醒目的位置标明库存量和相关提示,在发生退款时可以作为证据提供给客服中心,从而降低您的纠纷比率;参与 SKU(Stock Keeping Unit)认领项目,可以从工厂卖家那里找到稳定的货源。敦煌网要求工厂卖家上传的产品都要有现货,没有的就要马上下架,以保证货源的稳定您退款率的重要手段是,当买家投诉"产品与描述不符"时,尽量与客户协商采用部分退款的方式解决,降低风险和退款比率。

(3) 增加好评率

及时与客户沟通,体现积极的态度和周到细致的服务,诚信+责任+沟通=高的信用指数。

(4) 规避平台审核问题

规范产品描述及设置,提高平台审核的通过率。

3.7.3 展示计划策略

展示计划是敦煌网根据产品特性精准投放,按点击收费的一种广告投放服务,适合优质单品的推广。展示位置包括类目页的产品展示位、列表页下方的产品展示位、最约页第一屏展示位,Buyer 登录后的 My dhgate 首页展示位、Hot selling 栏目优先推荐形式。

1. 展示计划的产品计费

平台基于成熟的用户购买分析,精准投放展示产品,将产品展示给最具购买意向的用户;

展示计划广告的收费方式为按点击收费(CPC)。参加展示计划并被成功展示产品会按照展示期间的点击量收费,每次点击的价格为1敦;另外,国内IP点击不计费,国外同一IP产生的多次点击按一次计算,有效地杜绝了恶意刷点击行为。

2. 展示计划技巧

对于商户已经在网站上展示的所有产品,都可以加入展示计划。展示计划是系统分析购买需求,然后选取用户最可能购买的产品展示。所以为了得到更多的展示机会,商户应尽量选择热销程度、好评率、近期销量、描述完整度高的产品加入计划。

3. 加入展示计划流程

进入广告系统,卖家需要在导航上点"展示计划投放"进入展示计划投放界面,如图3－22所示。

图3－22　敦煌网展示计划管理界面

4. 展示计划投放误区

(1) 只选择部分产品参加展示计划

仅仅选择部分产品参加展示计划的劣势主要表现为以下两点。

第一,店铺未参加展示计划的产品缺少有效曝光。产品获得点击的基础是得到有效曝光,展示计划的展示位置覆盖面全,可以给产品多方方位曝光。

第二,部分产品本可以通过展示计划获得点击,店铺损失许多流量。全店铺投放卖家可以通过报表更加透彻了解自己的产品曝光大、点击多的产品进行重点推广曝光大、点击少的产品对之分析、优化。

(2) 新上架产品未及时加入展示计划

卖家后期新上传的产品缺少管理,未加入展示计划。第一次加入展示计划的产品系统会有加分,新品参加展示计划,快速给新品带来曝光,可以减少新品的出单周期。

(3) 展示计划管理不及时

产品因平台审核,展示计划会暂停,审核通过后,需卖家手动启动该产品的展示计划,以免损失曝光、流量。

(4) 每日预算设置不合理

当日预算消耗完后,展示计划会自动暂停,第二天才会重新启动。许多卖家会因为预算设置不合理,导致丢失许多流量。

3.8 跨境电子商务营销案例分析

3.8.1 兰亭集势的 Facebook 营销案例

1. 兰亭集势简介

兰亭集势(Lightinthebox)是中国整合了供应链服务的在线 B2C(内部叫作 L2C,LightInTheBox 2 Customer),该公司拥有一系列的供应商,并拥有自己的数据仓库和长期的物流合作伙伴,截止到 2010 年兰亭集势是中国跨境电子商务平台的领头羊。2010 年 6 月,兰亭集势完成对 3C 电子商务欧酷网的收购。

兰亭集势以国内的婚纱、家装、3C 产品为主,这些产品毛利相对来说比较低,虽然业务量多,但盈利较少,这是国内做普通产品的外贸 B2C 的大多数情况。其盈利主要来源于制造成本的低廉与价格差。

Lightinthebox 主要是集合国内的供应商向国际市场提供"长尾式采购"模式。这家网站的地址在北京朝阳区,排名流量都不错,超过 1/8 的 IP 来自美国,整站的风格,支付和配送方式也完全是国际的。从 2006 年以来,该网站已经成为外贸电子商务网站的领导者,在世界范围内改变了人们的购买方式,为世界上 208 个国家的客户提供商品,而且还在增长中。

兰亭集势网站用户来自 200 多个国家,日均国外客户访问量超过 100 万,访问页面超过 200 万个。网站已经拥有来自世界各地的注册客户数千万人,累计发货目的地国家多达 200 个,遍布北美洲、亚洲、西欧、中东、南美洲和非洲,公司因此曾获 Paypal 的"2008 年度最佳创新公司奖"等殊荣。下面以兰亭集势的 Facebook 营销为例,简单探讨下主页运营的一些技巧。

2. 兰亭集势的 Facebook 营销

打开兰亭集势的 Facebook 官方主页,我们可以看到一个由时尚美女、包包、高跟鞋和太阳镜组成的背景图片,如图 3-23 所示。显然,这与兰亭集势的时尚购物风格非常契合。当前,该主页已经获得了超过 240 万的赞,人气很高。

图 3-23 兰亭集序 Facebook 官方主页背景图

在发帖方面,兰亭集势近期(2014 年 9 月份)保持每天更新,日均发帖数量保持在 7 个左右,一般不会超过 10 个。此外,每个帖子的时间间隔在 2 小时左右,避免给粉丝带来刷屏的感觉。然而在前几个月发现其发帖毫无规律。例如,2014 年 6 月份,兰亭合计发帖 11 个,其中 6

月 11 日就发了 3 个帖。专家认为,兰亭集势近期的做法更加值得借鉴,即保持每天 7 个左右的帖子更新,更有助于 Facebook 引流。

当然,最重要的是帖子内容,什么样的帖子既能吸引粉丝的关注又能给网站带来流量呢?通过统计近期三个月兰亭集势 Facebook 的发帖情况,总结了六大类,分别是:创意新奇帖、潮流时尚帖、幽默有趣帖、节庆活动帖、顾客晒图帖、其他帖。总发帖数为 93,不同类型发帖数分布如图 3-24 所示。

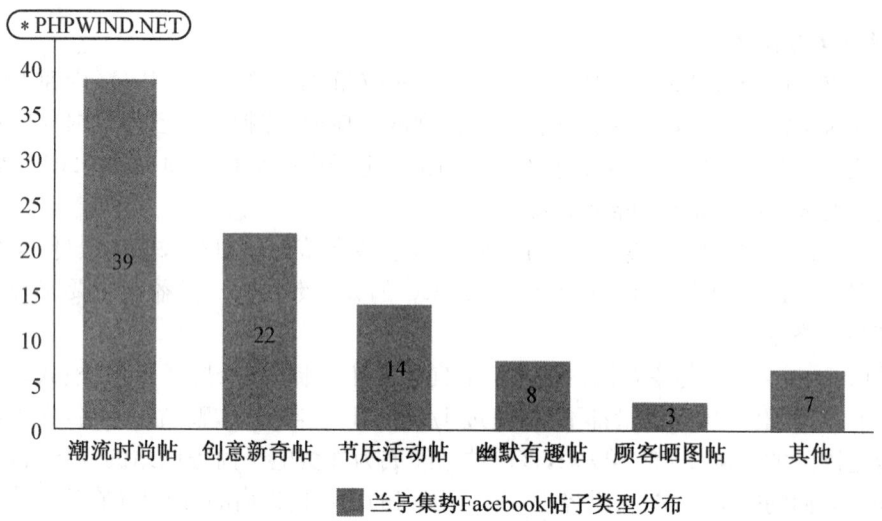

图 3-24 兰亭集势 Facebook 发帖类型分布图

我们发现其中潮流时尚帖最多。通过一些精美时尚的产品图片,唤起粉丝的购买欲。在说明性文字方面,使用非常地道的语言,同时加上一个问题,以便能和粉丝产生互动。兰亭集势主打服饰类产品,通过潮流时尚帖不仅可以彰显网站风格,而且能最大限度导入流量,并获取转化率。

其次是创意新奇帖。每个人都喜欢有创意的新奇类产品,因此这类帖子很容易得到粉丝的赞、评论以及转发。当然,更重要的是,年轻粉丝们会非常乐意点击链接发现更多类似产品,并下单购买。

接下来是节庆活动贴。可以摆出几张有趣的节日装扮照片,吸引粉丝进入网站购买相关装束。此外,兰亭还会时不时搞一些礼券赠送(Give Away Time)、限时闪购(Flash Sale)等活动,吸引粉丝参与。

没有人会拒绝幽默。幽默搞笑帖让带有商业性质的兰亭 Facebook 官网主页变得更加可爱。娱乐之后,即使再附上一个广告链接,也不会令人反感。

顾客购买产品之后晒出的图片是最具有说服力的了,这可是典型的口碑营销。所以,如果有顾客晒图,一定要发到 Facebook 主页,让所有的粉丝都看到。例如,兰亭集势把顾客晒出的图片和评语都公布出来,并给予顾客最真诚的赞美和感谢。

以上 4 类帖子是兰亭集势运营 Facebook 主页的主要内容。此外,兰亭还会时不时发些正能量帖子、风景照帖子、话题互动性帖子等,让粉丝感觉是在跟一个真实的人互动,而不是一家商业化的企业。

除了发帖内容,在运营 Facebook 主页的过程中,还常常需要处理顾客的投诉信留言。对于跨境电商企业来说,这几乎是不可避免的:即使产品没有问题,冗长的跨境物流带来的延误、破损也会招来消费者的投诉。首先,面对顾客的投诉性留言,一定要回复,以表示对消费者的重视;其次,回复要具体,切不可千篇一律地说"Please send us a message, our CS will solve that!";最后,要尽可能的引导顾客发"private message",毕竟,当着千万粉丝的面处理纠纷肯定有损品牌形象。在这方面,兰亭集势做得非常专业。

3. 案例总结

兰亭集势在官方专页运营的技巧,非常值得借鉴学习。当然,Facebook 营销远不止这些。除了我们刚谈到的官方专页,还可以申请几个小号,形成附属专页,并专门运营某个特定主题(比如 fashion/luxury 等),以吸引特定人群加入。另外,付费购买粉丝点赞或者与红人大号合作,也能起到很好的效果。至于 Facebook 付费广告,建议和代理商一起来运作,以提高营销的投入产出比。

营销效果的分析衡量需要基于数据的监测。那么,对于社交媒体营销,怎样来监测效果呢?来自捷克的社交媒体数据分析工具 Socialbakers 能够帮助企业解决这个问题。Socialbakers 不仅可以衡量粉丝增长率,分析参与度,追踪关键传播人,还能监测竞争对手的社交媒体营销活动。目前,Socialbakers 支持 Facebook、Twitter、Google+、LinkedIn 以及 YouTube 的社交数据分析。对于跨境电商营销,还有一个问题:时差。我们的营销团队可能在中国,但是又不想熬夜与国外的粉丝互动,是否有类似国内皮皮时光机的定时发送工具呢?答案是肯定的,像 Buffer/Postify/Timely 都能提供定时发送服务。

如今,在关系导向型的营销时代,社交媒体凭借天然的"强互动"属性,将企业和顾客紧密结合在一起,帮助企业以很低的成本(甚至零成本)达到品牌传播的目的。跨境电商企业应该对社交媒体给予足够的重视,通过精细化运作,让社交媒体成为真正最有效的跨境营销方式。

3.8.2 Zappos 的 Twitter 营销案例

1. 案例简介

作为美国最大的网上鞋店,Zappos 有 400 多名员工使用当今最流行的微博客工具——Twitter,与客户和社会公众进行交流。Zappos 不仅设有公司主站(zappos.com)和企业博客(blogs.zappos.com),而且专门开设了 Twitter 聚合站点(twitter.zappos.com),用于实时发布员工 Twitter 以及 Twitter 上关于 Zappos 的各种评论。

Zappos 甚至还提供专门培训课程,教授员工如何使用 Twitter。Zappos 使用 Twitter 的最大倡导者当属现任 CEO 谢家华(Tony Hsieh),其 Twitter 账号关注者高达 29 000 多人,他不仅身体力行,积极通过 Twitter 与消费者、员工和社会公众进行沟通交流,还推动 Zappos 试用各类社会化媒体,并试图通过让企业员工使用 Twitter,形成一种开放、平等、亲切的企业文化,来帮助提升公司的核心竞争力。

2. Twitter 简介

Twitter 是即时信息的一个变种,也称为"微博客"。Twitter 用户可以把自己的最新动态、所思所想等以短信息的形式播报给关注自己的跟随者(followers)。同时,Twitter 也允许任何人指定想跟踪(follow)的其他用户,并通过 Twitter 页面实时读取他们发布的短信息。根据 2008 年 12 月的统计,Twitter 用户数量为四五百万,每天新增 4 000~10 000 个新账户,

70%的 Twitter 用户是在 2008 年注册的。随着 Twitter 用户数量的增加,特别是社会各界富有影响力的人士纷纷使用这一工具,Twitter 在英语世界日益成为一个主流的社会化媒体平台,越来越多的企业、组织或个人也开始借助 Twitter 来进行沟通交流和社会化营销,Twitter 成为与 Blog、Facebook 并列的企业社会化营销最常用的三个媒体平台之一。

3. Zappos 的 Twitter 营销案例详情

Zappos 几年前还是默默无闻的公司,近来快速成长为年营业额接近 10 亿美元的庞然大物,几乎占到美国全国网上售鞋营业额的四分之一。Zappos 的成功秘诀是鞋子"合脚即穿,不合就换",换鞋的费用由网站承担。由于码号齐全,客人总能找到合适的鞋子。当然,Zappos 不是第一家提供免费换货服务的网络经销商,但谢家华却让这项服务成为竞争中的优势——客人订购的鞋子隔夜就会送到,而且不满意不仅可以换货,更可以退货。"

谢家华出生在伊利诺伊州,是家中的长子,早年间跟随父母从台湾辗转到美国定居。谢家华大学时在哈佛主修计算机,21 岁那年他放弃攻读博士,与同学开创网络公司,两年后公司发展到 200 多人,被微软以 2 亿多美元收购。此后,谢家华注资 100 万美元到 Zappos,开始加入网上卖鞋大军。

(1) 企业口号——"Powered by service"

一走进 Zappos 的大门,可以看到公司 logo 下有一句揭示企业精神的口号"powered by service",表明了 Zappos 视"服务"为其核心竞争力和业务的主要卖点。事实上,由于电子商务和鞋子这一商品本身的特点,一个通过互联网购鞋的顾客,其消费体验除了来自产品之外,很大一部分来自服务,包括快捷安全的配送、免费退换货、处理客户反馈和纠纷,以及/特别是客服呼叫中心的服务。

关于 Zappos 的服务,有很多带有传奇色彩的小故事。比如,Zappos 会给主动离职的员工发"奖金"。每次招收新员工,都会对员工进行为期一个月的高强度培训,新进员工无论职位高低,都要在公司的客服呼叫中心接受在职训练,大约一两周后,Zappos 会对他们说:"如果你今天能辞职,公司将会支付全额的工资,另加 2 000 美元的奖金。"对于这种匪夷所思的管理措施,Tony 解释说,只有真正喜欢与人打交道,热心于客户服务工作的新员工,才会不被这份 2 000 美元的奖金所诱惑。这个故事被哈佛商学院选编入册,有关研究表明,每请走这样一位潜在的三心二意的新员工,Zappos 公司就可避免因一位新员工不喜欢客服工作,效率低下而损失额外的数万美元。

在培训客服呼叫中心新员工时,Zappos 试图让他们改掉快速接听电话的坏习惯,与电话那一头的客户充分沟通;如果库存中没有客户所需要的鞋款或尺码,Zappos 还会毫不犹豫地推荐消费者到竞争对手的网站上购买这个产品。总之,Zappos 以客户的消费体验为最高标准。为了找到热爱客户服务的员工,Zappos 甚至为此把公司总部从加州南部搬到了拉斯维加斯(拉斯维加斯以充满了把客户服务职业作为职业发展目标的年轻人而著称)。在一篇 Tony 写的文章中(原文),他回忆起和 Zappos 创始人一起讨论公司定位时的设想,We decided to be about providing the best service; we said, "We're a service company that just happens to sell shoes."

如同星巴克一样,Zappos 几乎没有在传统广告或营销活动上投入过巨资(尽管很大程度上是由于公司早期的资金匮乏造成的),而是主要依赖公司的良好口碑和消费者的口耳相传,越来越多的人开始知道 Zappos,并一次又一次地光顾 Zappos 的网上鞋店。据统计,目前

Zappos 的销售额中大约有 74% 来自回头客，新客人第一次消费额约为 112 美元，而回头客的平均消费额为 143 美元。除了产品外，优良的服务是形成口碑、吸引客人回头、增加销售的关键因素。

（2）Zappos 的 Twitter 目标

在 Twitter 上设立账户的企业非常之多，Zappos 的案例之所以引人瞩目，在我看来，并不在于 Zappos 引入 Twitter 之早，或使用 Twitter 之广，而在于 Zappos，特别是现任 CEO Tony，深得 Twitter 以及社会化媒体的精妙，懂得怎样把 Twitter 与企业的商业目标结合起来，形成良性循环，发挥出这一社会化媒体的巨大威力。

在把公司的企业口号改为"powered by service"之前，Zappos 还曾经用过诸如"网上最炫鞋店"之类的口号。同样，Zappos 与 Twitter 结缘，也始于公司尝试了 My Space、Facebook 等社会化媒体之后。将公司核心竞争力定位于服务与选择 Twitter 作为社会化传播的主要平台，都经历了一个摸索的过程。

为客人提供优质的、让人"惊赞"的服务，通过服务来赢得客户的心，形成口耳相传的良好口碑和重复购买，是 Zappos 能够快速发展成为全美最大网上鞋店的主要因素。作为公司主要的社会化营销，使用 Twitter 来加强与客户和公众的沟通，释疑解惑，同时，通过 Twitter 上一个个真实的员工，拉近公司与消费者的距离，塑造 Zappos 人性化、开放和透明的一面。Twitter 帮助提升 Zappos 的核心竞争力-服务，这是 Zappos 如此热衷于 Twitter，而 Twitter 也能在 Zappos 生根发芽，与企业的内外生态系统相互契合、形成良性循环的重要原因。

正如一位消费者所说的，"（通过 Twitter 等社会化媒体）能了解到这么多 Zappos 的内幕实情，这让我感觉象是在一位朋友的店铺里消费购物，相对于一个陌生人，我更愿意到一位朋友的店铺里购物。这不仅更能让我放心，而且也会有种备受呵护的感觉，这点在连一个傻瓜也能开办一家网店的时代显得尤为重要。"

（3）Tony 谈 Twitter

Zappos 对待 Twitter，并非是如 GM、HomeDepot 等很多企业那样是在算计 ROI 之后才利用 Twitter 来发布企业市场推广信息的纯商业行为。实际上，Tony 喜欢 Twitter，他在创办 LinkExchange 的时候，就表现出对于工作环境和人际关系的重视和享受，从 Tony 介绍 Twitter 的文章中可以看出，他真的喜欢 Twitter，从他所写的 tweet 中也可以看出。

由于这个原因，Tony 主持的 Zappos@Twitter（http://twitter.com/zappos，Zappos 的 Twitter 主账号）以个人见闻、兴趣和随思所想为主，而企业信息只是其中一个有机的组成部分。一位企业 CEO 在 Twitter 以真实面目示人，诚挚、透明、幽默，让读者不仅感到一丝惊讶，更感觉到可以接近和信赖，并由此爱屋及乌地对于 Zappos 产生各种正面的印象。

Tony 曾在各种场合下谈及自己和 Zappos 对于运用 Twitter 的心得体会。如："不要把社会化媒体视为一个直接营销工具。一旦开始向别人作推销，大部分人会立即切断与你的对话"；"一定要确保在使用 Twitter 时的真实和热情，假如你本人对此缺少激情，那就应考虑请一位对 Twitter 热情如火的人来写 twitter。千万别把 Twitter 作为一个向客户推销产品服务的方法，应该把 Twitter 视为一种建立更加深入、更具个人色彩的客户关系的方法"；"我们并没有利用 Twitter 来增加（导向公司主站）流量，我们并不这样来使用 Twitter，相反，Twitter 能让员工和客户看到，我们都是一个个真实的人，Twitter 帮助我们与员工和客户之间建立更人性化的、亲密的关系，这也是我们希望 Zappos 这一品牌能呈现在世人面前的形象""我们使用Twitter的原因和在公司网站的每个页面上放置1~800免费客服电话的原因是一样的,那就是帮助我们与客户和员工建立一种更具个人色彩的紧密关系"等。

如果说星巴克MSI网站具有联系老客户的实用价值,那么Zappos公司的Twitter则具有使公司形象更具人性化和塑造企业文化的对内对外双重目的。不少企业制定了员工参与社会化媒体的指南和准则,Zappos没有这方面的书面指导,除了通过"culture book"对于新进员工进行企业文化方面的入门指导,通过鼓励员工使用Twitter,来言传身教,塑造和强化企业文化中开放、透明、亲切等元素。对于后者,Tony评论说:"作为公司,我们的第一要务是企业文化。我们相信,只要建立起正确的企业文化,其余的大部分东西(比如优秀的客户服务)都会自生自发并自行各归其位。""我想,如果CEO开始充满热情地去使用Twitter,整个公司都会受到感染并有所行动。"

4. 案例总结

使用Tony的话来总结本案例便是,"没有哪个人愿意和公司或组织机构建立关系,人们所希望的是认识为公司工作的、公司背后的那些人,并与他们建立联系。诸如博客或Twitter这样的社会化媒体,可以帮助客户了解公司内部的人,让他们看到活生生的、真实和有个性的人……这样所形成的友谊会从网络上延伸到现实世界里,并让人们对与之交往的企业组织产生更强烈的信赖感,这种信赖,是塑造客户忠诚的关键因素"。

第四章 跨境电子商务客户沟通与服务

4.1 跨境电子商务客户心理分析

一个优秀客服须了解用户心理,并有相应的成交策略。了解网店客户的特点,了解网店客户的基本类型,对于提高网店客服的服务质量和服务效率具有极其重大的作用。

4.1.1 客户分类及相应沟通对策

1. 按客户性格特征分类及应采取的相应对策

(1) 友善型客户

性格随和,对自己以外的人和事没有过高的要求,具备理解、宽容、真诚、信任等美德,通常是企业的忠诚客户。提供最好的服务,不因为对方的宽容和理解而放松对自己的要求。

(2) 独断型客户

异常自信,有很强的决断力,感情强烈,不善于理解别人;对自己的任何付出一定要求回报;不能容忍欺骗、被怀疑、慢待、不被尊重等行为;对自己的想法和要求一定需要被认可,不容易接受意见和建议;通常是投诉较多的客户。对于此类客户,应当尽可能满足其要求,让其有被尊重的感觉。

(3) 分析型客户

情感细腻,容易被伤害,有很强的逻辑思维能力;懂道理,也讲道理。对公正的处理和合理的解释可以接受,但不愿意接受任何不公正的待遇;善于运用法律手段保护自己,但从不轻易威胁对方。真诚对待,做出合理解释,争取对方的理解。

(4) 自我型客户

以自我为中心,缺乏同情心,从不习惯站在他人的立场上考虑问题;绝对不能容忍自己的利益受到任何伤害;有较强的报复心理;性格敏感多疑;时常"以小人之心度君子之腹"。学会控制自己的情绪,以礼相待,对自己的过失真诚道歉。

2. 按消费者购买行为分类及应采取的相应对策

(1) 交际型

有的客户很喜欢聊天,先和您聊了很久,聊得愉快了就会在店里购买商品,最终既成交了订单又交了朋友。对于这种类型的客户,我们要热情如火,并把工作的重点放在这种客户上。

(2) 购买型

有的顾客直接拍下商品并很快付款,收到商品后也不和您联系,直接给您好评,对您的热情很冷淡。对于这种类型的客户,不要浪费太多的精力,如果执着地和他(她)保持联系,他(她)可能会认为是一种骚扰。

(3) 礼貌型

本来因为一件拍卖的商品和您发生了联系,如果您热情如火,在聊天过程中运用恰当的技巧,她会直接到您的店里再购买一些商品,售后热情做好了,她或许因为不好意思还会到您的店里来。对于这种客户,我们尽量要做到热情,能多热情就做到多热情。

(4) 讲价型

一直讨价环节,即使已经有所讲价,依然迟迟不下单,希望能有更多折扣。对于这种客户,要咬紧牙关,坚持始终如一,保持微笑。

(5) 拍下不买型

将商品拍下后却一直拖延不付款,多次提醒也不奏效。对于这种类型的客户,可以投诉、警告。也可以全当什么都没发生,因各自性格决定采取的方式,不能说哪个好,哪个不好。

3. 按网店购物者常规类型分类及应采取的相应对策

(1) 初次上网购物者

这类购物者在试着领会电子商务的概念,他们的体验可能会从在网上购买小宗的安全种类的物品开始。这类购物者要求界面简单、过程容易。产品照片对说服这类购买者完成交易有很大帮助。

(2) 勉强购物者

这类购物者对安全和隐私问题感到紧张。因为有恐惧感,他们在开始时只想通过网站做购物研究,而非购买。对这类购物者,只有明确说明安全和隐私保护政策才能够使其消除疑虑,轻松面对网上购物。

(3) 低价物购物者

这类购物者广泛使用比较购物工具。这类购物者不玩什么品牌忠诚,只要最低的价格。网站上提供的廉价出售的商品,对这类购物者最具吸引力。

(4) 目标明确购物者

这类购物者在上网前已经很清楚自己需要什么,并且只购买他们想要的东西。他们的特点是知道自己做购买决定的标准,然后寻找符合这些标准的信息,当他们很自信地找到了正好合适的产品时就开始购买。快速告知其他购物者的体验和对有丰富知识的操作者提供实时客户服务,会吸引这类购物者。

(5) 狂热购物者

这类购物者把购物当作一种消遣。他们购物频率高,也最富于冒险精神。对这类购物者,迎合其爱玩的性格十分重要。为了增强娱乐性,网站应为他们多提供观看产品的工具、个人化的产品建议,以及像电子公告板和客户意见反馈页之类的社区服务。

(6) 动力购物者

这类购物者因需求而购物,而不是把购物当作消遣。他们有自己的一套高超的购物策略来找到所需要的东西,不愿意把时间浪费在东走西逛上。优秀的导航工具和丰富的产品信息能够吸引此类购物者。

4.1.2 网店买家购物心理

除了用优质的商品和周到的服务去吸引国外买家之外,了解并且掌握国外买家的购买心理和消费习惯也能帮助卖家把握商机。必须弄清楚了买家的心理,知道其在想什么,然后才能根据情况,进行有针对性的有效沟通,进而加以引导,因此洞悉买家的购物心理极其重要。

1. 海外买家的购物心理及习惯

敦煌网的买家群体主要集中在美国、英国、法国等欧美发达国家,所以把握这些国家买家的购买心理和消费习惯就显得尤为重要,下面以欧美买家为例,介绍一下国外买家的购买心理和消费习惯。

(1) 商品质量是关键

欧美买家最关心的永远是商品的质量,其次是包装,最后是价格。因为购物环境的不同,欧美本土商品的价格要比中国贵很多倍,所以基本上中国商品的价格都是在他们心理价位之下的。跨境卖家在跟欧美买家沟通时一定要把商品质量放在首位,只要他们对商品质量放心满意了,那么这个客户就十拿九稳了。而商品质量稍有缺陷,就只能放在商店的角落,减价处理。比如在美国市场上,高、中、低档货物差价很大,一件中高档的西服零售价在40~50美元左右,而低档的则不到5美元。

(2) 商品包装很重要

无论欧洲人还是美国人对于商品包装都是比较讲究的,对包装的关注甚至超过了价格,这也是国外买家与国内买家的最大区别。因此,跨境卖家在进行商品包装时必须做到认真细致,只有新颖、雅致、美观、大方的包装才能吸引国外买家的目光,而提供特色包装服务更能成为跨境网店的一大卖点。如果卖家图省时省力只是随意地将商品装入纸箱,那么可以肯定的是国外买家对您的印象将大打折扣。

(3) 销售旺季在圣诞

每个季节都有一个商品换季的销售高潮,如果错过了销售季节,商品就要削价处理。欧美市场的销售季节是:1~5月为春季,7~9月为初秋升学期,主要以销售学生用品为主;9~10月为秋季,11~12月为假期,即圣诞节时期。圣诞节是欧美人一年中最为隆重的节日。圣诞节前两个月时间,很多国外买家就会开始为过节添置圣诞节日产品,如灯串、圣诞树等,这些商品又是这些买家的过节首选,所以跨境卖家应该提前做好准备,保证商品库存,减少运输在途时间,这样会获得更多的利润。此时更是退税季节,人们都趁机添置用品,购买圣诞礼物。这一时期的销售额占全年的1/3左右。

(4) 上网时间不统一

比如美国这样的国家由于地理版图较大需要跨过三个时区,所以不同时区的买家在网上活跃的时间也有所不同。为了提高卖家发布商品时的关注率,卖家应该积极总结各个时区的上网时间统计表,选择一个买家上网时间相对集中的时间段来跟买家联系,投放广告,只有了解了买家的消费习惯才能事半功倍取得最佳的效果。

(5) 物流速度要给力

以美国为例,其是一个注重效率的国家,浪费时间就等于浪费生命,他们希望下单后可以尽快收到自己满意理想的产品,如果用小包的话估计会让大部分客人感到不耐烦,所以在设置运费模板的时候尽量同时设置四大快递等效率高的物流运输,如果不能这样做的话可以在产品详细描述中解释说明一下,让买家有心理准备货选择其他家,这样买家及时不购买您的产品也会感到很舒服。

2. 买家常见的五种担心心理

（1）卖家是否诚信可靠

策略：对于这一担心，我们可以用交易记录等来对其进行说服。

（2）价格低是不是产品有问题

策略：针对这一担心，我们要给买家说明价格的由来，即价格为什么低，强调低并非质量有问题。

（3）同类商品到底该选哪一个

策略：可尽量以地域优势（如：快递便宜），服务优势说服买家。

（4）交易支付方式是否安全

策略：可以通过支付宝等安全交易方式的说明来打消买家的顾虑。

（5）买家迟迟不付款，犹豫不决

策略：可以以售后服务，消费者保障服务等进行保证，给予买家信心。

3. 买家常见的网上消费心理

国外喜欢跨境网购的消费者在心理上有着相似的地方。了解这些不同消费者的购买动机，可以帮助有效地提高订单量。

（1）实用性

敦煌网上的卖家多分布于欧美发达国家，这些国家的消费者大多重视产品的实用性、注重质量。国外的消费者往往更理智，在这种消费动机的驱动下，简洁大方、重点突出的产品描述更吸引消费者的眼球。

（2）创新性

这种购买心理动机对年轻人的作用最大，时髦、独特的产品最能吸引他们。想要抓住这类买家的心，新奇产品是制胜的法宝。

（3）美观性

美观的产品外形、页面展示、图片和包装对女性消费者最有杀伤力，这种追求美观的心理动机能促使她们快速下单，满心期待地等着漂洋过海邮寄而来的产品。

（4）优惠性

拥有这种购买动机的买家最在意的是产品的价格，优惠的价格很容易促使他们下单。这类买家最常做的购买动作就是在输入完他们想要购买的产品名称后，勾选 free shipping 然后按照价格重新排序搜索结果。

（5）方便性

爱网购的人都有这种消费动机，如果你能站在买家的角度来上传自己的产品，降低买家决策和下单的难度，那么你的店铺将是懒人常来常往的购物天堂。

（6）嗜好性

这类买家往往对某个品牌、某种产品特征有特殊的嗜好，应对这类买家最重要的是投其所好。他们往往更喜欢专业的店铺而非杂货铺。

4.2 跨境电子商务沟通阶段分析

跨境电子商务沟通行为主要发生在以下几个阶段：询盘阶段、物流阶段、(确认)收货阶段、纠纷阶段等四个阶段。据敦煌网统计，该跨境电子商务平台上，每5笔订单中就会有一份询盘，每20笔订单中就会有一次交易纠纷。重视沟通往往能够有多种好处，而不重视沟通会导致多种不利影响，具体影响如下图4-1所示。

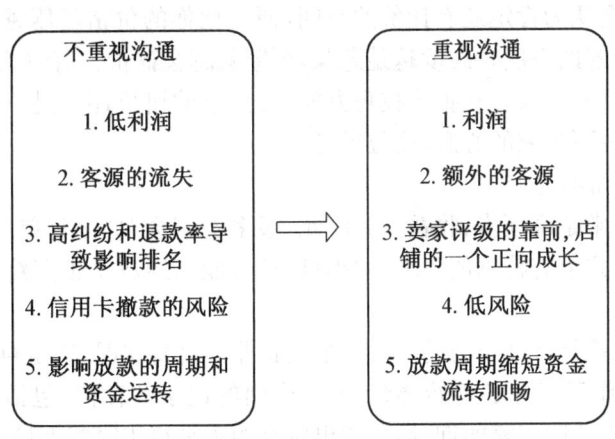

图 4-1 重视沟通与否的影响

4.2.1 跨境电子商务询盘阶段的沟通

1. 买家询盘分类

实际操作中遇到的买家是多种多样的，因而需要对买家进行分类区别。

通常可以划分为寻找卖家型、商品咨询型、信息收集型、索要样品型和同行窃取情报型等。按照地域又可以区分为多个不同地域国家的买家，如欧洲买家、北美买家等。通过掌握的买家信息，分析其需求，特别是需要重点关注的"B类买家"。牢牢抓住最有价值的买家，是企业盈利的关键所在。

如果做到准确地表达我们想要合作交易的意图、恰当地回复买家的询盘，那么便能够为交易顺利进行打下很好的基础。

2. 有效跟进询盘

如何有效地跟进询盘，对于交易能否向着成功的方向发展有着很重要的作用。以下四点为跟进询盘过程中需要注意的几点。

（1）区分"大小"买家，识别"好坏"询盘

识别"好坏"询盘，可以从以下几点考虑：

第一，"看"询价的方式；第二，"看"询价的内容；第三，"看"询盘中的小细节。通过这三个方面的综合考虑，能够更好识别买家、询盘，找到合适的买家。

（2）把握询盘技巧、及时跟进

跟进买家的询盘技巧主要包括两点：慎重对待、及时回复。在回复新买家时，除了在邮件

中解答买家关心的问题,最好同时将公司的其他情况和公司的网站介绍给该买家,让买家能够更全面透彻地了解公司。对外商的询盘一定要遵循以下要诀:准确、全面、具体、清楚、礼貌。对于询盘,我们一定要保持跟进,跟进过程中,更重要的是应对各种可能发生的情况,积极采取相应措施,激发、把握买家购买意图,达成合作。

(3) 与买家讨价还价

过境交易过程中,产品价格和质量是决定整个订单成交的核心。几乎所有的新买家在第一次联系时都有一个价格周旋的进程。在报价中应注意以下几点:不要轻易报价,讲究报价方式。总之,即使这个价格能接受,也要表现得比较委屈和勉强。如果买家一开始还价,你就马上就松口,那么买家会认为肯定还有让价的空间,便会把你的价格越压越低。而且,永远不要在买家面前显示出急躁的态度。态度越是急躁,买家就越会砍价。有时关于价格的谈判,未必要当天回复,可以等个一两天。在报价技巧方面,与买家的讨价还价是一种心理战,可以把自己想成买家,多揣测一下买家的心态,换位思考。

(4) 勿因"单"小而不为

"小订单"的确经常是麻烦多、收益少。因此,很多卖家会对"小订单"加以限制、规定最小起订量或者在付款方式上有特别的要求。"小订单"可能已经成了很多跨境卖家眼里的"烫手山芋"。

但"小订单"的承接是有其技巧的。可以根据企业的自身状况,决定对小订单的处理方案。对于任何小订单,运作程序务必善始善终,做好全面的记录和存档,包括给买家提供的样品。保持积极的心态,耐心琢磨买家的询盘,发挥出应有的水平给买家留下最好的印象,是有令"小订单"转化成"大订单"的可能的。

3. 询盘阶段范例

(1) 范例1

Dear buyer,

We are very glad to receive your message. You could add remark to tell us which size and how many you need. The color is random but every color looks well, take it easy. If you have any questions, please let us know. We are waiting for your reply. Thanks & best regards!

译文:非常高兴收到你的信息,您可以添加备注告诉我们你需要的尺寸和数量。颜色是随机的,但每个颜色看起来都很好,不用担心。如果有任何问题,请让我们知道,我们等待您的回复。祝好!

(2) 范例2

Dear buyer,

Thank you for taking interests in our item. I'm afraid we cannot offer you that low price you bargained. Because the price we offer has been carefully calculated and our profit margin is already very limited. However, we can offer you a XX% discount if you purchase more than XXX pieces in one order. If you have any further questions, please let me know. Thanks!

译文:感谢您对我们产品感兴趣,但恐怕我们不能给出更低的议价。因为我们的上市价格是经过精心计算的,而且我们的利润十分有限。但如果您一个订单购买超过XXX件,我们将给你XX%的折扣。有任何问题请和我联系,谢谢!

4.2.2 跨境电子商务物流阶段的沟通

1. 物流阶段沟通的重要性

通过分析平台上纠纷原因的占比分布(见图4-2),可以看出最多的问题的源头都是在物流阶段和服务阶段。因此可以看出,如果物流阶段能够保持与买家的沟通,可以解决大部分的纠纷,避免合作不愉快。

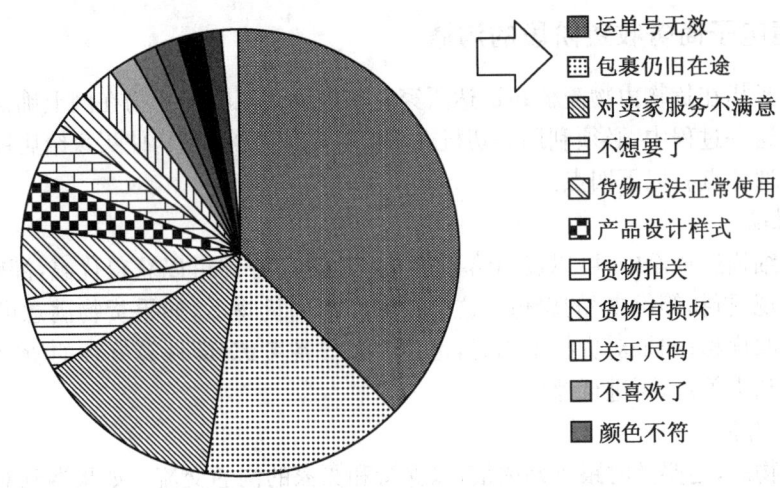

图4-2 跨境电子商务纠纷原因占比图

2. 物流阶段沟通要点

物流阶段的沟通需要注意的两点如下。

(1) 注意沟通的频率

保证沟通的频率是为了能够及时地将物流信息通过站内信告知买家。这些信息包括发出时间、订单号、物流信息查询网站。物流信息的良好沟通,可以打造出良好的服务形象,有利于买家再次前来消费。

(2) 定期地跟踪物流信息

定期地跟踪物流信息可以在货物送达的第一时间通知买家上网确认收货。给买家提供良好的物流服务的同时,还可以赶在买家给出评价之前保持与其的良好沟通,降低在不知情的情况下得到中差评的可能性。

3. 物流阶段范例

(1) 范例1

Dear buyer,

The item ××× you ordered has already been shipped out and the tracking number is ×××××. The shipping status is as follows:××××××. You will get it soon. Thanks for your support! Best regards!

译文:订单号为×××的货物已经发货,发货单号是××××××,运输方式是××××××,订单状态是××××××。您将很快收到货物,感谢您的支持! 祝好!

(2) 范例2

Dear buyer,

According to the status shown on EMS website, your order has been received by you. If you have got the items, please confirm it on DHgate.com. If not, please let me know. Thanks! Best regards!

译文：EMS网站显示您已收到货物。如果您收到货物，请到敦煌网确认；如果没有收到货物，请告知我们。谢谢！祝好！

4.2.3 跨境电子商务收货阶段的沟通

收货阶段是指在货物由物流公司送达买家所在地到买家收下货物在网上确认收货并给予评价的过程。这一过程中，必须利用一切机会来给买家留下好印象，使买家给店铺好评。确认收货阶段的沟通要点有以下四点。

1. 提前灌输

在产品详细描述页面中，可以提前给买家委婉地透露好评可以获得优惠，灌输给买家"好评可以得到返现、折扣等优惠"的思想。这样买家在收到货物后，如果货物满意可能直接前去界面好评以获取优惠；如果对货物不满意，也会经过一番考虑，即计算好评的所得与货物不满的亏损之间的利害关系，再进行评价。

2. 跟进站内信

在发出货物后，还要及时跟进站内信，以保持和买家的沟通交流。如果遇到对收到货品不满意的买家，要注意重申自己很在意买家的评论，以使其慎重地给出公正的评价。

3. 买家好评

对于客户确认收货并放款好评的订单，需要及时给予客户一定的小奖励。此类客户具有宽容大度的特点，是企业需要牢牢抓住的顾客，极有可能成为企业的回头客。因此，对于之前做出的优惠承诺，要遵守实现。如未做好评有所优惠的承诺，也可给予顾客一定的反馈，表达对其好评的谢意，维护与客户的关系。

4. 买家中差评

如果得到买家的中差评，需要十分重视处理。应当及时进行合理的解释，保持解决问题的良好态度，积极地解决问题。面对给出中差评的买家不要恶语相对，要积极沟通了解问题的详细原因，而非激怒对方。否则一个中差评影响到的不仅是当下的这单生意，还有未来的潜在客户。把握每一个获得好评的机会，就是取得向潜在客户推广的机会。其实，从国外客户处获得好评和在国内一样，只要有合理的解释和良好的服务态度，买家是可以理解交易过程中出现一些小的差错并依旧给予好评。

4.2.4 跨境电子商务纠纷阶段的沟通

即使交易过程中产生了纠纷，只要我们通过主要积极沟通解决了纠纷，不仅能够留住客户，还能够最大限度地挽回损失。责任纠纷率越高对应着好评率越低，具体GMV占比、责任纠纷率、退款率、好评率之间的关系如图4-3所示。

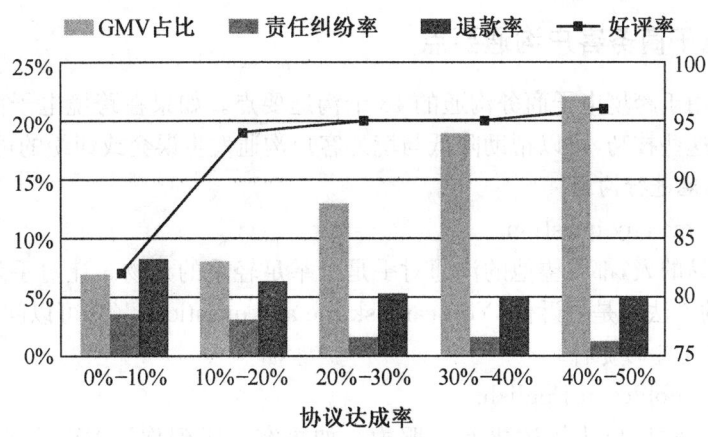

图 4-3 责任纠纷率与好评率关系图

1. 纠纷阶段沟通要点

（1）纠纷缘由

请买家说明纠纷的缘由，核实订单中的问题及其实际情况。请买家提供问题的证据，如照片等。尽量在纠纷提交到平台之前，将纠纷解决，避免造成不必要的恶性影响。

（2）安抚买家

可以听取买家的理想解决方案，了解其需求，在我们的能力范围之内，尽可能地满足买家的需求，可通过部分退款、优惠券等方式补偿。

（3）表达合作意向

即使最终造成了退货或退款的情况，也应当在纠纷解决结束时，表达继续合作的意愿。避免在买家得到补偿后便置之不理，否则会造成客户的流失。

2. 纠纷阶段范例

Dear valued customer,

We have received your escalated dispute message. Please provide us with the specific problem that you are having in order for us to help you resolve this case as soon as possible. Or you may tell us your solution. We look forward to hearing from you soon. Thank you!

译文：亲爱的用户，我们收到了您的纠纷申请，请为我们提供您的具体问题，以便我们帮助您尽快解决。或者您可以告诉我们你的解决方案，我们盼望不久就能收到您的回复，谢谢！

总而言之，沟通过程中要不断地积累经验。良好的沟通是赢得客户的关键。

4.3 跨境电子商务在线沟通技巧

在跨境电商平台上做交易，与客户的沟通是交易成败的关键。卖家不仅在交易前需要就产品特点、交易条件等与买家反复沟通，而且在交易过程中甚至交易结束之后，可能还要与客户沟通有关问题。

4.3.1 跨境电子商务客户沟通要点

在此介绍适用于跨境电子商务沟通的 13 个沟通要点。如果在跨境电子商务客户沟通的过程中灵活运用这些技巧,可以帮助降低与境外客户沟通发生误会或纠纷的可能性。

1. 充满信心地进行沟通

You can ask me any question.

任何有意交易的人,都希望他的沟通对手是个举足轻重的人物。让对手认为你是有决策力的人,最直接的方法便是告诉他"You can ask me any question."(您可以问我任何问题)。

2. 准备充实完备的资料

We have a pamphlet in English.

具体的物品通常比口头描述更有说服力。如果客户听到你说"We have a pamphlet in English."(我们有英文的小册子)或"We will send you a sample."(我们会为您寄去样品)时,一定会对公司的专业实力信心大增。所以在交易磋商之前,对产品资料要了如指掌,这样在客户询问和产品有关的问题时便能有问必答。

3. 实事求是不要吹牛

Do not boast.

磋商者往往为了达成协议而向对方做过分不实的吹嘘。这种情形在向他人推销产品时,尤其常见。买家因听信你的吹牛而购买产品,进而造成损失,轻者不再与你打交道;严重的,恐怕还要告你欺诈。所以在向他人做"We can give you a guarantee of 100 years."(我们可以给您一百年的保证。)这一类的承诺时,最好先斟酌一番。

4. 倾听询问对方意见

What is your opinion?

每个人都希望自己的意见受到重视。当你和他人进行沟通时,除了说出自己的想法以外,随时可加上一句"What is your opinion?"(你的意见是?)或"I'd like to know your ideas about the problem."(我想听听你对这个问题的看法。)不但让对方感觉受到重视,更能使你们因思想的交流而逐渐达成协议。

5. 澄清对方所讲的意思

Can you explain it more precisely?

英语不是我们的母语,有时弄不清楚对方的意思也属于正常现象。此时加上一句"Could you explain it more precisely?"(您能解释得更明白一点吗?)来澄清对方的真实想法,是十分必要的。

6. 必要时适当地让步

The best compromise we can make is ...

沟通双方的互相让步,最常见的例子就是讨价还价。不论你的对手是如何的咄咄逼人,你总得做一个最后的让步:"The best compromise we can make is ..."(我们所能做的最好的折中办法是……)或是"This is the lowest possible price."(这是最低价格了。)

7. 适当时候果断说"不"

No, but ...

在商务沟通上,该拒绝时,就应该斩钉截铁地说"No!"。拐弯抹角地用"That's difficult"

(那很困难。)或"Yes，but …"(好是好,可是……)来搪塞,会令对方觉得你答应得不够干脆,而不是在委婉地拒绝。如果你说"No，but …"对方便清楚地知道你是拒绝了,但似乎还可以谈谈。这个时候,你因为已先用"No"牵制对方,而站在沟通的有利位置上了。

8. 不要催促客户下决定

Stop asking have you decided?

当对方需要时间来考虑一下方案时,千万不要一直催促他"Have you decided?"(你决定了没有?)。那样,你不但干扰了他的思考,也可能激怒他。结果原本可能达成的协议或许就此泡汤了。

9. 不要仓促地做决定

Please let me think it over.

在商场上讲求信用,一旦允诺人家的事情,要再反悔,会令人产生不良印象。因此,在下决定之前,务必要经过深思熟虑。如果你正在和客户商谈一件无法立即下决定的事时,不妨请他给你一点时间" Please let me think it over,"(请让我考虑一下)或"would it be all right to give you an answer tomorrow?"(明天再答复您行吗?)切记,仓促地下决定往往招致严重的后果!

10. 勇敢承认自己的过失

It's my fault.

如果明显的是自己犯了错,并且对客户造成了伤害或损失,一句充满歉意的"I'm sorry. It's my fault."(对不起,是我的错。)通常能够获得对方的原谅。就算对方很懊恼,至少也能稍微缓和一下情绪。做无谓的辩解,只能火上加油,扩大事端。

11. 展示解决问题的诚意

Please tell me about it.

当客户向你提出抱怨时,你应该做的事是设法安抚他。最好的办法就是对他提出的抱怨表示关切与解决的诚意。你的一句"Please tell me about it."(请告诉我这件事的情况。)或"I'm sorry for my error and I assure you I will take great care in performing the work"(我为我的错误感到抱歉,并向您保证我会尽全力处理此事)会令对方觉得你有责任感,也会恢复对你的信任。

12. 找出问题症结所在

What seems to be the trouble?

任何一个冲突或误解的产生,都有潜在原因。向对方探询"What seems to be the trouble?"(有什么困难吗?)或问一句" Is here something that needs our attention?"(有什么需要我们注意的吗?)都能表示你对事情的关切。知道问题的症结,才有办法进行沟通。

13. 及时提出补救建议

We will send you a replacement right away.

当损失已经造成时,适时地提出补救方法,往往能使沟通免于陷入僵局,甚至得以圆满解决。例如运送到客户手上的货物确实不是订单上所标明的,而你又能立即向他保证"We will send you a replacement right away."(我们会立即寄给您一批替换品。)或者告诉他"We can adjust the price for you if you keep the material."(如果您留下这批材料,我们可以为您调整价格。)那么,客户心中的忧虑必定立刻减半,而愿意考虑您的提议。

4.3.2 跨境电子商务客户沟通模板

在跨境交易中,卖家良好的沟通技巧可以给买家带来很好的购物体验,从而提升交易的成功率和重复购买率,卖家如果能够总结自己与买家沟通的常见问题,制定常用沟通模板,将大大提高与买家沟通的效率。以下是买卖双方日常沟通常用的几个模板示例。

1. 欢迎买家光顾店铺

Hello, my dear friend. Thank you for your visiting to my store. You can find the products you need from my store. If there are no items that you need, you can also tell us, so that we can help you to find the source. Please feel free to buy anything! Thanks again.

2. 鼓励买家提高订单数量

Thank you for your inquiry. Here is the product's link you need. If you could buy more than 100 pieces, we can give you a wholesale price, $25 per piece.

3. 交易中通知买家查看物流情况

The goods you ordered have been sent to you. It's on the way now. Please pay attention to the delivery and sign as soon as possible. If you have any questions, please feel free to contact me.

4. 交易后达谢并希望再次光临

Thank you for your purchase, I have prepared you some gifts, which will be sent to you along with the goods. Sincerely hope you like it. I'll give you a discount, if you would like to purchase other products in our shop.

5. 采购季节推广新产品

Hi, friends. Christmas is coming, and Christmas gift has a large potential market. Many buyers bought them for resale in their own store, it is high profit margin product. Here is our christmas gift link. please click to check them. If you buy more than 10 pieces, we also can help you get a wholesale price. Best regards!

6. 货物断货推荐其他款式

货物偶尔的断货只要认真解释一下,买家能够理解,最好的办法是告诉买家自己会积极尽量帮他找到她所需要的产品,同时向他介绍类似的款式供其选择。

Hi, friend. We are really sorry that the shoes you ordered are out of stock at the moment. I will contact the factory immediately to see when they are going to be available again. Besides, I would like to recommend you some other pretty shoes which have the same style. Hope you like them as well. You can click on the following link to check them out.

4.4 跨境电子商务沟通实用英语

4.4.1 跨境电子商务询盘

1. 询盘例句

(1) 对买家询盘的回复

Heavy enquiries witness the quality of our products.
大量询盘证明我们产品质量过硬。
As soon as the price picks up, enquiries will revive.
一旦价格回升,询盘将恢复活跃。
Enquiries for carpets are getting more numerous.
对地毯的询盘日益增加。
Enquiries are so large that we can only than allot you 200 cases.
询盘如此之多,我们只能分给你们 200 箱货。
Enquiries are dwindling.
询盘正在减少。
Enquiries are dried up.
询盘正在绝迹。
They promised to transfer their future enquiries to Chinese Corporations.
他们答应将以后的询盘转给中国公司
We regret that the goods you inquire about are not available.
很遗憾,你们所询的货物现在无货。
We cannot take care of your enquiry at present.
我们现在无力顾及你方的询盘。
Your enquiry is too vague to enable us to reply you.
你们的询盘不明确,我们无法答复。
China National Silk Corporation received the inquiry sheet sent by a British company.
中国丝绸公司收到了英国一家公司的询价单。
Thank you for your inquiry.
谢谢你们的询价。

(2) 其他询盘回复

Will you please tell the quantity you require so as to enable us to sort out the offers?
为了便于我方报价,可以告诉我们你们所要的数量吗?
Would you accept delivery spread over a period of time?
不知你们能不能接受在一段时间里分批交货?
Could you tell me which kind of payment terms you'll choose?
能否告知我们你方的付款方式?

We have inquired of Manager Zhang about the varieties, quality and price of tea.
我们向张经理询问了茶叶的品种、质量、价格等问题。

2. 询盘关键词组

inquire 询盘；询价；询购
to inquire about 对……询价
to make an inquiry 发出询盘；向……询价
inquirer 询价者
enquiry 询盘
inquiry sheet 询价单
specific inquiry 具体询盘
an occasional inquiry 偶尔询盘
to keep inquiry in mind 记住询盘
favorable 优惠的
firm price 实价，实盘
sales conditions 销售条件
to make delivery 交货
to make prompt-delivery 即期交货
payment terms 付款方式

4.4.2 跨境电子商务报盘及还盘

1. 报盘及还盘例句

（1）报盘例句

We have the offer ready for you.
我们已经为你准备好报盘了。
Please make us a cable offer.
请来电报盘。
We are in a position to offer tea from stock.
我们现在可以报茶叶现货。
We'll try our best to get a bid from the buyers.
我们一定尽力获得买主的递价。
We'll let you have the official offer next Monday.
下星期就给您正式报盘。
We can offer you a quotation based upon the international market.
我们可以按国际市场价格给您报价。
We offer firm for reply 11 a.m. tomorrow.
我们报实盘，以明天上午11点答复为有效。
We'll let you have our firm offer next Sunday.
下星期天我们就向你们发实盘。
We're willing to make you a firm offer at this price.

我们愿意以此价格为你报实盘。
All your prices are on C. I. F. basis.
你们所有价格都是成本加运费保险费价格。
Our offer is RMB300 per set of tape-recorder, F. O. B. Tianjin.
我们的报价是每台收录机 300 元人民币,天津离岸价。
We quote this article at ＄250 per M/T C&F.
我们报成本加运费价每吨 250 美元。

（2）还盘例句
My offer was based on reasonable profit, not on wild speculations.
我的报价以合理利润为依据,不是漫天要价。
We have received offers recently, most of which are below 100 U. S. dollars.
我们最近的报价大多数都在 100 美元以下。
Moreover, We've kept the price close to the costs of production.
再说,这已经把价格压到生产费用的边缘了。
I think the price we offered you last week is the best one.
相信我上周的报价是最好的。
No other buyers have bid higher than this price.
没有别的买主的出价高于此价。
Let me make you a special offer.
好吧,我给你一个特别优惠价。
We'll give you the preference of our offer.
我们将优先向你们报盘。
I should have thought my offer was reasonable.
我本以为我的报价是合理的。
You'll see that our offer compares favorably with the quotations you can get elsewhere.
你会发现我们的报价比别处要便宜。
This offer is based on an expanding market and is competitive.
此报盘着眼于扩大销路而且很有竞争性。

（3）报盘有效期例句
Our offers are for 3 days.
我们的报盘三天有效。
We have extended the offer as per as your request.
我们已按你方要求将报盘延期。
The offer holds good until 5 o'clock p. m. 23nd of June, 2015, Beijing time.
报价有效期到 2015 年 6 月 22 日下午 5 点,北京时间。
All prices in the price lists are subject to our confirmation.
报价单中所有价格以我方确认为准。
This offer is subject to your reply reaching here before the end of this month.
该报盘以你方本月底前到达我地为有效。

This offer is subject to the goods being unsold.

该报盘以商品未售出为准。

(4) 还盘回复例句

Let's have you counter-offer.

请还个价。

Do you want to make a counter-offer?

您是否还个价?

I appreciate your counter-offer but find it too low.

谢谢您的还价,可我觉得太低了。

Now we look forward to replying to our offer in the form of counter-offer.

现在我们希望你们能以还盘的形式对我方报盘予以答复。

Your price is too high to interest buyers in counter-offer.

你的价格太高,买方没有兴趣还盘。

Your counter-offer is much more modest than mine.

你们的还盘比我的要保守得多。

We make a counter-offer to you of $150 per metric ton F.O.B. London.

我们还价为每吨伦敦离岸价 150 美元。

I'll respond to your counter-offer by reducing our price by three dollars.

我同意你们的还价,减价 3 元。

2. 报盘及还盘关键词组

offer 报盘,报价

counter-offer 还盘,还价

offeror 发价(盘)人

offerer 发价人,报盘人

offeree 被发价人

offering 出售物

firm offer 实盘

non-firm offer 虚盘

offer letter 报价书

offer sheet 出售货物单

offer list/book 报价单

offer price 售价

offering date 报价有效期限

offering period 报价日

concentration of offers 集中报盘

combined offer 联盘,搭配报盘

lump offer 综合报盘(针对两种以上商品)

to offer for 对……报价

to forward an offer (or to send an offer) 寄送报盘

to get an offer(or to obtain an offer) 获得……报盘
to cable an offer (or to telegraph an offer) 电报(进行)报价
offer and acceptance by post 通过邮政报价及接受
to accept an offer 接受报盘
to entertain an offer 考虑报盘
to give an offer 给……报盘
to submit an offer 提交报盘
official offer 正式报价(报盘)
quote 报价
quotation 价格
preferential offer 优先报盘
cost of production 生产费用
reasonable 合理的
competitive 有竞争性的
the preference of one's offer 优先报盘
wild speculation 漫天要价
subject to 以……为条件,以……为准
offer subject to our written acceptance 以我方书面接受为准的报盘
offer subject to sample approval 以样品确定后生效为准的报盘
offer subject to our final confirmation 以我方最后确认为准的报盘
offer subject to export/import license 以获得出口(进口)许可证为准的报价
offer subject to prior sale 以提前售出为准的报盘
offer subject to goods being unsold 以商品未售出为准的报盘
offer subject to your reply reaching here 以你方答复到达我地为准的报盘
offer subject to first available steamer 以装第一艘轮船为准的报盘

4.4.3 跨境电子商务价格描述

1. 价格例句

(1) 价格涨跌例句

Price is high(low).

价格高(低)。

Price is rising/up (falling/down).

价格上升(下降)。

Price is looking up.

价格看涨。

Price has shot up.

价格飞涨。

Price has risen perpendicularly.

价格直线上升。

Price has risen in a spiral.

价格螺旋上升。

Price has hiked.

价格急剧抬高。

Price has advanced.

价格已上涨。

Your price is rather stiff.

你方价格相当高。

Price is leveling off.

价格趋平。

Price is easy off.

价格趋于疲软。

Price has declined/ dipped/ sagged.

价格已下降。

It simply can't stand such a big cut.

再也经不住大幅度削价了。

Price has downslided.

价格剧降。

(2) 回复降价要求的例句

We've already cut the price very fine.

我们已将价格减至最低限度了。

We're ready to reduce the price by 5%.

我们准备减价百分之五。

The utmost (best) we can do is to reduce the price by 2%.

我们最多能减价百分之二。

We cannot take anything off the price.

我们不能再减价了。

We've already cut down our prices to cost level.

我们已经将价格降到成本费的水平了。

There is no room for any reduction in price.

价格毫无再减的余地了。

Our rock-bottom price is $500/mt, and cannot be further lowered.

我们的最低价是500美元一吨,不能再低了。

We regret we have to maintain our original price.

很遗憾我们不得不保持原价。

Since the prices of the raw materials have been raised, I'm afraid that we have to adjust the prices of our products accordingly.

由于原材料价格上涨,我们不得不对产品的价格做相应的调整。

(3) 货币例句

The Japanese yen is strengthening.

日元坚挺。

The U. S. Dollar is weakening.

美元疲软。

Price is hovering between ＄5 and ＄8.

价格徘徊于 5 至 8 美元。

DM210 is equivalent to 400 RMB.

210 德国马克折合人民币 400 元。

Don't you wish to employ RMB of ours? US Dollars might be adopted.

如果你们不同意用我们的人民币结算,美元也可以。

Are you afraid of losing money due to exchange rate fluctuations?

您是不是怕由于汇率浮动而吃亏?

(4) 价格术语例句

C. I. F. is the price term normally adopted by you, right?

C. I. F. 是你们经常采用的价格条件,是吗?

Sometimes F. O. B. and C&F are also employed.

我们有时也用离岸价或成本加运费价。

You said yesterday that the price was ＄60/mt, C. I. F. Brussels.

您昨天说价格定为每吨 60 英镑 C. I. F. 布鲁塞尔。

In case F. O. B. is used, risks and charges are to be passed over to the buyers once the cargo is put on board the ship.

如果采用离岸价,货一上船,货物的风险和费用就都转给买方了。

Your price is quoted C&F Xingang at DM200 per washer, right?

你方报价是每台洗衣机 200 德国马克,C&F 新港价,对吗?

2. 价格关键词组

priced 已标价的,有定价的

priced catalogue 定价目录

price of commodities 物价

pricing cost 定价成本

price card 价格目录

price list 定价政策,价格目录,价格单

Ceiling/maximum price 最高价,顶价

average price 平均价格

minimum/base/rockbottom/bedrock price 最低价

hover 徘徊于……盘旋于

original price 原价

moderately 适当地,合适地;适度

economically 经济地,便宜地

stainless steel 不锈钢

utmost 极限，竭尽所能
cost level 成本费用的水平
rock-bottom 最低的
Hongkong Dollar（HK＄）港元
Singapore Dollar（S＄）新加坡元
Pound Sterling（Stg.）英镑
United States Dollar（US＄）美元
Canadian Dollar（Can.＄）加拿大元
Deutsche Mark（DM）德国马克
Australian Dollar（A＄）澳大利亚元
Japanese Yen（￥）日元
Austrian Schilling（Sch.）奥地利先令
French Franc（F.F）法国法郎
Italian Lira（Lire）意大利里拉
Danish Krone（E.Kr.）丹麦克朗
Florin（Guilder）H.Fl.（D.Fi.）.荷兰盾
Norwegian Krone（N.Kr.）挪威克朗
Swedish Krone（S.Kr.）瑞典克朗
Belgian Franc（BF）比利时法郎
Swiss Franc（S.Fr. or S.F.）瑞典法郎
to be equivalent to 相当于
to employ 用……计价，采用……
exchange rate 汇率
price terms 价格条款
F.O.B. Free On Board "船上交货价"或称"离岸价格"
C.I.F. Cost, Insurance and Freight "成本加保险费、运费"或"到岸价格"
C&F Cost and Freight "成本加运费"或"离岸加运费"价格
F.O.B. Liner Terms F.O.B. 班轮条件
F.O.B. Stowed 船上交货并理舱
F.O.B. Trimmed 船上交货并平舱
F.O.B. Under Tackle F.O.B. 吊钩下交货
C.I.F. Liner terms C.I.F. 班轮条件
C.I.F. Ex Ship's Hold C.I.F. 舱底交货
F.O.B. plane 飞机离岸价（用于紧急情况）
acceptable 可以接受的，可以使用的
to pass over 转给，转嫁
to adopt, to employ, to use （某种价格术语）采用某种价格
buying price 买价
selling price 卖价

new price 新价
old price 旧价
present/ current/ prevailing/ ruling/ going price 现价
original price 原价
opening price 开价,开盘价
closing price 收盘价
special price 特价
nominal price 有行无市的价格
moderate price 公平价格
wholesale price 批发价
retail price 零售价
market price 市价
net price 净价
cost price 成本价
gross price 毛价
bargain 讨价还价
extra price 附加价
price ratio 比价
price per unit 单价
price index 或 price indices 物价指数
price of factory 厂价

4.4.4 跨境电子商务品质描述

1. 品质例句

(1) 介绍品质例句

The goods are available in different qualities.
此货有多种不同的质量可供。
This is a quality product.
这是一种高质量的产品。
Those overcoats are of good quality and nice colour.
这批大衣质量高、成色好。
Our quartz technique is well known in the world, and we believe our watches are of fine quality.
我们的石英技术世界闻名,相信我们生产的手表具有高质量。
Our price is a little bit higher, but the quality of our products is better.
虽然价格偏高,但我们的产品质量很好。
Your goods are superior in quality compared with those of other manufacturers.
和其他厂商相比,贵方产品质量上乘。
The equipment are of good quality and very useful.

这些器械质量好,用处大。
Our products are very good in quality, and the price is low.
我们的产品质高价低。
The new varieties have very vivid designs and beautiful colors.
新产品图案新颖,色泽鲜艳。
(2) 质量问题例句
We are responsible to replace the defective ones.
我们保换质量不合格的产品。
It's really something wrong with the quality of this consignment of bicycles.
这批自行车的质量确实有问题。
I regret this quality problem.
对质量问题我深表遗憾。
We'll pay more attention to the quality of your goods in the future.
我们将来会多注意产品的质量问题。
If you find the quality of our products unsatisfactory, we're prepared to accept return of the rejected material within a week.
如果贵方对产品质量不满意,我们将在一星期内接受退货。
We'll improve the quality of our products and production efficiency.
我们将改进产品质量,提高生产率。

2. 品质关键词组

good merchantable quality 全销质量
to be in conformity with 与……一致
high/ fine/ good/ sound/ fair/ superior quality 好质量
choice quality 或 selected quality 精选的质量
prime quality 或 tip-top quality 第一流的质量
first-class quality 或 first-rate quality 头等的质量
above the average quality 一般水平以上的质量
below the average quality 一般水平以下的质量
standard quality 标准质量
usual quality 通常的质量
popular quality 大众化的质量
uniform quality 一律的质量
average quality 平均质量
fair average quality (f. a. q.) 大路货
bad quality 劣质
low quality 低质量
inferior quality 次质量
to be responsible for 对……负责
inaccurate 不精确的

poor quality 质量较差
to be inferior to 次于……
first-class 一等品
unsatisfactory 不满意的
grade 等级
standard 标准
specification 规格
trade mark 商标
brand 牌名
colour 色彩
design 图案
particulars 细节
Sales by Description 凭说明书买卖
Sales by Trade Mark of Brand 凭商标和牌名买卖
Sales by Specification, Grade, of Standard 凭规格、等级或标准买卖
Fair Average Quality (F. A. Q.) "良好平均品质"（国际上买卖农副产品时常用此标准）

4.4.5　跨境电子商务数量描述

1. 数量例句

These two grades are very much in demand.
这两种等级（的货）目前需求甚殷。
The package number and quantity are identical with each other.
包装号与商品数量相吻合。
We believe we shall be able to better satisfy our customers quantitatively.
我们相信能在数量上更好地使客户满意。
We can supply any reasonable quantity of this merchandise.
对此商品，我们能提供任何适当的数量。
I must advise the farm of the quantity of the wheat as per the contract.
我将按合同规定通知农场小麦的数量。
For such a big sum, we should attach importance to it.
数目如此之大，我们将予以重视。
Useful quantities have changed hands.
较大的数量已经转手。
Quantities of Black Tea have been exported.
已经有大批红茶出口。
This is the maximum quantity we can supply at present.
这是目前我们所能提供的最大数量
A small order this year is also welcome.
小批订货今年也受欢迎。

We're prepared to purchase a shipment quantity of this material.
我们准备买足够一次装运数量的这种商品。
500 pieces in total.
总共有 500 件。
We can only supply you with 20,000 yards of pure silk.
我们只能供应两万码的真丝绸。

2. 数量关键词组

(1) 数量词组

quantity 数量 quantitative 数量的,定量的
to be identical with, to conform to 与……相符,与……相吻合
to attach importance to sth. 对……引起重视
in large quantities 大量
to change hands 转手
discount 折扣
quantities of sth. 大批……
huge quantity 或 enormous quantity 巨大的数量
maximum quantity 最大数量
minimum quantity 最小数量
small quantity 小量
entire quantity 整个数量
total quantity 总量
further quantity 更多的数量
sufficient quantity 足够的数量
liberal quantity 充足的数量
shipment quantity 够装运的数量
equal quantity 等量
reasonable quantity 相当的数量
corresponding quantity 相应的数量
large quantity 大数量
considerable quantity 大数量(可观的数量)
substantial quantity 大数量
useful quantity 较大数量
average quantity 平均数量
moderate quantity 中等数量
additional quantity 追加数量
in total 总共
pure silk 真丝绸
printed silk 印花绸

(2) 计量单位词组

The U.S. System 美制
The Metric System 公制
metric ton 吨
The British System 英制
International System of Units (SI) 国际单位制（国际制）
short ton 短吨
long ton 长吨
kilogram 公斤
pound 磅
ounce 盎司
piece 件
pair 对,双
set 套
dozen 打
gross 罗
ream 令
length 长度
meter 米
yard 码
area 面积
square meter 面积
square meter 平方米
square foot 平方英尺
volume 体积
cubic meter 立方米
capacity 容积
litre 升
gallon 加仑
bushel 蒲式耳

（3）重量词组

actual weight 实际重量
short weight 短重
a short weight of 5 kilos 短重 50 公斤
gross weight 毛重
net weight 净重
tare 皮重
actual tare 实际皮重
average tare 平均皮重
customary tare 习惯皮重

computed tare 约定皮重

4.4.6 跨境电子商务包装沟通

1. 包装例句

(1) 包装要求沟通例句

The next thing I'd like to bring up for discussion is packing.
下面我想提出包装问题讨论一下。
We'd like to hear what you say concerning the matter of packing.
我很想听听你们就包装问题发表意见。
Your opinions on packing will be passed on to our manufacturers.
你们对包装的意见将转达给厂商。
It is necessary to improve the packaging.
改进包装方法十分必要。
We've informed the manufacturer to have them packed as per your instruction.
我们已经通知厂商按你们的要求包装。
Packing has a close bearing on sales.
包装直接关系到产品的销售。
I'm sure the new packing will give your clients satisfaction.
我相信新包装定会使您的客户满意。
Different articles require different packing.
不同商品需要不同的包装。
Generally speaking, buyers bear the charges of packing.
包装费用一般由买方负担。
Packing charge is about 3% of the total cost of the goods.
包装费用占货物总值的百分之三。
Normally, packing charge is included in the contract price.
一般地,合同价格中已经包括了包装费用。
The crux of packing lies in protecting the goods from moisture.
包装的关键是防潮。
We have no objection to the stipulations about the packing and shipping mark.
我们同意关于包装和运输唛头的条款。
We can not afford time to change the packing because the ship will sail after two days.
由于轮船两天后就起航,我们来不及更换包装。

(2) 包装推荐例句

I think you'll find the packing beautiful and quite well-done.
您一定发现我们产品的包装美观讲究。
A packing that catches the eye will help us push the sales.
醒目的包装有助于我们推销产品。
Our packing will be on a par with that of the Japanese.

我们的包装可以与日本同行相比美。

The unique design of the packing will help you promote the sale of drugs.

独特的包装将有助于我们推销这些药品。

Our packing is strong enough to withstand rough handling.

我们的包装十分坚固,能够承受粗率的搬运。

We have especially reinforced out pacing in order to minimize the extent of any possible damage to the goods.

我们已经特意加固包装,以便使货物万一遭到的损坏减小到最低程度。

(3) 包装方式例句

We agree to use cartons for outer packing.

我们同意用纸箱做外包装。

It would cost more for you to pack the goods in wooden cases.

使用木箱包装成本会高些。

The piece goods will be wrapped in kraft paper, then packed in wooden cases.

布匹在装入木箱以前会用牛皮纸包好。

The eggs will be packed in cartons with beehives lined with shake-proof paper board.

鸡蛋会用带蜂房孔,内衬防震纸板的纸箱包装。

Each pill is put into a small box sealed with wax.

每个丸药装入小盒后用蜡密封好。

We'll pack them two dozen to one carton, gross weight around 25 kilos a carton.

我们一纸箱装两打,每箱毛重 25 公斤。

We advocate using smaller container to pack the goods.

我们主张用小容器包装这批货。

We use metal angles at each corner of the carton.

每个箱角都用金属角加固。

Each case is lined with foam plastics in order to protect the goods against press.

箱子里垫有泡沫塑料以免货物受压。

The canned goods are to be packed in cartons with double straps.

罐装货物在纸箱里,外面加两道箍。

We use a polythene wrapper for each shirt.

每件衬衣都用聚乙烯袋包装。

2. 包装关键词组

(1) 包装描述词组

be in good order 完好

be in bad order 破损,(包装)不合格

marten overcoats 貂皮大衣

intact 完整的,未损伤的

tastefully 精美的

well-done 美观,讲究

to be on a par with 与……相媲美
unique 独特的
rough handling 粗率的处理（搬运，装运货物）
to reinforce the packing 加固包装
（2）包装材料词组
case 箱
carton 纸板箱，纸箱
wooden case 木箱
crate 板条箱
chest 箱
casket 小箱
box 盒子
cask 桶
keg 小桶
wooden cask 木桶
barrel 琵琶桶
drum 圆桶
iron drum 铁桶
to be packed in bag 用袋装
to be packed in paper bag 用纸袋装
gunny bag 麻袋
plastic bag 塑料袋
foam plastic bag 泡沫塑料袋
balse 包件
canvas 帆布
bundle 捆，束
can/tin 罐装，听装
coil 捆，盘装
glass jar 玻璃瓶装
container 集装箱
pallet 托盘
breakage-proof 防破损
shakeproof 防震
leakage-proof 防漏
water-proof 防水
sound-proof 隔音
metal strap 铁箍
kraft paper 牛皮纸
flexible container 集装包

parcel 小包，一批货
packed cargo 包装货
parcel post 包裹邮寄
packet（pkt.）包裹，封套，袋
single packing 单件包装
collective packing 组合包装
outer packing 大包装，外包装
inner packing 内包装，小包装
substantial 坚固的
ocean transportation 远洋运输
smaller container 小容器
polythene 聚乙烯
the canned goods 罐装货
satin-covered 缎包装的
silk ribbon 绸带
（3）包装标志词组
Indicative Mark 指示性标志
Warning Mark 警告性标志
upward 向上，由下往上
This Side Up 此端向上
Handle With Care 小心轻放
Keep Upright 勿倒置
Use No Hooks 请勿倒挂
Not to be tripped 勿倾倒
Keep in a dry place 在干燥处保管
Keep in a cool place 在冷处保管
Keep away from boilers 远离锅炉
Keep away from heat 请勿受热
Keep away from cold 请勿受冷
Keep Dry 防湿
（4）其他包装词组补充
customary packing 习惯包装
cargo in bulk 散装货
nuded cargo 裸装货
shipment packing 运输包装
consumer packing 消费包装
packaging industry 包装工业
pack test 包装试验
package design 包装设计

package engineering 打包工程
package in damaged condition 破损包装
package materials (packing supplies) 包装材料
packing cost 包装成本
"packing extra" 包装费用另计
packing and presentation 包装装潢及外观
packing credit 打包放款,包装信用证
packing letter of credit 包装信用证,红条标信用证
packing list/note/slip 装箱单
packing specification 包装标准化
seller's usual packing 卖方习惯包装
seaworthy packing 适合海运包装

4.5 跨文化沟通禁忌

4.5.1 跨文化买家词汇禁忌

不同文化背景下,人们会对不同的词语有所忌讳。普遍地,亵渎性词语、凶祸性词语、侮辱性词语都属于禁忌词语,这在中西方是相同的。如中国人讲究"说福即福,说祸即祸"。在信仰基督教的西方英语中,涉及神灵的词汇多为禁忌词汇,如上帝的名字 Jehovah(耶和华)便是最大的禁忌语。还有一些宗教词语,如 God, Devil, Jesus, Christ 等词及与此有关的词,在与些虔诚的宗教人士交谈时,决不能随便使用。中国是一个多神崇拜的国家,人们常说的"敬神如神在"也是这个道理。此外,一些颜色词汇、数字词汇、动植物词汇方面的文化禁忌在中西方差异也十分突出。

1. 数字词汇禁忌

在西方文化中,人们对数字"13"有着非常惧怕忌讳的心理。他们常把"13"与忌辰的"凶兆不吉利""黑道日"建立起常规关系。这可能起因于有关"13"的不详传说。西方忌讳数字"13"到了如此地步:不能13人同桌吃饭、请客、开会等;举行重大活动避开13号这天;高层建筑、旅馆等隐去13编号;医院更不敢设第13号病房和病床。如此等等,西方人忌讳13就像逃避瘟疫。就像中国人忌讳谐音为"死"的数字"4",以及暗含"凄凉""凄凌""七零八落""妻离子散"之意的数字"7",都成为人们"敬而远之"的数字。含有"4"和"7"的电话号码、车牌号码等都是无人问津的号码。

不过,"13"在中国文化中则有不同的审美意蕴,它是美好的象征,引发人们美好的联想。如两千年主宰中国思想文化的儒家经典就俗成"十三经",人类医学瑰宝的中医在古代就分为"十统",汉代设"十三汉",明初袭元制设"三省"明代帝酸称"十三陵",唐末有"十三太保",清代有"京腔十三绝",古代南曲曲牌统称为"十三调"等。除"13"外,西方人崇"奇数"为美为吉,而中国崇"偶数"为美为吉。

2. 动物词汇禁忌

众所周知,龙是中国的象征,所以中国被称作"东方巨龙",中国人则是"龙的传人"。有关

龙的词语基本上都为褒义词,如"生龙活虎""龙凤呈祥""望子成龙"等。相反,在西方文化中,"dragon"却指一种凶猛的动物,在基督教美术中"dragon"总是代表邪恶,恶魔撒旦被称为"great dragon",用来指人时常含有贬义。此外,我们日常生活中常见的动物如猫狗,其中西方文化内涵截然不同。猫在中国文化里,被认为是可爱事物的象征,而在西方传说中"cat"是魔鬼的化身,是中世纪巫婆的守护精灵。所以,"she is a cat"在中国文化中会理解为"她很可爱",可其原意是"她很恶毒"。"狗"为中国人所讨厌,如人们常说的"走狗""狗奴才"。而西方人则认为人类最好的朋友是"dog",所以他们说"幸运儿"是"a lucky dog"等。总而言之,关于动物用词的禁忌是值得我们在跨文化沟通注意的,切忌用本国的文化知识去生搬硬套。

4.5.2 跨文化买家图案及色彩禁忌

不同国家的买家有不同的文化背景,因而其对产品的图案及色彩方面有不同的喜好和禁忌。在做跨境电子商务中同不同国家买家进行跨文化交流时,需要注意禁忌,避免因犯了文化忌讳而失去潜在顾客。根据敦煌网多年的经营经验,总结出非洲、亚洲、欧洲、美洲等四洲的主要交易合作国家买家在图案和色彩方面的禁忌。

1. 非洲国家买家图案及色彩禁忌

根据敦煌网多年的经营经验,总结出非洲的主要交易合作国家买家在图案和色彩方面的禁忌如下。

(1) 埃及

埃及人喜欢绿色、白色,而忌讳黑色与蓝色,而且颇相信梦中的事。在埃及,进伊斯兰教清真寺时,务必脱鞋。埃及人爱绿色、红色、橙色,而不爱紫色、蓝色,喜欢金字塔型莲花图案。禁穿有星星图案的衣服,除了衣服,有星星图案的包装纸也不受欢迎。禁忌猪、狗、猫、熊。

(2) 苏丹

苏丹人的衣着比较朴素,男子多半头缠白巾,身穿阿拉伯式长袍;女子则披白色或其他颜色的薄纱,不戴面纱。苏丹人认为黄色是美的标志,因此妇女特别喜欢沐烟雾浴,使皮肤变成黄色。

(3) 利比亚

利比亚人喜爱绿色,忌讳黑色。此外,猫、猪、女性人体均属禁忌图案。

(4) 突尼斯

突尼斯人喜爱绿色、白色和绯红色,喜欢骆驼。而忌讳猪、狗、猫。今天的突尼斯人用羊来吸引外国游客,大力发展旅游事业,努力丰富群众的文化娱乐生活。斗羊,在突尼斯至少已有一千年的历史。

(5) 阿尔及利亚

阿尔及利亚忌用猪和类似猪的熊猫作为广告图案。在阿尔及利亚南部一些地区,人们对颜色有特殊的爱好,不论是什么样的建筑物,其颜色大至为白、蓝、黄三种颜色。

(6) 摩洛哥

摩洛哥人喜欢绿、红、黑色,忌白色。喜欢鸽子、骆驼、孔雀图案,而禁忌六角星、猫头鹰图案。

(7) 埃塞俄比亚

埃塞俄比亚人喜爱鲜艳明亮的颜色,禁忌黑色,也禁忌宗教象征图案。他们哀悼死者时,穿淡黄色服装,但出门做客是绝对不能穿淡黄色服装的。

(8) 毛里坦尼亚

毛里塔尼亚国旗的底色为深绿色,旗中间是一颗黄色的五角星和一弯黄色新月。绿色是伊斯兰国家喜爱的颜色,象征繁荣、希望。星和新月是多数伊斯兰国家的标志。

(9) 乍得

白、粉红和黄色是吉祥的,黑色与红色视作不吉利的颜色。

(10) 多哥

白、绿和紫色是积极的,而红、黄、黑带有消极的含义。

(11) 加纳

黑色是不吉利的,喜欢明亮的色调。

(12) 尼日利亚、贝宁

这两个国家均视红、黑为不吉利的颜色。

(13) 科特迪瓦

暗淡和黑、白相同的颜色在包装中应避免使用。商标图案应采用明亮的颜色。

(14) 塞拉利昂

红色是积极的,黑色认为有消极的含义。

(15) 利比里亚

明亮鲜艳的颜色受欢迎,而黑、白带有消极的含义。

(16) 马达加斯加

黑色带有消极情调,人们喜欢鲜明的色彩。

2. 亚洲国家买家图案及色彩禁忌

根据敦煌网多年的经营经验,总结出亚洲的主要交易合作国家买家在图案和色彩方面的禁忌如下。

(1) 日本

在日本黑色被用于丧事,红色被用于举行成人节和庆祝大寿的仪式。日本人喜爱红、白、蓝、橙、黄等色,禁忌黑白相间色、绿色、深灰色。习惯上,红色被当作吉庆幸运的颜色,如红小豆饭、红白年糕、系在礼品上的红白硬纸绳,节日里高大建筑物垂下的竖幅语式红色灯笼,以及庆祝大寿时,穿在和服外面的红色无袖短褂等,都带有节庆的意思。在日本,给初生的婴儿穿衣服要用黄色,给病人做的被子要黄棉花,是自古以来就有的风俗,这是因为黄色被认为是阳光的颜色,可以起到保温的作用。在日本,蓝色意味着年轻,青春或小孩子,表示将走向社会,开始生活。白色是表示纯真和洁白的颜色。在日本,神官和僧侣穿白色的衣服,给人以洁净感。自古以来,在表示身份地位的色彩中,白色曾是作为天子服装的颜色。日本工业规格(JIS)所规定的安全色的意义:红色表示灭火、停止;橙黄色表示危险;黄色表示注意;绿色表示救护、通行;蓝色表示小心;白色表示道路在修整中。

(2) 蒙古

蒙古人喜欢借颜色来寄托自己的愿望和感情,将不同的颜色赋予了不同的意义。红色象征亲热、幸福和胜利。许多蒙古人喜欢穿红色的蒙古袍,姑娘们爱用红色缎带系头发。黑色被视为是不幸和灾祸,故蒙古人不穿黑衣服。

(3) 泰国

泰国人喜爱红、黄色，禁忌褐色。人们注意到广告、包装、商标、服饰都使用鲜明颜色，并习惯用颜色表示不同日期：星期日为红色，星期一为黄色，星期二为粉红色，星期三为绿色，星期四为橙色，星期五为淡蓝色，星期六为紫红色。群众常按不同日期，穿着不同色彩的服装。过去白色用于丧事，现在改为黑色。泰国的国旗由红、白、蓝三色构成。红色代表同族和象征各族人民的力量屯献身精神。白色代表宗教，象征宗教的纯洁。泰国是君主立宪法国家，国王是至高无上的，蓝色代表王室。蓝色居中象征王室在各族人民和纯洁的宗教之中。

(4) 马来西亚

当地人认为绿色具有宗教意味，伊斯兰教区喜爱绿色，但用于商业上并无妨碍。忌用黄色（死亡），一般马来西亚人不穿黄色衣服。单独使用黑色认为是消极的。喜欢红、橙以及鲜艳的颜色。

(5) 新加坡

由于新加坡居民中华侨多，人们对色彩想象力很强，一般对红、绿、蓝色很受欢迎，视紫色、黑色为不吉利，黑、白、黄为禁忌色。

(6) 缅甸

缅甸人喜爱鲜明的色彩，如传教徒所穿的番红黄色装束。越南的村寨路悬挂有绿色树枝时，是禁入的标志，外人不得进入。

(7) 巴基斯坦

在巴基斯坦，一般流行鲜明的色彩，其中以翡翠绿为最盛。巴基斯坦国旗由翡翠绿色、白色构成，上面缀有五角星和新月。1964年巴基斯坦正式宣布，白色象征和平，绿色象征繁荣，新月代表进步，五角星表示光明。在巴基斯坦，黄色会引起宗教界及某些政治性的嫌恶，因为婆罗门教僧们所穿的长袍（礼服）是黄色。居民视黑色为消极，绿色、银色、金色及鲜艳的彩色倍受当地人们的欢迎。

(8) 阿富汗

积极的颜色是红色和绿色。

(9) 印度

他们认为红色表示生命、活力、朝气和热烈，蓝色表示真诚。阳光似的黄色表示光辉壮丽。绿色表示和平、希望。紫色表示心境宁静。印度人在生活和服装色彩方面喜欢红、黄、蓝、绿、橙色及其他鲜艳的颜色。黑、白色和灰色，被视为消极的不受欢迎的颜色。

(10) 伊拉克

在伊拉克，绿色代表伊斯兰教，黑色用于丧色。对三种色彩含有特殊意味，即客运行业用红色作代表，警车用灰色作代表，丧事用黑色作代表。绿色是阿拉伯人喜爱的颜色。国旗的橄榄绿在商业上是禁止使用的。

(11) 沙特阿拉伯

沙特阿拉伯人崇尚白色（纯洁）、绿色（生命），而忌用黄色（死亡）。国王身着土黄色长袍，象征神圣和尊贵，一般人不能"黄袍加身"。沙特国旗的颜色和图案，突出地表明这个国家的宗教信仰。1946年采用的这面国旗，是一面长方形的绿色旗。绿色对伊斯兰国家来说是吉祥的颜色。

(12) 阿拉伯联合酋长国、科威特、巴林、伊朗、卡塔尔、也门和阿曼

棕、黑（特别是由白布衬托的黑色），绿色、深蓝与红相间色及白色是带有积极意义的。鲜明醒目的颜色胜过柔和浅淡的颜色。粉红色、紫色和黄色是消极的色彩。

3. 欧洲国家买家图案及色彩禁忌

根据敦煌网多年的经营经验，总结出欧洲的主要交易合作国家买家在图案和色彩方面的禁忌如下。

（1）挪威

十分喜爱鲜明的颜色，特别是红、蓝、绿色。

（2）罗马尼亚

白色视为纯洁，红色视为爱情，绿色视为希望，黄色视为谨慎，黑色带有消极含义。

（3）捷克、斯洛伐克

红、蓝、白是积极的，黑色视为带有消极的含义。

（4）意大利

意大利人喜欢绿色和灰色，国旗是同绿、白红三个垂直相等的长方形构成。据记载，1796年拿破仑的意大利军团在征战中使用绿、白、红三色旗。这面旗是拿破仑本人设计的。意大利人忌紫色，也忌仕女像、十字花图案。意大利人对自然界的动物有着浓厚的兴趣，喜爱动物图案，尤其是对狗和猫异常偏爱。

（5）希腊

希腊人在颜色方面，喜爱蓝和白相配，及鲜明色彩。希腊人喜欢大黄、绿、蓝色，禁忌黑色。

（6）马耳他

马耳他国旗由白、红两个垂直相等的长方形组成。靠旗杆一侧白色部分绘有乔治十字。白色象征纯洁，红色象征勇士牺牲者的鲜血。乔治十字勋章的图案包括一匹骏马和一位骑士等。1964年马耳他独立时，乔治十字被加上红边。总统府是1623年建造的，以后逐渐扩大为宫殿，可进入参观。

（7）法国

对色彩富有想象力，对色彩研究与运用十分讲究。喜爱红、黄、蓝等色。视鲜艳色彩为时髦、华丽、高贵、鲜艳色彩备受欢迎。在东部地区，流行男孩穿蓝色，少女穿粉红色。

（8）爱尔兰

爱尔兰人喜爱绿色，忌用红白蓝色组合（英国国旗的颜色），爱尔兰国旗是由绿、白、橙三个相等的垂直长方形构成。旗杆左边的为绿色，右面为橙色，白色居中。绿色代表爱尔兰信仰天主教的人口，橙色代表新教派，白色象征希望，希望"绿"和"橙"之间永久休战，天主教徒和新教派兄弟般的团结。爱尔兰邮政总局是一座具有历史意义的建筑物。每年3月17日爱尔兰国庆时，都要在这座高大的花岗石大楼里举行庆祝活动，在屋顶上升起绿、白、橙三色国旗。

（9）比利时

对比利时人来说，菊花意味着死亡，此为丧礼及万圣节（11月1、2日）专用。除非餐桌上有烟灰缸，否则不要抽烟。比利时南部人，女孩爱粉红色，男孩爱蓝色，一般人爱高雅的灰色。忌用墨绿色（纳粹军人服装颜色）。而比利时北方人，女孩爱蓝色，男孩爱粉红色。

（10）匈牙利

匈牙利人习惯以白色表示丧事，黑色表示庄重或丧事。

(11) 奥地利

在奥地利,绿色最令人喜爱,包括许多服饰品也都使用绿色。比如,有灰色的法兰绒西装,特意用绿色镶边儿。狩猎装也多半使用绿色。

(12) 瑞典

不宜把代表国家的蓝色和黄色作为商用。

(13) 瑞士

1848年瑞士制定了新的联邦宪法,正式规定红地白十字旗为瑞士联邦国旗。瑞士人喜爱红、黄、蓝、橙、绿、紫、红白相间色组,浓淡相间色组,忌用黑色。在瑞士,猫头鹰是死亡的象征,忌用为商标。

(14) 荷兰

蓝色和橙色代表国家色,使人十分悦目,特别是橙色,在节日里被广泛使用。

(15) 芬兰

芬兰国旗是1860年前后,根据芬兰诗人托查理斯·托佩利乌斯的建议制作的。旗底为白色,中间偏左绘有蓝色十字。蓝色象征这个"千湖之国"的湖泊、河流和海洋。芬兰四分之一的地区位于北极圈内,北部气候严寒,冬天白雪常存,因此,白色象征着白雪。旗面的十字表示芬兰历史上与北欧其他斯堪的纳维亚国家的密切关系。芬兰人没有特别显著的爱好色。在这个国家里,在政治上具有代表性的颜色,与商业没有任何关系。

4. 美洲国家买家图案及色彩禁忌

根据敦煌网多年的经营经验,总结出美洲的主要交易合作国家买家在图案和色彩方面的禁忌如下。

(1) 美国

在美国,一般浅洁的颜色受人喜爱,如象牙色、浅绿色、浅蓝色、黄色、粉红色、浅黄褐色。在美国很难指出那些特别高级的色彩。很多心理学家的调查表明:一、纯色系色彩比较受人欢迎;二、明亮、鲜艳的颜色比灰暗的颜色受人欢迎。

(2) 加拿大

1921年11月21日加拿大政府在制定国徽时,建议红、白两色代表国家的颜色,此建议得到英王乔治五世的采纳,并由他宣布确认。枫树是加拿大的国树,人们就用火红的枫树图案进行装饰,以欢迎王子的光临。此后,枫叶的标志就被广泛应用,也为世界所周知。

(3) 墨西哥

墨西哥人认为紫色是不吉利的棺材色,应避免使用。由此而演变出一大忌讳——向墨西哥人送礼物,不能送紫色类物品或以紫色包装的礼品。穿紫色系的衣服在访问别人,或招摇过市,一样也不受欢迎。在墨西哥,黄色花表示死亡,红色表示符咒。

(4) 尼加拉瓜

属国旗的颜色蓝、白、蓝平行条状应避免使用。

(5) 古巴

对色彩感情同美国相类似,大多数爱好鲜明的色彩。在商业上受美国的影响较深。在商品款式、包装装潢上的色彩,以美国式为流行。

(6) 委内瑞拉

按国旗流行色的顺序,即黄、蓝、红是禁止使用的。

(7) 圭亚那

因产品而异,玩具要明亮的色彩,而童装要淡色。

(8) 厄瓜多尔

其对衣饰十分注意色彩,例如,在凉爽的高原地区喜欢用暗色,而炎热的沿海地区流行白色和明朗的色彩。

(9) 巴拉圭

一般爱好明朗的色彩,对色彩有较浓厚的偏好与感情,并纳入政治生活,如国内三大政党的标志是以颜色来区分的:红色代表红党,深蓝色代表自由党,绿色代表二月党。

(10) 阿根廷

黑色、各种紫色和紫褐色避免使用,流行的包装颜色是黄、绿和红色。

(11) 秘鲁

鲜明的颜色,如红、紫红和黄色颇受欢迎。

(12) 哥伦比亚

哥伦比亚人喜爱红、蓝、黄色,禁忌浅色。图案喜爱圆形、三角、六角形。

(13) 巴西

在巴西,以棕色为凶丧之色,紫色表示悲伤,黄色表示绝望。他们认为人死好比黄叶落下,所以忌讳棕黄色。人们迷信紫色会给人们带来悲哀,黄色会使人陷入绝望。紫色、黄色就认为这是患病的预兆。另外,还认为深咖啡色会招来不幸。所以,非常讨厌这种颜色。在巴西,曾有过这样失败的例子,日本向巴西出口钟表,因在钟表盒上,配有紫色的饰带,由于紫色被认为是不吉利的颜色,因而不受欢迎。

第五章 跨境电子商务物流管理

5.1 跨境电子商务物流概述

5.1.1 跨境电子商务物流的概念

经济全球化和信息技术的高速发展,加之世界范围内消费观念的变化,大大促进了跨境电子商务的发展。与此同时,通过跨境电子商务购买的货物是否按时到达,是否安全到达,包装是否合适,质量是否有保证等是消费者考虑的一个非常重要的因素,即涉及了跨境电子商务物流。跨境电子商务物流是信息化、现代化、社会化的物流,是指以满足物流需求为目标,采用网络化的计算机技术和现代化的硬件设备、软件系统及先进的管理手段,实现商品从提供者向需求者的跨境转移而形成的物权的动态集合,是在商品达成交易后在运输、存储、包装、配送、搬运和加工等一些基本过程中形成的实物流。跨境电子商务物流是成功实现跨境电子商务交易的决定性要素。

5.1.2 跨境电子商务物流的地位

1. 物流是跨境电子商务的重要环节

众所周知,跨境电子商务的过程由网上信息传递、网上交易、网上结算和物流配送四个部分组成。其动态的完整运行必须通过信息流、商流、货币流、物流四个流动过程有机构成。不同于传统商务活动,跨境电子商务的特殊性就在于,信息流、商流、货币流都是可以在虚拟环境下通过互联网实现的,而跨境电子商务的物流是不能完全通过网络实现的,它的发展易被国境所阻碍,只有将四个流保持畅通无阻,才能使跨国电子商务保持速度与效率的一致性,促进其发展。

2. 物流是跨境电子商务所具优势正常发挥的基础

物流包括仓储、分拣、包装和配送服务,跨境电子商务的开展能够扩大销售范围,有效地缩短供货时间和生产周期,简化订单程序,降低库存水平,同时使得客户关系管理更加富有成效。与之相配物流水平的高效、畅通将会使跨境电子商务得到更好的发展,更易得到顾客的青睐和好评。

3. 物流系统不断升级发展直接关系到跨境电子商务的效率与效益的提高

跨境电子商务其独有的特征,使得许多中小企业无力承担海外仓储或运输的巨大费用,如果在物流上的政策存在弊端的话,则会给企业带大巨大的成本,减少其利润,降低其效益。因此许多先进技术在物流运行系统中被采用,如射频识别技术(RFID)、电子数据交换(EDI)、全球定位系统(GPS)、地理信息系统(GIS)等,甚至现在正在试运行的我国自主研发的北斗卫星定位系统,将来也可用于物流运输系统中,物流技术不断发展,物流系统不断升级,致使物流业的迅速发展,直接的效果便是顾客能够更快地满足对商品的需求,从而使交易量大幅度上升,提高跨境电子商务的效率,从而于增加物流企业的国际竞争力。

5.1.3 跨境电子商务物流的特点

与国内物流相比,跨境电子商务物流有以下特点。

1. 跨境电商物流环境存在差异

跨境电子商务物流一个非常重要的特点是,各国物流环境的差异,尤其是物流软环境的差异。各国不同的物流适用法律使跨境电商物流的复杂性远高于国内物流,甚至会因此阻断跨境电商物流;国家间的经济和科技发展水平差异会造成跨境电商物流处于不同科技条件的支撑下,甚至有些地区根本无法应用某些技术而迫使跨境电商物流全系统水平的下降;不同国家采用不同的技术和管理标准,造成国际"接轨"的困难,因而使国际物流系统难以建立;不同国家的文化差异也使跨境电商物流受到很大局限。物流环境的差异迫使一个跨境电商物流系统需要在不同的法律、人文、习俗、语言、科技、设施的环境下运行,无疑大大增加了物流的难度和系统的复杂性。

2. 跨境电商物流系统范围广泛

物流本身的功能要素、系统与外界的沟通就已经相当复杂,跨境电商物流需要在这复杂系统上增加不同国家的要素,不仅是地域的广阔和空间的广阔,而且所涉及的内外因素会更多,所需的时间也更长,广阔范围带来的直接后果是难度和复杂性增加,风险增大。也正因为如此,跨境电商物流一旦溶入现代化系统技术之后,其效果才比以前更显著。例如,开通某个"大陆桥"之后,跨境电商物流速度会成倍提高,效益显著增加,就说明了这一点。

3. 跨境电商物流必须有国际化信息系统的支持

国际化信息系统是跨境电商物流,尤其是国际联运非常重要的支持手段。国际信息系统的建立难度颇高,一是管理困难,二是投资巨大,再由于国家(地区)间物流信息发展水平的不均衡,导致国际化信息系统的建立更为困难。当前国际物流信息系统一个较好的建立办法是和各国海关的公共信息系统联机,以及时掌握有关各个港口、机场和联运线路、站场的实际状况,为供应或销售物流决策提供支持。

4. 跨境电商物流的标准化要求较高

要使国家间物流畅通起来,统一标准非常重要,这关系到跨境电商物流水平的提高。目前,美国、欧洲基本实现了物流工具、设施的统一标准,如托盘采用 1 000 mm×1 200 mm,集装箱的几种统一规格及条码技术等,大大降低了物流费用以及转运的难度。而不采用这一标准的国家,必然在转运、换车底等众多方面耗费更多时间和费用,从而降低其国际竞争能力。在物流信息传递技术方面,欧洲各国不仅实现企业内部的标准化,而且实现了企业之间及欧洲统一市场的标准化,这就使欧洲各国之间系统比其与亚、非洲等国家交流更简单、更有效。

5. 跨境电商物流的风险较高

跨境电商物流的风险性主要包括政治风险、经济风险和自然风险。政治风险主要是指由于有关国家和地区的政局动荡,如战争、罢工等原因,使货物可能受到损害或灭失;经济风险又可分为利率风险和外汇风险等,主要是指从事国际物流必然要发生的资金流动和国际汇兑,因而产生的利率风险和外汇风险;自然风险则指物流过程中,因长途运输和长期储存而可能增加自然灾害影响商品质量和数量的概率,如遭遇台风、海啸、暴风雨等引起的风险。

5.1.4 跨境电子商务物流的发展

2019 年中国快递服务企业业务量累计完成 630 亿余件,人均使用快递约 45 件。中国快递业务量已经连续 6 年居世界首位。据介绍,目前,全国已拥有 232 个大型快件自动化分拣中心,节省人力 40%,提高操作效率超过 50%。

跨境电商物流不适合传统的国际贸易规则,传统国际贸易规则下政府针对物流的管理模式往往成为阻碍跨境电商快速发展的屏障,例如跨境电商物流往往涉及个人而传统国际贸易则并不需要,其关税及税率对货物和个人是有区别的,跨境电商包裹是按个人物品还是按货物计算在很长时间内都有争议,伴随跨境电商的发展,国家针对跨境电商的支持措施越来越完善。

2012 年国家发改委下发了《国家发展改革委办公厅关于组织开展国家电子商务示范城市电子商务试点专项的通知》允许在杭州、上海、宁波等地开展跨境电商货物的集中申报。

2016 年《政府工作报告》李克强总理指出"扩大跨境电子商务试点,支持企业建设一批出口产品'海外仓',促进外贸综合服务企业发展"。

国家邮政局为提升自由贸易试验区跨境电子商务综试区所在地企业的跨境递送服务,在天津、上海、重庆、杭州、宁波、合肥、郑州、广州、成都、大连、青岛、深圳、苏州等 13 个城市实施跨境寄送引导工程的城市参与政府协商机制形成定期会商、信息通报、统计监测、交流机制构建一站式跨境电子商务综合服务中心,简化通关流程、提高递送时效;推进快递与跨境电子商务协同发展,实现信息互联互通;推进估计邮件互换局和国际快件监管中心建设;创建跨境寄送通关模式,建立跨境快递物流园区,运用信息化处理平台提高跨境电商与快递协同发展能力。

5.2 跨境电子商务物流分类

1. 国际邮政小包

国际邮政小包指通过万国邮政体系实现商品的进出口,运用个人邮包形式进行发货。国际邮政小包在目前的跨境电子商务中使用较多,且占较大的比例。据不完全统计,中国跨境电子商务出口业务 70% 的包裹都是通过邮政体系运输的,其中中国邮政占据约 50% 的份额。在国际邮政小包中,使用较多的有 EMS、中国邮政、香港邮政、比利时邮政、俄罗斯邮政和德国邮政等。

(1) EMS。适用于小件,特别是对时效要求不高的货物,可以走敏感货物,不容易产生关税问题。同时,在南美国家和俄罗斯等国家 EMS 具有绝对优势。

(2) 中国邮政。中国邮政大包:可以寄达全球 200 多个国家和地区,价格低,清关能力强,适合于对时效要求不高且重量稍大的货物。中国邮政小包:是重量在 2 公斤之内,外包装长、宽、高不超过 90 cm,且最长边小于 60 cm 的小邮包。相较其他商业快递,中国邮政小包可以最大程度避免关税。

(3)香港邮政小包和新加坡邮政小包。香港邮政的空邮服务和挂号空邮服务(易网邮)具有丢包率低、运输效率高、价格低廉的特点;到欧美主要国家一般5~9个工作日即可到达,香港邮政不但网络庞大,覆盖全面,而且信誉昭著,提供多元化物流服务。新加坡邮政小包是由新加坡政府监管的公共邮政执照拥有者,也是一间上市公司,完全市场化运作,可以提供高效率和高品质的国内和国际邮政服务。同时,新加坡机场是世界上最大的转运中心,拥有高效率、完善的转运机制,能使货物快速、经济地转口到其他地方。

新加坡与香港是亚洲自由贸易区,运用这两个邮政小包,可以让海外买家更可信,增强客户购买的信心、增强产品销售成功率、降低交易成本、增加业务量,丢包率少,价格更便宜。

(4)比利时邮政小包:创建于1830年,但2011年改制为私企,并改名为bpost提出MiniPak EU 欧e达,比普通邮政小包速度更快,但又比国际快递价格更低,服务对象主要瞄准中国跨境电商。邮政网络基本覆盖全球得益于万国邮政和卡哈拉邮政组织。万国邮政联盟是联合国下设的一个关于国际邮政事务的专门机构,是一个政府间协调国际邮政业务的组织,通过一些公约法规来改善国际邮政业务,每个国家费率不一样,共分为三类,美国作为发达国家是一类,中国是发展中国家是三类。但是由于各国间的邮政系统发展不平衡,所以2002年中美日澳韩及中国香港6个国家和地区成立卡哈拉邮政,后西班牙和英国加入。卡哈拉组织要求所有成员国投递时限达成98%的质量标准,如果货物没在指定日期妥投,那么负责投递的运营商要求按价格的100%赔付给客户。

国际邮政小包的优劣势主要有:

优势:邮政网络基本覆盖全球,比其他任何物流渠道覆盖面都要广,清关方便。而且,由于邮政一般为国营,有国家税收补贴,因此价格便宜。

劣势:递送时效慢,一般需要30~60天,丢包率较高,非挂号件无法跟踪,且在商品体积、重量、形状等方面局限性较大。邮政小包有运输限制:食品不能发,带粉尘的不能发,带电池的不能发,带磁性的不能发,三边(长宽高)之和不能超过90 cm,单边不能超过60 cm,单件物品重量不能超过2 kg。小包的清关如果含电池、粉末、液体等特殊产品较难通过,被检出就要整包退回或直接扣下,对跨境电商卖家来说损失很大。另外,一般以私人包裹方式出境,不便于海关贸易数据统计,无法享受正常的出口退税。伴随着各国清关政策的收紧,国际邮政小包的优势受到挑战。

2. 国际快递

跨境电子商务使用较多的另一种物流模式为国际快递。国际快递以全球自建网络以及国际化信息为支撑,对包裹运输信息的提供、收集与管理有很高的要求,典型企业有UPS、FedEx、DHL、TNT(被称作国际快递四大巨头),其中UPS和FedEx总部位于美国,DHL总部位于德国,TNT总部位于荷兰。国际快递针对不同的顾客群体,根据国家地区、货物重量、体积大小选用不同的渠道进行包裹速递。主要国际快递运营商的特征比较如表5-1所示:

表5-1 主要国际快递运营商特征比较

物流公司	简介	运费	货运时间	货运查询	适用产品	运费计算
EMS	60个国家可直达,清关能力强。	一般	5~8天	可查询	对货运时间要求不高、货物体积不大、注重运费成本	只计算产品包装后的实重

(续表)

物流公司	简介	运费	货运时间	货运查询	适用产品	运费计算
UPS	世界最大的快递公司,优势在美洲线路、日本线路。	高	2~5天	可查询	货物价格较高,对货运时间有要求,追求质量和服务	实重和体积重取较高者
DHL	欧洲最大的快递公司,欧洲和西亚、中东有绝对优势。					
Fedex	去东南亚价格、速度有优势。去美国、加拿大比较有优势。					
TNT	荷兰最大的快递公司,在西欧具有较强的清关能力。					
Hongkong post / China Post	通过政府邮政系统派送货物,无区域限制。	低	14~60天	需挂号	对运费成本较敏感,对货运时间要求不高,货物价格较低,体积较大	只计算产品包装后的实重

国际快递的优劣势主要有:

优势:时效性高、丢包率低、服务好,尤其是发往欧美发达国家非常方便。比如,使用 UPS 从中国寄包裹送到美国,最快可在 48 小时内到达,TNT 发往欧洲一般 3 个工作日可到达。

劣势:价格昂贵,尤其在偏远地区的附加费更高,价格资费变化较大,且含电、特殊类商品无法速递。例如,2 kg 的包裹递送到美国,使用邮政小包需要 160 元人民币左右,而使用国际快递至少需要 200~260 元人民币,两者价格差异很大。在跨境电商拼价格、拼物流的加速度、拼服务的背景下,商家会比较物流方案。一般跨境电商卖家只有在客户强烈要求时效性的情况下才会使用,且一般由客户支付运费。

3. 国内快递的国际化服务

跨境电商火热程度使国内快递也开始加快国际业务的布局,如 EMS、顺丰都拓展了跨境物流业务。由于依托邮政渠道,EMS 的国际业务相对成熟,可以直达全球 60 多个国家。顺丰开通了到美国、澳大利亚、韩国、日本、新加坡、马来西亚等国家的快递服务,并启动了中国大陆往俄罗斯的跨境 B2C 服务。

优势:速度较快,费用低于国际快递四大巨头,EMS 清关能力较强。

劣势:服务质量及派送时间与四大商业快递相比还有待提升。另外,由于并非专注跨境业务,相对缺乏经验,对市场的把控能力有待提高,覆盖的海外市场也比较有限。

4. 跨境专线物流

跨境专线物流一般是通过航空包舱方式将货物运输到国外,再通过合作公司进行目的地国国内的派送,货物送达时间基本固定,运输费用比快递物流便宜,同时保证双清,是目前跨境电商比较受欢迎的一种物流方式。目前,业内使用最普遍的是美国专线、欧洲专线、澳洲专线、俄罗斯专线等,也有不少物流公司推出了中东专线、南美专线等。像 EMS 的"国际 E 邮宝"、中环运的"俄邮宝"和"澳邮宝"、俄速通的 Ruston 中俄专线都属于跨境专线物流推出的特定产品。

俄邮宝。专注于中俄跨境物流服务,具有速度快、价格低、有保障的特点,是从事中俄跨境

电商卖家较为常见的物流方式

澳邮宝。专注于中澳的跨境物流服务在时效和价格上有突出优势,中环运优质的合作商可以为交易双方提供较好的客户体验

俄速通。是中俄跨境物流和仓储服务的供应链解决方案提供商,由中俄两国知名快递公司、中俄跨境物流专家、中俄跨境电商专家共同投资打造航空小包、商业大包、3C电子小包及边境仓等完整的产品体系

燕文专线。是北京燕文物流公司旗下的物流业务,利用直飞航班进行配载,由国外合作伙伴清关并进行投递,目前开通了美国、欧洲、澳洲、中东、南美专线,具有时效、价格低、服务灵活的特点

中东专线。Aramex专线,是中东地区最知名的快递公司,服务区域覆盖全世界240多个不同国家(地区)、310个不同地点。是从事中国—中东跨境电商卖家的最常见的物流方式。专线物流的优劣势主要有:

优势:集中大批量货物发往目的地,通过规模效应降低成本,因此,价格比商业快递低,速度比邮政小包快,丢包率也比较低。清关方面专线物流是专家,如果跨境电商只做某地市场,专线物流是不错的选择。

劣势:相比邮政小包来说,运费成本还是高了不少,而且在国内的揽收范围相对有限,覆盖地区有待扩大。专线物流在国内线路能保证时效,但货物到国外以后如果使用邮政小包,可能会出现递送延迟。如果客户退货,普通专线物流很少有这样的服务,服务也不如快递物流,如表5-2示:

表5-2 各种运输方式特点比较

比较指标 \ 物流方式	邮政小包（平邮）	UPS、FedEx、DHL、TNT	跨境专线	EMS
包裹单件重量	不能超过2 kg,一票一件	≤70 kg,一票多件	≤30 kg,一票一件	≤30 kg,一票一件
计费方式	无附加费首重+续重,1 kg计费单位	收取燃油附加费、偏远地区费首重续重,1 kg计费单位	无附加费首重+续重,1 kg计费单位	无附加费首重+续重,1 kg计费单位
是否需要计算包裹抛重	包裹长宽高之和不能大于90 cm,不计体积重量	需要计算,不受单边长度限制	需要	包裹单边长度超过60 cm时需要计算
包裹清关能力	强	较强	较弱,货物国外被查扣和征税的概率高	强
包裹退回政策	无须额外交费	相当于从国外重新发货,费用高且需清关	需额外交费	无须额外交费
包裹跟踪信息	不详细	详细	较详细	较详细
运费价格	最低	高	介于平邮和速递之间	价格低于国际快递四大巨头
派送速度	慢	快	较快,比快递慢	较快

5. 规模化运输

另一种跨境物流模式是商品聚集后进行规模化运输。采取这种模式的跨境电商企业一般有两种。一种跨境电商企业本身就从事国际贸易业务，并且资本相对雄厚，因此可以利用自身的运输渠道，将从国外渠道采购的商品，配送给国内消费者，自己则从买卖差价中赚取一定的利润。第二种是规模相对较小的外贸企业，则通过联盟的方式，共同构建国际贸易物流运输渠道，通过规模化聚集来降低联盟中单个企业的物流成本。这两种模式共同的局限在于先期投入资金较大，是大部分中小型企业难以负担的。

优势：有效利用规模优势和优势互补。

劣势：运输周期较长，物流程序复杂，前期需要投入大量资金。

6. 海外仓储

海外仓储服务是指由外贸交易平台、物流服务商独立或共同为卖家在销售目标地提供的货品仓储、分拣、包装、派送的一站式控制与管理服务。卖家在销售货物前，通过批量运输方式将货物存储于目的国仓库，当产生订单后，在目的国进行货物的分拣、包装以及递送，从而有效缩短货物派送时间及派送费用。海外仓储流程包括头程运输、仓储管理和本地配送三个部分。头程运输是指中国商家通过海运、空运、陆运或者联运将商品运送至海外仓库。仓储管理是指中国商家通过物流信息系统，远程操作海外仓储货物，实时管理库存。本地配送是指海外仓储中心根据订单信息，通过当邮政或快递将商品配送给客户。海外仓从海外库房发货，只需1~3天送达客户，物流成本较低。对于跨境电商的客户来说，海外仓的客户体验很好。海外仓储的优劣势主要包括以下几点。

优势：有利于海外市场价格的调配；用传统外贸方式将货物发往海外仓库，从而降低物流成本；相当于销售发生在本土，可提供灵活可靠的退换货，提高了海外客户的购买信心；发货周期短，发货速度加快，可降低跨境物流缺陷交易率，结合国外仓库当地的物流特点，可以确保货物安全、准确、及时地到达终端买家手中，完善客户体验，提升重复购买率。2019天猫打造"海外仓直购新模式"构建全球供应链网，目的是将海外好货引进来，更好地满足国内消费者的购物需求。此外，海外仓能够帮助卖家拓展销售品类，使"大而重"的商品也实现跨境销售。

劣势：海外仓滞销的货物和被退回且无法再次销售的货物，难以被退回境内，处理难度大、成本高。另外，不是任何产品都适合使用海外仓，最好是库存周转快的热销单品，否则容易造成积压。同时，对卖家在供应链管理、库存管控、动销管理等方面提出了更高的要求。

（2）海外仓储模式运营步骤

海外仓储模式运营步骤主要包括以下几个步骤。

① 卖家自己讲商品运至海外仓储中心，或者委托承运商将货发至承运商海外的仓库。可以采用海运、空运、快递等方式。

② 卖家在线远程管理海外仓储。卖家使用物流商的物流信息系统，远程操作海外仓储的货物，并且保持实时更新。

③ 根据卖家指令进行货物操作。根据物流商海外仓储中心自动化操作设备，严格按照卖家指令对货物进行存储、分拣、包装、配送等操作。

④ 系统信息实时更新。发货完成后系统会及时更新，以显示库存状况，让卖家实时掌握。

（3）海外仓储费用

由于海外仓储流程包括头程运输、仓储管理和本地配送三个部分。因此海外仓储费用＝

头程费用＋仓储及处理费＋本地配送费用

① 头程费用：货物从中国到海外仓库产生的运费。

② 仓储及处理费：客户货物存储在海外仓库和处理当地配送时产生的费用。

③ 本地配送费用：是指在英国、美国、澳大利亚和欧洲对客户商品进行配送产生的本地快递费用。

(4) 海外仓的主要形式

对于跨境电商卖家而言，海外物流耗时长、费用高，出口卖家若想拓宽利润空间，物流是不得不突破的环节。随着出口电商的旺盛生长，出口货物增加，直邮的弊端逐渐显露，因此目前海外仓成了业内较为推崇的物流方式。eBay 将海外仓作为宣传和推广的重点，推出 Winit 美国仓、英国仓、德国仓。跨境电商平台 eBay 针对使用 Winit 海外仓的卖家推出了保护政策，将移除卖家在尾程配送中产生的部分不良交易记录，以帮助卖家屏蔽使用海外仓带来的评级考核风险。eBay 透露，海外仓库存售价相比非海外仓可高出 50% 以上。同时，海外仓库存的销售转化率也比非海外仓高出 3~5 倍。eBay 海外仓发货比例逐年增加，目前总体占比已达到 1/3。当前海外仓的主要形式包括卖家自建海外仓以及第三方海外仓服务商。

卖家自建海外仓，即是卖家自己解决海外建立公司、仓库、通关、报税、物流配送等一系列问题。自建仓最大的优势就是灵活，公司可自己掌控系统操作和管理，但自建仓的风险和成本也会更高，海外仓涉及的关务、法务、税务等问题都比较烦琐，另外，如果体量不大，没有规模优势，很难拿到好的当地配送价格。自建仓如何管理不同文化下的员工也是其面临的问题。现在的第三方仓储的收费很便宜了，利润空间在减小，对于自建仓的优势减小了。

第三方海外仓服务商。如亚马逊 FBA，FBA 是 Fulfilment by Amazon 的缩写，简而言之就是亚马逊物流，它是由亚马逊提供的包括仓储，拣货打包，派送，收款，客服与退货处理的一条龙式物流服务。值得一提的是，亚马逊的 FBA 是由自建海外仓演变而来。未来，中小卖家会选择第三方海外仓，而大型以及超大型卖家会更多地考虑布局海外自建仓。根据市场调研，目前月销 50 万美金以上的大卖家中，55% 想自建仓；月销百万美金以上的卖家中，这一比例达到了 69%。

(5) 典型的海外长运营商企业

出口易、递四方等物流服务商都在大力建设海外仓储系统，不断上线新产品。

出口易是贝法易集团旗下公司，总部位于广州，是"跨境电商全程物流方案提供商"，其核心业务是海外仓储，同时还通过整合全球物流网络系统为跨境电商卖家提供邮政小包、商业快递、专线物流及本土化售前售后服务，可以帮助跨境电商卖家解决订单管理、金融融资等难题。目前，出口易已经在英国、法国、德国、澳大利亚、俄罗斯、加拿大等主流外贸市场设置海外自营仓储物流中心，同时也是 eBay、Paypal、亚马逊、Wish、BellaBuy、全球速卖通重点推荐的物流服务供应商。也是我国布局最早的几家海外仓储企业之一。目前占据国内企业提供海外仓服务的市场份额的 50% 左右。

递四方(4PX)是老牌的跨境电商物流提供商，为全球跨境电商企业和品牌制作商提供电商全程服务。目前，递四方拥 3 大类、50 余种物流产品和服务，全面覆盖物流、仓储服务，以及反向物流解决方案，能够满足不同类型和不同规模跨境电商的需求。现已拥有超过 20 个全球订单履约仓库和集货中转中心，在中国内地有 50 多个直营网点，日处理电商订单量超 40 万件。订单宝是递四方利用其行业领先的 WMS 系统为卖家量身定体做的集采购管理、仓储管理订单管理、库存管理、物流配送管理于一体的仓储外包服务。电子商务卖家只需把货物寄存在 4PX 分布在全球的仓库,由 4PX 完成入库质检、货物上架、库存管理、接收订单、订单分拣、订单复核、多渠道发货等所有物流环节的操作。同时 4PX 也是 eBay、Paypal、亚马逊、阿里巴巴等机构的全球物流服务伙伴。目前服务的活跃跨境电商商户超过 3 万家。

此外,俄速通、速卖通、大龙网等国内大型跨境电商企业也正在提前运筹海外仓布局和云仓储管理系统。

(6) 海外仓的不同发展阶段

伴随着海外仓物流模式的兴起与不断发展,海外仓从 1.0 时代,发展到 2.0 时代,现在正在转向 3.0 时代。

海外仓 1.0 时代只具备代收和发运两大传统仓库功能,其主要功能在于满足退换货及维修需求,不是库存周转快的热销单品,压货问题很容易出现在 1.0 时代。

相比于在海外仓 1.0 时代只具备代收和发运两大传统仓库功能,在 2.0 时代,海外仓演变成集中转、退换货、加工维修、分销、金融等于一体的新兴仓库。海外仓不应是单纯的"仓"应该"去仓化",提供本土化、多样化的海外服务。运营商之间到了 2.0 时代就不是一味地打价格战,而是将国外设计和本国制造结合,打造创新型产品。

海外仓 3.0 时代强调国际国内间的"里应外合",且以海外仓为中心,辐射出了展会营销、线下广告、货到付款、税务支持等。

(7) 海外仓面临的问题

一方面,滞销库存难以处理。平均每个卖家有 10 万的滞销库存,有的甚至达到几百万。其中,有 70% 的卖家选择低价销售,19% 的卖家会选择销毁;11% 的卖家会选择其他方式。这些滞销库存处理得好就是未挖掘的金库,处理不好则是要花钱处理的废品。很多人在努力寻找点石成金的方法,但这些产品牌子、型号、材料、保质期都不一样,怎么样分类归纳、集中处理再通过合适的渠道销售又是一个大难题。

另一方面,本土化挑战重重。完成初期积累的卖家们,不再满足于做一个产品的搬运工,而是要打造能在本土激烈竞争的市场中被消费者认可和喜爱的产品乃至品牌。越来越多的卖家开始关注如何捕捉本土消费需求,如何设计和生产消费者喜爱的产品,如何做本土营销,等等。

总的来说,卖家是跨境电商众多环节中的核心,而海外仓则是卖家走向本土化的重要伙伴。

7. 边境仓

边境仓指在跨境电子商务目的国的邻国边境内租赁或建设仓库,通过物流将商品预先运达仓库,通过互联网接受顾客订单后,从该仓库进行发货。根据所处地域的不同,边境仓可分为绝对边境仓和相对边境仓。绝对边境仓指当跨境电子商务的交易双方所在国家相邻,将仓库设在卖方所在国家与买方所在国家相邻近的城市,如我国对俄罗斯的跨境电子商务交易,在哈尔滨或中俄边境的中方城市设立仓库。相对边境仓指当跨境电子商务的交易双方不相邻,将仓库设在买方所在国家的相邻国家的边境城市,如我国对巴西的跨境电子商务交易,在与之相邻的阿根廷、巴拉圭、秘鲁等接壤国家的临近边境城市设立仓库。相对边境仓对买方所在国而言属于边境仓,对卖方所在国而言属于海外仓。海外仓的运营需要成本,商品存在积压风险,送达后的商品很难再退回国内,这些因素推动着边境仓的出现,如对俄罗斯跨境电子商务中,中国在哈尔滨设立的边境仓和临沂(中俄)云仓。一些国家的税收政策和政局不稳定、货币贬值、严重的通货膨胀等因素,也会刺激边境仓的出现,如巴西税收政策十分严格,海外仓成本很高,那么可以在其接壤国家的边境设立边境仓,利用南美自由贸易协定,推动对巴西的跨境电子商务。

优势:可以规避输入国的政治、税收、货币、法律等风险。

劣势:配送时效略低于海外仓。

8. 保税区、自贸区物流

保税区或自由贸易区(以下简称"自贸区")物流,指先将商品运送到保税区或自贸区仓库,通过互联网获得顾客订单后,通过保税区或自贸区仓库进行分拣、打包等,集中运输,并进行物流配送。这种方式具有集货物流和规模化物流的特点,有利于缩短物流时间和降低物流成本。如亚马逊以中国(上海)自由贸易试验区为入口,引入全球商品线,跨境电子商务企业可以先把商品放在自贸区,当顾客下单后,将商品从自贸区发出,有效缩短配送时间。通过自贸区或保税区仓储,可以有效利用自贸区与保税区的各类政策、综合优势与优惠措施,尤其各保税区和自贸区在物流、通关、商检、收付汇、退税方面的便利,简化跨境电子商务的业务操作,实现促进跨境电子商务交易的目的。

优势:可以缩短配货时间,降低物流成本,同时具备政策优势。

劣势:缺乏统一立法,管理体制滞后。

9. 第三方物流

第三方物流指由买方、卖方以外的第三方专业物流企业,以合同委托的模式承担企业的物流服务。在国内电商中,自建物流已成为一种趋势。但在跨境电子商务中,由于其复杂性,且对物流投入要求很高,虽然个别跨境电商在自建物流体系如洋码头,但是基于资金、跨境物流的复杂性和各种物流障碍,大多数跨境电商选择第三方物流模式,如与邮政、国际快递公司合作等。即便是邮政或者国际快递公司,在一些国家与地区,也会选择与当地的第三方物流公司合作。在跨境物流链条中,会存在多种或多个第三方物流企业通力合作的现象。包括我国在内的大批海运企业、国际货代企业,拥有丰富的进出口贸易、海外运作经验和海外业务网点布局及国际化操作能力,这些都是跨境电子商务或跨境物流企业可以合作的对象。在巴西,FedEx 和 UPS 等国际快递公司的业务量只能局限于城市,在偏远地区则依托于巴西邮政及其下属的 Sedex。

优势:可以有效地降低物流成本,保障企业致力于主营业务,节约社会资源。

劣势:物流风险的可控性差,缺乏顾客信息的直接反馈。

10. 第四方物流

第四方物流指专为交易双方、第三方提供物流规划、咨询、物流信息系统、供应链管理等活动,通过调配与管理自身及具有互补性的服务提供商的资源、能力和技术,提供综合、全面的供应链解决方案。第四方物流通过整个供应链的影响力,在解决企业物流的基础上,整合各类社会资源,实现物流信息共享与社会物流资源充分利用。基于跨境电子商务与跨境物流的复杂性,涌现出一批第四方物流模式,为跨境物流注入新鲜因素。如 2015 年 1 月 26 日,兰亭集势宣布正式启动"兰亭智通"全球跨境物流开放平台,可以整合全球各地物流配送服务资源,能够提供开放比价竞价、全球智能路径优化、多物流商协同配送、自动打单跟单、大数据智能分析等服务。

优势:提供了一个综合的供应链解决方案。

劣势:发展时间短,需要很高的供应链管理技能、信息技术及资源整合能力。

表 5-3 常见跨境电商物流模式的比较

模 式	速度	成本	适用性	目前使用率
国际(地区间)邮政小包	慢	低	广	高
国际(地区间)快递	快	高	广	高
境外仓	较快	较低	广	较高
边境仓	较快	较低	局限性显著	低
国际(地区间)物流专线	较快	较低	局限性显著	低
保税区、自贸区物流	较快	较低	局限性显著	较高
集货物流	一般	较低	局限性显著	低
第三方物流	不确定	不确定	广	较高
第四方物流	不确定	不确定	广	较高

此外,跨境物流模式还出现了一些新模式,比如第五方物流、第六方物流、第七方物流等,它们都是对已有物流模式的延伸与补充,新增了物流人才培训、物流信息技术支持、供应链金融支持等内容,但由于尚未形成完整而系统的认识,故暂不赘述。

5.3 跨境电子商务物流方式选择

跨境物流一直是制约跨境电商行业发展的关键性因素,面对各种各样的物流方案、物流服务商,跨境电商出口企业或个人应该选择"适合自己的"物流方式。

5.3.1 跨境电子商务物流选择的主要因素

跨境物流一直是制约跨境电商行业发展的关键性因素,面对各种各样的物流方案、物流服务商,跨境电商出口企业或个人应该选择"适合自己的"物流方式。以下提供了方便企业选择具体某种物流方式的主要参考因素:

1. 货物品类

物流模式的选择与所运输的货物关系十分密切。由于跨境电子商务的物流模式各有其鲜明的特点,因此适合各模式的货物也会有所不一样。如手机、电脑和高科技产品等,价值较高,重量较轻,更新换代较快,适合选择商业快递。其具有十分透明的信息机制,能够满足顾客对于物流信息的查询,相比于邮政小包形式而言,其时效性特别强,一般3~5天的时间就能到达目的地。最重要的一点是它较为安全,对于价值高的货物来说,其带来顾客感知的边际效用是最大的,能够为顾客带来较好的物流服务。而对于沙发、大型机器、私人豪华游艇之类的大件物品,其适合的物流模式应该是海外仓储模式。此种模式对于物品没有多大的限制,而且通过可以通过海运的方式将其提前运送至海外仓库,能够降低其单位运输成本,并且在批量进入他国关境的时候在关税方面也存在优惠。假设采用快递方式对此类货品进行运送的话那么其物流费用将会是一笔巨大的开销，且会远大于利用海外仓储模式的费用。

2. 物流成本

物流成本指的是物流系统的总成本，是企业在进行物流决策中最为看重的一个方面，跨境电子商务在选择其物流模式时，必须从物流系统总成本的角度出发进行相关考虑。根据物流的各要素来看，物流总成本包含以下几个方面：库存维持方面的费用、运输费用、采购费用、顾客维持方面的费用等。如果用 TC 表示总的物流费用的话，那么可用以下公式对物流成本进行表示：

$$TC=S+T+L+C+P+F$$

其中 S 表示的是库存维持的费用，包含三个方面，即库存管理费用、包装和返工方面的费用。T 则表示运输过程发生的所有费用；L 表示的是批量的费用，即物料加工费用和采购物料的费用；C 表示发生在顾客费用，即发生缺货损失以及客户流失方面的费用；P 表示的是订单处理和信息方面的费用；F 为仓储的固定费用和变动费用。在选择物流模式的时候，应该从总的物流成本出发，将所有的费用进行综合考虑之后尽量选择对企业最有利的物流模式。

3. 物流时效

由于不同的物流方式其时效性存在明显的差别，像时效最快的就是 UPS、DHL、FEDEX 和国际专线等，时效控制都比较快，在 3~7 天之内，如果是东南亚国家等可以 5 个工作日之内送达。走 EMS 服务，时效可以控制在 7~10 天之内，如果运气好有的国家甚至时间更短，EMS 服务主要是时效快，稳定性好。还有像大包类的物品，可以走航空大包，但时效在 20 天左右。海外仓储能够在较短的时间内将商品运送至顾客手中，聚集后规模化运输的具体时间则比较难控制，要等到达到一定的数目才进行运输。如果对于时效要求低，价格便宜的可以走平邮或者水陆路渠道，一般时效在 30~40 天。

物流时效能够代表一个公司的服务水平，也能够影响顾客满意度，是影响跨境电子商务物流模式选择的一个重要因素。货物达到顾客手中所需的时间直接影响到顾客的满意水平，而这个时间是包含从备货、运输、配送这一整个环节的时间。对于顾客要求在极短时间内运送到的物品，选择海外仓或者是国际快递的形式就能够保证货物的时效，而相对来说对于时间方面要求不严格的物品来说，采用国际小包的形式则可以节省成本。目前发货渠道有很多种，每个渠道都有各自的优势，大家可以根据自身情况进行选择。

4. 售后服务

跨境电子商务企业的售后问题关系到其在消费者心目中的地位，在选择物流模式时，售后问题对其有着一定程度的影响。对于消费者而言，跨境电商存在的最大问题出现在售后服务环节。国外的消费者特别是一些欧美地区的消费者，他们的习惯和文化中存在着"无理由退货"的观念。而从跨境电商得到的产品，仅退货所需要花费的时间就足以让任何一个消费者打消退货的念头，同时其物流、报关过程复杂，更别提"无理由退货"了，这是一件异常艰难的事情，这对于质优价低的中国制造产品而言无疑是一种打击，消费者对其热情也会大大减少。另外，当面对存在质量方面问题的产品时，投诉会花费巨大的时间成本，这会让多数消费者放弃投诉，大大影响了跨境电商网购的市场发展。因此跨境电子商务在选择物流模式时要综合考虑到这一部分所产生的问题，尽量使得售后服务做到完善，提高其服务水平，缩短售后服务在物流上面所花费的时间。

此外,在选择物流方式时,还需要考虑以下因素。

(1) 从买家的角度出发,卖家应该为买家所购买的货物作全方位的考虑,包括运费、安全度、运送速度、是否有关税等。

(2) 尽量在满足物品安全度和速度的情况下,为买家选择运费低廉的服务。EMS 无论服务还是时效性都比其他四大国际快递公司(UPS、DHL、Fedex、TNT)要逊色,但 EMS 的价格优势非常明显。

(3) 商品运输无须精美的外包装,重点是安全快速地将售出的商品送达买家手中。

(4) 即使拥有再多的经验,也无法估计所有买家的情况,所以把选择权交给买家更为合适,只需要在物品描述中标明所支持的运输方式,再确定一种默认的运输方式,那么如果买家有别的需要自然会联系卖家。

(5) 有的买家可能适合多种运送方式,卖家可以写出常用的方式及折扣,为买家省去部分运费,也为卖家挣得更多的回头客。

5.3.2　跨境电子商务物流企业

提供各种形式跨境物流服务的企业按照其发展起源可以分为以下几种:

(1) 交通运输业、邮政业发展起来的跨境物流企业。例如 UPS、FedEx。

(2) 传统零售业发展起来的跨境物流企业。例如美国沃尔玛和法国 Cdiscount。

(3) 大型制造企业或零售企业组建的跨境物流企业。例如海尔物流、苏宁物流。

(4) 电商企业自建物流体系。例如京东物流、兰亭集势的兰亭智通。

(5) 传统快递企业发展而来的跨境物流企业。例如顺丰、中通。

(6) 新兴的跨境物流企业。例如递四方、出口易。

当前各种类型的跨境物流企业竞争激烈,发展过程中还存在以下问题:

(1) 境内物流、国际(地区间)物流与目的国(地区)物流在衔接上存在障碍,可视化、信息透明度等方面表现较差,影响并降低了顾客对跨境物流的满意度,也影响了顺畅的跨境物流系统的构建。

(2) 物流环境的差异,导致物流公司在运输与配送过程中,需要面对不同的法律、文化、习俗、观念、语言、技术、设施等,增大了跨境物流的运作难度和系统的复杂性如关税或非关税壁垒、物流成本、空间距离等,都会直接或间接影响或制约跨境物流。

(3) 物流高端服务与增值服务缺失,无法提供物流系统集成、供应链优化解决方案、大数据物流、云计算信息平台、跨境物流金融等,境外即时送能力也不足。

5.4　跨境电子商务物流运费计算

5.4.1　敦煌网运费计算

敦煌网平台的运费计算是按各货运公司的官方网站提供的公式计算的,敦煌网平台按卖家所填写的产品包装后的体积、尺寸、重量等因素自动进行计算。下面通过一个案例来了解一下国际物流运费计算方法。

卖家王先生现在需要从北京给澳大利亚的买家发货,买家希望能够以较低廉的运费,在1周内收到货物。订单不大,是一个首饰盒。该用何种方式才能在最短时间内以较低的价格将物品安全送达?大概花多少钱?多长时间?如何跟踪货物运输情况?

王先生首先打电话给物流代理查询相关邮寄方式,由于是小礼品,重量约在300克左右,物流工作人员建议王先生选择国际EMS,到达时间为5~7天,UPS、Fedex、DHL、TNT的包裹到达时间仅为2~4天,但价格比EMS贵1倍。目前这五个快递物流都提供快递状态查询服务。

最后,物流代理公司根据包裹的实际重量304克提供报价如下:

EMS:120元,5~7天,澳大利亚属于邮政运送国家/地区;

UPS:300.5元(由第三方保险公司提供保价服务);

Fedex:203元(由第三方保险公司提供保价服务);

DHL:292.5元(由第三方保险公司提供保价服务);

TNT:289.9元(由第三方保险公司提供保价服务)。

最终王先生选择了EMS发货(以上数据仅供参考,具体价格请以服务提供方的价格为准)。

5.4.2 国际快递运费计算

1. 计费单位

(1) 计费重量单位。一般以每0.5千克为一个计费重量单位。

(2) 首重与续重。以第一个0.5千克为首重(或起重),每增加0.5千克为一个续重。通常首重的费用相对续重费用较高。

(3) 实重与材积。实重,是指需要运输的一批物品包括包装在内的实际总重量。体积重量或材积,是指当需要寄递的物品体积较大而实重较轻时,因运输工具(飞机、火车、船、汽车等)承载能力及可装载物品的体积所限,需要采取量取物品体积折算成重量作为计算运费的重量的方法。轻抛物,是指体积重量大于实际重量的物品。

UPS、Fedex、DHL、TNT求取材积公式如下:

规则物品:长(cm)×宽(cm)×高(cm)÷5 000=重量(KG)

不规则物品:最长(cm)×最宽(cm)×最高(cm)÷5 000=重量(KG)

(4) 计费重量。按实重与材积两者的定义与国际航空货运协会的规定,货物运输过程中计收运费的重量是按整批货物的实际重量和体积重量两者中较高者计算的。

2. 运费计算

(1) 物品实重大于材积时,运费计算方法为:

首重运费+[重量(KG)×2−1]×续重运费

例如:5千克货品按首重150元、续重30元计算,则运费总额为:150+(5×2−1)×30=420元

(2) 物品实际重量小于材积时,运费需按材积标准收取,然后再按上述公式计算运费总额。

5.5 主要发货国家注意事项

跨境电子商务卖家在发货时需要特别注意目标国家对进口货物包装的规定。当货物使用木质包装且目的地为欧盟及美日韩等国家时,需要将木箱进行熏蒸处理,或者采用非纯木质包装,因为这些国家禁止未熏蒸的木箱进口。另外当货物的单件重量超过70千克时,务必使用带托盘的包装;对于快件运输的货物,应注意单件重量不允许超过30千克,尺寸不允许超过60厘米×60厘米×60厘米,周长不超过300厘米。下面分地区介绍发货注意事项。

5.5.1 澳大利亚

(1) 不要邮寄食品、动物和植物商品;
(2) 填写包裹清单要详细,尤其要注明商品的材质,否则可能被检查检疫部门抽查,延误转运;
(3) 不要用盛装蛋类的纸盒、木箱或者盛装水果、蔬菜、肉类的硬纸盒包装商品;
(4) 不要用干草或者植物包装商品;
(5) 禁止邮寄化妆品。

5.5.2 美国

(1) 对美国出口食品和药品需提供美国食品药品管理局审批的 FDA 认证;
(2) 美国对液体、粉末、颗粒类化工产品比较敏感;
(3) 对人体相关用品,如医疗、文身机器,在申报品名时需要特别注意;
(4) 美国海关在知识产权保护方面较其他国家更为严格。

5.5.3 欧盟

随着中国电商出口货物越来越多地发往欧洲,欧洲海关在货值上的查验力度不断加大,因此出口商在发货时需要特别注意以下事项:

(1) 不要严重低估货值;
(2) 对于重量较大的货物,按照真实价值申报、主动交税或者将货物合理拆分发送;
(3) 卖家需主动与买家沟通关税事宜,以免发生不必要的退款或者差评。

跨境电商的物流与国内电商物流最大的不同就在于货物出入境需要办理清关手续,对于敦煌网的卖家来说,了解目标客户所在国的海关关税起征点对于设置商品价格、运费标准等都会有较大帮助。有关国家邮政通关最低免税申报额度见表5-4。

表 5-4 主要国家邮政包裹通关最低免税申报金额

国家/地区	货币名称	金额
中国	人民币	1 000
美国	美元	100
加拿大	加元	60
英国	英镑	30
澳大利亚	澳元	126
欧洲	欧元	30
俄罗斯	卢布	10 000
拉丁美洲	美金	50
日本	日元	10 000

5.6 跨境电子商务物流解决案例

5.6.1 案例1：出口易海外仓

我国出口的手机贴膜，价格一般在 3.39 美元，相较于美国本土的 9.95 美元，相当有优势，但是美国当地发货隔日到，而中国本土发货 2~15 天到，在价格差异并不大的情况下，消费者往往会选择更快的方式。海外消费者购物比较注重时效性，等待时间过长容易操作退货流程，对于跨境电商卖家来说造成巨大损失，因此海外仓储发货模式正在成为一个普遍的外贸电商趋势，也是提高我国外贸电商竞争力的一个重要捷径。尤其是跨境 B2C 业务，更加注重物流成本和发货时效。国际物流成本高，时效不够快，虽然商品价格比海外进口商的销售价格低，但是仍然不具有太大优势。如果碰到退换货问题，物流成本和时间成本进一步加大。而海外仓储服务在一定程度上可以解决以上问题。

出口易美国海外仓为跨境电商卖家提供仓储与配送服务，卖家使用出口易海外仓储具有多方面的优势。

1. 时效优势：本地发货，时效更优，旺季也能保障正常时效；
2. 价格优势：整合航空、陆运及海运资源优势，全程物流总成本降低 30%~60%，提高产品在美国的竞争力；
3. 服务优势：本地化售后与服务，可以实现快速的订单相应和目的地配送，并提供退货服务，提升买家购物体验；
4. 增值服务优势：配套有供应链金融、保险、结汇以及业务系统 API 等服务。

卖家根据对市场的预测进行备货，然后将这些货物交给出口易。接着出口易通过海运、空运或者快递的方式将卖家的货物运送到出口易在美国的仓库。当海外买家在客户的网站、eBay 网店或者其他渠道购物后，卖家可以在出口易物流管理系统下单，填写需要配送的商品、买家的联系信息和选择本地配送方式，然后出口易根据卖家的订单要求对卖家存储在出口易海外仓库的商品进行海外本地配送,送达海外买家手中。在上述整个流程中,产生费用的有四处,中国到海外的头程运费、海外仓储费、出入库操作费、境内终端派送费用。

以一件空运美国重量 400 g,体积为 0.001 8 m³ 的货品举例:

根据相关统计,FedEx、UPS 需要 121 元人民币(3~5 天),EMS 需要 118 元人民币(7~15 天),香港邮政小包需要 48 元人民币(淡季 10~20 天,旺季 20~30 天)。

假如使用出口易美国海外仓储,假设出货 1 CBM,约 555 件单品,海运费为 1 800 元人民币,平均每件单品头程海运成本为 3.24 元人民币;使用海外仓储的单件出入库操作费为 3 元人民币;单件商品仓储费用每天 0.08 元人民币(单件货物的仓储费小到几乎可以忽略不计);终端派送费用为 28 元人民币,仓储及配送总成本约为 34 元人民币,终端派送时效为 3~6 天。

综上,一件重量 400 g,体积为 0.001 8 m³ 的货品使用出口易美国海外仓物流成本约为 34 元人民币,较之国际快递最便宜的香港邮政小包还优惠 14 元人民币,并且在时效上快了五六倍。

5.6.2 案例 2:俄速通边境仓

近几年,随着跨境电商的快速发展,海外仓成为行业中的热门词汇被广泛提及。但对于新近渐热的俄罗斯市场来说,海外仓的发展却很不成熟,反倒边境仓的形式被较多采用。俄罗斯特殊的政治环境与物流背景,让很多跨境物流公司不敢轻易试水海外仓,选择采用边境仓。

1. 成本的对比

通常,批量货物从中国到达俄罗斯海外仓再派送到买家手中,成本由中俄运费、向俄海关缴纳费用、海外仓储费、俄罗斯境内派送费几个部分构成。

对比一件 1 公斤重羽绒服通过海外仓与边境仓两种方式中国到达莫斯科大环内买家的总成本。

海外仓成本:中国国内物流费用 0.3 美元,中俄跨境铁路运费 1 美元。通过"白色清关"需要向俄海关缴纳的费用为 6.34 美元,代理清关公司服务费 1 美元。莫斯科大环内快递公司派送费用 6 美元。俄罗斯进口商检费用 800 美元,如果一次发运 800 件,按照每件 1 美元核算,总体成本为约为 15.64 美元/件。这些费用中未包括海外仓的仓储及杂费,这在俄罗斯是一项非常高的费用。如果是配送到莫斯科大环外,俄本土配送费达到 8~10 美元,如果是其他地区需再加收 3~10 美元。

如果用"灰色清关"方式,关税及运费只需要 3 美元(含代理公司费用),并且不需要进口商检,总体成本为 10 美元,也就是每件羽绒服节省约 5.64 美元的费用。货物通过"白色清关"方式进入俄罗斯海外仓向俄海关缴纳的费用包括关税、增值税及海关收取的手续费,这部分费用是"灰色清关"相比"白色清关"成本占优的关键,也是多数海外仓货物采用"灰色清关"方式过境的主要原因。

对于海外仓而言,边境仓的成本优势主要体现在中国境内的成本优势,因为俄罗斯属于高人工成本的国家,尤其是在莫斯科。边境仓发运全程是通过万国邮政联盟系统,总价格为 85 元人民币,折合 14 美元,而且到达俄罗斯全境的价格统一。客户只需要将货物发到边境仓,产生订单后,由边境仓直接发货给俄罗斯卖家,中间既不涉及关税、增值税、商检费,也不需要另外支付俄罗斯当地的快递费用。

由此可见，目前来看，"白色清关"的海外仓成本＞边境仓成本＞"灰色清关"的海外仓成本。

2. 时效性的对比

从时效来看，边境仓相比海外仓会慢 1~2 天。以俄速通的哈尔滨边境仓来说，客户发单后，货物从哈尔滨直飞叶卡捷琳堡，期间只需要 5 小时。叶卡捷琳堡作为俄罗斯第三大城市，位于莫斯科与彼得堡之间，分拣速度快。这样，货物从哈尔滨运送到叶卡捷琳堡再分拣至各大城市只比从俄罗斯海外仓发货延长 1 到 2 天的时间。

3. 安全性的对比

采用"灰色清关"面临巨大风险，首先，采用"灰色清关"进入俄罗斯的货物不具备合法的清关文件，随时可能被俄罗斯检察院、反经济犯罪调查科、海关等部门查处。其次，由于货物来源不具备合法性，因此不能正常交付俄罗斯邮政及本地快递进行大规模派送，只能是以个人方式进行蚂蚁搬家式的投送，货款支付也只能以现金方式，这会牵连到俄罗斯本地快递公司的商业信誉度及财务安全。

无论是海外仓还是边境仓都要涉及清关这一环节。区别是海外仓的货物都是先办理了清关手续然后存放在海外仓，而边境仓的货物是未办理清关手续的。从长远来看，货物以大批量形式进入俄罗斯境内时，关税绝不能避免。许多机构希望依靠"灰色清关"的方式把货物运入俄罗斯，但这种做法不仅不符合法律，而且从经济效益上来看，虽然企业可以短期得利（缴纳较少的运费，运程也可能缩短），但是这为货物在俄罗斯境内仓库，埋下了巨大的隐患，入境货物没有合法身份，安全没有保障，一旦查封损失将无法估量。"灰色清关"不可行，"白色清关，合法避税"就成了唯一的解决之道。而大宗货物要涉及大额的关税和烦琐的清关流程。相较之下，边境仓就没有这些困扰。客户接到订单后，货物从边境出关，用邮政清关，保证了清关效率，也保障了货物的安全性。

综合成本、运输形式等因素看，海外仓比较适用于客单价高、重量大的商品，但俄罗斯买家在中国电商购买的商品多以客单价低、重量小的轻纺品为主。所以相比欧美，综合成本、时效及安全性的考虑，俄罗斯市场采用边境仓更为合适。

5.6.3 案例 3：阿里巴巴的跨境物流解决方案

阿里巴巴：与社会物流合作共建的方式从总体的国际贸易数据具体的航线分布及细分行业的物流成本占比等，各个角度不断挖掘客户价值，解决多个层面上的物流问题。

一达通为 B2B 客户提供一站式国际贸易物流服务，通关、外汇、退税，包括海运、空运、陆运、国际快递。仅以海运为例，联合各大服务商为客户提供海运整柜 FCL，拼箱服务 LCL，可以实现在线查询船期、订舱、操作，同时提供集港拖车、报关、散关还有目的港送货到门等增值服务，一达通海运结合自身的海关、退税、外汇等服务极大地为客户简化了出口流程。

全球速卖通联合菜鸟网络为 B2C 客户提供无忧服务 AliExpress 大大提升了 B2C 客户在北美、南美、欧洲等地的包裹投递，这里阿里巴巴全球化战略的一次能力提升，也是菜鸟网络跨境物流能力成熟的标志，将帮助中国卖家更加顺畅的走向世界。

5.6.4 案例 4：亚马逊的跨境物流解决方案

亚马逊在全球拥有 109 个运营中心、可跨国配至 185 个国家和地区，仅在中国就在 13 个城市设立了面积约 90 万平方米的运营中心。为中国卖家提供横贯中国跨越全球的无忧物流配送服务。2015 年推出了"亚马逊中国",提出"亚马逊物流+"提出仓储物流整合方案、运输配送方案、跨境物流服务、仓储运营方案及定制化的物流方案。仅以仓储物流整合方案为例说明,无论是销售给个人消费者还是商业客户,无论是电商业务还是线下实体业务,客户都可以通过亚马逊物流网络与智能系统来更好在管理货物仓储、配送以及售后提升客户体验,仓储整合方案含:上门取货、仓储、运输、配送与客服等一站式整合。

亚马逊 FBA(Fulfillment by Amazon)亚马逊提供的代发货服务。亚马逊在美国、加拿大、欧盟、日本都建有自己的配送仓库,为商家提供包括仓储、拣货打包、派送、收款、客服与退货处理的一条龙式物流服务。

亚马逊卖家使用 FBA 的优势:提高卖家排名,FBA 可以帮助卖家成为特色卖家和抢夺购物车,提高客户的信任度,提高销售额;提升配送时效,亚马逊具有多年的丰富物流经验,仓库遍布全世界(多靠近机场)采用智能化管理,大大提高了配送时效;提供专业客服,抹掉由物流引起的差评纠纷,提升卖家形象;亚马逊对单价超过 300 美元的产品免除所有 FBA 物流费用。

亚马逊卖家使用 FBA 的劣势:一般来说,费用较国内发货还是偏高,但是也要看产品重量;灵活性差,FBA 只能用英文和客户沟通,而且用邮件沟通回复不会向第三方海外仓客服那么及时;如果前期工作没有做好,那么后期的操作如标签扫描出现问题等影响到货物的入库;目前亚马逊的 FBA 仓库暂时不提供退换货服务,一般发生争议给以买家退款处理,如果由于卖家账号出现问题或者产品有质量问题,Amazon 一般会有两种处理方式(货物退到由卖家提供的国外当地地址并由买家支付产生的处理费及运费;直接销毁货物同时向卖家收取销毁费用)。

第六章 跨境电子商务供应链管理

6.1 跨境电子商务供应链概述

6.1.1 跨境电子商务供应链的概念

供应链是围绕核心企业,通过对商流、信息流、物流、资金流的控制,从采购原材料开始到制成中间产品及最终产品,最后由销售网络把产品送到消费者手中的一个由供应商、制造商、分销商、零售商直到最终用户所连成的整体功能网链结构。

如果供应链在国内建立,所有加盟节点企业都是国内的企业,那么这条供应链就是国内供应链。如果供应链跨境,即加盟的节点企业分属不同的关境或者位于不同的关境,那么这条供应链就是跨境供应链。跨境电子商务供应链中的节点企业处于不同国家和地区,涉及不同国家间企业的分工与合作。跨境电子商务供应链是随着供应链管理理念的推广、跨国公司的发展、电子商务的发展与经济全球化而发展起来的。

6.1.2 跨境电子商务供应链的特点

1. 国际性

国际性是指跨境电子商务供应链网络涉及多个国家,覆盖的地理范围大,其物流跨越不同国家和地区,跨越海洋和大陆,运输距离远、时间长,运输方式多样,更需要科学合理地选择运输路线和运输方式,尽量缩短运输距离和货物在途时间,加速货物周转,以降低物流成本。

2. 复杂性

跨境电子商务供应链涉及跨越关境的经济活动,由于各个国家(地区)的社会制度、法规环境、自然环境、管理方法、生产条件和工作习惯的差异,组织好产品从生产到消费的流动是一项相当复杂的工作。

3. 技术标准化要求高、难度大

由于跨境电子商务供应链范围广、运行环境差异大,需要在不同的法律、人文、语言、科技、自然环境下运行,大大增加了供应链的复杂程度以及网络系统的信息量和交换频度。要保证流通畅通、提高整个链条的效率,必须要有先进的标准化信息系统以及标准化的物流工具和设施等,而做到这一点难度颇大,这对跨境电子商务供应链的设计和管理提出了更高要求。

6.2 跨境电子商务供应链管理

6.2.1 跨境电子商务供应链管理的概念

供应链管理(Supply Chain Management,SCM)是人们对供应链物流、信息流、资金流以及合作者关系等规划、设计、运营、控制过程进行一体化的集成管理理念、方法和技术方案体系。供应链管理是为了达到供应链的最佳组合和最高效率,通过前馈的信息流(如订货合同、采购单等)和反馈的信息流(如提货单、完工报告等)将供应商、核心企业、经销商直至消费者连成一个整体的管理模式。供应链管理的目的是增强企业竞争力,其首要目标是提高顾客满意度。供应链管理的作用就是在提高顾客满意度的同时实现销售增长(市场份额的增加)、成本降低、利润增加、固定资产和流动资产更有效的运用,从而全面提高企业的实力。

跨境电商供应链管理是对处于国际供应链中的物流、资金流、价值流、信息流所进行的有计划、有组织的协调控制管理。其主要目的是把处于供应链上的所有企业作为共同目标,用最少的成本来满足顾客最大价值的需求。跨境电商供应链管理实现的指导基础是企业同步性、统筹性的生产计划,依靠电子信息技术和网络信息作为技术支持,从原料供应、物流合作、生产规划等方面来完成的。

6.2.2 跨境电子商务供应链管理的特点

1. 信息化

市场的急剧变化使得企业要想在激烈竞争的环境中取得持续发展,必须实时掌握用户需求的变化,在竞争中知己知彼。信息技术的应用是推进供应链系统中信息共享的关键,改进整个供应链的信息精度、及时性和流动速度,被认为是提高供应链绩效的必要措施。因此,企业管理战略的一个重要内容就是制定供应链运作的信息支持平台,如集成条形码、数据库、电子订货系统、射频识别、电子数据交换、全球定位系统等信息交换技术和网络技术为一体,构建企业的供应链信息集成系统。

2. 横向一体化与网络化

以前企业为了追求资源的整合,往往借助于"纵向一体化"来实现高度的控制,但是纵向一体化却因为管理组织臃肿、业务领域过于庞杂,造成风险增强、管理成本上升,所以从20世纪80年代后期开始,"横向一体化"的供应链思想开始兴起,即利用企业外部资源快速响应市场需求。"横向一体化"形成了一条从供应商到制造商再到分销商的贯穿所有企业的"链"。因此,供应链管理必须利用现代信息技术,改造和集成业务流程、与供应商和客户建立协同的业务伙伴联盟、实施电子商务,才能提高企业的竞争力,使企业在复杂的市场环境下立于不败之地。

3. 生产经营的敏捷柔性化

全球性市场竞争的加剧导致单个企业已经难以依靠自身的资源进行自我调整,20世纪末,美国提出了以虚拟企业或动态联盟为基础的敏捷制造模式。敏捷制造面对的是全球化激烈竞争的买方市场,采用可以快速重构的生产单元构成的扁平组织结构,以充分自治的、分布式的协同工作代替金字塔式的多层管理结构,注重发挥人的创造性,变企业之间的生死竞争关系为"共赢"关系,强调信息的开放和共享、集成虚拟企业,而跨境电子商务的兴起为实现敏捷制造提供了可能。

4. 物流系统专业化

在此前的企业经营管理中,物流作为商务活动的辅助职能而存在,其本身并不构成企业管理的重要领域,其业务管理也往往是分散进行,没有总体统一的协调和控制。在跨境电子商务时代,物流上升为企业经营中重要的一环,其经营的绩效直接决定整体交易的完成和服务的水准,尤其是物流信息对于企业及时掌握市场需求和商品的流动具有举足轻重的作用。因此,物流活动必须综合起来进行系统化管理。在这种要求下,企业利用系统科学的思想和方法建立物流系统,包括社会物流系统和企业物流系统,从而使得物流活动能够从全方位、全过程、全深度地得到管理和协调。

6.2.3 跨境电子商务供应链管理的流程

跨境电子商务供应链管理的流程大致分为三个环节:

计划。包括需求预测和补货,旨在使正确的产品在正确的时间和地点交货,还可以使信息沿着整个供应链流动。

实施。主要关注运作效率,包括如客户订单执行、采购、制造、存货控制以及后勤配送等应用系统,其最终目标是综合利用这些系统,以提高货物和服务在供应链中的流动效率。

执行评估。是指对供应链运行情况的跟踪,以便于制定更开放的政策,更有效地反应变化的市场需求。

电子供应链管理的3E系统,要实现电子供应链管理必须具备三个E系统:

1. 企业信息管理平台(EIP),它是建立在企业协同商务概念上的企业应用软件

2. E是企业资源计划系统(ERP),关于 ERP 有各种各样的定义,但从供应链角度看,ERP 本质就是企业内部的供应链管理。

3. 系统是电子供应链管理系统(ESCM)。ESCM 集中协调不同企业的关键数据。包括:订货、预测、库存状态、缺货状况、生产计划、运输安排、在途物资、销售分析、资金结算等数据。在 ESCM 这个交换平台上,有供货商的关系管理系统(SRM)、高级生产计划编排系统(APS)、仓储管理系统(WMS)、运输管理系统(FMS)、销售管理系统(SOM)。

6.3 跨境电商采购

也称为跨境网上采购,是指通过建立电子商务交易平台,发布采购信息,或主动在网上寻找供应商、寻找产品,然后通过网上洽谈、比价、网上竞价实现网上订货,网上支付货款,最后通过物流进行货物的配送,完成整个交易过程。

跨境电商采购具有库存周转速度快、多批次、少批量、快速响应、采购的广泛性、采购的互动性、采购效率高、采购的透明性、采购流程的标准化、采购管理向供应链管理转变等特征。

跨境电商采购的基本步骤:

(1) 采购计划

跨境电商采购人员在了解市场供求情况、掌握电商经营特点和物料消耗规律的基础上,对计划期内的物料采购活动所做的预见性安排和部署。

(2) 采购订单

指跨境电商采购人员根据采购计划,向供应商提出的关于采购业务的正式、最终的确认单据。

(3) 采购追单

指跨境电商采购人员根据采购订单,对采购的材料及产品进行追踪,处理从下单到收到所购材料及产品过程中遇到的各种问题,如质量、数量、期限等。采购追单的内容主要包括:追发货日期,追产品质量,追产品数量,追物流信息,追到货日期,追发票。

(4) 采购到货处理

指跨境电商采购人员对收到的采购材料产品进行各种处置,包括到货准备、到货清点、到货检验、到货上架等。

当前跨境电商采购仍然面临着诸多问题,比如供货渠道受限,难以保证货源数量及品质、物流瓶颈、电子支付面临制度困境和技术风险以及售后服务(通关、退货、质量维权、丢货、技术售后等)等难题。未来,随着跨境电商采购流程在商品编码一次到位、采购计划精确合理、物流跟踪可视化、收货处理自动化和采购管理信息化等环节的不断优化,以上问题也将会得到不断改进。

6.4 跨境电子商务供应链解决案例

6.4.1 案例1:深耕供应链——跨境电商蜜芽成功之道

据中国母婴电商网搜录显示,母婴电商线上渠道丰富,综合电商类有天猫、京东、苏宁易购、国美在线、当当;垂直电商有蜜芽、贝贝网等;母婴社区类有宝宝树、妈妈网等;移动电商母婴类有辣妈帮;品牌商建立自己电商平台如贝因美等。而线下渠道主要有:以孩子王、乐友孕婴童为代表的专卖店;超市、百货公司的专柜/专区;品牌商自建渠道、便利店及个体户经营。母婴电商发展如火如荼,据中国电子商务研究中心获悉,目前包括淘宝、天猫、京东、唯品会、苏宁易购、聚美优品、亚马逊中国、当当、国美在线等在内的综合性电商平台,以及蜜芽、美囤妈妈、贝贝网、网易考拉海购、洋码头、丰趣海淘、海蜜等都在抢占母婴市场。蜜芽作为母婴电商的代表备受关注。她从淘宝小店做起,2年内4次融资,员工从8人扩大到900多人,年GMV(商品交易总额)25亿,估值超过87亿,发展速度迅速。那么究竟蜜芽作为众多母婴电商的一个缩影,究竟是如何炼成的呢?

1. 高额融资

2015年9月16日,母婴电商蜜芽完成1.5亿美元D轮融资,由百度领投,红杉资本、H Capital等现有股东和数家美国私募基金跟投。蜜芽选择百度从而获得在流量、大数据和线下服务等方面的帮助。百度则可以通过连接将蜜芽很好的整合到其闭环体系中。

2. 商业模式

蜜芽采用垂直型的B2C进口母婴电商模式,以自营为主。以妈妈群体的特质作为切入点,提供妈妈和宝宝需要的商品和服务,并根据妈妈人群的需求做多平台跨品类经营。特别是在从"蜜芽宝贝"更名为"蜜芽"后,由母婴消费升级为亲子家庭生活消费。

在销售模式上,蜜芽定位于中产阶级的进口母婴特卖网站。每天在网站推荐热门的进口母婴品牌,以低于市场价的折扣力度出售。据中国电子商务研究中心(100EC.CN)监测数据显示,2015年上半年蜜芽GMV达15亿元,移动端占比达90%,复购率达75%。到2015年12月,蜜芽移动端占比达已达97%。

3. 深耕供应链

对于蜜芽这样的平台来说,考验的是对供应链的把控能力。在这方面,蜜芽一直在深耕细作。2015年7月21日,蜜芽与达能、雀巢、惠氏、美赞臣等世界六大奶粉巨头签订跨境战略合作协议,打通了全球范围内的奶粉供应渠道。12月与好奇Huggies签署战略合作协议。2016年4月,蜜芽与宝洁旗下品牌帮宝适签署了直采协议。此举是蜜芽在布局海外供应链方面的突破,使其供应链层级缩短、稳定性增强,彻底打通了从品牌到消费者的直供渠道。

4. "买手制"打造核心优势

蜜芽作为平台类电商,不生产产品,唯一能拼的就是选品。所以,蜜芽的其中一个核心竞争力在于自己的"买手"。一个合格的买手,能发掘别人发掘不了的产品,并且包装成消费者想要的商品,还能预判销售情况。蜜芽有专业的海外采购团队,他们深入到全球多个国家进行本地化海外直采,整合了全球优质商品,在采买环节保障产品的正品质量。

5. 社区思维植入电商互动提高黏性

蜜芽建立了口碑阵地——"蜜芽圈",让妈妈们把更多育儿场景拍下来并分享出来,将更多的育儿商品直接分享出来标签化,实现消费购买转化;并且由妈妈组成编辑团队,来给每个商品写蜜芽观点。母婴电商发力社区,主要优势在于妈妈们在长期互动中建立起来的信任,培养用户习惯,从而更好地提高用户黏性。"电商+社区"将引导内容与商品兼具式平台。电商为社区提供货变现可能,社区为电商引流、提黏性。

6. 洞悉市场布局跨界O2O

蜜芽与早教平台红黄蓝教育机构合作成立"青田优品",通过红黄蓝在全国300多个城市的1 000多家园所拓展线下渠道,为品牌提供了更多场景展示和体验的机会。蜜芽在海南三亚亚龙湾天域度假旅馆开出首家线下店,商品主要环绕亲子出行所需的喂养用品、零食、辅食、度假戏水玩具、箱包、护肤品等入口完税商品以及旅游度假所需的周边产物。

2016年2月24日,在"301纸尿裤疯抢节"大促前,蜜芽宣布战略投资家庭亲子娱乐品牌悠游堂,布局线下生态。另外,蜜芽宣布与美中宜和妇儿医院达成战略合作。蜜芽将全面进驻美中宜和医疗机构,在其旗下所有的妇儿医院内开设跨境母婴店。从中可看出,蜜芽并未将自己局限在垂直电商的领域之内,而是在试图布局婴童产业全生态。

体验店能够提供让消费者更直观地对商品的认识,对质量等方面都可以全程体验和感知。因此,线下体验店对母婴跨境电商来说是非常必要的。另外,消费场景由线上拓展到线下,各类创新场景即围绕母婴方面的衍生业务如度假、旅游、早教等家庭式的业务得到发展。

7. 建立保税区仓库

蜜芽在北京设有仓库,在宁波、重庆保税区内设有仓库。在宁波保税区取得了跨境进口电商销售、进口货物总值、海关放行单量等多个第一名;与重庆保税区及渝新欧铁路的合作创造了国内跨境电商铁路运输的第一次。

8. "大数据"助力发展

通过百度大数据的帮助,蜜芽能够根据消费者的个人信息和交易信息,掌握目标人群的需求和关注点,从而更直接掌握妈妈群体的消费心理及消费习惯变化,开展针对性的精准营销,做到让妈妈们"所见即所想,所想即所得"。

6.4.2 案例2:跨境B2B平台——敦煌网

敦煌网于2004年正式上线,是中国国内首家为中小企业提供B2B网上交易的跨境电商平台,以中小额外贸批发业务为主,致力于帮助中国中小企业通过跨境电子商务平台走向全球市场,开辟一条全新的国际贸易通道,让在线交易变得更加简单、安全和高效。敦煌网在为外贸企业提供信息服务的同时,着力打造金融交易、结算、物流、安全、服务为一体的全方位跨境电商综合服务平台。敦煌网采取佣金制,免注册费,只在买卖双方交易成功后收取费用。其主要模式为在线交易平台型跨境B2B平台。

1. 在线交易平台

敦煌网提供第三方网络交易平台,中国卖家通过商铺建设,商品展示等方式吸引海外买家,并在平台上达成交易意向,生成订单,可以选择直接批量采购,也可以选择先小量购买样品,再大量采购。并且提货源、海外营销、在线支付和国际物流、保险、金融、培训为一体的供应链整合服务体系,实现一站式外贸购物体验。

2. 网货中心平台

2013年11月26日,义乌市政府和敦煌网联合打造的"义乌全球网货中心"(Virtual Warehouse)正式上线。这被认为是区域政府和跨境电商平台合作,通过"帮、扶、带"的方式,推动当地企业实现转型,建立线上线下打通的全球渠道的一个创举。2013年,网货中心模式推进到东莞、宁波等货源地。全球网货中心,旨在集合当地商务及商品信息,打造一个线上虚拟仓库与线下实体仓库及物流集散中心相结合的外贸货源开放库,并通过一系列技术手段将此开放库与以敦煌网为代表的国内外各大电商平台相连接,依托各平台的巨大流量,实现开发库中商品和国内外市场的对接,并形成销售。

3. 在线物流业务

敦煌网于2013年上半年推出"在线发货"物流服务,通过线上申请、线下发货的方式,简化了发货流程,为外贸商家提供更为便捷的快递服务。妥投时间为5至7天,覆盖了全球107个国家及地区。而敦煌网综合物流平台DHLink与全球四大物流公司签约,目前可覆盖超过190个国家和地区,DHLink在物流渠道、价格等方面均具有明显优势。

在线发货分为两种运输方式,仓库发货和国际e邮宝。仓库发货使卖家享受低廉物流折扣,卖家将货品发往指定仓库,在线支付物流费用后,仓库将统一调配,集中发货。目前敦煌网仓库覆盖长三角、珠三角、西南地区重庆。

4. 供应链金融服务

敦煌网贷款为全平台企业和个人卖家开放。针对企业卖家,先后推出与建行合作推出的"e保通"、与招行合作推出的敦煌网生意一卡通、与民生银行合作推出的敦煌新e贷白金信用卡。除此之外,敦煌网还推出了不需要提供担保的信用贷款以及与P2P平台合作针对敦煌网卖家的P2P平台敦煌专属贷款。敦煌网供应链金融服务帮助敦煌网卖家实现资金快速周转,不再出现货款压滞。

第七章 跨境电子商务支付

7.1 跨境电商支付管理

7.1.1 跨境电商支付

跨境支付是指境内消费者在网上购买境外商家产品或境外消费者购买境内商家产品时,由于币种不一样,需要通过一定的结算工具和支付系统实现两个国家或地区之间的资金转换,最终完成交易。目前跨境电子支付服务涉及企业、个人、银行、汇款公司及第三方支付平台等多个主体。

7.1.2 跨境电商支付管理

跨境电商规模扩大,出国留学人数稳定增加和出入境人数的逐年上升,跨境支付规模迅速增长。数据表明,2018年中国的跨商出口交易规模达7.1万人民币,2019年为8万亿人民币。2018年的中国留学生人数为66.21万人,其中自费占90%以上,大数据统计这类人群每年消费至少3 800亿元人民币,而且低龄化趋势明显导致跨境支付的续航力延长。此外,中国出境游人数逐年增加,2018年出境达1.6亿人次,而外国游客约3 000万人次,出入境游客的规模增长增加了对跨境支需求。此外,数据显示2019年中国居民移动支付习惯也已养成。跨境支付费率高于国内支付费率(2%~3%),成为国内相关支付服务机构争夺的热点。期间,跨境支付管理体系逐渐成熟,管理文件的出台与实施让市场逐渐规范。比如2019年10月外汇管理局的《支付机构外汇业务管理办法》强调跨境支付业务的合法资质,要求相关支付服务提供商进行名录登记,停止与无证机构合作,在国家外汇局的跨境业务持牌要求下,目前持牌机构已达30多家。

表7-1 关于支付机构支付业务的管理文件

印发主体及具体文件	印发目的	印发时间
《非金融机构支付服务管理办法》	对第三方支付机构准入的管理,规范跨境电子商务支付企业资质,促进支付服务市场健康发展,规范非金融机构支付服务行为,防范支付风险,保护当事人的合法权益	2010年6月14日
《非银行支付机构网络支付业务管理办法》		2015年12月28日
《海关总署关于规范跨境电子商务支付企业登记管理的公告》海关总署公告2018年第27号		2018年4月13日

(续表)

印发主体及具体文件	印发目的	印发时间
中国人民银行:《中国人民银行办公厅关于实施支付机构客户备付金集中存管有关事项的通知》银办发〔2017〕10号	第三方支付机构备付金账户的监管	2017年1月13日
国家外汇管理局:《支付机构外汇业务管理办法》	对支付机构跨境支付限额的管理	2019年4月29日
国家外汇管理局:《关于印发货物贸易外汇管理法规有关问题的通知》汇发〔2012〕38号	深化外汇管理体制改革,促进贸易便利化	2012年7月2日

7.2 跨境电商支付渠道与工具

7.2.1 跨境电商支付渠道

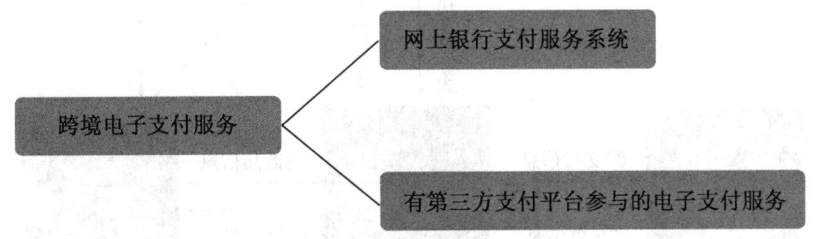

图7-1 跨境电商支付渠道

跨境电子支付服务提供的支付渠道主要有两种类型:网上银行支付服务体系和有第三方支付平台参与的电子支付服务体系,如图7-1所示。

(1) 网上银行支付服务体系

网上银行又称网络银行、在线银行或电子银行,它是各银行在互联网中设立的虚拟柜台,银行利用网络技术,通过互联网向客户提供开户、销户、查询、对账、行内转账、跨行转账、信贷、网上证券、投资理财等传统服务项目,使客户足不出户就能够安全、便捷地管理活期和定期存款、支票、信用卡及个人投资等。1995年10月18日,全球首家以网络银行冠名的金融组织——安全第一网络银行(SecurityFirst Network Bank,SFNB)打开了它的"虚拟之门"。1996年2月,中国银行在国际互联网上建立了主页,首先在互联网上发布信息。目前工商银行、农业银行、建设银行、中信实业银行、民生银行、招商银行、太平洋保险公司、中国人寿保险公司等金融机构都已经在国际互联网上设立了网站。网上银行提供的支付服务能够极大地降低银行经营成本,提高银行的盈利能力,有利于银行服务创新,为广大的客户群体提供多种类和个性化的服务。

(2) 基于第三方支付的跨境支付服务体系

第三方支付是指具备一定实力和信誉保证的独立机构,通过与网联对接而促进交易双方进行交易的网络支付模式。这种模式中,第三方机构需与各个主要银行之间签订有关协议,使得第三方机构与银行可以进行某种形式的数据交换和相关信息确认,进而在持卡人或消费者与各个银行,以及最终的收款人或者商家之间建立一个支付的流程。在第三方支付模式中,支付服务的业务流程,如图7-2所示。

(1) 客户登录电子商务网站选购商品,双方在网上达成交易;
(2) 客户用信用卡将货款划到交易中介(第三方账户);
(3) 平台通知商家客户已付款,要求商家在规定时间内发货;
(4) 商家收到通知后按照订单发货;
(5) 客户收到货物并验证后通知第三方;
(6) 第三方将其账户上的货款划入商家账户中,交易完成。

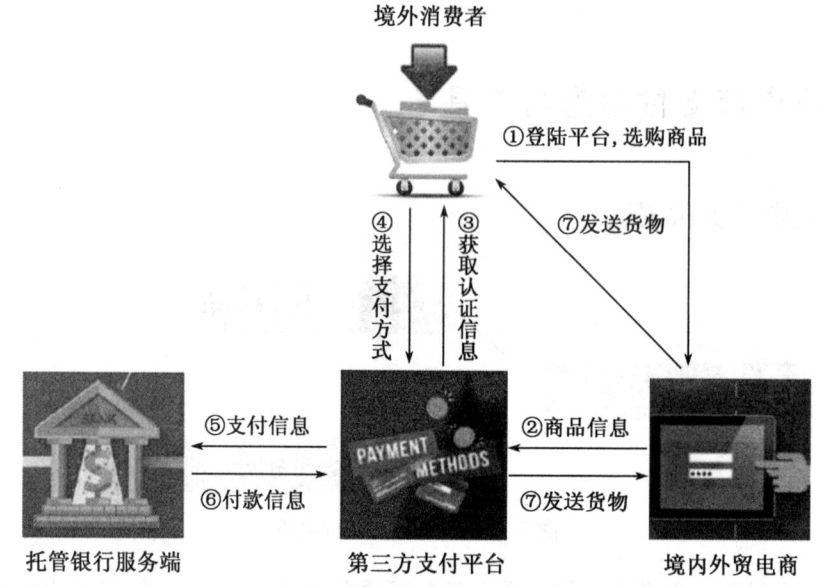

图7-2 基于第三方支付的跨境电商支付业务流程

第三方支付的优点如下:

对银行而言,节省了大量为中小型企业提供网关接口的开发和维护费用。

对商家而言,避免无法收到客户货款的风险,为客户提供多样化的支付工具。

对客户而言,第三方支付使得客户的网上购物过程更快捷、操作简易且更便利,避免了无法收到货物的风险,货物质量在一定程度上有了保障,因此有利于增强客户网上交易的信心。

第三方支付具有的风险之一是可能存在资金安全与支付的风险,为非法转移资金和套现提供便利,因此可能潜藏金融风险,且这种模式容易造成严重的服务同质化,导致竞争者之间更多依靠价格策略来争夺市场而忽略服务创新。但以上问题在2017年"断值连"和2018年"备付金交付"等相关管理文件出台后将会有所变化。此外跨境第三方支付机构面临的挑战还有:

合规成本:各国政府对于跨境支付,反洗钱,反欺诈的相关政策,规定差异极大,支付机构出海需要付出较大的合规成本

安全风险:由于涉及跨境协调,犯罪分子作案成本相对较低。例如磁条卡境外盗刷等风险问题较为突出。

发达国家难以渗入：发达国家信用卡体系成熟，居民使用习惯已经形成，难以改变。支付机构渗透和用户教育成本较大。

发展中国家市场复杂：发展中国家跨境支付基础设施建设情况、居民使用情况、风俗文化差别较大。目前阶段支付机构难以进行标准化输出，仍然需要和当地相关机构或企业进行合作。拓展海外市场同样存在诸多经营风险和潜在竞争。

7.2.2 跨境电商支付工具

常见的跨境支付工具主要分为线上和线下两大类。其中线下主要有信用证、托收、电汇、西联汇款、速汇金、香港离岸账户，适合较大金额的跨境 B2B 交易。线上主要有 Paypal、国际信用卡支付、阿里巴巴 Secure Payment、Cashrun Cashpay、Moneybookers、Payoneer、ClickandBuy、WebMoney、Paysafecard、CashU、Onecard、QiwiWallet、Yandex.Money、iDeal、Boleto、Sofortbanking、MOLPay、World First、NETeller 等。由于受交易额限制，线上比较适合小额跨境零售。线上支付工具与线下支付工具的区别在于：

(1) 线上支付是采用先进的技术通过数字流转来完成信息传输的，其支付方式都是采用数字化的方式进行款项支付的；而线下支付方式则是通过现金的流转、票据的转让及银行的汇兑等物理实体是流转来完成款项支付的。

(2) 线上支付的工作环境是基于一个开放的系统平台（即因特网）之中；而传统线下支付则是在较为封闭的系统中运作。

(3) 线上支付使用的是最先进的通信手段，如因特网、Extranet，而线下支付使用的则是传统的通信媒介。网络支付对软、硬件设施的要求很高，一般要求有联网的微机、相关的软件及其他一些配套设施，而线下支付则没有什么要求。

(4) 线上支付具有方便、快捷、高效、经济的优势。用户只要拥有一台上网的 PC 机，便可足不出户，在很短的时间内完成整个支付过程。而线下支付则受时间和空间的限制。

下面介绍主要的线下跨境支付工具：

(1) 信用证

信用证（letter of credit，L/C）是指由银行（开证行）依照（申请人的）要求和指示或自己主动，在符合信用证条款的条件下，凭规定单据向第三者（受益人）或其指定方进行付款的书面文件。即信用证是一种银行开立的有条件的承诺付款的书面文件。

在传统国际（地区间）贸易活动中，买卖双方可能互不信任：买方担心预付款后，卖方不按合同要求发货；卖方也担心在发货或提交货运单据后买方不付款。在信用证结算方式中，银行以银行信用代替商业信用，为交易双方提供信用保证，从而促进交易的顺利达成和资金的安全支付。信用证是银行有条件保证付款的证书，成为传统国际贸易活动中常见的结算方式。买方先提交信用证申请书，支付保证金和银行费用，由银行开立信用证，再由异地卖方银行通知卖方，卖方按合同和信用证规定的条款发货，开证银行在审单无误的条件下代买方先行付款。

(2) 托收

托收（collection）是出口人在货物装运后，开具以进口方为付款人的汇票（随附或不随附货运单据），委托出口地银行通过它在进口地的分行或代理行代出口人收取货款的一种结算方式，属于商业信用。根据托收时是否向银行提交货运单据，可分为光票托收和跟单托收两种。跟单托收根据交单条件的不同，又可分为付款交单（documents against payment，D/P）和承兑交单(documents against acceptance，D/A)两种。

托收属于商业信用。银行办理托收业务时，既没有检查货运单据是否正确或是否完整的义务，也没有承担付款人必须付款的责任。托收虽然是通过银行办理，但银行只是作为出口人的受托人行事，并没有承担付款的责任，进口人不付款与银行无关。出口人向进口人收取货款靠的仍是进口人的商业信用。如果进口人拒绝付款，除非另外有规定，否则银行没有代管货物的义务，出口人仍然应该关心货物的安全，直到对方付清货款为止。

托收对出口人的风险较大，D/A 比 D/P 的风险大。跟单托收方式是出口人先发货，后收取货款，因此对出口人来说风险较大。进口人付款靠的是其商业信誉，如果进口人破产，丧失付款能力，或货物发运后进口地货物价格下跌，进口人借故拒不付款，或进口人事先没有领到进口许可证，或没有申请到外汇，被禁止进口或无力支付外汇等，出口人不但无法按时收回货款，还可能蒙受货款两空的损失。虽然出口人有权向进口人索赔所遭受的各种损失，但在实践中，在进口人已经破产或逃之夭夭的情况下，出口人即使可以追回一些赔偿，也难以弥补全部损失。在当今国际市场出口竞争日益激烈的情况下，出口人为了扩大销售占领市场，有时也采用托收方式。如果对方进口人信誉较好，出口人在境外又有自己的办事机构，则风险可以相对小一些。

托收对进口人比较有利，可以免去开证的手续以及预付押金，还有可以预借货物的便利。当然托收对进口人也不是没有一点风险。如进口人付款后才取得货运单据，领取货物，如果发现货物与合同规定不符，或者根本就是假的，也会因此而蒙受损失。但总体而言，托收对进口人比较有利。

(3) 电汇

电汇(telegraphic transfer)是汇款人将一定款项交存汇款银行，汇款银行通过电报或电传给目的地的分行或代理行(汇入行)，指示汇入行向收款人支付一定金额的一种汇款方式。跨境电汇是汇款人通过所在地的银行将所汇款以电报、电传的形式划转境内各指定外汇银行，同时由境内银行通知收款人就近存取款项。相对于信用证、托收等方式而言，电汇适用范围广，手续简便易行，中间程序少，灵活方便，因而目前是一种应用极为广泛的结算方式。

(4) 西联汇款

西联汇款是西联国际汇款公司(Western Union)的简称，是世界上领先的特快汇款公司。西联汇款拥有全球最大最先进的电子汇兑金融网络，代理网点遍布全球近 200 个国家和地区。中国建设银行、中国农业银行、中国光大银行、中国邮政储蓄银行、浦发银行等多家银行是西联汇款中国合作伙伴。

(5) 速汇金 MoneyGram

速汇金国际汇款是国际速汇金公司 MoneyGram 推出的国际汇款方式，是通过其全球网络办理的一种境外快速汇款业务，为个人客户提供快捷简单、安全可靠、方便的国际汇款服务。速汇金汇款公司在全球 1 910 个国家和地区拥有总数超过 275 000 个代理网点，是一家与西联相似的汇款机构。境内目前中国银行、中国工商银行、中国交通银行、中信银行代理了速汇金收付款服务。

(6) 香港离岸账户

离岸账户，也叫 OSA 账户，在金融学上指存款人在其居住国家(地区)以外开设的银行账户。相反，位于存款人所居住国家(地区)的银行则称为在岸银行或境内银行。境外机构按规定在依法取得离岸银行业务经营资格的境内银行离岸业务部开立的账户,属于境外账户,如内地的公司在香港开立的账户,即香港离岸账户。卖家通过在香港开设离岸银行账户,接收境外买家的汇款,再从香港账户汇到内地账户。离岸账户只针对公司开户,个人开户是不支持的。离岸账户相较于境内外汇账户(NRA 账户)受外汇管制更少些,从资金的安全性角度来看,离岸账户要安全些,受国家外汇管理局监管没那么严格。

下面介绍主要的线上跨境支付工具:

(1) PayPal

PayPal 是美国 eBay 公司的全资子公司,总部在美国加利福尼亚州。PayPal 与许多电子商务网站合作,成为跨境电商平台的线上支付方式之一。PayPal 是账户模式,需要交易双方都注册有 PayPal 账号,买家必须在 PayPal 账户上绑定信用卡账号,用信用卡充值到 PayPal 账户中,才可以进行付款。PayPal 交易不经过银行网关,如果买家拒付,在线操作即可,对其信用没有任何影响。PayPal 是目前全球使用最为广泛的网上交易工具。它能帮助我们进行便捷的外贸收款、提现与交易跟踪;从事安全的国际(地区间)采购与消费;快捷支付接收包括美元、加元、欧元、英镑、澳元和日元等 25 种国际主要流通货币。用 PayPal 支付方式转账时,需要支付一定数额的手续费。

(2) 国际信用卡支付

国际信用卡收款通常指的是国际信用卡在线支付,目前国际信用卡收款是支付网关对支付网关模式(类似于网银支付)。信用卡消费是当今国际流行的一种消费方式,尤其在欧美,信用体系非常完善,人们习惯用信用卡刷卡进行提前消费,基本是人手一张卡。购物时用信用卡在线付钱,早已成为主流。

(3) 阿里巴巴 Secure Payment

Secure Payment(原 Escrow 服务)是阿里巴巴国际站针对国际贸易提供交易资金安全保障的服务。它联合第三方支付平台 Alipay 提供在线交易资金支付的安全保障,同时保护买卖双方从事在线交易,并解决交易中资金纠纷问题。为了买卖双方更清晰地了解及认知线上交易中资金安全保障的流程、支付方式及纠纷退款问题处理方法等,原 Escrow 服务系统升级优化,Escrow 服务将名称更换为 Secure Payment。

(4) Cashrun Cashpay

Cashrun Cashpay 中文是铠世宝,旨在通过其诈骗防范和全球支付方案服务,保护电子商务免受不确定风险,利用先进的支付平台,给商户们增添全球互联网市场支付渠道,扩充业务增长。铠世宝的产品分别为现金盾和现金付。现金盾主要是一个全面的风险控制/反欺诈的系统,通过对大量订单进行快速、有效的审核,有效识别欺诈性订单并做出合适的反应,并根据欺诈方式的改变,不断改善风险评估标准,以应对互联网世界的纷繁复杂。现金付使得商家能够接受全球通用的 PayPal、Yellow Pay、Money bookers 等支付渠道的交易,能在三天之内把款项偿还给商家,促进商家资金流动,从而扩展全球业务,增加销售额度。相对于境内现有的支付宝、财付通、网上银行或信用卡支付,现金付无疑是更高效、更安全的支付渠道。Cashrun Cashpay 铠世宝成立于 2007 年,铠世宝的目标是帮助商户设立支付管道和防止诈骗行为。铠世宝刚开始在瑞士的圣加仑营业,为了进入亚洲市场,铠世宝 2008 年在新加坡建立了分公司,计划开发与扩大亚洲其他业务。德国的分公司在 2009 年设立,主要扩充和提高在欧洲的业务与服务水平。2010 年在中国上海成立分公司,为广大网上商户提供防欺诈、抗风险的"安保"

服务。通过一系列发展和创新的磨炼过程,铠世宝不断地改进解决方案,以应付不断改变的诈骗行为。铠世宝通过在全球的合作伙伴,来开发为网业商户提供风险控制的业务,在境外有一定的知名度。

(5) Moneybookers

Moneybookers 是一家极具竞争力的网络电子银行,它诞生于 2002 年 10 月,是英国伦敦 Gatcombe Park 风险投资公司的子公司之一。Moneybookers 以邮件地址作为账户,所以申请的时候要选安全的邮箱地址。Moneybookers 注册完后就可以收发钱,这一点对于没有信用卡的用户来说非常方便。当然账户需要激活,但这个激活只是用来提升账户流量的,以及从 Moneybookers 取钱到国家(地区)内银行。Moneybookers 账户里有钱的话,可以取现到国家(地区)内银行,每次转账到国家(地区)内会收 1.8 欧元的费用。

(6) Payoneer

Payoneer 成立于 2005 年,总部设在美国纽约,是万事达卡组织授权的具有发卡资格的机构。主要业务是帮助其合作伙伴,将资金下发到全球,其同时也为全球客户提供美国银行/欧洲银行收款账户,用于接收欧美电商平台和企业的贸易款项,为支付人群提供简单、安全、快捷的转款服务。

Payoneer 的合作伙伴涉及的领域众多并已将服务遍布全球。不管需要支付的对象是偏远区域的雇员、自由职业者、联盟成员还是其他人群,都可以通过收款人申请获得 Payoneer 预付万事达卡并为其提供安全、便利和灵活的收款方式。Payoneer 预付万事达卡可在全球任何接受万事达卡的刷卡机(POS 机)刷卡、在线购物或者在自动取款机取出当地货币。

(7) ClickandBuy

ClickandBuy 是独立的第三方支付公司,允许通过互联网进行付款和资金转移。1999 年在德国科隆成立,之后在英国建立业务点,2010 年 3 月 25 日,德国电信收购 ClickandBuy 的国际有限公司。现有客户超过 13 万名,包括苹果 iTunes 商店、美国在线、MSN、Napster 公司、橙、PARSHIP、BWIN、McAfee(迈克菲)和蒸汽等,目前可在众多网店使用。

ClickandBuy 是德国电信针对 PayPal 研发的版本。ClickandBuy 和 PayPal 这两款在线支付系统的原理一样,网友只需要注册账户,通过自己的支付账户在网店购物,不需要在网店提交自己的账户信息。ClickandBuy 客户可以通过 ClickandBuy 向交易账户注入资金,可以自由选择任何一种适合自己的汇款方式。ClickandBuy 的汇款确认后,在 3~10 个工作日内会入金到客户的账户中。每次交易金额最低 100 美元,每天最高交易金额 1 万美元。

(8) WebMoney

WebMoney(简称 WM)是由 WebMoney Transfer Techology 公司开发的一种在线电子商务支付系统,是俄罗斯最主流的电子支付方式。俄罗斯各大银行均可自主充值取款,其支付系统在包括中国在内的全球 70 个国家和地区可以使用。

WebMoney 使用前需要先开通一个 WMID,此 ID 可以即时与别人聊天,像 ICQ(即时通信软件)、MSN 一样。ID 里面可设有多种货币的钱包,如以美元来计的 Z 钱包里的货币就是 WMZ。它有多种使用方式,应用得比较多的是 Mini 版本,只需要注册和设置账户就可以转账,但 Mini 版本的转账有日、月限额;然后就是 Keeper Classic 版本,需要下载软件安装,最新版本的 Keeper Classic 注册需要用 Mini 账号转换,进行二次注册。

国际上越来越多的公司和网络商店开始接受 WebMoney 支付方式,它已经成为人们进行电子商务交易强有力的工具。只需 3 分钟就可以免费申请一个 WebMoney 账号,账号之间互相转账只需 10 秒钟,可以把账号里的收入转到全球任何一个人的账户里。目前许多国际性网站使用 WebMoney 向用户收款和付款,例如一些外汇交易网站和投资类站点都接受 WebMoney 存取款。目前 WebMoney 支持中国银联卡取款,但手续费很高,流程很复杂,所以充值和提现一般通过第三方网站来进行,可找有信誉的兑换站卖出自己的 WMZ、WME,买入需要的电子货币。

(9) WebMoney

WebMoney(简称 WM)是由 WebMoney Transfer Techology 公司开发的一种在线电子商务支付系统,是俄罗斯最主流的电子支付方式。俄罗斯各大银行均可自主充值取款,其支付系统在包括中国在内的全球 70 个国家和地区可以使用。

WebMoney 使用前需要先开通一个 WMID,此 ID 可以即时与别人聊天,像 ICQ(即时通信软件)、MSN 一样。ID 里面可设有多种货币的钱包,如以美元来计的 Z 钱包里的货币就是 WMZ。它有多种使用方式,应用得比较多的是 Mini 版本,只需要注册和设置账户就可以转账,但 Mini 版本的转账有日、月限额;然后就是 Keeper Classic 版本,需要下载软件安装,最新版本的 Keeper Classic 注册需要用 Mini 账号转换,进行二次注册。

国际上越来越多的公司和网络商店开始接受 WebMoney 支付方式,它已经成为人们进行电子商务交易强有力的工具。只需 3 分钟就可以免费申请一个 WebMoney 账号,账号之间互相转账只需 10 秒钟,可以把账号里的收入转到全球任何一个人的账户里。目前许多国际性网站使用 WebMoney 向用户收款和付款,例如一些外汇交易网站和投资类站点都接受 WebMoney 存取款。目前 WebMoney 支持中国银联卡取款,但手续费很高,流程很复杂,所以充值和提现一般通过第三方网站来进行,可找有信誉的兑换站卖出自己的 WMZ、WME,买入需要的电子货币。

(10) CashU(中东)

CashU 是中东和北非地区非常流行的一种预付支付方式,在埃及、沙特阿拉伯、科威特、利比亚以及阿联酋都比较受欢迎。用户线下购买充值卡,线上使用充值卡付款。由于该地区很多人没有信用卡或者银行账户,以埃及为例,只有 2% 的人有信用卡,而且本地的信用卡在国外都无法使用,当地人更愿意使用现金完成支付。据统计,该地区 70%~80% 的在线购物是通过货到付款形式支付的。

CashU 隶属于阿拉伯门户网站 Maktoob,主要用于支付在线游戏、电信和 IT 服务,以及实现外汇交易。CashU 允许使用任何货币进行支付,但该账户将始终以美元显示资金。CashU 现已为中东和独联体广大网民所使用。在中东和北非地区,相对于其他付款方式,CashU 最大的好处就在于它不能恶意退款。

CashU 是一个安全的支付方法和定制服务,现有的服务在所有的阿拉伯语和周边国家都可促进网上购物安全,提供方便和易于使用的支付解决方案。CashU 多年来已经建立了一个可信的、平易近人的大型网络顶级供应商,确保了它在中东、北非的各个国家和城市的可用性和用户的传播点。

(11) Onecard(中东)

2004 年 Onecard 在沙特阿拉伯成立,它是中东和北非地区非常流行的一种支付方式,用户可以通过预付卡、本地银行、Fawry、UAExchange、UKash、信用卡以及 Masary 等方式完成支付。由于很多人没有信用卡或者银行账户，而且本地的信用卡在国外都无法使用，目前 Onecard 支付主要用于购买 VOIP（网络电话）、游戏充值、下载服务以及网购等。

Onecard 在沙特阿拉伯、埃及、科威特、利比亚都比较受欢迎，甚至在加拿大都有用户，目前 offgamers、网龙游戏已经支持 Onecard 支付方式。

（12）Qiwi wallet（俄罗斯）

Qiwi wallet 即 Qiwi 钱包，是俄罗斯当地的一种在线支付方式，用户可以使用 Qiwi 钱包交水电费等各种费用。但其并不仅限于俄罗斯，在乌克兰、哈萨克斯坦、乌兹别克斯坦等国都比较流行。Qiwi 在纳斯达克上市后更进一步国际化，现在很多国家都可以注册使用 Qiwi，但还不支持中国手机号注册。Qiwi 钱包和用户手机号绑定，使用手机号注册开通后即可收发款。个人用户使用 Qiwi 钱包是免费的，只有商家使用 Qiwi 钱包收款才会收费。

用户使用 Qiwi 钱包创建支付后，可选择线上使用信用卡、银行卡或者余额付款，另外也可以选择使用线下的 kiosks（付款终端）付款。这点非常重要，因为俄罗斯人更习惯使用现金支付。Qiwi 钱包在线下布了 17 万个付款终端。不光 Qiwi 钱包，俄罗斯的其他支付服务公司也都习惯于在线下布很多的支付终端，方便人们使用现金支付。

（13）Yandex.Money（俄罗斯）

Yandex.Money 是俄罗斯 Yandex 旗下的电子支付工具。买家注册后，即可通过俄罗斯所有地区的支付终端、电子货币、预付卡和银行转账（银行卡）等方式向钱包内充值。Yandex.Money 可以让用户轻松安全地完成互联网商品支付、给他人转账或收款。为加强交易保护，Yandex.Money 允许使用一次性密码、保护码、PIN 码等多种安全措施，并将相关的操作信息通过电子邮件或手机短信发送。

（14）iDeal（荷兰）

iDeal 成立于 2005 年，是一种在线实时银行转账的支付方式，几乎支持所有荷兰本地银行，目前在荷兰占据 50％以上的市场份额。当地有 80％在线电商都支持 iDeal，在荷兰当地最流行的支付方式就是 iDeal。

iDeal 支付份额已经占据绝对优势，而且还呈现递增趋势，目前敦煌网已经支持 iDeal 支付方式。

（15）Boleto（巴西）

巴西是金砖国家之一，也是拉美发展得比较好的国家。除了信用卡，当地人习惯使用 Boleto 支付。Boleto，全称是 Boleto Bancário，是受巴西中央银行监管的一种官方支付方式，每年大约有 20 亿笔交易，其中 30％的交易来自在线交易。由于巴西人倾向于使用现金交易，且其申请可用于跨境交易的信用卡很困难，另外 Boleto 通常是公司以及政府部门唯一支持的支付方式，可以说 Boleto 是跨境电商打通巴西支付的不二之选。如速卖通、兰亭集势都支持 Boleto 支付。

Boleto 可以说是一种现金支付，卖家需要在线打印一份发票，发票中有收款人、付款人信息以及付款金额等。付款人可以打印发票后去银行或者邮局网点，以及一些药店、超级市场等完成付款，另外也可以通过网上银行完成付款。

（16）Sofortbanking（欧洲）

Sofortbanking，又被称作 Sofortüberweisung，是欧洲一种在线银行转账支付方式，支持德国、奥地利、比利时、荷兰、瑞士、波兰、英国以及意大利等国家的银行转账支付。目前已经有超过3万家商家集成Sofortbanking支付,覆盖电商、航空以及各种在线服务类行业,比如DELL、Skype、Facebook、KLM Royal Dutch Airlines、Emirates等都支持Sofortbanking支付。Sofortbanking在德国、奥地利、比利时等国家很流行,另外中国航空从2012年开始也支持Sofortbanking支付。

商家可以通过接入Sofortbanking:和Sofortbanking两种方式直接联系开通账户,但前提是,需要有一个欧洲银行账户才能结算;通过Payssion一站式接入全球多个国家(地区)的本地支付方式,包括Sofortbanking,商家无须拥有欧洲银行账户。

(17) MOLPay(东南亚)

2005年年底MOLPay在马来西亚成立,是马来西亚第一家第三方支付服务公司,起初命名为NBePay,被MOL AccessPortal Sdn. Bhd.收购后改名为MOLPay。MOLPay支付几乎涵盖了东南亚的大部分地区。通过MOLPay可以接入以下支付通道:马来西亚为信用卡(维萨 & 万事达卡)以及网上银行支付;新加坡为eNETS、SingPost SAM;印度尼西亚为信用卡、ATM Transfer(VA);菲律宾为Dragonpay;越南为Nganluong;澳大利亚为POLi Payments;中国为支付宝、银联、财付通。

(18) World First

俗称WF账户,是一家注册于英国的顶级国际汇款公司,在英国、美国、澳大利亚、新加坡、中国香港有办公室,提供210小时中文电话服务。以个人或公司身份均可申请,提现时WF会自行打款到卖家绑定的法人、私人账户或者对公银行卡里。

World First总部设立于金融高度发达的澳大利亚的新南威尔士州,于2008年正式加入英国金融服务局(FSA),成为其会员。它为全球客户提供最便捷的期货、贵金属和外汇等品种的交易服务,是目前世界上首屈一指的衍生品交易平台。World First(中国香港)有限公司于2005年1月成立,旨在统一管理和协调World First在亚洲区域的业务活动,属World First澳大利亚总公司直属机构。它在中国从事金融投资推广,中文服务支持,并对World First在中国及亚洲其他区域进行宏观管理及广泛的业务支持,推动World First在中国市场的不断发展。

(19) NETeller

NETeller是在线支付解决方案的领头羊,免费开通。全世界数以百万计的会员选择NETeller的网上转账服务,可以将其视为一种电子钱包,或者一种支付工具。

NETeller是随着互联网交易而发展起来的公司,NETeller随着跨境电商的发展诞生并壮大,为广大网友提供在线支付服务。它的原理是通过银行转账或者电汇把钱转入NETeller账户,以后在网上交易时只要在接受NETeller付款的网站用NETeller支付就行了,不用再输入银行、信用卡账号等敏感信息,大大增加了资金的安全性。

不同跨境电商平台常用的跨境支付模式与支付工具有所不同。

(1) B2B信息服务平台模式,主要为我国外贸领域规模以上B2B电子商务企业服务,如为境内外会员商户提供网络营销平台,传递供应商或采购商等合作伙伴的商品或服务信息,并最终帮助双方完成交易。传统跨境大额交易平台的典型代表有环球资源网、中国制造网、博纳工业领航等。大宗交易平台仅提供买家和卖家信息,提供商家互相认识的渠道,不支持站内交易。外贸交易主要以线下支付为主,金额较大,一般采用T/T、L/C、西联汇款等方式。

(2) B2B交易服务平台模式,主要提供交易、在线支付、物流、纠纷处理、售后等服务。目前,这种跨境平台主要有阿里巴巴国际站、敦煌网、慧聪网等。B2B 交易服务平台的市场集中度较高,这种平台模式多采用线上支付,支付方式主要包括 PayPal 等。

(3) B2C 开放平台模式,主要提供交易、在线支付、物流、纠纷处理、售后等服务,以小额批发零售为主。代表性平台有兰亭集势、米兰网、大龙网、兴隆兴、TOMTOP(通淘国际)等。这种模式普遍采用线上支付,如 PayPal、信用卡、借记卡等。

(4) B2C 自营平台模式,一般自建平台,代表性平台有兰亭集势、环球易购等。这种模式与 B2C 开放平台一样,普遍采用线上支付,如 PayPal、信用卡、借记卡等。

(5) C2C 跨境电商零售模式,主要提供交易、在线支付、物流、纠纷处理、售后等服务,跨境电商平台主要有敦煌网、速卖通、易唐网等。这些 C2C 平台不参与跨境电商交易,而是在买卖双方交易的基础上收取一定比例的佣金,普遍采用线上支付,如 PayPal、信用卡、借记卡等。

(6) 自建电商模式,一般通过自建网站,精准定位,将商品销往境外,其主要业务包括交易、物流、支付、客服等,典型代表有 Antelife、义乌外贸饰品零售网店 Gofavor 等。支付方式按客户需求,可有多种选择。

7.3 跨境移动支付

移动支付也称为手机支付,是指交易双方为了某种货物或者服务,使用移动终端设备为载体,通过移动通信网络实现的商业交易,就是允许用户使用其移动终端(通常是手机)对所消费的商品或服务进行账务支付的一种服务方式。所谓的跨境移动支付,是指用于跨境交易活动的移动支付方式,可以视为移动支付的一个分类。常见的跨境移动支付工具如:iPayment MobilePay、Square、PayPal Here、Google Wallet、Intuit Gopayment、LevelUp、ISIS、BOKU、PayAnywhere、MCX 等。

7.4 跨境支付风险及其控制

跨境支付存在的风险主要来自于以下方面:

1. 交易信用风险

即交易对象没有按照约定履行承诺,而交易双方的收益或资产造成损失的风险就是交易风险。目前,跨境电商模式中,物流、通关、交易信用是迄今为止严重制约跨境电商发展的重要因素,就交易风险而言,由于网络的虚拟性及开放性,参与者的信用问题是现阶段无法解决的难题,会有其长期存在的可能性,但是一直在寻找积极有效的解决方案。例如跨境电商的交易双方由于时空差异、商业习惯不同,极易造成款项已付但货物未收或货物已发而款项未收等现象。原因之一就是由于支付服务体系本身的问题,由于没有完善的跨境信用协调体系,银行或第三方支付平台不能充分了解交易主体的信用及信誉状况,难以确定交易的实际情况。而且不同信用状况的国家(地区)实现跨境信用保障还存在一定的阻力。且第三方介入也很难改善。比如 Paypal 在境外贸易发生纠纷时,经常有意偏袒买家,使境内卖家企业在面对交易纠纷时处于被动地位,信用风险得不到控制。

2. 交易真实性的核实风险

交易的真实性包括交易主体的真实性和交易内容的真实性。这是跨境电商发展的生命线。但是很难把握,原因:

(1) 交易双方难以进行交易对象审查,难以真正了解客户。在当前环境下,还未出台相关的有效法律法规,第三方交易平台及第三方支付机构缺乏有效的身份识别手段,极易导致交易主体提供虚假身份信息。

(2) 跨境交易内容真实性的审核同样也存在一定困难,难以判断客户实际财务状况、经营范围与资金交易情况是否与提供的信息相符,无法核实跨境交易金额和交易商品是否匹配。尤其是虚拟商品如何定价缺乏衡量标准,可能出现网络诈骗和欺诈交易。而且买卖双方基于邮件或网路达成的交易,此是否可以作为交易真实材料有些国家尚未明确。

(3) 跨境支付的网络风险。网络安全问题,包括电子信息传输系统故障或计算机信息故障造成支付信息丢失的风险、跨境支付信息因遭黑客攻击而产生的支付信息的泄漏、木马和钓鱼网站泛滥造成的资金流失等。此外跨境支付对支付信息的审核要求更高、时间更长、难度更大,因而相应的跨境支付需要更长的时间,进一步加大了跨境支付的风险。

3. 跨境支付的法律风险

跨境电子商务支付涉及多个国家(地区),增加跨境支付的法律风险。

(1) 对不同国家(地区)之间风险监管法律(法规)制度冲突的风险、主权国家(地区)法律(法规)与国际电子支付风险监管规则之间的冲突,以及跨境电子商务中适用哪个国家(地区)的监管法律(法规)体系还存在争议和模糊的地方。

(2) 传统金融业务法律(法规)不能适应电子商务、电子支付发展的需要,在电子支付服务中出现许多新问题,如发行电子货币的法律(法规)界定及范围,电子支付服务主体资格的确定,电子支付服务活动监管缺少技术性高、层次较高的法律规定等。

(3) 洗钱的风险,犯罪分子利用互联网进行洗钱活动更具有隐蔽性,给电子支付带来了法律(法规)上的连带风险。

(4) 客户隐私权、网络交易等其他方面的法律风险。

4. 虚拟账户沉淀资金风险

在跨境第三方支付方式中,客户选择利用和三方作为交易中介,将贷款划到第三方账户。第三方支付平台要求商家在规定时间内发货,客户收到货物并验证后通知第三方,第三方将其账户上的货款划入商家账户中,交易完成。资金将会在第三方账户上停留一定时间成为沉淀资金。

作为商家,不能将虚拟账户中的资金全部提现,需要留下部分资金用于货不对板、货损货差、恶意拒付等造成的退款(Paypal 账户提现比例不能超过 80%),否则账号会受限,同样留待退款的资金同样成为沉淀资金

在诸多跨境在线支付方式中,将虚拟账户的资金提现需要缴纳资金额不等的手续费(如 Paypal 单笔提现须支付 35 美元)所以很多商家会累积到一定的金额再提现,那么积累的过程中账户上的资金便是沉淀资金。

5. 外汇管理监测风险

现行的国际收支申报制度及其主要规定是建立在贸易方式传统、货物贸易占交易额绝大多数的基础之上。但由于部分线上向线下的转移,服务贸易占比增加,虚拟商品大量出现,一

些贸易找不到收支统计项目。需要进一步细化国际收支统计申报项目，并适当填充外汇统计制度，加强网上监控交易，加强个人外汇账户真实生审核，强化监管制度和机制，落实责任追究制度，建立外汇管理局、工商部门、海关的贸易信息共享平台。

7.5 跨境电商支付发展前景

1. 第三方跨境支付市场份额将快速增长

2013年跨进电商就已经成为实现外贸转型升级的重要支点。国务院办公厅转发商务部等部门发布的《关于实施支持跨境电子商务零售出口有关政策意见的通知》具体提出了解决海关、检验检疫、税收和支付汇等方面的6项具体措施。

因此跨境支付发展无限，由于受政策限制，以往的跨境支付业务是第三方支付公司提供的外贸收单以美元在香港结算，然后客户通过相关渠道转移至境内。在国家推行试点后，第三方支付公司可以直接在境内结汇给客户。这样也有利于跨境支付开辟留学教育等服务领域。

但是以Paypal为例，虽然大部分境外购物网站都支持Paypal，但是使用起来也有一定的局限性。就是境内消费者一旦把钱汇入Paypal便无法从境内取出。为此，国家外汇管理局推行支付机构跨境电子商务外汇支付业务试点，获得牌照的第三方支付公司通过银行为外贸电商提供外汇资金集中收付和结算服务。

上海自贸区的东方支付等第三方支付机构，将互联网支付产品由境内延伸至境外，打造跨境支付实时处理平台，全面实现客户通过第三方支付机构使用人民币进行境外购物。

2. 跨境支付一站式综合服务体系将受到零售电商青睐

一站式跨境支付综合服务是必需的，全程无纸化纯电子交易趋势早已出现。Paypal、eBay、上海自贸区的东方支付、哈尔滨的中阔等。

3. 移动支付

随移动设备的快速发展和手机商务的持续扩大、发展潜力巨大。2016年中国移动商务交易占据58%份额，而欧美预计2020年的移动端也将超PC端。

知识拓展

CIPS 系统

Cross-broder Interbank Paymnt System 跨境银行间支付清算系统

2015年10月由中国人民银行开发，开启了人民币成为国际货币之旅。允许世界各国和地区之间的支付交易使用人民币。因此，CIPS是为了满足人民币跨境使用的需求，进一步整合现有的人民币跨境支付结算渠道和资源，提高人民币跨境支付结算效率，构建独立的人民币跨境支付系统和全球清算服务系统。

主要是之前统一使用的国际结算系统SWIFT是美国人建立的，受美国安全局监控，这样一来，美国对中国的资金情况清清楚楚，而中国对美国银行与金融机构的资金流动却不知晓。更重要的是与中国有贸易关系的国家比美国多100多个。

截至目前，CIPS共有33家直接参与者，908家间接参与者，其中亚洲698家（含境内392

家),欧洲112家,北美洲26家,大洋洲18家,南美洲16家,非洲38家。

未来,CIPS将根据市场需求和人民币国际化发展的要求继续升级完善,不断提升服务水平,为人民币全球使用提供重要保障和支撑,积极支持金融市场跨境互联互通。

7.6 案例分析

案例1:中国光大银行跨境电子商务支付系统正式上线

目前,该系统根据跨境电子商务一站式需求的特点设计,集结售汇、收付款于一体,第三方支付机构可顺利完成线上结售汇、收付款汇、线上国际收支申报与个人结售汇登记等多样化操作,为跨境电子商务支付交易提供全流程跨境支付金融服务。

据悉,光大银行跨境电子商务支付系统可提供实时或"T+N"工作日批量清算服务,支持110个币种、定额人民币、定额外币等多种交易支付模式,满足第三方支付机构多元化的清算要求。

近年来,跨境电子商务支付业务发展迅猛,而第三方支付机构在整个支付过程中扮演重要角色。依托光大银行跨境电子商务支付系统,第三方支付机构可全接口、全自动对接银行各内部系统,全线上、"不落地"推送业务数据,只需一次操作,即可完成跨境贸易资金收付,实现高效、精确自动化运营。

光大银行跨境电子商务支付系统的推出,成功打通了第三方支付机构境内外资金往来通道,为消费者提供更便利快捷的跨境金融消费体验,完善了银行跨境金融服务体系,也是光大银行跨境贸易金融电子化特色发展的重要战略布局。

思考:
1. 光大银行为何要开通跨境电子商务支付系统?
2. 简述光大银行的跨境电子商务支付系统业务流程。

案例2:中国跨境结算清算业务的发展状况与趋势

在PingPong横空出世之前,跨境支付方式繁多:境外注册企业、中国香港账户、境外支付公司、代理公司、套壳支付公司甚至地下钱庄,等等,可谓是八仙过海各显神通。PingPong率先从底层重构了整个跨境支付体系,这也是PingPong一上线就能支持Amazon、Wish等多个重量级平台的核心原因。其中,亚马逊平台有5种收款方式:Payoneer、WorldFirst、CurrencieDirect、美国银行卡和香港账户转账结汇;eBay主要通过PayPal付款;Wish则通过Payoneer、PayEco和Bill.com进行收款。总体而言,从进出口商品平台的支付手段选择上,Payonner、PayPal和WorldFirst是其中最为重要的三家,因而也是我国跨境电商接触最多的支付平台。

目前,世界主流的国际(地区间)结算电子系统主要有CHIPS、CHAPS和SWIFT这三大国际(地区间)电子结算系统。其中,SWIFT已经成为国际(地区间)银行间进行信息交流的标准,CHAPS和CHIPS分别是英镑和美元的全球专属结算系统。因为美元在全球交易中不可取代的地位,CHIPS实际上与每家跨境电商都有着密切的联系。

CHIPS全称为"清算所银行同业支付系统(纽约)"(Clearing House Interbank Payment System),于2007年成为全球最大的私营支付结算系统之一,该系统采用了多边和双边"净额轧差"机制,从而实现了实时全额清算系统和多边净额结算系统的有效整合,可以最大限度地提高各国金融机构美元支付清算资金的流动性。

HAPS(Clearing House Automated Payment System,清算所自动化支付清算系统)是位于伦敦的主要大额支付清算系统,可以在同一个平台上办理境内英镑支付和跨境欧元支付。SWIFT(Society for Worldwide Inter-bank Financial Telecommunications,环球同业银行金融电信协会)是国际(地区间)银行同业间的非营利性国际(地区间)合作组织,运营着世界级的金融电文网络,银行和其他金融机构通过它与同业交换电文来完成金融交易。

国内方面,综合人民币国家化发展以及国家金融安全方面的因素,人民币跨境支付系统(Cross-border Interbank Payment System,CIPS)一期于 2015 年 10 月 8 日在沪正式上线运行。

IPS 和传统的国内银行支付系统"中国现代化支付系统(CNAPS,China National Advanced Payment System)"在运营时间、运营机制上相互独立,但需要 CNAPS 为 CIPS 提供最终国内层面的资金结算。境内外银行均可成为 CIPS 的直接参与者,通过 CIPS 直接进行资金清算。但是这一系统目前仍不完善,因此仍然无法取代传统清算行模式。

在 CIPS 系统上线之前,跨境人民币结算主要通过"清算行""代理行"模式实现。在清算行模式下,买家将款项付到境外结算银行后,港澳清算行将根据境外参加行的汇款指令划扣其人民币资金,将汇款指令发送至人行大额支付系统,随后通过人民银行开立的账户对境内银行进行资金的跨境清算,在境内银行收到汇款指令之后贷记收款人账户。

在代理行模式下,境外银行划扣其客户资金后,通过在境内代理行开立的同业往来账户进行汇款,汇款指令采用 SWIFT 国际(地区间)标准格式,境内代理行收到汇款指令后划扣境外银行账户资金并贷记境内收款人账户。在这一系列操作中,跨境时判断是否采用大额资金逐笔实时清算、两套清算体系间的时差、银行间 SWIFT 传输的时间、银行内部清算所需时间等因素都减缓了资金的到账速度。

思考:在 PingPong 选择进入市场时,中国跨境结算清算业务的发展状况与趋势是怎样的?

第八章 跨境电子商务风险与监管

8.1 跨境电子商务法律规则概述

法律是调整特定社会关系或社会行为的规范。世界各国跨境电子商务的立法背景和目的不尽相同,然而在主要的指导思想上有异曲同工之处。跨境电子商务法律规则是以规范跨境电子商务活动为目的的各国法律、国际组织规则体系的总和。

8.1.1 电子商务法概述

电子商务法是指以电子商务活动中所产生的各种社会关系为调整对象的法律法规的总和,是与广义的概念相对应的,包括了所有调整以数据电文方式进行的商事活动的法律规范。广义的电子商务法是指政府调整、企业和个人以数据电文为交易手段,通过信息网络所产生的,因交易形式所引起的各种商事交易关系,以及与这种商事交易关系密切相关的社会关系、政府管理关系的法律法规的总称。电子商务法的内容极其丰富,可以划分为调整以电子商务为交易形式和调整为以电子信息为交易内容的两大类规范,是一个新兴的综合法律领域。

形式意义上的电子商务法是指以"电子商务法"命名的、成文的电子商务法典。目前世界上已有一些国际组织、国家和地区制定这种形式的法律以及法律化文件:如联合国的《电子商务示范法》、欧盟的《关于内部市场中与电子商务有关的若干法律问题的指令》、美国《统一电子交易法》、澳大利亚《电子交易案例》、新加坡《电子交易法》、韩国《电子商业基本法》、印度《电子商务支持法》、香港《电子交易条例》、中国《中华人民共和国电子签名法》《网络商品交易及有关服务行为管理暂行办法》《中华人民共和国电子商务法》等。实质意义上的电子商务法是提所有与电子商务有关的法律法规的总称。不仅指系统的、成文的电子商务法,而且还包括散见于其他法律、法规之中的电子商务有关的全部规范。如《中华人民共和国电信条例》《中华人民共和国互联网信息服务管理办法》等。

电子商务法作为适应电子商务业务而产生的法律,具有程式性、技术性、安全性、开放性以及复合性的特点。

首先,电子商务法调整的是当事人之间因交易形式的使用而引起的权利义务关系,即有关数据是否有效、是否归属于某人,电子签名是否有效、是否与交易的性质相适应,认证机构的资格如何等问题,它是商事交易上的程序法。

其次,电子商务是用来调整互联网上的商务活动的,必然要求具有技术性的特点;同时,电子商务法通过对电子商务安全性问题进行规定可以有效地预防和打击各种计算机犯罪,切实保证电子商务乃至整个计算机信息系统的安全运行,因此具备安全性的特点。

再次,电子商务法必须以开放的态度对待任何技术手段与信息媒介,设立开放型的规范,让所有有利于电子商务发展的设想和技巧都能容入;最后,由于电子商务技术手段上的复杂性和多样性,电子商务活动当事人通常需要在第三方的协助下才能完成交易,故而电子商务关系具有复合性的特点。

8.1.2 跨境电子商务立法原则

为更好地发展跨境电子商务,相关立法工作需要遵循以下几点原则:

(1) 公平原则

"公平"包括两方面,首先是一切从业者公平,无论从业者的所有者形式如何、规模如何、营收状况如何等,一律平等对待,不对个别市场参与者或者少数市场群体采取格外的优惠或者歧视政策,一个从业者所享受的优惠普适于整个跨境电子商务行业。其次是一切经营方式公平,所有的跨境电子商务领域的经营方式和创新业态,只要不违反国家有关法律的规定,一律享受公平平等的对待,法律不能为个别经营方式或者业态提供额外的市场空间,也不能限制其他经营模式的正常发展和创新,所有经营方式均享有公平公正的市场空间。

(2) 开放(反垄断)原则

开放原则包含两方面,首先是所有市场空间向一切从业者开放,在法律规定的风险底线之上,从业者可以自由探索所有可能的经营空间和盈利方式,不允许个别市场领域被个别从业者专擅;其次是跨境电子商务行业向全社会的开放,行业不设特殊门槛,不对进入者的资历、实力等各方面做任何特殊要求,所有从业人员均得自由进入和退出行业。

(3) 安全原则

安全原则包含两方面,首先是信息安全,消费者和企业的信息均受到法律的高度重视和严格保护,在交易的各个环节均要密切保障信息安全;其次是系统安全,法律要严格防范易诱发系统性风险的行为,对市场的风险底线要做出明确规定。

(4) 平等(反歧视)原则

企业和企业之间,消费者和企业之间是平等的关系,任何一方不得获得凌驾于另一方之上的权利或地位,任何市场行为均要遵循和恪守平等原则。

8.1.3 跨境电子商务法律规则发展的背景

自20世纪90年代中期以来,电子商务的迅速推行,促使世界各国制定适合并促进电子商务发展的规范。综观全球,电子商务立法速度之快,范围之广,是其他领域的立法行为所不能比拟的。

(1) 全球电子商务立法概述

电子商务法律问题是国内法问题,也是国际法问题,而且主要是国际法问题。在网络空间,国界几乎不复存在。目前,各国对此都在进行研究,而且在短短的时间内,便出现了为电子商务保驾护航的法律法规——《电子商务示范法》。《电子商务示范法》在它成为强制性法律之前,是可供各国选择适用的法律。但是,通过一定的法律程序,为各国所接受和采用且具有法律约束力时,便成为普通的国际法。

电子商务已被普遍认为是21世纪初全球经济最大的增长点之一。尽快在全球范围内营造良好的电子商务法律环境已成为目前国际关注的重点。电子商务的立法问题得到了有关国际性、地区性组织和额许多国家政府的高度重视,从联合国的贸易委员会、世贸组织部长级会议、欧盟、世界电信联盟这些国际组织到美国、日本等发达国家,都对电子商务的立法很重视,都在不同范围不同程度上通过了相应的电子商务的立法工作。

(2) 电子商务引发的法律思考

电子商务迄今为止给传统法律带来的冲击与挑战无疑是全方位的,几乎涵盖了所有的传统法律部门。众所周知,典型的电子商务离不开以 Internet 为代表的计算机网络,而计算机网络是一个数字化的虚拟空间,在这样的空间中法官不可能回到过去亲眼观察世间的发生,也不可能找到传统的证据来再现过去。在这样一个数字环境中,行为人、行为甚至证据等都表现出二进制式的电子数据形式,它们以二进制数字运算的方式运行。这里没有任何传统的蛛丝马迹,只有数字痕迹,要想依据传统理论来解决证据问题将遇到极大的挑战。

1999 年 1 月,电子商务全球商家对话(Global Business Dialogue on e-business,简称 GBDe)在美国纽约成立,公开明确了电子商务的九大问题,如表 8-1 所示。

表 8-1 GBDe 的电子商务九大问题

序号	问题	内　容
1	身份认证与安全	电子签名的法律效力,电子认证的法律有效性。
2	消费者信心	电子商务安全,消费者个人隐私的保护,纠纷解决机制,ISP 责任。
3	内容和商业通信	消息传播自由与防止有害的非法内容传播,保护用户、特别是儿童的利益。
4	信息基础设施和市场准入	包括可操作性和互联网的管制。
5	知识产权保护	网络作品的合法使用与保护,域名问题。
6	司法管辖权	主动协议管辖,通过订立合同确定准据法和选择法院,确定以自律方式为主解决纠纷。
7	责任	直接责任的确定,间接责任的承担,损害赔偿的合理限制。
8	保护个人数据	数据采集遵循已确定的五项原则,在线环境个人数据的保护不应严于非在线环境。
9	税赋和关税	遵守 WTO 现时的电子商务免税做法,反对对电子商务征收新税,对电子商务交易的优惠,不应亚于非电子商务形式,遵守非直接税应当时厂家/供应商的责任。

在 GBDe 所涉及的电子商务九大问题中几乎都与法律有着直接或间接的联系。因此,加强电子商务法律法规建设在时间范围内已逐渐形成共识,同时也引发了我们对现行法律的思考。首先,商家是否有足够资历提供服务,交易人资格是否存在,个人资料收集与利用是否合法以及交易中税赋如何处理;其次,如何避免交易欺诈、契约是否有效以及消费者如何受到保护;再次,交易成交的时间如何约定、标价出现错误如何处理,如果无法出货又该如何解决;还有就是物流的配合与交易限制以及跨国交易的税赋问题;最后,对于电子商务中的广告、资讯刊登以及知识产权如何管制等。总之,电子商务涉及了知识产权的问题、消费者隐私权的问题、交易过程当中及以后的一系列问题。

(3) 跨境电子商务立法的特点

① 电子商务的国际立法先于各国国内法的制定

由于信息技术发展的跨越性和电子商务发展的迅猛性，仅在短短几年里，就已经形成电子商务在全球普及的趋势，因而使各国未能来得及对电子商务制定系统的法律法规。同时，更由于电子商务的全球性、无边界的特点，使得任何国家单独制定的国内法规都难以适用于跨国界的电子交易。所以，电子商务的立法一开始便通过制定国际法规而推广到各国的，比较典型的是联合国贸法会1996年制定的《电子商务示范法》。

② 跨境电子商务立法具有边制定、边完善的特点

由于跨境电子商务发展非常迅猛，其遇到的法律问题在网络交易过程中不断出现，因而目前要使跨境电子商务法律体系一步到位是不可能的，只能就目前已成熟或已达到共识的法律问题制定相应的法规，并在跨境电子商务发展过程中不断加以修改或完善。

③ 跨境电子商务的自由化程度较高

跨境电子商务具有全球化特点，如果对其施加不当限制，将会影响其发展速度。例如，1997年7月，美国发布的《全球电子商务纲要》要求建立一个可预见的、干预最少的、一致的、简明的电子商务法律环境。1998年5月20日，WTO132个成员国通过了《关于全球电子商务的宣言》，规定至少一年内免征互联网上所有贸易活动的关税，从而形成电子商务"全球自由贸易区"。由此可以看出，跨境电子商务贸易自由化程度高于其他贸易方式。

④ 发达国家在跨境电子商务立法中居于主导地位

发达国家在资金、人才、技术等方面明显具有优势，所以其跨境电子商务发展的程度和速度远远高于发展中国家和地区。由此也就决定了在跨境电子商务立法方面是发达国家处于主导地位，尤其是美国。发展中国家和地区则处于较被动的地位。

⑤ 工商垄断企业在跨境电子商务技术标准的制定上起主要作用

互联网技术的发展日新月异，政府立法的步伐就难免滞后于技术的进步，有时甚至可能妨碍技术的更新。因此，美国等发达国家政府主张，跨境电子商务涉及的技术标准应当由市场制定而不是由政府制定。目前，跨境电子商务涉及的技术标准实质上是由发达国家工商垄断企业制定的。

8.1.4 中国跨境电商的相关法规

中华人民共和国电子商务法，是政府调整、企业和个人以数据电文为交易手段，通过信息网络所产生的，因交易形式所引起的各种商事交易关系，以及与这种商事交易关系密切相关的社会关系、政府管理关系的法律规范的总称。我国在电子商务立法过程经历了以下几个关键节点：

2000年12月，中国全国人大常委会审议通过了《关于维护互联网安全的决定》；2004年8月通过了《电子签名法》；2012年12月份，通过了《关于加强网络信息保护的决定》。

2013年12月7号，全国人大常委会在人民大会堂上召开了《电子商务法》第一次起草组的会议，正式启动了《电子商务法》的立法进程。12月27日，全国人大财经委在人民大会堂召开电子商务法起草组成立暨第一次全体会议，正式启动电子商务法立法工作。根据十二届全国人大常委会立法规划，电子商务法被列入第二类立法项目，即需要抓紧工作，条件成熟时提请常委会审议的法律草案。2014年11月24日，中国全国人大常委会将于召开电子商务法起草组第二次全体会议，就电子商务重大问题和立法大纲进行研讨。起草组已经明确提出，《电子商务法》要以促进发展、规范秩序、维护权益为立法的指导思想。2017年10月，十二届全国

人大常委会第三十次会议,对电子商务法草案二审稿进行了审议。2018年8月31日十三届全国人大常委会第五次会议表决通过的电子商务法,文本是七章89条,主要就是对电子商务经营者、电子商务合同的订立与履行、电子商务争议解决与电子商务促进和法律责任这五部分做了规定。经四次审议,电子商务法将于2019年1月1日起施行,以发挥其治网购乱象,促电商发展的潜在作用。其中与跨境有关的相关内容主要有:

第71条:国家促进跨境电子商务发展,建立健全适应跨境电子商务特点的海关、税收、进出境检验检疫、支付结算等管理制度,提高跨境电子商务各环节便利化水平,支持跨境电子商务平台经营者等为跨境电子商务提供仓储物流、报关、报检等服务。国家支持小微企业开展跨境电子商务。

第72条:国家进出口管理部门应当推进跨境电子商务海关申报、纳税、检验检疫等环节的综合服务和监管体系建设,优化监管流程,推动实现信息共享、监管互认、执法互助。提高跨境电子商务服务和监管效率。跨境电子商务经营者可以凭电子单证向国家进出口管理部门办理有关手续。

第73条:国家推动建立与不同国家、地区之间跨境电子商务的交流合作,参与电子商务国际规则的制定,促进电子商务国际规则的制定,促进电子签名、电子身份等国际互认跨境电商关联的法律问题。

8.2 跨境电子商务海关监管制度

8.2.1 关境与通关

关境亦称"关税国境",是执行统一海关法令的领土范围。海关代表国家在口岸根据进出口法律、法规和政策,对进出境货物和运输工具执行包括审查、查验、征税与放行等监督与管理等职责,也是代表国家完成征税、制止走私违法、编制海关统计等各项任务的政府机关。在通常情况下,关境与国境是一致的,而有些国家和地区关境同国境并不完全一致。如一国境内有自由港或自由区,即不属于该国关境范围之内。在此情况下,关境小于国境;在缔结关税同盟的国家,它们的领土成为统一的关境。在此情况下,关境则大于国境。

通关指清关(Customs Clearance)是一个经济学术语,即结关,是指进出口或转运货物出入一国关境时,依照各项法律法规和规定应当履行的手续。

8.2.2 海关管理模式与管理系统

海关是我国最早运用计算机的政府机关之一。1978年深圳和拱北海关率先使用国产计算机进行旅客行李征税,1989年通送系统试行,1993年全国海关推广使用通送系统。为了解决全国海关联网及各有关部门综合管理的需要,1996年海关总署开始筹划开发新一代的通关管理系统——H2000通关管理系统。并于2003年11月试点,2009年4月立项开始全面整合海关监管内容的信息系统建设,并于2010年开始投入使用。中国海关就是基于此的信息化平台的通关管理模式。

为了进一步提高口岸工作效率,改善贸易投资环境,上海市政府于2001年正式启动了"提高口岸工作效率工程"即"大通关"工程,通过应用现代信息网络技术,创新管理理念、完善管理制度、增强管理手段,构建新型通关管理模式,努力实现"大通关"有效监管,高效运作的"双效"目标。

随着国际贸易的不断发展,海关管理模式不断完善,新型的海关管理模式逐渐形成。新型的海关管理模式包括审单作业、物流监控、职能管理三大模块。新型海关管理模式采用了由基层海关进行物流监管、接单、放行作业、海关总署直属海关"集中审查、派单"管理模式。集中审单、派单是以商品分类进行作业分工和派单,并在审查过程中,对风险系数大的报关单数据进行重点审核和按职能部门特殊要求进行审核,由直属海关使用职能管理系统进行。

海关管理模式离不开信息化的海关管理系统,我国海关管理系统主要包括以下几种:

(1) H883预录入自动化报关业务

H883预录入自动化报关系统是一套可以实现监管、征税、统计一体化管理的应用开发工程,其中与通关有关的子系统主要有报关单的预录入、舱单核销、审单、选择查验、征税、放行和统计,一笔货物的进出口如果通过了这七个子系统也就基本完成了通关程序。

(2) 电子口岸系统

中国电子口岸系统是利用现代信息技术,借助国家电信公网,将工商、税务、海关、外贸、外汇、银行、公安、交通、铁路、民航、国检等12个部门分别掌握的信息流、资金流、货物流存放到一个公共数据中心,实现部门间数据信息共享。中国电子口岸作为口岸管理政府部门网站,在统一、安全、高效的计算机物理平台上实现数据共享和数据交换,各国家行政管理部门可进行跨部门、跨行业的联网数据核查。因此中国电子口岸也是国务院重度重视的国家重点工程。各个部门都在这个系统中交换数据,从海关内部看,这实际上是一个外部的网络系统。

H2000通关管理系统是电子口岸系统的重要的应用系统之一,分为三个层次即数据层、业务逻辑层、用户界面层。数据层位于海关总署信息中心和分署信息分拨中心,有各类数据库。业务逻辑层则位于总关信息中心,可对报关的各个流程进行各种操作。用户界面层又称为表示层,是在海关关员处理业务的现场可根据报关各个流程向海关关员展示各种业务数据,并接收关员的各种业务操作,向业务逻辑层发出进行业务处理的请求,该层不能直接访问数据库。

H2010保税监管系统包括通关管理、企业管理、决策管理、物流监控,整合了海关内部管理和对企业的管理,也需要借助上述电子口岸系统进行相关信息的采集和传输。

使用电子口岸系统的企业可以把业务放在电子口岸系统上,各个部门可以在不影响自身工作的前提下,全天候在上面完成各自的操作。具体来说,电子口岸的作用主要有:

① 有利于强化监督管理,实现综合治理,从根本上解决业务单证弄虚作假问题,有利于打击走私、骗汇、骗税等违法犯罪活动,创造公平竞争市场环境。

② 有利于降低贸易成本,提高贸易效率,从而真正实现政府对企业"一站式"服务。

③ 有利于规范进出口贸易秩序,杜绝"三无"企业进行违法进出口活动,严格控制了企业资质,从源头上控制了非法外贸经营活动的产生;规范了执法行为,增加了法规的透明度,促进政务公开。

④ 有利于促进电子商务的发展,不断扩大运输、仓储、金融、保险等电子商务服务市场,提供安全、可靠、高效的交易平台,严密的资信和授权管理。

电子口岸系统在2001年得到推广,现在上海海关是根据业务要求采用EDI或电子口岸系统两种方式之一进行电子报关。但是除了个别监管比较简单不需要进出口许可证等报关随附单据的业务之外,海关还是凭纸面单据进行放行。

8.2.3 跨境电商企业出口通关

跨境电商卖家需要了解关境货物监管的基本制度与注意事项。

(1) 一般出口通关

货物监管是关境代表国家(地区)在口岸,根据其进出口法律、法规和政策,监督合法进出境货物和运输工具的重要管理职责,也是完成征收关税、制止走私违法、编制海关统计等各项任务的基础。海关对进出境的运输工具及其所载货物,进行审单(申报)、查验、征税、放行,以履行对货物监管的基本管理职责。

一般而言,出口商在出口关境需要完成出口报关、出口退(免)税并注意相关的免税申报要求。

出口报关:部分港口的跨境电商企业已经可以借助跨境电商通关服务平台实现通关一次申报。海关、税务、外汇、市场监管等部门可以通过这个平台同步获取跨境电商产品信息,实现对产品的全流程监管。

出口退税:出口退税是指在国际贸易业务中,对我国报关出口的货物退还在国内各生产环节和流转环节按税法规定缴纳的增值税和消费税,即出口环节免税且退还以前纳税环节的已纳税款。出口退税可以使出口货物的整体税负归零,有效避免国际双重课税。一般分为两种:一是退还进口税,即出口产品企业用进口原料或半成品,加工制成产品出口时,退还其已纳的进口税;二是退还已纳的国内税款,即企业在商品报关出口时,退还其生产该商品已纳的国内税金。出口退税,有利于增强本国商品在国际市场上的竞争力,为世界各国所采用。

(2) 跨境电商出口通关

跨境电商出口通关流程一般是在平台上备案;货物售出后,电商、物流、支付企业向平台提交订单、支付、物流三单信息;平台完成三单比对,自动生成货物清单,并向电子口岸发送清单数据;海关通过平台审核,确定单货相符后,货物放行出口;电商公司凭关单向国税局申请退税。在中国只要卖家遵守法律法规,不运输明令禁止的违禁品,办理进出口海关手续时,经查验货主申报的进出口货物的单证与实际进出口货物相一致,即做到单货相符,即可顺利通关。一般的传统外贸出口通关单据包含发票、装箱单、报关单。考虑到跨境电商大多无正式单据,所以形式发票与正式发票在实际操作中一样使用。但发票必须是打印原件不可手写,复印件、传真件无效;不得有修改痕迹(修改后须盖章)。

2014年前,跨境电商企业大多缺乏正规出口报关单,出口产品不能合法结汇,又不能享受退税优惠。为此,我国海关总署为企业通关、规范海关管理、实现贸易统计,增列海关监管方式代码9610,全称跨境贸易电子商务,简称电子商务,适用于个人或电子商务企业通过电子商务交易平台实现交易,并采用清单核对、汇总申报模式办理通关手续(通过海关特殊监管区域或保税监管场所一线的电子商务零售进出口商品除外)。

通关方面,我国部分港口采取分送集报、合并同类项、产品提前备案等通关监管措施。比如在通关流程上,针对电商企业的需求设计了入区暂存模式。根据规定,部分港口海关将电商货物进入保税港区设置成暂存入库状态,货物实际离境出口,电商企业才向海关报关;如果货物没有销售出去,则可以直接退回境内,从而大幅降低电商的通关成本。

跨境电商企业享受退免税的条件：

电子商务出口企业属于增值税一般纳税人并已向主管税务机关办理出口退（免）税资格认定；

出口货物取得海关出口货物报关单（出口退税专用），且与海关出口货物报关单电子信息一致；

出口货物在退（免）税申报期截止之日内收汇；

电子商务出口企业属于外贸企业的，购进出口货物取得相应的增值税专用发票、消费税专用缴款书（分割单）或海关进口增值税、消费税专用缴款书，且上述凭证有关内容与出口货物报关单（出口退税专用）有关内容匹配。

以上四个条件必须同时符合，才能享受增值税、消费税退免税政策（除财政部、国家税务总局明确不予出口退税或免税的货物外）。总之，生产企业实行增值税免抵退税办法，外贸企业实行增值税免退税办法，出口货物属于消费税应税消费的，向出口企业退还前一环节已征的消费税。如果电商企业出口货物不符合以上退（免）税条件，但同时符合以下三个条件，也可享受增值税、消费税免税政策，即电子商务出口企业已办理税务登记；出口货物取得（海关）签发的出口货物报关单以及购进出口货物取得合法有效的进货凭证。跨境电商企业办理出口退（免）税时需要进行预申报与正式申报：

出口退（免）税预申报：出口企业在当月出现销售收入后，应收齐单证（凭证）及收汇的货物于次月增值税纳税的申报期之内，向主管税务机关提出预申报。若在主管税务机关审核当中发现申报的退（免）税的单证（凭证）无对应电子信息或信息不符，应进行调整之后再次进行预申报。

出口退（免）税正式申报：企业在主管税务机关确认申报单证（凭证）的内容与所对应的管理部门电子信息准确无误之后，应提供规定的申报退（免）税的凭证和资料以及正式申报电子数据，向主管税务机关进行正式申报。

《国家税务总局关于出口货物劳务增值税和消费税有关问题的公告》规定，自2014年1月1日起，出口企业出口适用于增值税、消费税免税政策的货物，在向主管税务机关办理免税申报时，采用备案制不再实行申报制，出口货物报关单、合法有效的进货凭证等资料，按出口日期装订成册留存企业备查。

8.2.4 跨境电商企业进口通关

进口通关需要注意海关扣关和部分国家关税起征点及免税金额两方面问题。

（1）海关扣关

在目的国（地区）遇到最多的问题是被扣。遇到货物被扣关了先了解被扣原因，必须配合关境部门提供相关文件。一般情况下，关境部门会对货物进行评估，只要与发件人或收件人陈述相符，办理完清关手续，即可放行。

（2）部分国家关税起征点及免税金额

最低免税申报金额是指符合条件的货件其申报金额小于规定金额，即可免于正式报关也无须缴纳关税或税款。

8.2.5 跨境电子商务相关的新贸易监管方式

2014年前由于以前跨境电商的通关方式大都以灰色为主，国家也没有太好的管理或者服务方式，造成了国家大量的外汇收益流失，且国内出口的货物无法正常退税。同时，电商的物流成本居高不下，就严重影响了我国跨境电商的生长秩序与国际竞争力。

为了改变，2014年起海关先后频繁出台新的贸易监管方式：1239、1210、9610，归纳总结为"市场采购贸易方式""保税电商模式"和"电子商务模式"。同时，为促进跨境贸易电子商务进出口业务发展，方便企业通关，规范海关管理，2016年12月6日，海关总署新增了"1239"监管代码，全称"保税跨境贸易电子商务A"，简称"保税电商A"，适用于境内电子商务企业通过海关特殊监管区或保税物流中心(B型)一线进境的跨境电子商务零售进口商品。下面分别来重点介绍上述新型监管方式：

(1) 9610(一般出口模式)

海关总署发布2014年第12号公告表示，为促进跨境贸易电子商务零售进出口业务发展，方便企业通关，自2014年2月10日起，增列海关监管方式代码"9610"，全称"跨境贸易电子商务"，简称"电子商务"，俗称"集货模式"。适用于境内个人或电子商务企业通过电子商务交易平台实现交易，并采用"清单核放、汇总申报"模式办理通关手续的电子商务零售进出口商品。9610适用于境内个人或电子商务企业通过电子商务交易平台实现交易，并采用"清单核放、汇总申报"模式办理通关模式办理通关手续的电子商务零售进出口商品(通过海关特殊监管区域或保税监管场所一线的电子商务零售进出口商品除外)。

一般出口模式(9610出口)，采用"清单核放、汇总申报"的方式，电商出口商品以邮、快件方式分批运送，海关凭清单核放出境，定期把已核放清单数据汇总形成出口报关单，电商企业或平台凭此办理结汇、退税手续。因为跨境电商有着小额多单的特点，传统B2C出口企业，在物流上主要采用航空小包、邮寄、快递邮政小包、快件等方式，报关主体是邮政或快递公司，该模块贸易都没有纳入海关统计，海关新增的9610代码将跨境电商的监管独立出来，有利于规范和监管。简而言之，商家将多个已售出商品统一打包，通过国际物流运送至国内的保税仓库，电商企业为每件商品办理海关通关手续，经海关查验放行后，由电商企业委托国内快递派送至消费者手中。每个订单附有海关单据。

9610的优点：灵活，不需要提前备货，相对于快件清关而言，物流通关效率较高，整体物流成本有所降低。其缺点主要有：需在海外完成打包操作，海外操作成本高，且从海外发货，物流时间稍长。9610适合：业务量迅速增长的阶段，每周都有多笔订单。

(2) 1210(保税出口模式)

海关总署发布2014年第57号文件，自2014年8月1日起，增列海关监管方式代码"1210"，全称"保税跨境贸易电子商务"，简称"保税电商"，俗称"备货模式"。

1210要求开展区域必须是跨境贸易电子商务进口试点城市的特殊监管区域，从2013年开始开展跨境电商试点城市的进行，第一批有上海、杭州、宁波、郑州、重庆、广州、深圳前海为前驱，后有福州、平潭、天津，在国家政策支持下发展跨境电商，现在已经是10个试点城市了。适用于境内个人或电子商务企业在经海关认可的电子商务平台实现跨境交易，并通过海关特殊监管区域或保税监管场所进出的电子商务零售进出境商品(海关特殊监管区域、保税监管场所与境内区外(场所外)之间通过电子商务平台交易的零售进出口商品不适用该监管方式)，仅限经批准开展跨境贸易电子产务进口试点城市,它的海关特殊监管区域和保税物流中心。

简单来说,商家将商品批量备货至海关监管下的保税仓库,消费者下单后,电商企业根据订单为每件商品办理海关通关手续,在保税仓库完成贴面单和打包,经海关查验放行后,由电商企业委托物流配送至消费者手中。其优点:提前批量备货至保税仓库,国际物流成本低,有订单后可立即从保税仓发货,通关效率高,并可及时响应售后服务需求,用户体验好。其缺点:使用保税仓库有仓储成本,备货占用资金大。适用于业务规模大,业务量稳定的阶段。可通过大批量订货或备货降低采购成本,逐步从空运过渡到海运降低国际物流成本。

(3) 1239(保税电商 A 模式)

12 月 6 日,海关总署发布 2016 年第 75 号公告,增列海关监管方式代码"1239",全称"保税跨境贸易电子商务 A",简称"保税电商 A"。与"1210"监管方式相比,"1239"监管方式适用于境内电子商务企业通过海关特殊监管区域或保税物流中心(B 型)一线进境的跨境电子商务零售进口商品。同时,区别于"1210"监管方式的是,上海、杭州、宁波、郑州、重庆、广州、深圳、福州、平潭、天津 10 个试点城市暂不适用"1239"监管方式开展跨境电子商务零售进口业务。也就意味非试点城市也可以开展进口跨境电子商务业务。

至此,跨境电商新政后,国内保税进口分化成两种:一是新政前批复的具备保税进口试点的 10 个城市,二是新政后开放保税进口业务的其他城市。由于新政后续出现了暂缓延期措施,且暂缓延期措施仅针对此前的 10 个城市,因此海关在监管时,将二者区分开来:对于免通关单的 10 个城市,继续使用 1210 代码;对于需要提供通关单的其他城市(非试点城市),采用新代码 1239。

(4) 1039(市场采购贸易模式)

2014 年 7 月 1 日海关总署发布《关于市场采购贸易监管办法及其监管方式有关事宜的公告》指出为促进浙江义乌市场采购贸易的健康稳定发展,规范对市场采购贸易的管理,增列海关监管方式"1039"全(简)称"市场采购",仅限于在义乌市市场集聚区(范围为义乌国际小商品城、义务市区各专业市场和专业街)内采购的出口商品 2015 年 12 月及 2016 年 2 月发布《扩大试点公告》分别将江苏海门、江苏常熟、广州花都、湖北武汉汉口等列入试点单位。

所谓"市场采购"贸易方式,由符合条件的经营者在经国家商务主管部门认定的市场集聚区内采购的、单票报关单商品货值 15 万(含 15 万)美元以下、并在采购地办理出口商品通关手续的贸易方式。

8.3 跨境电子商务税收征管

8.3.1 跨境电子商务税收征管的问题

跨境电子商务具有国际性、高科技性、复杂性等总特征,给传统的征税方式带来新的冲击。在电子商务虚拟环境下,只要有自己的网址,便可以开展跨境电子商务活动。国外企业、公司或个人不需要在中国开设常设机构,只需要租用和托管自己的服务器,就可以直接向国内客户提供商品、咨询及其他服务;即使没有服务器,也可以直接从 Internet 获得收入。同样,国内企业、公司或个人公司同样也可以向国外公司提供这样的服务。这样,对纳税主体、客体,纳税环节、纳税地点、纳税商品或劳务、特许权使用费、纳税收入或纳税问题难于确定,纳税主体很容易绕过国家的关税壁垒,这就需要研究和制定相应税务政策法规。跨境电子商务环境下税收将面临以下几个难题:

(1) 难于确认纳税主体和纳税对象

在传统国际贸易形式下,商品的跨国流通一般通过有固定场所的贸易公司来完成,而跨境电子商务削弱了商品和劳务提供者和消费者之间地理位置上的联系,使商品或劳务的交易活动在固定的场所转移到了没有固定场所的、开放的国际互联网络上。有些跨境电子商务企业无须在国外设立常设机构,便能在市场进行交易。

传统税制首先需要确定纳税主体,即纳税义务人,即从事生产、销售、提供劳务、服务的企业或个人。传统纳税对象是生产经营所得或劳务所得,而以实物贸易很容易确定生产经营所得。但是在跨境电子商务贸易中,公司的形式仅以网址存在,其真实名称、地址在网上并不明显显现,使跨境电子商务超越了时空的限制,促使国际贸易一体化。这不但影响了对从事经营活动的企业和个人身份的确认,而且使纳税主体国家化、复杂化、边缘化和模糊化,具有不确定性。同时,在跨境电子商务交易中,商品、劳务和特许权是以数字化的信息进行传递的,税务当局很难确定其是劳务所得或销售所得,还是特许权使用费。同时,数字化信息所具有的易于传输、复制、修改和变更等特征又使得电子商务所得性质的划分困难重重。

(2) 难于确认纳税地点和纳税期限

传统国家贸易的纳税地点和时间很易确定。纳税地点规定以领土为原则;纳税期限是纳税人向国家交纳税款的法定期限;国家开征的每一税种,都有纳税期限的规定。但是在跨境电子商务的交易中,交易地点随意,只要有计算机就可以进行。另外,跨境电子商务的交易是在线贸易,难于确认纳税地点和纳税期限。

(3) 难于确认税收管辖权

传统税制主要是以属人原则和属地原则为基础进行税收管辖。在跨境电子商务环境下,交易的数字化、虚拟化、隐匿化和支付方式的电子化,使交易场所、提供货物和服务的使用地难以判断或确认,以至难于确认税收管辖权,也难于确认来源地税收管辖权。特别在通过跨境电子商务方式进行国际贸易时,一个企业的管理控制中心可能存在于任何国家。在这种情况下,税务机关将难以根据属人原则对企业征收所得税,企业、居民税收管辖权也形同虚设。

(4) 难于税收征管和稽查,造成税款大量流失

传统的税收征管和稽查是建立在各种票证、账簿和报表基础上的,而跨境电子商务交易的方式采取无纸化,所有买卖双方的合同,作为销售凭证的各种票据都以数据电文形式存在,这些无纸化操作导致传统的凭证追踪审计失去基础。跨境电子商务的交易双方既可随意在电脑中填制购销商品情况,可能不留痕迹的轻易修改,也可用多层密码加以隐蔽,使得税务部门难以收集纳税人的交易活动情况,难以鉴定交易性质和确定税种、税率。这种隐蔽性加大了税收稽查的难度。此外,由于网址是虚拟化地址,可以经常变动,也使纳税人变得难以确定。

(5) 加剧避税问题

在跨境电子商务下,很难保证所有纳税人都服从税法,同时带来黑色经济的机会。电子商务的黑色经济手段是高科技的,其结果是隐蔽的。在 Internet 下,交易实体是无形的,交易与匿名支付系统连接,没有有形的合同,其过程和结果不会留下痕迹作为审计线索。同时,保密技术的应用使确定纳税人的身份或交易的细节极为困难,没有明确的纳税人或交易数字,很难

保证其服从税法。跨境电子商务可以利用在免税国或低税国的站点轻易避税,可以大大降低跨境电子商务企业的税收负担,因此,一些企业纷纷通过跨境电子商务来规避税收。此外,电子商务方便、快捷的方式大大促进了跨国公司内部功能一体化,电子邮件、IP 电话等技术为企业架起了随时沟通的桥梁,这不但使跨国公司转让定价意图更容易实现,而且也可轻而易举地在避税地建立基地公司。

8.3.2 跨境电子商务税收征管的相关规定

电子商务无国界,跨境电子商务将突破国家和地区的限制,在全球范围内运作,这也是全球经济一体化的重要体现。随着电子商务的进一步发展,如何对跨越国境的电子商务进行征税,已是摆在各国税务机关面前的一个重要问题。

为了保证各国税制的公平、透明,以及易于管理,OECD 为跨境电子商务税制提出了几条基本规定:

(1) 税制必须公平,在进行同样交易的情况下,必须以同样方法向纳税人征;

(2) 税制必须简单,税收机关的行政费及纳税人的手续费应该尽量小;

(3) 对纳税人的各项规定必须明确,以便使交易的纳税数额事先就一目了然,纳税人应该知道什么东西在什么时候,什么地点纳税;

(4) 无论采用哪种税制,都必须是有效的,它必须在正确的时候产生正确数额的税收,并最大限度地减少逃税、避税的可能;

(5) 必须避免经济变形,企业决策者应该是受商业机遇的驱动,而不是受税收条件驱动;

(6) 税收必须灵活机动,以便使税务规章与技术及商业发展齐头并进;

(7) 必须把国内通过的任何税收规定及现行国际税制的任何变化汇总起来,以便确保各国之间的因特网税收公平共享;

(8) 发达国家与发展中国家之间的税务基础的确定特别重要。

这些被认为是跨境电子商务有效公平税收的指导。随着跨境电商规模不断地增长,跨境电商对销售目的国的零售业、海关监管和税收治理都带来了冲击,相继引起世界各国政府地高度关注。德国、英国、澳大利亚等带头开始以本地电商平台为抓手对跨境电商征收 VAT(增值税)。一个国家的出口就是一个或多个国家的进口,因此跨境电商税收规范化还牵涉到国际税收征收合作问题。因此,跨境电子商务征税需要各国之间双边、多边的谈判与协商,以及国际经济组织的参与协调来进一步确定和完善。

8.3.3 电子商务的典型税收征管措施

由于电子商务交易方式的特点,给税收管辖权的确定带来困难,因而引起了改革传统税收法律制度,维护国家财政税收利益的措施。1997 年的美国《全球电子商务纲要》主张对网上交易免征一切关税和新税种,即建立一个"网上自由贸易区"。1998 年 5 月 20 日,WTO 第二届部长会议通过的《关于全球电子商务的宣言》,规定至少一年内免征互联网上所有贸易活动关税,并就全球电子商务问题建立一个专门工作组。电子商务的网络贸易税收问题将成为新一轮贸易谈判的重点之一。

(1) 美国的电子商务税收立法

美国财政部于 1996 年下半年颁布了《全球电子商务税收政策解析白皮书》(Selected Tax

Policy Implications of Global Electronic Commerce），提出为鼓励互联网这一新兴技术在商业领域的应用，各国税收政策的制定和执行应遵循着一种"中立原则"，即不提倡对电子商务征收任何性的税收。美国财务部认为，没有必要对国际税收原则做根本性的修改，但是要形成国际共识，以确保建立对电子商务发展至关重要的统一性。应实行非歧视性税收，明确对电子商务征税的管辖权，以避免双重征税。

1997年7月1日美国政府在《全球电子商务政策框架》中，号召各国政府尽可能地鼓励和帮助企业发展互联网商业应用，建议将互联网宣布为免税区，凡无形商品（如电子出版物、软件、网上服务等）经由网络进行交易的，无论是跨境交易或是在美国内部的跨州交易，均应一律免税，对有形商品的网上贸易，其赋税应按照现行规定办理。

1998年5月14日，几经修改的互联网免税法案在美国参议院商业委员会以41票对0票的优势通过，为美国本土企业铺平自由化的发展道路；5月20日，美国又促使132个世界贸易组织成员方的部长们达成一致，通过了互联网零关税状态至少一年的协议，使通过互联网进行国际交易的企业能够顺利地越过本国国界，在其他国家市场上顺利地进行销售。

（2）欧盟的电子商务税收立法

欧盟的电子商务税收政策与美国的电子商务税收政策恰恰相反，其内部有些成员国（如荷兰）主张对互联网征收新税，特别是对电子商务交易。它认为，应该按互联网使用者在互联网上传输的有关信息的容量课征"比特税"（Bit Tax）。大多数国家认为对电子商务除现行的增值税外，不开征新税。

欧盟早在1997年7月签署的《波恩声明》中就已规定，不再对国际互联网贸易征收关税和特别税，但不排除对电子商务征收商品税。1998年欧盟发表了《关于保护增值税收入和促进电子商务发展的报告》，提出不应将征收增值税和发展电子商务对立起来，而且为了控制此项税基流失，拟向在互联网上从事电子商务活动的欧洲消费者征收20%的增值税，不论其供应者是欧盟网站或外国网站；在是否免征关税这个问题上，欧盟态度谨慎，宣称暂不征收关税。1997年在欧盟互联网贸易会议上，29个欧盟成员国原则上同意对网上交易不征税；同年，欧盟与美国发表联合声明，就免征网络经济关税问题达成一致意见，并迫使美国同意将通过网络销售的数字化产品视为劳务销售征收增值税，并坚持在欧盟成员国内对网络经济征收增值税，以保护成员国的利益；1998年制定了电子商务征收间接税的第一步原则，希望尽可能改变成员国各行其是的做法，逐步在欧洲建立统一的增值税征管制度；2000年，欧盟委员会进一步提出，在2000年内出台旨在消除电子商务的国际税收障碍的指导方针，并制定包括电子发票在内的增值税发票法令，标志着欧盟对电子商务税收政策措施的研究与制定正迈入实质性阶段；2002年5月，欧盟通过了一项针对现行增值税法的修正案，规定从修正案生效后3年内，允许非欧盟居民在向欧盟居民销售数字产品时，可以享受免征增值税的待遇。该法案2003年7月生效，并自生效日后三年内对非欧盟居民向欧盟居民销售数字产品免税。

目前，欧盟也原则上同意不再对开展电子商务的公司征收新的税种，并就跨国电子商务的有关原则与美国达成了一致。

（3）经济合作与发展组织的电子商务税务报告

1998年10月7到9日，经济合作与发展组织（OECD）成员国部长和来自非OECD成员国、消费者以及社会利益团体的代表聚集渥太华，共同商讨促进全球电子商务发展的计划。经济合作与发展组织是税务领域里处于领先地位的国际组织，具有制定国际税务规范（如

《OECD模范法公约》和《OECD转让定价指南》)的长期专业经验。1997年,OECD受国际委托制定适用于电子商务的税务框架条件,提出了《电子商务:税务政策框架条件》的报告。该报告制定了适用于电子商务的税务原则:中立、高效、明确、简便、有效、公平和灵活;概述了税务政策框架公认的条件,其中包括纳税人服务机会、身份确认、信息需求、税收和税管、消费税以及国际税务安排与合作等内容。

8.3.4 我国跨境电子商务的税收规范化探讨与实践

从税赋公平的角度来讲,跨境电商行业应该依法纳税。从交易主体来看,B2B模式下的跨境交易具有规模大、种类多、不具备最终消费特征等特点,应按照进出境货物实施管理,由海关征收出口环节关税和进口环节代征税。B2C和C2C模式是企业与消费者或消费者之间通过互联网完成洽谈、订单确认、在线支付等手续,通过在线或离线方式完成交易对象的交割。由于B2C和C2C模式都针对终端消费者,交易特点是规模小、批次多、种类杂、符合个性化要求、最终消费特征明显等。目前按照进出境物品实施管理,海关征收行邮税。

2013年9月,我国公布的《国务院办公厅转发商务部等部门关于实施支持跨境电子商务零售出口有关政策意见的通知》中明确指出,要实施适应跨境电子商务出口的税收政策,解决跨境电子商务出口企业无法办理出口退税的问题。《财政部国家税务总局关于跨境电子商务零售出口税收政策的通知》(财税[2013]96号)规定,自2014年1月1日起,对符合条件的跨境电子商务零售出口企业执行增值税、消费税退(免)税和免税政策。事实上我国财政部对符合条件的出口零售货物试行增值税、消费税免税的政策,实质是"免征不退"。这是国家第一次公布跨境电商税收政策。长期以来,跨境电商作为一个新兴行业,国家一直保持着鼓励和包容的态度。因此,跨境电子商务出口退税政策落地,对鼓励我国自有品牌走向海外游积极意义。

(1) 我国跨境电商发展中面临的问题

国家税务总局要求电子商务出口企业必须在取得合法有效的进货凭证的情况下,才能实施增值税、消费税免税政策。跨境电商一部分业务,在采购环节上很难取得合法有效的进货凭证。例如义乌的跨境电商企业甚至70%以上不能开票。同时,目前跨境电商出口退税的管理系统是参照一般贸易政策,要求报关单证明联商品项与企业进货发票上的商品项一一对应,而跨境电商由于"小额小批"的特点,存在汇总报关单中的商品涉及多张进货发票以及一张进货发票中商品也可能出口多个国家而分散填到多张报关单中的问题,导致出口退税业务操作复杂。因此,需要探讨在统一跨境电商综合服务平台支撑下解决跨境出口通关、退税、结汇与税收规范化问题。

(2) 我国跨境电商的税收规范化探讨与可能实践

一般来说,从发货方式来看,跨境电商分为海外仓模式和国内发货模式。海外仓都是采用一般贸易出口方式,不存在任何问题。而国内发货模式可以分为小微跨境电商和中大型跨境电商。对于小微跨境电商来说,一般负担比较重,赢利性不强,商业性质其实和个体户没有任何差别,因此可以把小微跨境电商视同个体户看待,采取定额征税,并鼓励和支持小微企业积极对接采用统一的跨境电商综合服务平台,从而获得结汇、融资、补贴等增值服务。对中大型跨境电商企业或开展跨境电商的上市企业来说,不仅有监管通关、结汇、退税和融资需求,还需要满足财务和税务的规范化。因此,所有中大型跨境电商企业必须在统一的跨境电商综合服务平台登记备案,所有业务都必须向综合服务平台如实申报,实行有票退税、无票免税、无票成本列支政策。同时,平台能够与出口退税申报系统信息互通互认,通过平台可以查询到退免税相关信息。

免征不退虽然解决了不征收增值税和消费税,但跨境电商企业还要面对17%所得税。数据显示义乌借助市场采购贸易模式下的特殊税收政策,走通了跨境出口"征三退三"管理模式,解决了所得税难题,实现企业业务阳光化。跨境电商企业通过市场商户采购商品后,通过该新通道,只需以前端进项为基准征收3.36%的税(其中0.36%为代征),过后再退回3%的税,在这过程中,市场商户就会给该跨境电商企业开具进项发票。

举例说明,若跨境电商的产品价格为100元,里面有80元为前端进项(包括购进货物或应税劳务包括外购货物或应税劳务、以物易物换入货物、抵偿债务收入货物、接受投资转入的货物、接受捐赠转入的货物以及在购销货物过程当中支付的运费等)。通过义乌这一模式,跨境电商企业仅需缴税80*3.36%元,过后退税80*3%元,并获取约80元的发票。

但是,这种模式也有一定的局限性:首先,其必须为市场集聚区的商户给跨境电商企业开具的发票才具有抵扣进项税的效应,仅适合的品类较单一;其次,要走通该模式,跨境电商企业必须走邮政产品,并愿意把纳入9610模式的信息提供出来(包括交易、支付、仓储和物流等数据)。这样做最大的困难是由于目前跨境电商的利润率非常低(据行业企业披露只有5%左右净利润),跨境电商企业不能承担17%的所得税,因此响应的跨境电商企业并不多。因此,政府还需要根据行业特征采取特殊政策。

对于无形商品,情况比较复杂,既可以通过载体对实物形式向海关申报纳税,也可以通过互联网或其他通信网络完成交易。由于交易过程无须通过海关,不受地域和空间的影响,海关亦无有效手段对此类交易进行监管,故无形商品的在线交易模式将对海关税收产生重大影响。

8.4 跨境电子商务网上纠纷与解决机制

8.4.1 跨境电子商务网上纠纷

(1) 跨境电子商务网上纠纷的概念

跨境电子商务网上纠纷指各交易方因跨境电子商务中商品和服务交易而产生的纠纷。其不仅是指因依靠网络这个工具所进行跨境电子商务活动而引发的各种争议,而且隐含的另一层意思是通过网络这个工具来协助解决各种跨境电子商务争议,即在线来解决纠纷。换言之,跨境电子商务网上纠纷的本意是各种跨境电子商务活动而产生的争议,其引申含义则暗示了解决网上纠纷的途径和方式。

(2) 跨境电子商务网上纠纷的种类

伴随着全球网络环境的普遍化和复杂化,基于跨境电子商务平台的交易逐渐呈现几何式增长趋势,跨境电子商务逐渐成为人们生活中不可缺少的一部分。相应地,由此衍生的网上纠纷,包括其管辖权等内容的界定成为一大管理难题。一般来说,跨境电子商务网上纠纷分为以下两类。

第一类是典型的网络交易纠纷——违约类纠纷。跨境电子商务交易具有非现场性。此类纠纷所形成的损失也基本在交易利益范围之内,非违约方当事人主要考虑的是挽回经济损失,因此该类纠纷具有较强的可协调性。当协商失败，不得不诉求外部纠纷解决机制时，其必须遵循"低成本"的首要原则。

第二类是衍生的网络交易纠纷——侵权类纠纷。这类纠纷包括与违约发生重合的侵权纠纷，还包括其他一些新型的纠纷形态，如违法利用所掌握的对方的个人资料和信息，对对方进行骚扰。侵权类纠纷若造成经济损失往往超出交易利益本身。因此此类纠纷的可协商性不强，受害当事人更倾向于诉诸外部机制。

(3) 跨境电子商务网上纠纷的特点

跨境电子商务网上纠纷具有网络时代的特色，其交易主体和交易方式发生了改变，因此传统交易纠纷解决方式存在着局限性，面临着重大挑战。

① 管辖难。对于跨境电子商务交易过程中的纠纷，消费者在维权起诉之前必须正确判定哪个法院有管辖权，以避免不必要的时间和经济损失，经营者在进行网络经营活动中，也希望预见其诉讼地。面对网络技术的日益普及和跨境电子商务的全球性特点，如何确定被告所在地和合同履行地等存在很多问题，我国《民事诉讼法》中针对传统交易纠纷案件的原则不再普遍适用于网络交易纠纷。

跨境电子商务环境下，借助可将全球计算机连接在一起的互联网，企业可在全球范围内开展商务活动，通过互联网在线签订合同、在线支付甚至在线履行，实现数据、信息的共享与交换。互联网在产生之初，就被设计为非中心化、自我维系的一系列计算机网络之间大量的链接，能够在没有人类干预或控制的情况下迅速通讯。在这个打破地理空间界限、无国界、无主权的"虚拟世界"中，每台计算机都是平等的，没有中心，没有集权，没有一个国家能彻底地控制和有效地管理互联网。正是由于网络空间的这种全球性、管理的非中心化等特点，给传统的司法管辖权理论带来了极大的冲击，尤其是对以地域作为确定管辖权根据的属地原则。

② 取证难。跨境电子商务涉及跨国交易，因此通过司法程序或利用某一国的机构解决纠纷存在很多困难。卖方与买方之间的实力和能力差距、各国家对消费者的保护力度差距、各国对跨境电子商务网上纠纷的处理方式及相关法律和程序的差异化等方面共同影响了诉讼裁定的合理和公正性。同时，跨境电子商务交易与传统交易不同，其交易往来无书面文件，均以网络数据形式表现，因此造成纠纷解决时的举证责任难以执行。

③ 合同纠纷的法律适用难。当代国际司法中，确定合同纠纷中法律适用，即合同准据法的最普遍方法是使用合同自体法。合同自体法一般是指当事人明示选择的法律，在当事人没有明示选择，且不能推断当事人的意图时，合同受与其有最密切、最真实联系的法律支配，即以意思自治原则为主，以最密切联系原则为辅。我国《合同法》第一百二十六条也规定，以合同自体法作为解决合同纠纷的准据法："涉外合同的当事人可以选择处理合同争议所适用的法律，但法律另有规定的除外。涉外合同的当事人没有选择的，适用与合同最密切联系的国家的法律。"

但是在跨境电子商务中，尤其是无形产品交易中，很难确定哪个国家是与合同有最密切联系的国家，根据合同自体法来解决电子商务合同纠纷中的法律适用存在一定困难。

8.4.2 电子商务网上纠纷的解决机制

当前的电子商务交易状况导致了通过司法程序解决纠纷存在诸多困难，为保护消费者权利，寻求法院外的纠纷解决机制已经成为国际社会的共识。2000年12月，OECD、海牙国际私法会议和 ICC 在荷兰海牙专门以"建立网络环境下的信用——在线争议解决机制"为一体召开了联合国会议,探讨了 ADR 机制并提出完善建议,之后又提出了 ODR 机制。

(1) ADR 机制

① ADR 机制的概念

ADR(Alternative Dispute Resolution)指选择性争议解决机制,又称替代性争议解决机制。它是指除诉讼方式以外的其他各种解决争议方法或技术的总称,主要包括传统的仲裁、法院附属仲裁、建议性仲裁、调解仲裁、调解、微型审判、简易陪审审判、中立专家认定事实等。ADR 最早在美国引起关注,而后在欧洲、日本、韩国、澳大利亚等国家和地区广为盛行。

ADR 可以对网络交易纠纷管辖权和法律适用问题进行解决,从该角度来说,作为程序问题的管辖权更多地具有公法性质,利用 ADR 可以有效避免管辖权为诉讼带来的难题。

② ADR 机制的分析

与诉讼程序相比,ADR 具有以下显著的优点:① 程序简便、迅速,成本低;② 方式灵活多样,当事人可根据争议的性质选择适宜的形式;③ 有利于保护当事人的隐私及商业信息;④ 在专家中立者的帮助下,当事人更容易获得双赢的解决办法。因此,ADR 作为替代诉讼解决国际民商事争议的办法,已成为现代法律发展中的一大趋势。

跨境电子商务纠纷通过诉讼途径解决时,不仅遇到前述的管辖权和法律适用方面的挑战,而且还面临昂贵的诉讼成本问题。由于跨境电子商务纠纷的当事人相隔万里,如果在一方当事人所在地提起诉讼,对其他当事人而言诉讼成本将十分惊人,即使上述问题得以解决,仍存在判决承认与执行的问题。假设某电子合同纠纷中,当事人甲和乙分别位于 A 国和 B 国,案件在 A 国法院受理,判决由 B 国的乙赔偿甲的损失,但是乙只有在 B 国有可执行的财产。此时,只有 A 国法院做出的判决在 B 国得到承认并予以执行,甲才能真正得到法律上的救济,获得赔偿。然而,根据国际民事诉讼理论,原判决法院具有合格的管辖权以适用适当的准据法是承认与执行外国法院判决的前提。跨境电子商务造成管辖权和法律适用上的复杂性,使外国法院很容易对国内法院的判决拒绝承认与执行。而一旦跨境电子商务纠纷无法及时得到解决,将导致消费者对跨境电子商务的可靠性产生怀疑,影响消费者参与跨境电子商务的积极性和信心,从而影响电子商务的发展前景。因此,各国都在积极寻找更为有效的争议解决办法。

ADR 争议解决模式是基于相对特定的地域场所和相对确定的法律适用。因此,传统 ADR 模式的争议解决办法也不能针对性的满足互联网模式下的人们对于争议纠纷解决的网络化与高速、低廉要求。同时,ADR 机制因其灵活性、便利性以及在解决电子商务争议中具有的独特优势,使之迅速与互联网相结合,成为新型的争议解决方式,即 ODR 机制。

(2) ODR 机制

① ODR 机制的概念

所谓网上纠纷解决机制(Online Dispute Resolution,简称 ODR),又被称为"在线争议解决机制",它由网上调解、网上协商、网上仲裁和其他由个人和组织提供的用于非正式冲突管理的信息管理工具组成,是一种将替代性纠纷解决机制(ADR)与网络信息技术相结合来管理冲突的一种解决纠纷的制度性安排。ODR 可以说是对 ADR 的发展和延伸,但是它并不只是将网络当作电话、传真一样的沟通工具来发挥作用的。在 ODR 发展的早期,人们是利用网络技术(主要是通过 Email)进行沟通,整个解决纠纷的过程是在模仿传统的 ADR,所以它被称作 Online ADR。

② ODR 的发展概况

ODR 发展最快的是美国,互联网上绝大部分 ODR 网站设在美国,美国政府也积极参与推动 ODR 的发展,美国联邦贸易委员会和美国商业部在 2000 年 6 月举行了一个公开的论坛会议。该论坛会议就 ODR 的全球方案、采用新技术、保证它的公平与效率以及对消费者和企业的 ODR 教育等方面,提出了大量的方案和建议。欧盟也是 ODR 的积极倡导者和推动者,欧盟在 1998 年《电子商务指令》第 17 条中要求成员国的法律不应妨碍消费者通过各种法院外途径包括电子方式解决纠纷。2000 年 12 月 18 日,欧盟和美国共同发表了"美国、欧盟关于建立电子商务环境下消费者的信心和 ADR 地位的声明"的文件,充分肯定了促进和发展在线 ADR 的重要性,并主张企业、政府、消费者组织以及学术机构应共同合作推动 ODR 的发展。亚太经合组织(APEC)电子商务指导小组也于 2000 年 7 月 20 日在曼谷召开了一个消费者保护的论坛会议,其中一个很重要的议题就是:通过有效的消费者保护立法和建立自律规范,提供处理消费者争议的救济手段,包括在线 ADR 手段,以建立电子商务环境下消费者的信心。可见,为了促进电子商务的发展,世界发达国家都非常重视 ODR 的推广。

③ ODR 机制的优势

由于网络本身具有的便捷性,利用网络手段解决争议的 ODR 模式具有一些突出优势。这些优势对所有的当事人,无论是卖方还是买方是有利的。具体说来,ODR 模式的优势主要有:

A. 开放性

互联网的开放不受时间限制,ODR 每天二十四小时都可以进行。即使买方和卖方相隔很远的距离甚至跨越不同的国家,也可以进入 ODR 程序,通过电子邮件和电子讨论板等工具在适当的时刻互相讨论协商。另外,当事人的请求、答辩以及证据等都是透明的,双方都很容易获得。

B. 经济性

当事人利用 ODR 解决争议的成本很低,不需要复杂的设备,只要一台上网电脑就足够了。与现实仲裁和调解的成本相比,ODR 的成本相对要低得多,有时甚至是免费的,利用电子邮件等工具传递相关材料耗时短,很容易被各当事人下载取得。

C. 公平性

ODR 可以保障买卖双方交易的公平,这是由其经济性特点决定的。由于 ODR 成本低廉,使得当事人在解决争议时的财力以及交易的实际价值变的无关紧要。如果当事人把争议诉诸诉讼程序或仲裁、调解程序,争议解决的成本相对较高,这实际上增加了交易的隐性成本。尤其是在跨国民商事争议的解决中,当事人所耗费的时间、精力和金钱数额相当可观。如果一方当事人是处于弱势的消费者的话,受财力和精力的限制,往往难以向传统的争议解决方式寻求救济。因此,合同权利也更难得到保障。在 B2C 模式下的电子商务,消费者不仅对交易对象的真实性、交易过程的安全性等心存疑虑,而且,一旦出现纠纷,如产品质量不合格或者没有即时送货,等等,消费者难以在"异国他乡"进行求偿。这不仅面临一大堆烦琐的法律程序,还需要花费大量金钱和时间。与此同时,在传统的民商事争议解决方式下,商人们也可能会怠于参与全球经济竞争,因为解决争议花费的费用很可能会超过他们进行国际商务活动所获得的收益。由此可见,电子商务在给传统商业交易和经营模式带来革命性变革的同时,其自身也面临种种挑战和障碍。因此,积极利用 ODR 机制解决争议,可以促使更多的消费者和商人参与电子商务活动。ODR 机制不仅是一种经济便宜的争议解决机制,更是一种公平的争议解决模式。

D. 相对较弱的对抗性

与传统的 ADR 相比,由于 ODR 方式避免了当事人的直接会面,对抗性大为减弱,这有助于双方当事人在争议发生后保持合作关系。传统的 ADR 解决争议时,当事人一般亲自到场,双方为了维护各自的经济利益,免不了针锋相对,双方产生冲突的可能性很大,这样,争议解决完毕后双方的友好合作关系也就此完结。ODR 模式解决争议时,当事人经常是天各一方,依靠网络相互联系,这就在一定程度上避免了直接对抗,当事人也可以在经过慎重考虑后发表自己的意见,大大减少了不愉快的发生,有利于当事人保持合作关系。

E. 仲裁与调解相结合的灵活性

ODR 另一个非常突出的特点就是综合应用调解和仲裁两种手段解决争议。一般情况下,ODR 先进行调解,而且调解绝大多数情况下可以解决争议;在调解不成的情况下,原来的调解员可以做出仲裁裁决。仲裁与调解相结合是有效解决争议的一个好办法,因为与仲裁相结合的调解成功率要比与仲裁分离的单独调解成功率大得多。

值得一提的是,仲裁和调解相结合的争议解决方式并非是 ODR 的独创,而是中国仲裁的一个特点。《中华人民共和国仲裁法》第 51 条规定"仲裁庭在做出裁决前,可以先行调解。当事人自愿调解的,仲裁庭应当调解。调解不成的,应当及时做出裁决。调解达成协议的,仲裁庭应当制作调解书或者根据协议的结果制作裁决书。调解书与裁决书具有同等法律效力。""仲裁与调解相结合"在国际上被誉为东方经验。采用 ODR 解决网络交易纠纷是网络贸易发展的方向之一。ODR 机制是建立在当事人资源基础上的一种纠纷解决机制,其裁决或调整决定的执行也有赖于商家和消费者的自觉履行。同时,我国政府鼓励社会力量建立网络消费诉讼、在线纠纷协调和解决、法律援助等机构,为交易纠纷提供较好的替代性救济措施。

8.4.3 跨境电子商务 ODR 存在的问题

在跨境电子商务消费中发生纠纷,传统的纠纷解决办法消耗时间长,费用高,程序复杂,消费者基本上会自动放弃其权利不想大费周折去异国他乡打官司,因为这场官司的费用远远比诉讼金额要多得多。因此,面对此种纠纷,我们需要一种高效便利的纠纷解决方式。在线争端解决机制正是这样一种能有效解决消费纠纷的机制,它具有高效性、便捷性和成本低廉等优势,不仅可以增强消费者进行网络消费的信心、保护消费者的合法权益,而且对促进跨境电子商务快速良性发展具有重要作用。但是,在线争端解决机制也存在着许多问题,这些问题与它的优势都是在线争端解决机制的特性必然产生的衍生物。网络技术给在线争端解决机制提供便利的同时,也为其带来了缺陷。

(1) 在线纠纷解决机制的技术障碍

① 地区发展不平衡

虽然网络无国界性,网络技术的发展与经济水平的发达程度有关,因此不同地区的网络技术在实际中出现发展不平衡的现象是常见的。在线争端解决机制存在的基础就是网络技术,因此在线争端解决机制也表现出区域差异。在美国,欧盟和亚洲一些经济水平较发达的国家,网络技术给电子商务提供的平台较早,出现在这些地区的在线争端解决机制的网络技术也比较发达。目前很多在线争端解决机制网站都是来自这些国家和地区,尤其是美国。而在一些较落后的国家和地区,由于其网络技术水平低加上经济不发达、社会混乱、法律不完善等因素,电子商务和在线争端解决机制的发展缓慢,ODR 网站数量很少,这些地区的消费者就算进行网上消费,但由于其教育和环境因素,他们对在线纠纷解决机制这样专业性的网站几乎没有认识。这就与发达国家的在线纠纷解决机制发展情况形成了鲜明的对比。这种"数字鸿沟"造成了在线争端解决机制在区域间发展不平衡的现象。

② 在线信息传输的安全性问题

在线争端解决机制有一个优点就是对当事人隐私的保密。但是在网络环境下,就算技术再发达,对在线纠纷解决的账户进行了加密,还是需要 ODR 网站履行保密义务。当事人要解决纠纷就要上传各自的答辩意见、证据等资料,因为网络技术也有缺陷,黑客和病毒的存在可能导致这些信息可以任意被人复制和下载,并对这些信息进行篡改,这些资料的安全由于网络技术存在缺陷而受到威胁。这些问题对 ODR 网站的安全性和保密性提出了巨大的挑战。因此,我们不仅要加强技术的改造,而且也要在制度上制定标准为 ODR 网站的安全性和保密性提供保障。

(2) 在线纠纷解决机制的信任缺失

消费者对在线争端解决机制不信任有多种原因,其中最重要的首先是 ODR 网站自身的建立缺少官方权威的认证标准,执业者的专业程度也有待提高;其次是在线纠纷解决网站独立性和公正性存在缺陷。

① 在线纠纷解决网站及执业者资质与认证上的缺陷

如果 ODR 网站对网站调解纠纷的仲裁员、调解员或者调解程序等基本信息不给予公布,消费者当然不会对一个自己一无所知的网站产生信任。ODR 网站上的专业人士有些并不具备专业的知识更没有丰富的经验。现实的情况是,大多数的法律工作者对网络环境下的纠纷解决并不是很积极,但并不排除还有一些法律工作者投身于网上争议的解决。由于这些人擅长的领域是在现实中的案件,他们对网络技术并不一定很了解,因此有时候要想他们给出一个很好的纠纷解决办法并不是轻而易举的事情。ORD 网站专业人才的不足,提供服务时因为其不专业性难免导致消费者对其产生不信任。

另外,由于网站的市场准入标准没有被各国政府明确,目前的 ODR 网站主要采取行业自治模式。通常来说,这种自治模式是由认证机构制定大家公认的一套行为规则或者由行业自己制定一套自己的行为准则,当某一行业网站满足这些准则里的条件的就可以进行行业认证,这与 ODR 中的信赖标志制度差不多一样。但是让消费者感到混淆的情况是这些行为准则规定标准往往不一样,甚至有些内容规定模糊不清,这种情况下,消费者当然不愿意相信 ODR 网站解决纠纷的能力。更何况认证机构的权威性和公正性在现实中往往存在争议,因为截至目前,认证机构的监督和管理还没有有效的机制,出现这些混乱的局面的时候就需要政府发挥其控制和监督的作用。

② 在争端解决网站独立性和公正性存在缺陷

ODR 网站应该在解决争议过程中保持独立性和公正性才能保证裁决结果的公正。但是现在的问题是 ODR 网站的资金主要来源与商家的合作、会员费、广告费、双方当事人解决争议的费用。政府的资金支持很少,ODR 网站要想生存下去就需要依靠电子商务企业的支持,因此,很多 ODR 网站在解决纠纷时为了收取更多的费用倾向保护商家利益,导致消费者权益无法得到保护。这种资金上的依赖会损害 ODR 网站的独立性和公平性。消费者对失去公平性和独立性的ODR就更加无法信任了。

（3）在线争端解决机制程序缺乏保障

目前，ODR程序没有法律的明确规定，如果当事人道德水平低、缺少诚信，则会出现ODR程序被滥用的情况，造成资源浪费。在现有的ODR中，当事人使用、退出、执行ODR具有随意性，不管程序进行到什么程度，当事人都可以单方退出程序。而且有一些ODR网站提供的服务还是免费的，这就给这些不诚信的当事人提供了滥用该程序的便利条件。

在ODR裁决后，是否执行全靠当事人的自觉行为，如果"败诉方"不履行ODR的裁决，则该裁决也只能是一张没用的纸。当事人对ODR这种不尊重除了因为他们自身道德水平低以外还有一个原因就是ODR程序本身具有的"软性"。

另外，ODR程序不但被滥用，还可能成为拖延诉讼的工具。例如如果诉讼请求权时间较短的纠纷或者因争议复杂需要时间长的案件，当事人为了逃避责任而故意用ODR拖延时间，最后导致请求权消失，当事人丧失了向法院起诉的权利。如果ODR与诉讼制度不能很好地衔接，那么它可能会为那些想要拖延诉讼时效的人来说是一个很好的利用手段。

（4）管辖权的合法性和有效性存在争议

很多学者存在这样一种观点：ODR不存在管辖权问题，因为ODR是以网络技术作为基础纠纷解决方式，它突破了传统纠纷解决方式那种僵硬的、以地域作为连接点的管辖权规则。但是这并不说明在线争端解决机制在实践的过程中不存在管辖权问题。

① 在线争端解决机制管辖权的合法性存在争议

如今，虽然在线争端解决机制是ADR的替代性纠纷解决机制，但是现在并没有国家的法律明确规定了ODR的适用范围，更没有正式认可在线争端解决机制。虽然目前在线争端解决机制在许多国家的默认和放任的态度下得到了迅速的自由的发展，但是并不能像ADR那样被法律认可的纠纷解决方式，因此出现了管辖权的合法性问题，即某个ODR是否有权进行管辖案件还存在争议。

② 在线纠纷解决机制中管辖条款的有效性问题

目前，各大ODR网站的管辖权来自当事人的约定，主要有两种形式：一是ODR网站与商家签订合作协议，二是商家在格式条款中规定管辖条款，消费者要与之发生交易就必须接受其条款，没有商量的余地。这两个条款构成了ODR网站具有管辖权的基础。但是在商家与消费者签订的协议中，虽然是协议，但是实际上只是商家自己的规定，消费者只能表示接受和不接受，这都是一种不公平与强制性的行为。这种不公平的协议是否可以让管辖条款有效就引发了争议。例如，事先格式条款中签好的管辖条款，在处理纠纷时一方拒绝接受管辖的现象在现实中出现的并不少，这种情况使得之前签订的管辖条款的有效性落空了。

（5）法律缺失与执行困难问题

截至目前，我国未对在线纠纷解决机制做出具体规定导致裁决做出后存在法律效力和执行难等问题。虽然我国目前有一些法律如《合同法》《电子签名法》《中华人民共和国调解法》以及最高院的《关于使用中华人民共和国仲裁法若干问题的解决》在一定程度上肯定了电子合同和电子签名的效力，也为在线仲裁提供了法律方面的依据。但是在线争端解决机制领域的具体法律是缺乏的，这使得本来就对在线争端解决机制不信任的纠纷当事人更加不想去使用在线解决方式，这种现象不但阻碍在线争端解决机制的发展也对跨境电子商务的发展产生影响。

另外，还有一大难题就是在线争端解决机制裁决结果的执行。一些跨境购物网站的纠纷解决方式会与当事人的在线支付账户绑定以便裁决生效得以执行。但是如果账户的余额不足或该纠纷有第三方纠纷解决机构介入的时候,当事人的不配合执行就会让裁决结果犹如一张白纸。而且跨境网络交易纠纷的虚拟性特点让当事人的真实身份和具体所在地很难得到确认,在线裁决结果的执行只有靠纠纷当事人的主动遵守才可以的。如果当事人道德水平低不讲信用,那么这裁决结果的执行就更加困难了,这进一步降低了在线争端裁决执行的成功率。而在现实中,执行力低的裁决方式往往会被纠纷当事人放弃。这就意味着如果在线纠纷解决方式没有具体的法律提供保障来约束双方当事人让其严格按照程序执行则会严重影响在线争端解决机制的发展。

8.5 跨境电子商务的消费者权益与保护

当今社会已经开始进入到经济全球化以及信息全球化的时代,跨境电子商务已经逐渐成为企业开辟国际市场的重要机遇。但是跨境电子商务自身的安全问题以及法律风险等逐渐对消费者自我权益保护和国家政策监督提出了新的挑战,需要各国政府制定相应的法律法规为跨境电子商务的发展保驾护航。

8.5.1 电子商务对消费者权益的影响

电子商务较之传统商务而言,具有不可比拟的优势。但与此同时,传统商务中经营者欺骗损害消费者利益的现象在电子商务中也容易出现。随着电子商务的发展,电子商务中经营者欺骗损害消费者利益的现象也日益严重。

首先,电子商务是利用计算机网络作为信息传播媒体的,因而与传统商务模式比较起来它获取市场信息的方式更多、效率更高、成本更低,也就意味着信息获取的完全性更高一些,亦即电子商务有着很高的信息效率。但在电子商务中,交易的过程是虚拟的,消费者在购买商品和服务时一般不与经营者以及商品或者服务直接见面,因而无法直接触摸、试用商品,并且交易中最重要的资信审查的步骤被省去了或简化了,其真实性大打折扣。而且,借助高科技手段、经营者的欺骗也更加隐蔽和狡猾。高明的诈骗犯可在网上突然出现,对消费者迅速实行欺诈,然后消失得无影无踪,却根本无法确认他的身份或地址。

其次,电子商务的全球性、开放性使得交易突破了原来的时空界限,扩大了交易范围,提高了交易的效率。但这同时又给经营者不法行为的滋生创造了条件,给电子商务管理带来了巨大的困难。Internet 为所有的电子商务交易者提供了平等的机会,这就降低了电子商务交易的进入障碍。电子商务中不法经营者可以很容易地隐藏自己的用户标识和电脑地址,通过假名、匿名的方式实施欺诈,然后躲避调查。

最后,物流和资金流的非同步性,从而交易成交到交割的时间比一般的商场购物延长了,信用风险和商业风险都增加了。这样对消费者来说,可能受到的影响和损害则比传统的消费模式要多得多,如欺诈、交货拖延,等等。

总之,电子商务在给人们带来方便的同时,传统交易下所产生的纠纷及风险并没有随着高科技的发展而消失,相反,网络的虚拟性、流动性、隐匿性及无国界性对消费者权益保护提出了更多的挑战。如何在电子商务环境中保护消费者的权利,培养消费者的信心,也成了推动电子商务发展的一个关键问题。

8.5.2 跨境电子商务消费者权益保护的原因

跨境电子商务正在成为消费者投诉的重点，其中又以对 B2C 和 C2C 贸易模式的投诉居多，这是因为跨境电子商务的发展对消费者权益保护带来了新的挑战。消费者时常受到各类电子商务诈骗行为的困扰，主要表现为以下三点。

(1) 交易双方地位的不对等

消费者和商家在虚拟空间上进行交易时，消费者分散、孤立，且常常处于弱势地位。我国的《消费者权益保护法》对消费者利益有所倾斜，目的在于维护交易双方的平等地位，但是这一点在跨境电子商务活动当中很难实现。交易当中的条款基本上是由卖方单独拟定的，消费者只能够被动接受，几乎没有商量的余地。尽管跨境电子商务丰富了消费者购买物品的渠道，消费者大可以另觅商家，但是在目前的网络大环境下，商家的做法常常保持一致，形成了一种行为规范，大大削弱了消费者的谈判能力。商家还可能将重要条款诸如一些免责声明等放在不起眼的位置，消费者很可能不会留心。这种不对等的地位亟待通过立法保护来改变。

(2) 消费者的知情权无法保障

消费者权益当中重要的一条是知情权，我国《消费者权益保护法》规定："消费者享有知悉其购买、使用的商品或者接受的服务的不同情况的权利。消费者有权根据商品或者服务的不同情况，要求经营者提供商品的价格、产地、生产者、用途、性能、规格、等级、主要成分、生产日期、有效期限、检验合格证明、使用方式说明书、售后服务，或服务的内容、规格、费用等有关情况。"然而在跨境电子商务活动当中，虽然商家在商品的描述当中包含了很多具体情况，但是消费者难以对货物实现当场的查验。现实的情况是商家发出的货品常常与给出的信息不相符合，在外观、质量、功能等各个方面存在差异，而且很多情况下不会提供关于商品的相关证明和质量保证书。消费者虽然可以提出申辩，但是往往要经历一个耗时漫长的程序，姑且不论物流上增加的时间和成本，远在国外的商家常常会以各种理由进行辩解，给消费者带来很多麻烦。

(3) 售后难以保证

跨境电子商务活动的售后服务一般难以保证，主要是因为：一方面交易双方位于不同的国家，相隔距离远；另一方面很多交易过程当中没有提供有效的售后服务保证。

跨境电子商务其实仅仅为消费者提供了一种新的购物手段，交易的实质并未发生改变，但是这种购物手段以及带来了传统立法上无法解决的一些问题。我国目前还没有关于电子商务当中消费者权益保护的专项立法，在这方面可以参照欧美国家的一些做法，比如欧盟的《远程销售指令》，它专门规范了有关利用远程通信技术缔结的合同涉及的消费者保护问题，美国等国家也通过电子商务立法为消费者提供了不低于对传统商务中消费者的保护程度。另外，交易平台可以在消费者保护当中发挥积极的作用，比如促使商家参与"先行赔付"计划并交纳一定的保证金，然后可以由交易平台动用它给予消费者一定的补偿。

8.5.3 我国电子商务消费者权益保护的法律

我们应该看到，如何应对电子商务环境下的挑战，如何提高消费者的信心，建立可以信赖的电子商务运营环境，是电子商务得以继续发展的重要内容。但是目前我国对消费者权益的保护水平相对较低，而美国、欧盟、日本等信息技术水平先进，经济发达的国家及地区已经针对电子商务消费者建立起较为成熟的法律保护体系，因此我们有必要借鉴发达国家和地区的先进制度经验，以加强我国在电子商务环境下的消费者权益保护。

网络交易中由于消费者和商家互不见面，消费者对商家信誉的信心只能寄托于为交易提供服务的第三方，如认证中心和收款银行等。其中，认证中心能够核实商家的合法身份，收款银行则能掌握商家的信誉情况。一旦因商家不付款、不按时交货或者或不符实而对消费者产生损失时，可以由银行先赔偿消费者，再由银行向商家追索损失，并降低商家在银行的信誉。如果商家屡次违规，银行可以取消商家电子支付的账号，并可以将商家违规情况通报给认证中心，由认证中心记入黑名单。情况严重时可以取消商家的数字证书，由此商家将失去开展电子商务的权利。

信息网络化的发展水平已成为衡量一个国家现代化水平与综合国力的一个重要指标。随着电子信息网络技术的迅速发展，电子商务也必将迅猛发展，消费者作为电子商务的重要组成部分，其权益的保护就显得极为重要。而综观我国现有法律规定，对电子商务消费者权益的法律保护，散见于《民法通则》《合同法》《消费者权益保护法》《电信条例》《计算机信息网络国际联网管理暂行规定》《计算机信息网络国际联网安全保护管理办法》等法律法规条文中，内容散乱，缺陷不少，可操作性不强，远远不能适应电子商务迅速发展所要求的对消费者权益保护的迫切需要。加强对电子商务消费者权益保护的法律研究和立法，已是迫在眉睫。

8.5.4 电子商务消费者权益保护的典型法律法规

跨境电子商务交易是非面对面交易，没有面对面议价、挑选等过程，消费者只是通过描述、图片等广告或宣传订立合同，既没有直接的感官认识，更没有机会验货，在经营者没有充分公开相关信息时，往往导致消费者误解，甚至受欺诈。跨境电子商务交易也是一种非即时结清的交易。正是因为这样的特点，实际中，有的经营者利用通讯交易的特点以虚假不实的广告，诱使消费者购买质次价高的商品，或者收到货款后拖延发货，甚至进行诈骗。

为减轻网上购物消费者未实际看货、验货的风险，各国基本上采取了两种立法模式：一种是欧盟将网上购物视为通讯交易，制定特殊的规则保护交易；另一种是美国、中国台湾地区将网上购物视为邮购买卖的特殊形式，适用邮购买卖中的消费者保护法。

基于邮购的特殊，许多国家法律将邮购作为特种买卖予以规定。马来西亚、中国台湾等国家和地区法律关于邮购的特殊规定主要包括：① 经营者书面告知义务。中国台湾《消费者保护法》第18条规定，企业经营者为邮购买卖或访问买卖时，应将其买卖之条件，出卖人姓名、名称、负责人、事务所或住所告知买受之消费者。② 消费者无条件解除合同，并不承担相关费用的权利。中国台湾《消费者保护法》第19条规定，邮购或访问买卖之消费者，对所收受之商品不愿买受时，得于收受商品后七日内，退回商品或以书面通知企业经营者解除买卖契约，无须说明理由及负担任何费用或价款。

值得一提的是，过去一段时间内，韩国试图通过《访问销售法律》来保护及规范利用电脑进行交易的电子商务。韩国《访问销售法律》是规范通过访问销售、电话销售、传销、生意劝诱交易方式所进行的商品或服务的公正交易的法律。它的主要目的在于保护消费者以及提高市场信赖。韩国刚开始以这部法律来规范电子商务，主要原因在于当时把电子商务理解为，通过通信媒介，如广告单、邮编、电话、传真等传统电子通信设施以及报纸、杂志等进行交易的交易形式。虽然电子商务也具有与传统商务相同的一面，但电子商务与通讯媒介商务、一般传统商务存在根本性的差异,韩国的做法是,将电子商务和通讯交易从传统商务中分离出来,制定了《电子商务等消费者保护法律》。

我国《合同法》未规定邮购买卖,但在《消费者权益保护法》第46条规定,经营者以邮购方式提供商品的,应当按照约定提供;未按照约定提供的,应当按照消费者的要求履行约定或者退回货款;并应当承担消费者必须支付的合理费用。我国《消费者权益保护法》第46条是对邮购买卖做出专门规定的唯一条款,但该条并没有明确经营者的书面通知义务,也未规定"冷静期"及无条件解约权,仅重申了《合同法》关于违约责任的规定。这样的规定并未体现邮购买卖的特殊要求,不能适应市场上交易方式发展的需要,也不能更大程度保护消费者权益。

8.6 跨境电子商务的风险

8.6.1 信用风险

(1) 跨境电子商务信用

信用是指因履行诺言而取得的信任的长期积累,反映主体在一定时间内的诚信度。信用是一个宽泛的社会话题,与不同的领域结合,相应地会有不同的内涵。

一般而言,信用存在广义和狭义之分。广义的信用更注重伦理学方面的内容,是指"信守诺言"的一种道德品质。信用是一种心理现象和道德标准,近似于"信任""安全感"和"信誉"。在处理人与人之间的关系时,我们经常愿意亲近讲信用的人,即值得信任的人。社会学家和经济学家认为信任是人类个体集结成为人类社会的一个必要条件。站在经济学的角度来看待"信用"这个词,则主要表现了其狭义方面的含义。它表示的是一种行为,即以企业为主体,参与者在各项经济活动中发生的一系列契约活动,包括资金的借贷、承诺和履约等行为。

美国著名学者弗朗西斯·福山在考虑了经济与文化的关系后,引入了"社会资本"这一概念。福山认为诚信和互助等社会美德是社会资本的核心,同时也认为西方国家发达的商业金融体系是建立在由道德、制度及法律构成的完善的信用体系之上的。而这套体系在长期的实践中已经深入到公民的日常生活中,他们能够自觉地运用信用工具等作为进行各项社会活动的基本原则。

按信用主体的主动者分,有以企业为主体的商业信用,有以银行为主体的银行信用,有以政府为主体的财政信用,及以股份公司为主体的股份信用等。也可以按信用对象的用途分,有生产信用、流通信用、消费信用等。若按信用的期限分,有短期信用(1年以内)、长期信用(3年以上)、中期信用(1年以上至3年以内)。还可以按信用关系的载体分,有口头信用、书面信用、挂账信用等。

① 电子商务信用风险的概念

电子商务信用风险是指电子商务活动中或虚拟市场中信用状态的不确定性。根据电子商务信用的概念,电子商务信用风险可进一步表述为:在虚拟市场中或电子商务活动中各交易主体遵守市场合约(隐性的或显性的)程度的不确定性大小。由于虚拟市场中各交易者的信用理念(伦理、文化或道德)、信用意向和信用能力的不确定性,以及受其他多种因素的影响,造成了虚拟市场中各交易主体遵守隐性的或显性的合约的程度的不确定性,于是造成电子商务信用风险。

伴随着电子商务的产生和发展,电子商务信用风险随之而来。相较于技术风险,信用风险的主观因素更强烈。它多产生于一方未能履行签约合同的承诺,因此造成一方或多方经济损失的情况。由此可见,信用风险极大地影响着电子商务的有序进行和快速发展的进程。

② 电子商务信用模式

电子商务信用风险的出现从根本上说是由于信息不对称问题产生的,然而在目前阶段解决信息不对称问题的直接途径就是加强信用建设,这不仅包括买方和卖方的信用,还包括电子商务企业和整个行业的信用体系的建立。

根据买卖双方角色的不同,电子商务市场的信用模式主要分为以下四种。

A. 中介人模式

中介人模式把电子商务平台网站作为交易的中介人。中介人以单独身份参与整个交易的全过程。交易协议确定后,买卖双方或其中一方将货物或货款交给电子商务平台网站设在各地的分支机构,分支机构根据交易信息查验无误后再将货物或货款交给另一方。中介人信用模式主要应用在 B2B、C2C 业务领域,其最大优点是平台管理机构控制交易全过程,从而在一定程度上降低了各交易方的商业信用风险;其缺点是在该模式下中介人须设立较多分支机构,交易成本较高,交易速度较慢,且对中介人自身的信用监管较为困难。

B. 担保人模式

担保人模式以电子商务平台网站或经营网站的企业为交易各方担保为特征,试图通过提供担保服务而降低信用风险。担保人模式要求担保人全面了解被担保人的信用状况,因而在实际应用过程中较为适合具备特定组织的行业。其优势在于能够降低交易双方的信用风险;其缺点是对被担保人信用状况的核实较为复杂,额外增加了交易成本。

C. 单边信用模式

单边信用模式是指企业通过建立电子商务网站的方式进行商品交易活动。企业构建的电子商务网站作为销售方,在取得商品交易权后,购买方把货款通过线上或线下方式转至电子商务网站指定银行账户,网站在确认收到货款后再从配送中心发送货物。单边信用模式主要建立在网站自身信誉基础之上,需要参与电子商务交易的购买方对销售方有足够信任。至于促使网站按照承诺履行交易,则需要社会其他机构例如工商行政管理部门、消费者协会等事后监督。单边信用模式一般主要应用在以小批量、低价位特征的零售业态网站,由于购买方一般对销售方信用情况了解较少,因而该类型商业欺诈行为频繁发生,对信用状况的改善需求较为迫切。

D. 委托授权模式

委托授权模式是指电子商务网站通过一定的交易规则,要求参与交易者在协议银行或同等性质机构按照预先设定的条件设立交易公共账户,网站计算机系统按照预设程序对交易资金进行业务管理,从而确保交易的安全状况。在委托授权信用模式下,电子商务网站并不直接参与双方交易过程,交易双方以银行或同等性质机构的公平监督为基础实现信用保证,因而安全性更高。但是,要实现此模式需要银行或同等性质机构的参与,并不是所有企业都能够做到建立全国性的委托机制,因而目前主要在证券经纪类业务电子商务网站得到广泛应用,部分大型电子商务平台网站也有一定应用。

(2) 跨境电子商务信用的概念及现状

在网络交易的特殊环境下,电子商务信用与传统信用存在差异。电子商务信用产生的前提是在线交易,这种有别于传统市场的交易方式赋予了电子商务信用新的内涵,因此电子商务信用表现为在线交易中各个交易者之间的实际行为与预期行为是否一致的兑现能力。

跨境电子商务信用是指在跨境电子商务交易活动中各参与方所形成的相互衔接、相互影响的链式信用关系。在跨境电子商务交易中,有买方、卖方、平台运营商、第三方支付结算商、物流商和其他中间商等参与主体。由于电子商务交易存在虚拟性和匿名性,导致了信息不对称的问题,交易双方不能很好地识辨对方的信用情况,进一步加剧了风险。

目前,跨境电子商务正在经历从量变积累到质变飞跃的过程,2014年跨境电子商务迎来规模化拐点。跨境电子商务是基于网络虚拟性及开放性的商务模式,除面临跨境物流、关税、汇兑风险等难题外,信用问题已成为阻碍行业发展的重要因素。相比信用体系建设及管理相对完备的美国及欧盟国家,我国的企业信用管理机制则显得滞后很多。而在实际操作中,各国法律不同且存在地区差异,造成缺乏统一信用标准的局面,各国的信用管理体系尚不能很好地应用到跨境电子商务领域。

(3) 跨境电子商务信用风险的种类

① 由商品本身带来的信用风险。产品质量问题主要表现为假冒伪劣商品时有发生。由于跨境电子商务企业缺乏一定的法律意识,同时受到自身创新能力不强或无创新能力的限制以及利益的驱使,常会生产并销售假冒伪劣产品。这种做法严重侵犯了知识产权,极有可能会出现正在出关的产品被海关扣留的现象。这种情况在与欧美等发达国家或地区交易时更为突出,因为这些国家或地区的企业、消费者更注重产品的知识产权保护,对产品的要求更为严格。此外,由于跨境电子商务的虚拟性和远程性,买方无法识别产品的真伪,一旦买到假冒产品,那么企业的信用将受到极大的影响,继续交易的可能性极低,严重阻碍了我国跨境电子商务的可持续发展。

跨境电子商务交易大多依赖于大型的平台或园区,而平台或园区对数量庞大的跨境电子商务企业的管理存在漏洞。该种交易的特点决定了国外客户不能直接接触到商品,一般是通过文字和图片描述来获取信息。在这种情况下,卖方为了获取更多的浏览和关注,往往会忽略对商品质量的客观描述,反而过度重视文字、图片的效果以及消费者感观体验,使得商品的各种参数可能存在残缺、不准确的情况,导致了不良后果。

② 由付款方式带来的信用风险。付款方式带来的信用危机是因为跨境电子商务交易结算过程中安全性及保障性不足而造成的信用危机,并且能直接影响到跨境电子商务购买方的经济利益,也会涉及销售方的经济效益。跨境电子商务的付款方式过于依赖于网上银行、手机银行、快捷支付、支付宝等第三方支付平台来进行操作,因此比较容易出现信用危机。第三方支付平台能够有效地对买卖双方交易起到一定的保护作用,但是仍然会有一定的缺陷。例如,物流带来送达时间推迟时,支付宝会自动默认交易成功,并将购物款打到销售方账户,这个付款环节中依然存在一定的信用危机。

③ 由信息泄露带来的信用风险。一般来说,交易过程通常都会涉及交易双方的信息,而其中大量的信息属于隐私,如家庭地址、联系电话以及支付时的真实姓名、身份证号、银行卡号等。而由于某些跨境电子商务企业对信息保护的不重视,导致其故意或是无意中泄露了交易对方的信息。此外,物流配送和第三方支付环节也是易导致客户的信息泄露的主要环节之一。

④ 由服务滞后带来的信用风险。跨境电子商务企业在交易过程中,提供的服务包括咨询、问题处理等方面,而像问题处理不及时、发货延迟等问题都会造成跨境电子商务企业的信用问题,给境外买方传递了信用度低的信号。另一方面,跨境电子商务涉及了信息流、资金流、物流,而物流是影响其发展的一大难题,也是信用问题存在的一个重要环节。由于涉及跨境,物流的周期相对较长,而且可控性差,因此在物流配送过程中常会发生随意延时配送、产品损坏、丢失等现象。同时,因产品质量问题而退货的逆向物流也存在不通畅的问题。

(4) 我国跨境电子商务信用发展存在问题

① 基础信息不对称问题。跨境电子商务是传统国际贸易与互联网相结合的产物,通过互联网连接了全世界的买方和卖方,极大地降低买卖双方的交易成本,突破了传统国际贸易中进口商和出口商的角色限制,促进了我国国际贸易的发展。但是,相比于传统国际贸易模式,跨境电子商务使得买卖双方的基础信息不对称问题更加突出。

第一,卖方在跨境电子商务平台注册开网店时必须进行实名认证,然而买方在同样的跨境电子商务平台注册时手续十分简单,仅需邮箱或手机号。这使得一些信用较差的买家与信用较好的买家难以区别,而且信用差的买方更倾向于失信。

第二,跨境电子商务平台发布的商品种类繁多且发布标准各异,造成平台审核时信息量巨大。同时信息来源半灰色,影响商品信息的权威性,使得事前监管困难。一些不法卖家正是利用这一点发布虚假信息,以次充好。由于跨境电子商务周期较长,退换货手续相对复杂,买方维权成本高,这使得很多买方即使收货后发现产品质量很差也只能选择忍气吞声。

② 信息披露问题。我国电子商务尚未建立全国信用系统,而各电商平台所自建的信用评价体系过于简单,仅仅记录了各交易主体的累积信用,并没有给出对交易双方进行信用等级评判的权威标准,因此累积信用不能很好地反映交易对手方的信用情况。

培养我国国内企业的信用并制定行业规范也是目前亟须解决的问题。我国国内中小企业大多从事低附加值产品的贴牌加工,没有形成广泛认可的品牌效应和良好的商誉。而我国跨境电子商务行业间协会发展不完善,电商平台各自为战的现象较为突出,各平台监管标准不一致,监管往往流于形式。

同时由于网络环境的虚拟性和复杂性,市场中信用信息的传递越发不透明,一些卖家为了诱导消费者,故意释放信用良好的"信号",使得大量虚假信息充斥跨境电子商务市场,增加了买方信息获取成本。

③ 相关法律法规问题。相比于跨境电子商务的高速发展,跨境电子商务信用相关法律法规的制定出现了明显的滞后。我国目前尚未建立完整的跨境电子商务信用法律框架,相关规章制度更是无处可寻。没有法律的约束使得交易方失信成本大大降低,交易双方更倾向于在交易中失信。同时,消费者权益保护、个人隐私保护等与跨境电子商务在线非诉讼纠纷解决(Online Dispute Resolution,简称)的法规和标准不健全,许多跨境电子商务交易纠纷问题解决没有相应的法律依据。

社会信用制度不完善也是重要原因。与发达国家相比,我国社会信用制度建设不完善,个人征信系统中纳入考察的项目少且个人征信结果不易获得,加之社会失信成本低,公民并未形成良好的信用生活,这些问题不约而同地在制度上制约了我国跨境电子商务的持久发展。

8.6.2 市场风险

(1) 金融风险

信息技术的高速发展加速了银行业电子化的进程,一种新型的银行业形态——网络银行应运而生。网络银行(E-Bank)是基于因特网或其他电子通信手段提供各种金融服务的银行机构或虚拟网站。网络银行的出现,极大地方便了资金流的运转。通过网络银行,资金的支付、清算能够得以更快地实现。电子商务的发展离不开网络银行的支持,二者是一种相辅相成的互补关系。伴随着网络银行的发展,跨境电子商务企业也将面临新的金融风险。

跨境电子商务面临的金融风险种类主要有:

① 跨境电子商务企业角度

A. 跨境电子商务企业的投资风险

发展电子商务所需的投资基本上是一次性的,且初始的投资额一般很大,而后续的投资主要集中在系统管理和维护上。但投资收益的增加是长期而缓慢的过程,这就使得许多企业难以在短期内收回投资。而电子商务具有不同于一般项目的特性——可估算性,这种特性增加了企业投资收益的风险性。在投资风险方面主要问题是无形资产投资增加。跨境电子商务企业的投资已从实物资产投资转向无形资产投资。由于无形资产所具有的寿命短、消耗快、不易估算的特性,因而增加了企业成本,相应增大了企业的投资风险。虽然跨境电子商务企业的固定资产投资需求较低,但固定资产折旧快、变现能力低,需要持续不断的后续投资,因而也增加了企业的投资风险。

B. 跨境电子商务企业的筹资风险

筹资风险是指企业预期的投资收益的可变性,或者说企业通过自己借入资金由于筹资风险的存在,使得无法偿还债务等一系列存在风险的可能性。无论是创办全新的跨境电子商务企业还是从传统企业向跨境电子商务企业转型,都需要大量的资金投入,并带来了相关的筹资风险。

② 网络银行角度

A. 网络银行的操作风险

同传统银行的服务一样,如果网络银行没能就安全防范问题对客户进行足够的教育和指导,各种操作风险就会出现。比如,客户在非安全的电子传送中使用个人信息将使罪犯得以访问客户的账户,这样会给银行和客户带来不必要的风险。另外,网络银行是利用以高新技术为依托的服务手段进行资金流动,不断更新的技术手段对银行职员的操作素质提出了更高的要求。网络银行超越时空、方便、快捷的特点,使得上亿美元的交易转瞬之间便可完成。假如内部人员对于网络密码、认证方式等信息的获取比较便利,居心不良者可能试图超越权限进行交易。基于此,网上操作将使内部犯罪更易发生。

B. 网络银行的技术风险

技术风险是直接针对网络银行的安全性而言的,网络银行面临着与传统银行完全不同的安全性的挑战。一般而言,银行提供电子化服务的网络分成内联网、外联网和互联网,网络银行容易受到来自网络内外部的攻击。主要表现形式有:

黑客入侵。基于开放的网络平台,网络银行一旦被黑客利用将直接危害到系统的安全。随着网络应用范围的拓宽和网络技术的不断更新,网络犯罪的技术门槛大大降低,诸如通过系统漏洞、蠕虫、即时聊天工具、论坛、电子邮件等途径达到窥测账户信息、恶意传播病毒、远程操控等目的。

设置木马窃密问题。窃密型木马可以通过读取用户在登录网页时产生的 cookies 信息方式获取有用信息。在窃取到相关信息后，窃密型木马能够通过电子邮件、HTTP 服务器、FTP 服务器等发送给攻击者，攻击者从中可以窃取到用户网上银行的账号和密码。

我国跨境电子商务下金融风险产生的原因如下：

① 网民安全意识方面的原因

网民的安全意识是影响网络银行安全性的重要因素，可以分为两种情况。第一，网民不注意密码保密。比如将密码设为生日数字，一旦卡号和密码被他人窃取，用户账号就可能被盗用。因此，一些银行规定客户必须持合法证件到银行柜台签约才能使用网络银行进行转账支付，以此保障客户的资金安全。第二，网民在公用计算机上使用网络银行，可能会使数字证书等机密资料被盗，从而直接使网上身份识别系统被攻破，网上账户被盗用。

② 网络环境方面的原因

跨境电子商务的所有业务流程都依托于网络环境，网络环境本身就面临着诸多的风险问题。例如信息的篡改、破坏、泄露等。跨境电子商务中尽管并未有面对面的交易，但交易是通过信息传递完成的，因此交易过程可以看作是信息交换的过程。在这一过程中，只有保障信息的完整、真实，才能够使得交易顺利进行，但是当前的跨境电子商务交易过程中面临着严峻的风险问题。我国国家计算机病毒应急处理中心曾公布数据表明，我国将近有31%的互联网企业和个人用户都遭遇过信息泄露、病毒侵害、黑客攻击等问题，电子商务的安全存在着很多的漏洞。

③ 税务政策方面的原因

2016年3月，财政部、海关总署和国家税务总局三部门发布跨境电子商务零售进口新税制，从4月8日开始，我国将实行跨境电子商务零售进口税收政策，告别行邮税时代，50元起征税已经被取消，在限值以内的跨境零售进口商品，关税暂设为0%，进口环节增值税消费税取消免征税额，暂按法定应纳税额的70%征收，超过限值的部分均按照一般贸易方式征税。单个不可分割商品价值超过2000元限额的，按一般贸易进口货物全额征税。跨境电子商务税收新政的到来，意味着我国跨境电子商务发展初期的"政策红利"将彻底失去。这将给跨境电子商务企业带来新一轮的财务风险，许多跨境电子商务企业可能会因为这次的税改对企业内部结构做出重大调整，甚至于许多微小企业或将退出市场。

(2) 信息风险

① 电子商务交易双方的信息安全威胁。传统商务活动是面对面进行的，交易双方能较容易地建立信任感并产生安全感。而电子商务是买卖双方通过互联网的信息流动来实现商品交换的，这就使得电子商务的交易双方在安全感和信任程度等方面都存在疑虑。电子商务的交易双方都面临着信息安全的威胁：

A. 卖方面临的信息安全威胁。例如，假冒合法用户名义改变商务信息内容，致使电子商务活动中断，造成商家名誉和用户利益等方面的受损；恶意竞争者冒名订购商品或侵入网络内部以获取营销信息和客户信息；信息间谍通过技术手段窃取商业秘密；黑客入侵并攻击服务器，产生大量虚假订单挤占系统资源，令其无法响应正常的业务操作。

B. 买方面临的信息安全威胁。例如，用户身份证明信息被拦截窃用，以致被要求付账或返还商品；域名信息被监听和扩散，被迫接收许多无用信息甚至个人隐私被泄露；发送的商务信息不完整或被篡改，用户无法收到商品；受虚假广告信息影响。

② 跨境电子商务的信息风险。跨境电子商务中的信息流涉及客户下单、订单支付、物流寄送等客户与电子商务企业、物流企业之间的信息流通，也会涉及商品流通过程中的海关通关、检验检疫、退税结汇等海关、国检、国税、外管等部门的信息流通。跨境电子商务的信息风险主要包括两个方面：一是信息的不确定性带来的风险；二是网络安全隐患产生的信息风险。

　　A. 由信息不确定性带来的风险

跨境电子商务服务供应链上有着多个实体，而信息作为连接各个实体的纽带，必然也会存在不确定性。因为跨境电子商务的各个节点企业都为了实现自身利益最大化，会出现隐藏敏感信息或真实商业机密信息的情况；也会有为了提高消费者购买欲望，满足消费者的个性化要求，达到增加销售业绩，获得更大收益的目的，会将某些重要信息夸大，导致信息失真，产生严重的信息风险。

另外，共享信息不确定风险也会带来信息风险。由于跨境电子商务服务供应链上实体的信息技术水平的差异性，或者实体内部对信息公开限度的不同等原因，可能会导致共享信息的不完整、不准确。

　　B. 由网络安全隐患产生的信息风险

跨境电子商务正常运营的重要前提就是要实现信息共享，供应链上的实体通过网络收集和传递各自所需的信息，使跨境电子商务的物流、资金流、信息流快速流动，但是网络安全隐患可能会使整个信息系统受到攻击，使得信息交换不及时、信息获取不准确，在一定的程度上给跨境电子商务信息安全带来了风险。

（3）市场环境风险

跨境电子商务在重塑国际贸易与消费模式的同时，也面临着来自贸易监管、物流体系、消费者权益保护机制、支付结算等方面市场环境带来的风险挑战。

① 传统贸易监管模式落后的风险。跨境电子商务需要通过出口国海关和目的国海关两道关卡，传统贸易主要采用大批量、低频次的交易方式，各国海关和检验检疫机构的监管方式主要是为适应传统的贸易模式而设计的。而跨境电子商务以小额贸易为主，交易频率高且产品种类繁多，使得海关的监管难度明显加大。一方面在征税环节海关需要逐笔对照产品种类征收小额税款，而有些商品通过快递或邮寄的方式运输，检验检疫机构无法获取商品和交易信息，征管工作量大大增加；另一方面为了防范走私和违禁货物入境，货物查验的工作量明显加大，海关只能进行随机抽检，增加了工作难度，也容易产生漏洞。

贸易双方对通关流程和要求缺乏了解也是跨境电子商务容易出现清关障碍的一个因素。由于跨境贸易双方分属不同国家，寄件人或消费者缺乏对对方国家监管制度的了解，在填写相关资料时不符合海关要求，而快递公司也很少进行核对，导致经常出现扣货查验、货件退回发件地或要求补充资料再放行的情况甚至直接没收。而一旦发生"退件"或"没收"的情况，货主需要承受较大的损失，即便是"补充资料再放行"，也会延长配送时间，发生贸易的投诉和纠纷。

② 跨境物流渠道发展滞后的风险。物流配送不仅是跨境电子商务运营成本的重要组成部分，同时物流配送的效率也影响用户的体验。与蓬勃的跨境电子商务相比，物流配送的发展严重滞后。

第一，跨境物流配送速度较慢。如根据全球速卖通提供的物流商承诺时效，目前使用中国邮政挂号小包从中国发往巴西的送达时间上限为90天，其他国家为60天。也就是说，一个巴西用户从全球速卖通下单，很可能3个月之后才能够使用上所购买的商品。欧美发达地区使用国际e邮宝速度相对较快，但也通常需要7~10天的时间送达。

第二，跨境电子商务所产生的海量分散订单，使得很多物流公司的订单仓储体系难以满足多样化和复杂化的物流需求。特别是一些当地物流系统不发达的国家，物流运作效率较低，导致货物积压严重。

第三，跨境包裹的全程追踪难以实现。各国快递公司的物流信息系统千差万别，再加上不同语言之间的鸿沟，信息系统对接存在较大障碍。一些小语种国家或物流不发达的国家都尚未在网站上提供包裹的投递信息，使得全程追踪更难以实现。

第四，多次转运和转包造成跨境包裹丢包破损的概率大大增加。现有的邮政包裹、国际快递、专线物流以及海外仓储等几种主要物流模式都需要经过四五道甚至更多频次的转运才能到达客户手中，包裹破损丢包一旦发生，会给客户带来极差的购物体验，也大幅提高了卖家的运营成本和失去客户的风险。

③ 消费者权益保护机制不完善的风险。跨境电子商务存在较高的购物风险。当所购商品实物与网络照片和信息不符或存在假冒伪劣商品时，消费者难以通过如向本国的工商、质检部门投诉等传统方式进行维权，有效的维权途径十分缺乏。即便商品来自法律法规和信用体系比较完善的国家，商品也是通过正规渠道购买的，同样也难以保证所购商品不会出现质量问题。一旦遇到质量问题，跨境退换货都将耗费大量的时间、精力和金钱。跨境电子商务中还大量存在海外代购的现象，由于代购者与消费者之间的经营性关系难以界定，同时也缺乏行之有效的信用体系，更增加了消费者权益受损的风险。此外，境外零售商利用交易记录和平台数据能够十分便利地记录购买者和浏览者的个人信息，很容易造成消费者的隐私泄露、信用卡以及个人账户信息被窃取等。

对于消费者隐私权的保护，各个国家所采取的政策存在较大差别，比如美国对于跨境交易的隐私保护采取了比较灵活宽松的态度，而欧盟则在个人信息保护方面制定了一套严格、完善、规范的法律框架。国际上对跨境数据流动并没有一个明确的定义和界定，2007年APEC成员方签署了《APEC数据隐私探路者倡议》，首次提出要建立APEC跨境隐私保护规则体系，率先进行了这方面的探索，2011年《APEC跨境商业个人数据隐私保护规则与实施》正式通过，为消费者参与跨境电子商务提供了有效的法律保障。

④ 国际结算体系与支付平台的风险

跨境电子商务的支付结算方式涉及进口和出口两个渠道，包括跨境支付购汇方式和跨境收入结汇方式。其中跨境支付购汇既包括第三方购汇支付，也包括境外电子商务企业所接受的消费者本国货币的支付方式。而跨境收入结汇包括第三方收结汇和国内银行汇款等。由于跨境电子商务交易在货物贸易与服务贸易的归类上存在重叠模糊之处，在所适用国际规则的认识上存在一定的分歧。对于在跨境电子商务中大量使用的第三方支付机构，其在外汇管理与监管上应承担的责任和义务，目前尚无清晰的界定。

从各国所采用的国际支付与结算体系来看，每个国家由于采用的支付形式不同，外汇管制的程度不同，金融机构管理方式不同，各国的支付结算体系千差万别。再加上消费者的购物习惯和电子支付的接纳程度存在巨大差异，跨境电子商务企业对其缺乏了解，同时对其他国家法律法规、税收体系并不熟悉，因此更难以形成适合的支付形式。除此之外，国际结算手续费用较高,佣金率远高于国内业务,通常为3%～4%,花费的时间较长,都构成对跨境电子商务发展的制约。

目前在跨境电子商务外汇支付市场中,PayPal已成为很多境外购物网站的主要支付选择,支持中国的支付宝、银联等的境外电商平台还比较少。尽管PayPal已经被很多国家的消费者所使用,但大多未取得所在国家支付业务的许可。同时对于使用PayPal的电商企业来说,由于适用法律法规的差异,账户资金也存在诸多风险,限制了第三方支付的普及。

8.6.3 法律风险

跨境电子商务的参与实体众多,而且跨越不同主权国家,其中涉及许多问题都可能产生法律风险。跨境电子商务自身的安全问题以及法律风险逐渐对消费者自我权益保护和国家政策监督提出了新的挑战。由于现有跨境电子商务的专门法律比较的少,法律法规建设还不够完善,因此,产生了一系列的风险问题。

(1) 隐私权风险

随着计算机网络技术的发展,跨境电子商务的应用和普及,有些商家受利益驱使,在网络应用者不知情或不情愿的情况下采取各种技术手段取得和利用其信息,侵犯了上网者的隐私权。例如,有些商家会将消费者的个人信息进行整理从而建立起消费者信息资料数据库,并且还会通过一种有价的形式向第三方出售,这就违反了电子商务活动的相关法律制度。网络隐私数据如何得到安全保障,这是任何国家发展跨境电子商务中都会会遇到的问题。对网络隐私权的有效保护,成为跨境电子商务顺利发展的重要条件。目前从世界范围看,在跨境电子商务中,侵犯隐私权的形式主要有以下几种:

① 擅自在网上宣扬、公开他人隐私。未经他人的允许,擅自在网上宣言、公布他人隐私,是对他人隐私权的严重侵害。在互联网宣扬、公布他人隐私的途径主要有发送电子邮件、聊天室、新闻组等形式,非法将他人的隐私暴露。

② 黑客篡改、窥视他人电子邮件或恶意攻击。黑客通过非授权的登陆攻击他人的计算机系统,窃取网络用户的私人信息,篡改信息。另外,黑客也会把其他客户的邮件转移或关闭,造成客户邮件丢失,个人隐私、商业秘密泄露。

③ 垃圾邮件的泛滥。互联网上最为普遍侵犯隐私权的现象是垃圾邮件,致使邮箱充斥着与自己无关的信息,这些信息大多是各式各样的广告。广告的发送者大多与互联网服务提供商(ISP)合作,未经用户同意而得到广大用户的邮箱号码。或者在个人申请邮箱时,强制申请人同意接受ISP所订立的格式条款而不得不让广告商随意使用自己的邮箱,从而将大量的广告信息强行送入个人邮箱。

(2) 知识产权风险

知识产权又称"智力财产权",是人们对自己的智力活动创造的成果和经验管理活动中的标记、信誉依法享有的权利。很多电子商务活动都会涉及公民、法人和其他组织享有的知识产权,而传统的知识产权制度与电子商务中各类权利人之间发生了种种利益冲突,因此电子商务中的知识产权问题日益突出。所以,正确理解跨境电子商务活动与知识产权保护之间的关系,在发展跨境电子商务活动中不断加强对知识产权的保护,已是知识经济时代刻不容缓的问题。

从知识产权保护程度的角度,跨境电子商务中行为主体的难确定性、行为地点的难确定性及行为的跨时空、跨国界性,都给确定知识产权纠纷的司法管辖出了难题。跨境电子商务中在网络上流动的信息,是否要求服务商进行数据保存,如何对这些数据进行证据保存,也将解决知识产权纠纷的现实操作性带来了一系列问题。从知识产权实体的角度分析,在电子商务范畴内,对知识产权提出的挑战主要体现在以下几个方面。

① 著作权及领接权风险。著作权及领接权风险是电子商务中涉及最多的知识产权问题。著作权保护的核心内容是保护著作权人拥有控制作品传播和使用的权利。在传统的著作权保护下,著作权人对作品的复制权、发行权、传播权基本得到了保证。但是在网络环境中,著作权人面临着作品"失控"的严重威胁。网络中传输的数字信息,包括各种文字、影像、声音、图形和软件等,侵权行为完全可以通过互联网不经著作权人许可而已任何方式对这些数字信息进行复制、出版、发行、传播,从而构成互联网著作权侵权的主要形式。

此外,对网络服务商侵权行为承担责任问题,如何确定侵权事实的存在及损害赔偿的原则,也是著作权及邻接权保护研究的问题。

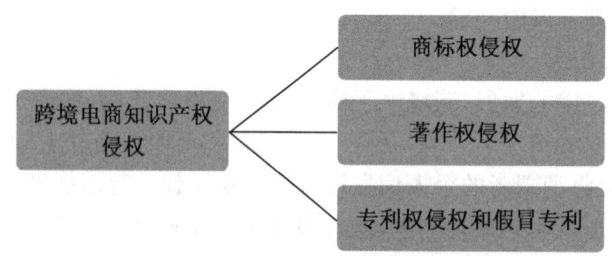

图 8-1 跨境电商知识产权侵权

② 商标和域名问题。自从网络的出现和网络商业化以来,网上商标和域名保护问题就随之而来。域名就是链接在互联网上的计算机的地址。由于域名易记、具有提示消息、上网购物或寻求服务的功能,已经被广泛地用作一种商业标志符号。近几年国内外有关域名恶意抢注他人知名商标、域名与商标权、商号的冲突纠纷不断,电子商务商标和域名保护已成为迫切需要解决的问题。

另外,网站上以及网页上各种商标的授予和保护,域名的注册原则和授予标准以及域名本身的知识产权性质等一系列问题都需要加以解决。

③ 专利权问题。新颖性是发明创造申请专利的一项基本条件,专利法对于新颖性的判断是以申请日前没有同样的发明创造在国内外出版物上公开发表、在国内发表使用或以其他方式为公众所知为标准的。但如何在互联网上公开发明创造,应该采取怎样的规则,现行的专利法中并没有明确的规定。

另外,计算机程序和商业方法的专利权问题,界面设计、网上资料压缩技术、密码技术、信息处理、检索技术以及网上使用的软件专利权问题,也是电子商务对传统的专利制度提出的挑战。

(3) 商务交易风险

电子商务作为互联网发展的产物,在交易的过程中需进行电子支付,从一定程度上就会面临着巨大的虚拟诈骗风险。境外电子商务中的交易风险主要是一种国际性的非法交易活动,即参与境外电子商务交易的企业并没有按照合法的方式来进行贸易交易,造成企业与用户之间经济利益的损害。

根据实际数据资料显示,大约有1亿的境内在线消费者受到虚假信息的侵害,所骗取的金额也是相当的高。由于跨境电子商务在国际上并没有建立一个统一的信用评判标准,从一定程度上给许多的不法企业以及个人提供了洗钱的可能性。由于我国第三方支付的平台比较多,从而给个别机构提供了诈骗和违法违规的机会,使得银行和第三方支付平台在跨境消费上存在较大的安全漏洞,导致境外电子商务交易存在法律风险。

(4) 货物税收风险

跨境电子商务的发展,一方面突破了国家和民族的界限;另一方面,它不再完全地遵循法律和商业惯例规定的有关传统程序,这就导致了各国政府的税收改革以及相关立法的变革,使得一系列性新税收规则不断涌现。

由于跨境电子商务在邮递物品的过程中会存在个体小,以及总量大和种类比较分散的现象。面对新的税收规则,企业为了能够逃避税收问题开始进行多次邮递,以蚂蚁搬家的形式运送大量的货物。而小型跨境电子商务卖家开始以混淆自用物品与代购物品的方式来逃避税收。从整体问题上来看,使得海关征税难度系数变高,导致国家的征税问题存在较大的漏洞。针对规模较大的企业,为了能够减少生产成品,降低税费,不惜采取一种走私的方式来进行逃避税收,导致国家税款流失现象越来越严重,对整个国家经济运行安全会产生巨大的影响。

8.6.4 技术风险

跨境电子商务环境下,用户数据的整个生命周期都是在全球计算机和网络系统中度过的。用户数据是以0和1的信号组合形式存在的,与传统形式相比,技术含量更高。由于网络的开放性、共享性和动态性,使得任何人都可以自由地接入Internet,导致以Internet为主要媒介的跨境电子商务的发展面临严峻的安全问题。其主要技术风险包括网络环境风险、技术选择风险、数据存取风险、网上支付风险等。

(1) 网络环境风险

外来入侵是指计算机遭到攻击,主要表现形式是黑客和病毒等对系统的文件和数据的篡改和破坏。黑客是指未经许可,闯入他人计算机系统进行破坏的人。黑客们的攻击行动是无时无刻不在进行的,这些人利用跨境电子商务系统和管理上的一些漏洞,进入计算机系统后,破坏或篡改重要数据,盗取机密与资源,控制他人的机器,清除记录,设置后门,给企业资源计划系统(ERP系统)带来灾难性的后果。

计算机病毒是人为编写的一组程序,可以攻击跨境电子商务系统的数据区、文件和内存,可以攻击计算机的磁盘,扰乱屏幕显示,干扰计算机键盘和打印机的正常工作,以致使计算机的硬件失灵、软件瘫痪、数据破坏和系统崩溃,造成无法挽回的损失。值得高度关注的是,随着各种应用工具在计算机网络上的传播,黑客已经大众化了,不像过去那样非电脑高手不能成为黑客。而计算机病毒问世十几年来,各种新型病毒及其变种迅速增加,并利用计算机网络这一通道迅速传播。这就使防范外来入侵的难度大大增加。

2000年2月7日,当绝大多数中国人还沉浸在新春佳节的欢乐之中,大洋彼岸的美国却传来一则可怕的消息:雅虎、亚马逊、CNN等五大网站受到黑客连续攻击,世界第一大网站——雅虎长达三个多小时无法对外提供服务,Buy.com和eBay为躲避风头强劲的恶意攻击也不得不将网站关闭。其后,黑客攻击的目标和范围又扩大到了证券和金融网站,大有"烽火燎原"之势。据初步估计,黑客此次大规模攻击行为给美国信息产业造成了大约12亿美元的经济损失;人们对网络高科技的安全性产生了怀疑;在华尔街,网络股受到震动而下挫。白宫和国会专门就此召开会议商讨对策。美国联邦调查局(FBI)也出动了大量人马,开始着手调查此案,欲将肇事者"一网打尽"。此次袭击并未发现黑客盗窃任何东西,也没有散发病毒或恶意删改,只是进行拒绝服务攻击,其目的是使网站瘫痪。黑客的此次行为向整个 Internet 敲了一下警钟,网络安全的形势依然非常严峻。

网络安全问题涉及网络系统安全,也涉及网络信息安全。而网络信息安全既有防火墙所要防范的对服务器中信息构成的安全威胁,也有在数据传输过程中的数据被窃取或篡改的安全性问题。因此,在电子数据传输的过程中,安全和保密是跨境电子商务发展的一项基本要求。目前,一些国际组织已先后制订了一些规定,以保障网络传输的安全可靠性。1997 年国际商会制订了《电传交换贸易数据统一行为的守则》。联合国贸法会 1996 年《电子商务示范法》也对数据电子的可靠性、完整性以及电子签名、电子认证等做了规定。OECD、欧盟、美国及其他发达国家都先后制订了网络交易安全与保密方法的规则。

(2) 网络欺诈风险

跨境电子商务给大家带来便利的同时,伴随着网上购物带来的网络诈骗也迅速增长。但网络欺诈终究是欺诈,其本质都是相同的,正如美国联邦贸易委员会主席说,大多数互联网欺诈是"披上高科技外衣的老式诡计。"网络欺诈形式多样,最典型的包括:网络购物、拍卖诈骗;网络信用卡诈骗;中奖诈骗;网络传销诈骗。网络欺诈的特点主要是隐蔽性强、形式多样、实施欺诈的成本较低;渗透性强,对象广泛,社会危害性极大。

在互联网社会,消费者受欺诈风险存在的根源在于网络社会的快速、虚拟性。从事网上交易的买卖双方在利用互联网快速便捷的沟通方式之时,正在面临着前所未有的信息不对称。利用网络拍卖或虚假广告诈骗、网购商品难享"三包"服务、"网上钓鱼"骗取银行账号、盛行的网络非法传销等网络交易欺诈手段也在不断"推陈出新"。在众多的网络欺诈中,最常见的是由卖方制造虚假身份和虚高商品价值欺骗处于信息不对称劣势的买方,所以跨境电子商务中消费者往往是最大的受害群体。跨境电子商务欺诈本质上源于传统的欺诈诡计,然而其又利用了互联网技术作为实施欺诈的工具,网络欺诈之所以能够存在,也有部分是因为技术本身的缺陷。

(3) 技术选择风险

技术选择的风险主要是指技术选择的不确定性对技术预期可能带来的偏差从而带来的潜在危险。从经济学中的角度,技术选择是决策者为了实现既定的经济技术和社会目标,对多种技术路线、技术方针、技术措施和技术方案进行比较选优的过程。技术选择分宏观技术选择和微观技术选择,宏观技术选择是指国家、地区、产业部门等的关键技术的采用问题,其影响的广泛性和深远性超出一个企业的范围,影响到整个国民经济的发展和进步。微观技术选择是指企业范围内的产品、工艺和设备的选择问题,是影响企业市场竞争能力和经济效益的关键性问题,虽然直接涉及的是企业的生存和发展,但也影响到整个国民经济的发展。

现实中,跨境电子商务企业在生产运作中要用到很多种技术,需多次地进行技术选择决策。技术选择不仅仅是技术部门的工作,还涉及企业中的其他部门,如市场营销部门、生产运作部门等。技术创新已成为国际性热点问题,创新成为企业生存与发展的不竭源泉和动力,技术在创新过程中的选择是技术创新决策的关键。一项技术的引入涉及大量的资金投入并会影响企业未来多年的生产竞争能力。如果技术选择不恰当,企业的损失很惨重;如果企业选择的技术过于落后,将会导致企业缺乏竞争能力,使企业在激烈的市场竞争中处于被动地位。一个决策的失误,就可能会使一个兴盛的企业败落,由此而产生的风险是不言而喻的。

众所周知,构成我国信息基础设施的网络、硬件等产品几乎都是建立在以美国为首的少数几个发达国家的核心信息技术之上。目前,我国大多数企业自主开发的能力极其有限,更多的是依靠外部的技术力量,技术来源一是国内科研院所和大学,二是从国外引进。受外汇能力及进口壁垒的限制,企业更多的技术来自国内科研院所和大学的供给。但在我国科研成果产出中,真正转化为现实生产力的只占极少数,造成技术供给能力不足,企业在技术选择过程中更是面临很多困惑。

(4) 数据存取风险

数据库作为信息的聚集体,是跨境电子商务系统的核心部件,从中可以寻找出一个企业的组织架构、管理理念、客户资源、人力资源组成、企业产能、销售渠道、合作伙伴、竞争对手等方方面面的信息,风险防范至关重要。由于数据存取不当所造成的风险主要来自于企业内部。一是未经授权的人员进入系统的数据库修改、删除数据;二是企业工作人员操作失误,受其错误数据的影响而带来的风险。其结果必然是使企业效益受到损失,或者是使顾客利益受到损失。

从技术角度看,跨境电子商务平台的服务质量与跨境电子商务数据库运行性能之间有着密切的联系:数据库是跨境电子商务的基石,一切跨境电子商务活动的信息都将以数据的形式保存到数据库中。频繁的跨境电子商务交易对于数据库而言就是数据读写、更新和查询。数据库运行性能的优化反馈到现实应用中则是跨境电子商务平台效率和性能的提升。因此对于跨境电子商务企业而言,提高跨境电子商务平台服务质量的问题可以转化为优化跨境电子商务数据库运行性能的技术问题。

由于数据库的安全在很大程度上依赖于数据库管理系统,而数据库管理系统在操作系统下都是以文件形式进行管理的,因此攻击者可以直接利用操作系统的漏洞窃取数据库文件,或者直接利用操作系统工具来非法伪造、篡改数据库文件内容。这种风险是一般数据库用户难以察觉的。

(5) 网上支付风险

跨境电子支付服务涉及企业、个人、银行及第三方支付平台等多个主体,典型的跨境电子支付服务方式主要包括网上银行支付服务系统和有第三方支付平台参与的电子支付服务。企业之间的大额资金支付通常是通过网上银行支付服务系统完成的,交易者的资金支付可能选择具有跨境网上银行服务的银行,也可能选择具有跨境合作的不同银行,由于交易金额较大,有可能对银行构成流动性风险。在第三方支付平台参与的跨境电子支付中,买方需要将资金转移到其在支付平台的账户,委托支付平台管理,在确认收到货物时,委托支付平台支付货款,进行交易支付结算。在长期的支付服务中,第三方电子支付平台沉积了大量的资金,如果资金管理产生问题,就会给众多交易方带来损失。

此外,跨境电子支付还要承担互联网或银行支付网络受到黑客或其他不法分子攻击而遭受损失的风险,在实践中还出现了因银行身份认证过失而造成消费者财产受到侵害的案例。跨境电子支付服务中的风险主要围绕跨境电子商务中企业之间电子支付服务和个人跨境电子商务消费中电子支付服务存在的风险。具体风险有如下几点:

① 银行的信用风险和支付流动性风险。银行的信用风险本质上是交易对象没有按照约定履行承诺,而对银行的收益或资产造成的风险。在跨境电子支付服务中,由于没有完善的跨

境信用协调体系,导致银行不能充分地了解交易主体的信用及信誉状况,在不同信用状况的主权国家中,实现银行跨境信用保障还存在一定的阻力。产生信用风险的主要原因是交易双方合同的达成与资金的转移不是同时进行,即存在相互间的信贷发放。一旦在支付指令发送与资金实际发生转移的期间内的某一方陷入清偿危机,就可能导致资金实际交割无法履行。

银行的流动性风险本质上是银行不能及时变现,清算债务出现严重问题。目前跨境电子支付中的流动性风险表现的不是特别明显,但随着跨境电子商务的发展、电子货币制度的构建,预防跨境电子支付导致的网络银行流动性风险是风险监管制度发展的重要组成部分。

② 银行的监管风险。这主要是银行内部电子支付服务风险监管问题。巴塞尔《有效银行监管核心原则》及各国的银行业监管法律都要求银行建立内部风险监管体系,进行内部自律监管。在跨境电子支付服务中,银行属于资金或货币的中转主体,掌握着交易各方及交易平台的各种交易信息,所以银行业最受不法者的"青睐"。银行的监管风险包括银行因自身风险监管技术、监管规则不完善造成的风险和银行内部人员与外部侵害者给银行造成的风险。

③ 跨境电子支付的技术风险。无论是独立的网络银行电子支付系统,还是公开的互联网式支付系统,都将面临因电子信息技术产生的技术风险。它主要包括依赖于电子信息传输系统和计算机处理技术的电子支付服务系统在运作过程中由于电子信息传输系统故障或计算机信息故障造成的支付信息丢失风险以及外部侵权人利用计算机技术盗窃相关支付主体的支付、交易信息,以此造成对支付体系安全的侵害。

这种风险在跨境电子支付服务中表现得尤为突出,因为支持跨境电子支付系统的计算机传输系统也实现跨境运作,这种跨境信息传输的法律和监管技术严重落后,很容易被犯罪分子利用,造成跨境电子支付信息丢失风险并造成交易主体的利益损失。

8.6.5 管理风险

(1) 政府行政管理风险

政府出台的一系列与跨境电子商务有关的法规是立法规范的一个进步,但是在实际操作中仍然存在许多的漏洞,这些往往会导致政府行政管理风险。

2012年我国质检总局发布《进口食品进出口商备案管理规定》中就对进口食品信息及来源和流向的登记备案做出了要求。《进口食品进出口商备案管理规定》中对于登记备案的规定确实可以对大宗货物的进出口起到很好的规制作用,但是对于一些小企业或者个人代购来说却很难监管,如奶粉恐慌带动的奶粉代购。由于与国内市场销售的奶粉价格的差距比较大,奶粉代购很大部分是由电子商务小企业或者个人代购,主要通过邮寄和个人携带入境,代购者很少会主动去登记备案,这就使得相关的以登记备案为监管前提的规定少了立足的根本。《食品进口记录和销售记录管理规定》也是如此。在不能有效备注登记的前提下,难以实现对于产品进行追溯和产品召回。

2014年1月26日我国国家工商行政管理总局出台《网络交易管理办法》,专门针对电子商务进行了规范,如规定要求从事网络商品交易的自然人,应当通过第三方交易平台开展经营活动,并且向第三方交易平台提交其姓名、地址、有效身份证明、有效联系方式等真实身份信息。具备登记注册条件的,依法办理工商登记,在这里第三方平台要考查的就是该自然人是不是具有登记注册条件。而新《公司法》已经将公司设立的最低注册资本的要求除去,工商部门仅仅登记股东认缴的注册资本总额,在这一点上,可以说几乎是没有登记的门槛。这样《网络交易管理办法》的这一条规定就流于形式了,无法真正对第三方交易平台上运营的企业注册进行监管。

另一个值得一提的是电子商务在违反相关规定时所要付出的违法成本过低,如《进出口备案登记》中对于不按要求进行登记的仅仅是对该电子商务企业不予备案或者取消备案资格,这对于电子商务企业不痛不痒,甚至有的电子商务更希望通过不登记来逃避监管。

(2) 交易流程管理风险

由于跨境电子商务的特殊性,其交易流程也不同于传统的国际贸易交易流程,因此,简单的在跨境电子商务交易中套用传统的交易流程,是不可行的。传统企业发展跨境电子商务面临众多风险,例如,运用管理的风险,企业流程再造的风险,信息系统管理漏洞的风险等。

(3) 运营管理风险

① 产品采购及推广流程风险。跨境电子商务企业需要从上游采购商品,供给下游的消费者,员工在其中将有非常大的空间为己谋利。比如同一类型商品,选择哪一家作为供应商,如果供应商采用行贿等手段拉拢采购员,就很容易采购劣质或者滞销商品,造成企业运营利润的损失,严重的会造成企业的信誉受损。

此外,一些岗位的员工掌控着企业积累的消费者信息,消费者信息也是跨境电子商务企业的重要资源。如果这些员工出于某种原因,对消费者的信息进行了泄漏,对企业来说无异于灭顶之灾。

和传统企业一样,电子商务企业的命脉也是信誉,一切影响信誉的风险都是非常恶劣的风险。除了产品采购的风险非常恶劣之外,推广过程中也会有类似的风险存在。

第一,促销推广却出现缺货等问题。这种情况在 B2C 跨境电子商务企业运营中出现的频次较高,某些商品在促销中得到消费者的青睐,持续热销,却发现库中已经缺货,不得不告知消费者购买无效或者无休止的等待上货。这种情况虽然在情理之中,但却给消费者带来极不好的体验,反过来影响对企业的信任度。

第二,动用优质资源推广劣质或滞销商品。这种情况的原因很多,有的是问题出现在采购环节,有的是推广人员与供应商内外勾结,有的则是推广人员错误判断了商品的价值,结果导致使用了优质的资源却无法为企业带来相应的价值。

② 订购及支付结算风险。目前大型跨境电子商务企业都非常重视系统安全,因此在订购流程的风险相对不大,但不得不提的是,一些木马和钓鱼网站,设计出与电子商务网站非常相似的页面诱骗消费者上钩,这种风险出现的频率已经越来越高。另外,一些中小型跨境电子商务企业由于技术能力较弱,安全投入较低,系统本身的漏洞较多,订购环节的风险也依然存在。

事实上,在整个订购和支付流程当中,真正最大的风险是支付结算风险。网络支付是一种基于互联网的支付结算行为,也是整个跨境电子商务活动的重要基础。综合来看,当前网络支付面临的问题包括资金安全、信息安全及金融合作安全等。根据我国国家互联网应急中心提供的资料,近两三年网络违法犯罪行为主要集中于资金诈骗或盗取方面,电子商务、网上银行、第三方支付网站成为网络钓鱼的主要目标。

③ 物流配送风险。目前与跨境电子商务领域联系最为紧密的传统行业可能就是物流了。在跨境电子商务企业的运营流程中,物流管理除了保证整个商品买卖过程的完成,更成了比拼用户体验的重要一环。对物流的管理实际上是整体价值链的管理,从跨境电子商务企业采购商品、入库、分发到各个分点,直至送到消费者手中,体现了企业的价值链管理能力。如果对价

值链优化程度高,跨境电子商务企业的运营效率会大大提升,仓储占用率大大降低,库房间流转能力大大提高,商品送达时间缩短,消费者满意度大大提升。

此外,通过物流管理还能得出企业的运营情况,尤其是消费者的海量信息,如消费者分布率、消费习惯,等等。对这些海量信息的挖掘有助于提高跨境电子商务企业的运营决策能力,如分公司的设立,库房和提货点的设立,物流配送人员的分布,等等。

如果跨境电子商务企业忽视物流管理,或者物流管理漏洞百出,轻则降低消费者的满意度,重则导致企业的竞争力下降和缺失。

(4) 企业流程再造的风险

跨境电子商务通过采用现代信息技术手段,以数字化通信网络替代传统经营过程中信息载体的存储、传递统计、发布等环节,从而实现商品和服务交易以及经营管理等活动的高度集成、协调与一体化,并达到使物流、资金流、信息流、技术流等实现高效率、低成本、信息化管理、网络化经营的目的。信息化、集成化、智能化是跨境电子商务企业的基本特征。跨境电子商务不仅仅是对外贸易手段的改变,它更是整个经营机制的深刻变革。跨境电子商务打破了企业传统的工作规则,创造出新的工作方式,这正是企业流程重组的核心内容。但是,企业流程再造的过程中会出现许多风险。

① 企业开展跨境电子商务的信息化基础薄弱。跨境电子商务的发展需要完善的公共基础设施,除此之外还需要企业内部建立一定的信息化设施,但从我国企业目前的状况来看企业的信息化基础设施较落后,无论是硬件设施还是配套软件都不能完全满足跨境电子商务发展的需要。在企业中使用的计算机以及网络等主要用于文档处理,信息化、网络化建设比较滞后。

企业跨境电子商务人才的匮乏是企业发展跨境电子商务活动的另一短板。跨境电子商务活动从规划、开发到投入使用,都需要专门的电子商务人才来进行调试,之后的系统维护与升级也离不开专业人员的操作。然而,我国企业很少设置专门的IT机构,各部门分别使用不同的信息处理系统,既懂管理又懂技术的复合型跨境电子商务人才很少,只能通过IT外包来管理自己的信息系统。但由于外部人很难完全了解企业内部经营活动的细节,在具体实施过程中存在很大的困难,制定的有关措施往往难以付诸实施。

② 企业传统的组织管理模式不能完全满足跨境电子商务的发展要求。企业传统的组织结构、业务流程以及管理方式与跨境电子商务模式的发展要求不相适应,是企业发展跨境电子商务必须解决的问题。企业以往的组织结构存在部门分割与权力交叉的现象,对各种信息的处理速度缓慢,部门之间也缺少信息沟通的途径,跨境电子商务力求实现组织结构的扁平化,强调信息的共享与直接传递。

此外,企业在跨境电子商务的组织管理过程中,片面追求跨境电子商务硬件设施的构建,并花费大量的人力、物力搭建跨境电子商务的平台。由于只是将以往的手工流程进行了电算化,结果是手工状态下传统业务的缺陷都更明显地暴露了出来,而传统业务流程与跨境电子商务的结合又为企业实施跨境电子商务增添了新的困难。

因此,企业业务流程的变革是企业发展跨境电子商务过程中面临的严重问题,只有实现两种业务模式的最佳结合才能发挥电子商务的优势。

③ 企业发展跨境电子商务的模式缺乏创新。跨境电子商务的模式要依据企业所属行业特征、企业经营管理的状况等情况灵活确定,因此,跨境电子商务的模式在不同企业之间存在

很大的差异。跨境电子商务本身就是一个不断创新的过程，但许多国家的创新能力不强。目前，我国企业在跨境电子商务模式创新方面能力不够，企业跨境电子商务的发展模式往往照搬其他企业的现有模式，往往在移植之后才发现与企业发展不相适应，导致跨境电子商务推广事倍功半。

(5) 信息系统管理漏洞的风险

跨境电子商务信息化综合利用科学技术，为广大用户提供了便捷式的网络服务，扩大了互联网在社会发展中的影响力。信息系统管理从多个方面维持了商业数据的正常运转，但在信息系统调度方面也面临着漏洞与风险，给企业日常办公与调度造成不便。结合常用的跨境电子商务信息系统，分析其漏洞与风险情况。

① 办公系统。提供有效的方式处理个人和组织的业务数据，并生成文件。办公系统常因个人操控失误，导致数据信息丢失，影响到整个跨境电子商务网络运行效率。例如，职员对企业网络结构不熟悉，盲目操控而降低了网络安全系数。

② 通信系统。帮助人们协同工作，以多种不同的形式交流并共享信息，为跨境电子商务销售提供了诸多实时数据。通信系统以信号传递为媒介，将商业数据传输给企业或客户，这一过程中信号易受到外界因素的干扰，信号传输中断而增加通信风险。

③ 管理系统。其主要包括：管理信息系统、执行信息系统，将事务处理系统（Transaction processing systems，简称 TPS）数据转换成信息以监控绩效和管理组织，并以可接收的形式向执行者提供信息。管理系统漏洞表现在收集和存储交易信息时，网络遭受病毒文件、恶意攻击等影响，降低了跨境电子商务的安全系数。

(6) 人力资源管理风险

电子商务环境下人力资源管理发展的产物就是电子化的人力资源管理，即 e-HR。所谓电子化人力资源管理，从狭义上说是指基于互联网的、高度自动化的人力资源管理工作，囊括了最核心的人力资源工作流程如招聘、薪酬管理、培训等。从广义上说，e-HR 是基于电子商务理念的所有电子化人力资源管理工作，包括利用公司内部网及其他电子手段，如员工呼叫中心等的人力资源管理工作。

人力资源管理风险是由于人力资源的特殊性和对人力资源的不善管理而造成用人不当，或人的作用未能有效发挥，或人员流失给组织造成有形和无形损失的可能性危险。其存在于人力资源管理的各个环节，削弱或者损害了组织的功能，具有很大的危害性。

随着各种法令规范的松绑，区域性或国际性经济合作模式的建立，使得国与国之间的界线逐渐消失，因而加速了全球化的趋势，过去垂直整合的产业价值链，正逐渐被全球化分工的合作模式所取代。人力资源管理在这一过程中也相应地走向了信息化的趋势，跨境电子商务时代的到来使得企业人力资源管理的风险更加凸显。

① 劳动力的剩余和专业人才的缺乏风险。跨境电子商务的出现，使企业的营销模式发生了很大的变化。直销模式的采用使生产商可以直接将产品销售给国外客户，减少了许多中间层次的批发和零售部门，从而造成了大量富余劳动力的产生及人员的调配。但从另一方面而言，对于一些具有信息科技、跨境电子商务和现代管理等专业知识的人才，我国却出现了很大的缺口，这些专业人才的缺乏成了我国发展跨境电子商务的瓶颈。

② 管理成本的上升风险。人力资源的竞争要求企业在甄选人才、培养人才和挖掘人才等方面做出比以前更多的努力。企业为适应新环境的要求，对现有企业员工进行各种形式的专

业培训,采用各种方式提高企业知识共享的程度,建立学习型组织等都会增加企业人力资源管理的难度和成本。

③ 不确定性增大风险。跨境电子商务环境下,企业的运作与内部、外部各因素紧密相关,企业面临的不确定性越来越大。著名人力资源管理学者 Mendenhall 和 Gregersen 曾用"洛伦兹效应"来刻画人力资源管理中的不确定性,并得出结论:一个偶然的微小因素就可能导致人力资源管理的失败。

8.7 跨境电子商务风险防范

8.7.1 跨境电子商务的法律防范

国际电子商务立法仅有二十年的历史,但不论是国际组织还是电子商务发达国家的立法经验仍值得借鉴,我国近年来也进入电子商务集中立法的历史阶段。为了能够从根本上保证跨境电子商务活动的安全,必须要加强对各项商务活动的法律监管意识,让用户能够掌握更多保护自我的法律知识,从源头上规避不必要的经济活动风险,提高交易防范意识,增强跨境电子商务企业对外经济发展的核心竞争力。

(1) 国际组织的法律防范措施

电子商务的实现,实质上是用先进的信息技术改造传统商业模式的一次革命。鉴于传统商业活动涉及社会生活的方方面面,因此电子商务的推广和应用必定是社会系统工程。由于电子商务是以 Internet 为运行平台的,而 Internet 是一个不受国界限制的全球性网络,因此,电子商务必然是一个全球范围内的系统工程。

基于这种背景,推动跨境电子商务的过程中,对各国政府的政策法规、管理水平、人才培养等方面的挑战远远大于在技术和资金方面的挑战。由于世界各国的电子商务活动必须遵循统一的"游戏规则"才能顺利开展,而各国的社会制度、政治状况、经济发展程度、法律法规、文化传统等方面千差万别,所以在跨境电子商务方面,各国之间的国际合作协调一致,远比相互竞争、强调本国利益重要很多。

① 联合国国际贸易法委员会(UNCITRAL)的相关立法过程。1982 年在联合国贸法会第 15 届会议正式提出计算机记录的法律价值问题;1985 年 12 月 11 日贸法会向联合国提交《自动数据处理方法的法律建议》,被联合国大会通过,揭开电子商务国际立法的序幕。

第 17 次会议,将计算机自动数据处理在国际贸易流通中所引起的法律问题列入其工作计划。开始对电子商务立法工作进行全面研究,并将自动数据处理(ADP)定为大会报告的总标题之一。

第 18 届会议,贸法会正式提出《计算机记录的法律价值》报告,以期解决法庭诉讼程序中使用计算机可读数据作为证据的问题,开始了电子商务立法的第一步,突破了电子商务在签字、书写形式和认证方法的传统法律障碍。

1990 年贸法会提出《对利用电子方法拟定合同所涉法律问题的初步研究》报告,用"电子数据交换"替代了以前的"自动数据交换",使电子商务概念正式出现在联合国大会的总结标题中。并且,联合国正式推出了 UN/EDIFACT 标准,并被国际标准化组织正式接受为国际标准

ISO9735。UN/EDIFACT 标准的推出统一了世界贸易数据交换中的标准,使得利用电子技术在全球范围内开展商业活动有了可能。因此,UN/EDIFACT 标准的诞生标志着国际电子商务的开始。

1991 年开始,贸经法下设的国际支付工作组(现改名为数据交换工作组)开始电子商务的法律工作,在审查了电子商务广泛使用引起的法律问题后,提出了有必要在 EDI 领域制定世界性统一法。

1993 年 10 月,贸经法召开了第 26 届大会,全面审核了世界上第一个电子商务统一法草案——《电子数据交互及贸易数据通信有关法律方面的统一规则草案》,形成国际 EDI 法律基础。

1994 年第 27 届大会上,又提出了该草案的修改条文。会议指出:鉴于世界上许多国家对电子商务统一法的迫切要求,统一法应采取较灵活的"示范法"(Model Law)形式。

第 28 届大会通过《电子数据交换电子商务及有关的数据传递手段法律事项示范法草案》。

1996 年贸法会第 29 届大会上,认为上述草案通过后的两年内,国际贸易形势发生了很大变化,一种在开放式计算机网络基础上的开放式数据交换受到广泛的欢迎,决定统一法标题中不再使用"电子数据交换(EDI)字样",而代之以"电子商务",并将《电子数据交换电子商务及有关的数据传递手段法律事项示范法草案》名称改为《电子商务示范法草案》。并且,于 1996 年 12 月 16 日由联合国第 51 次大会通过《电子商务示范法》。《电子商务示范法》颁布的目的就是要向各国提供一套国际公认的规则,说明怎样去消除各种法律障碍,如何为电子商务创造一种比较可靠的法律环境。

1998 年以来,贸法会开始重点制定数字签名和认证许可法律模型,并正式启动了《数字签名统一规则》。因为数字签名技术和有关法律的适用,一直是电子市场中与身份验证相关和与交易认证相关的中心问题。

2000 年 2 月,海牙国际私法会议《民商事管辖权和外国判决公约》关于电子商务工作组会议召开,就电子商务对传统管辖权规则的影响等问题初步交换了意见,讨论是否修改公约条款以适应电子商务的发展。

2001 年 7 月 5 日,联合国贸法会第 34 届会议上通过了《数字签名统一规则》,并正式命名为《电子签名示范法》。《电子签名示范法》是《电子商务示范法》的姊妹篇,其宗旨、原则包括用语都力求与后者保持一致。《电子签名示范法》在《电子商务示范法》第 7 条关于电子签名规定的基础上,进一步就电子签名涉及的定义、不同安全水平与程度的签名要求和签名人、认证服务提供者以及签名信赖方的行为及其义务等作了明确规定,更具操作性。《电子签名示范法》是贸法会在推动电子商务立法方面的又一重大成就。

在联合国《电子商务示范法》的推动下,一些国际组织也纷纷制订各种电子商务法律规范,使国际电子商务立法达到了高潮。

② 世界贸易组织的相关立法过程。自 1996 年 6 月联合国贸法会通过了《电子商务示范法》之后,世界贸易组织(WTO)就有关电子商务方面通过了三大突破性协议。1986 年开始的关贸总协定乌拉圭回合谈判最终制定了《服务贸易总协定》。《服务贸易总协定》的谈判产生了一个"电信业附录"。这一附录的制定开始了全球范围内电信市场的开放。WTO 建立后,立即开展了信息技术的谈判,并先后达成了三大协议:

首先是《全球基础电信协议》。该协议于 1997 年 2 月 15 日达成,主要内容是要求各成员方向外国公司开放电信市场并结束垄断行为。

其次是《信息技术协议》。该协议于1997年3月26日达成,协议要求所有参与方自1997年7月1日起至2000年1月1日将主要的信息技术产品的关税降为零。

最后是《开放全球金融服务市场协议》。该协议于1997年12月31日达成,协议要求成员方对外开放银行、保险、证券和金融信息市场。

在WTO历史上,一年内制定三项重要协议是史无前例的。这三项协议为跨境电子商务和信息技术稳步有序的发展确立了新的法律基础。除以上三大协议外,WTO还试图就包括另外一些信息技术产品的后续服务协议《第二代信息技术协议》进行谈判。

WTO于1998年2月主持召开了电子商务讨论会,与会成员充分认识到电子商务对现有国际贸易体制的冲击,以及因其引起的知识产权、信息技术产品、服务的进口税等问题。WTO秘书处表示将尽快就电子商务与WTO的作用问题写出书面报告。1998年5月,WTO在部长级会议上通过了《关于全球电子商务宣言》。全体132个成员方共同发表声明通过了由美国提出的关于全球电子贸易的建议,即对电子商务的运作不附加新的、歧视性的税款,此外各国政府要在1999年对通过互联网进行的电子贸易免征税一年。1998年9月WTO理事会通过《电子商务工作方案》。WTO对于贸易领域的电子商务已提出了工作计划,其有关电子商务的立法范围包括税收及关税、电子支付、网上交易、知识产权保护、个人隐私保护、安全保密、电信基础设施、技术标准、普通服务、劳动力问题、政府引导等。

③ 经济合作与发展组织的相关立法过程。经济合作与发展组织(OECD)拥有34个成员方,其中包括欧美发达国家和日本等经济强国。该组织在国际社会和经济舞台上,具有相当的权威性。而且长期以来OECD已成为国际讨论未来贸易政策的论坛。OECD的讨论往往是世界贸易组织正式谈判的前奏曲。

1997年11月,由OECD发起召开了以"为全球电子商务扫除障碍"为主题的国际会议,与会各国的政府及企业界代表对如何推动电子商务的发展、扫除各种障碍、促进信息资源共享等问题进行了深入的讨论,发表了题为《克服全球电子商务障碍》的文件,并通过了《加密政策指南》。其就加密技术的使用,规定了指导各成员国制定其立法与政策的原则;承认了加密技术对商业的重要性,但没有同意美国提出的第三方保管密钥或恢复密钥的立场。

1998年10月,国际经济合作与发展组织在加拿大渥太华召开了第一次以电子商务为主题的部长级会议,会议名称为"一个无国界的世界,发挥全球电子商务的潜力"。参加这次会议的代表除了部长级的政府官员外,还有各国际组织、劳工界、产业界、消费者团体以及其他社会团体的近千名代表。会后发布了四个重要文件:《OECD电子商务行动计划》《有关国家组织和地区组织的报告:电子商务的活动和计划》《工商界全球商务行动计划》《电子商务税务框架条件》,此外还发布了三个宣言:《在全球网络上保护个人隐私宣言》《关于在电子商务条件下保护消费者的宣言》《电子商务身份认证宣言》。这些文件已不再是纸上谈兵,而是一批对于电子商务实际运作阶段具有指导性的文件。与会者欢迎旨在促进全球协作的这些重要努力,也欢迎为国际部门、国际和地区性组织以及国际经济合作与发展组织成员国制定更加和谐的措施而做的种种努力。

④ 世界知识产权组织的相关立法过程。1996年12月20日,世界知识产权组织(WIPO)通过《世界知识产权组织著作权条约》和《世界知识产权组织表演与录音制品条约》,被称为"网络环境下的"著作权条约,为解决电子商务所涉及的知识产权保护问题奠定了基础。

1996年12月23日,WIPO提出网络域名程序的报告,就域名与商标的冲突法律问题提出了初步建议,如"无意将域名创设成一种新的知识产权,将现有的知识产权使用到虚拟网络空间,赋予著名商标权人排除他人以及著名商标登记为网络域名的权利。"正领导建立域名注册的国际机制,规范域名抢注。

1999年4月30日公布了有关域名问题的《互联网名称和地址管理及其知识产权问题》的报告,针对互联网上由域名而引发的问题,包括域名与现有知识产权的冲突,提出了解决建议。

1999年9月14日至16日,世界知识产权组织在日内瓦召开了国际电子商务和知识产权问题首次会议,重点探讨了电子商务技术发展趋势、电子商务的潜力、电子商务的法律问题以及有关电子商务的政策问题,并涉及网上销售出版物、音乐、电影和软件,域名和商标问题,电子著作权管理,网络空间监控,网上纠纷解决,在线服务商的可靠性,安全与加密,以及专利和商标数据库等议题。

⑤ 国际商会的相关立法过程。随着电子商务的发展,现有的国际商务管理已远远不能满足商业往来的需要。近年来,国际商会(The International Chamber of Commerce,ICC)正以大部分精力抓紧制定有关电子商务的交易规则,以促进国际贸易的安全进行。

1987年9月,国际商会执行委员会通过了《电传交换贸易数据统一行为规则》,其目的是为电子商务的用户提供一套国际公认的行为准则,以便电子商务的用户和电子商务系统的经营者使用,该规则为电子商务用户及通信系统的经营者拟订了具体的通信协议并提供了良好的基础。

目前,国际商会已经正式制定的还有1997年11月6日通过的《国际数据保险商务通则(GUIDEC)》,该通则试图平衡不同法律体系的原则,为电子商务提供指导性政策,是由一系列在 Internet 上进行可靠的数字化交易的方针构成的,其中包括了公开密钥加密的数字签名和可靠的第三方的认证等,并统一有关术语。国际商会目前正在制定的还有《电子商务和结算规则》等交易规则。

⑥ 其他国际性组织的相关立法过程

1996年11月,由国际互联网协会(ISOC)、国际互联网网址当局(INNA)、国际互联网结构委员会(IAB)、国际电信联盟(ITU)、国际商标协会(INTA)、世界知识产权组织(WIPO)等六个组织共同发起成立一个国际特别委员会(INHC),根据公正、公平、公开的原则受理互联网的顶级域名。

1997年5月1日,由国际电信联盟发起召开了"关于发展的稳定因特网域名注册系统"会议,来自世界各国家和地区的150位代表联合签署了《Internet 因特网域名系统通用顶级域谅解备忘录》。会议认为,通用顶级域名是国际共有的公共资源,不应由一国垄断,应引进竞争机制,建立全球共同参加的多边管理模式。《备忘录》对因特域名系统的政策、结构、通用顶级域名、域名登记、登记实体、登记协会等的定义,以及对域名登记工作的管理、监督、保管、仲裁等机构做出了一系列规定。其中涉及域名登记和处理纠纷的内容主要有:① 成立通用顶级域名登记理事会,对顶级域名登记人的资格、权限及域名的分配进行管理;② 成立域名管理仲裁委员会,由世界知识产权组织仲裁和调解中心确定成立互联网争端仲裁小组的步骤,但世界知识产权组织的工作人员不得参加由个人或公认的专家组成的独立仲裁小组;③ 新的域名注册仍采用"先到先服务"的政策,谁先注册,谁先拥有,但增加了60天的争议期,若在60天没有异议,次日注册即可生效。

1997年5月,国际警察组织欧洲委员会通过《起草国际威胁政府计算机犯罪法律的提议》,呼吁加快制定电子犯罪法案,以监督计算机犯罪行为。

2000年5月15~18日,八国集团在巴黎召开讨论网络犯罪问题的会议。欧洲目前讨论的协议要求各国通过反对黑客袭击、计算机诈骗和网上儿童色情作品的法律,并对相关行为予以处罚,保存证据,在国际调查中配合协作。

2000年7月,八国集团峰会发表《全球信息社会冲绳宪章》,组织现行贸易规则应用于电子商务,消除"数字差距",鼓励参与全球电子商务网络。

(2) 典型电子商务发达国家的相关立法过程

各国政府在为创造一个电子商务环境方面发挥重要作用,为满足公众利益,各国政府应积极承担相应的责任,完善相关的法律法规,促进跨境电子商务的发展。

① 美国。美国作为开展电子商务最早的国家,在立法方面取得的突破为世界瞩目。美国在制定其全国性电子商务法时,还考虑了电子商务国际性的本质特点,在电子商务案件的国际管辖、国际协助方面留下了开放性接口,使之能与电子商务全球化趋势融合。

1996年,美国克林顿政府签署了《全球电子商务纲要》。这份被誉为美国全面进入信息化时代的"独立宣言"的文件将因特网宣告为"免税区",强调税收中性原则、国际税收协调原则、电子商务免税等原则。

美国政府在1997年7月颁布了《全球电子商务纲要》。《全球电子商务纲要》体现了五大原则:(1) 私人企业应居于主导地位;(2) 政府应避免对电子商务作不必要的限制;(3) 当需要政府介入时,政府参与的目的应该在于支持和维护一个可预测的、介入程度最低的、持续的、简单的商业法律环境;(4) 政府应认同互联网的特性;(5) 互联网中的电子商务应在国际化的基础上被推进。《全球电子商务纲要》作为美国政府发展电子商务的战略性政策框架,体现出联邦政府大力促进从业者与消费者参与电子商务的战略意图。

目前,依据《全球电子商务纲要》规定的原则,美国分别与日本、法国、加拿大、荷兰、爱尔兰、澳大利亚、韩国、菲律宾、智利、埃及等国签署了《电子商务联合宣言》。这些宣言不仅确立了这些国家与美国《全球电子商务纲要》一致性的电子商务发展原则。《全球电子商务纲要》正在成为各国电子商务政策的准则,其核心在于市场环境与制度建设。

1998年美国国会通过了《因特网免税法案》,这是美国历史上第一个正式的有关网络经济税收方面的法律,该法案明确"信息不应该被课税"。后来,该法案的有效期由最初三年几次被延长,互联网一直处于税收真空中。直至2014年美国参议院提出《市场和网络公平税收法案》,允许各州对向其境内消费者销售的境外零售商征税。

② 德国。1997年6月13日,德国联邦下议院通过了世界第一部规范计算机网络服务和使用的法律——《为信息与典型服务确定基本规范的联邦法》,简称《多媒体法》。《多媒体法》广泛涉及电子商务的各个方面,其最大的特点就是为互联网的应用于行为规范构建了单一的法律框架。

1997年8月1日,德国颁布了《信息与通信服务法》以及《州内媒体服务协定》。《信息与通信服务法》对通过互联网提供信息产品和服务进行规范,其核心部分包括三个新的独立法律:《电信服务法》《电信服务中的数据保护法》和关于数字签名的《签名法》。《州内媒体服务协定》在诸如访问自由、责任的基本原则、提供者的透明度等方面为媒体提供了法律框架。

③ 新加坡。1998年6月29日通过的《新加坡电子交易法》是以联合国《电子商务示范法》

以及美国犹他州和利诺伊州的《数字签名法》为模型而制定的。这部法律涵盖的内容较为广泛,主要解决以下几个方面的问题:① 立法目的与法律解释;② 数据电文和电子签名的一般承认;③ 网络服务提供上的责任;④ 电子合同;⑤ 数字签名与认证机构;⑥ 数据电文、电子签名在政府公务中的使用;⑦ 计算机数据的保密与使用。

1999年颁布的《新加坡电子交易(认证机构)规则》是《新加坡电子交易法》的配套法律。它任命了认证机构的管理署,国家计算机委员会是认证管理署的主管机关。该规则规定了认证机构的内部管理结构、评估标准、申请费用、证书的证据效力,以及责任限定等,其目的在于建立一个符合国际水准的市场型认证服务体系。

④ 韩国。韩国的《电子商务基本法》于1999年7月1日正式生效,该法共分为总则、电子通信信息、电子商务安全、电子商务的促进、消费者保护和附则六章。韩国《电子商务基本法》兼容了欧美电子商务立法的优点,在立法上做到了既注重技术规范,又保护了消费者的权益。此外,为具体实施《电子商务基本法》,韩国还制订了《电子签名法》。

⑤ 日本。在电子商务发展的开始时期,日本便把电子商务作为国家经济发展的战略,也制定了相关的电子商务法律。日本法务省拟定的《数字签名法》是日本电子商务法律的代表。1996年,日本成立了"电子商务促进委员会(ECOM)"。此后,在电子授权认证、电子付款、ECOM等领域,该组织也制订了一些规则和协议。

⑥ 俄罗斯。俄罗斯于1995年1月颁布了《俄罗斯联邦信息法》,调整所有电子信息的生成、存储、处理与访问活动。与该法相配套,该国联邦市场安全委员会还于1997年发布了《信息存储标准暂行要求》,并具体规定了交易的安全标准。

(3) 我国的法律防范

自从1994年以来,我国制定了一系列调整电子商务的法律、法规及规范性文件。但从整体来看,国家最高立法机关全国人大制定的电子商务立法还不多,主要包括《电子签名法》以及其他法律中与电子商务相关的规定,大量的电子商务立法体现在国家的政策性文件、政府规章以及地方性法规当中。2014年12月7日,全国人大常委会正式启动了《电子商务法》的立法进程。

①《国务院办公厅关于加快电子商务发展的若干意见》。2005年1月8日,国务院办公厅以二号文件颁布了我国历史上第一个专门指导电子商务发展的政策性文件《国务院办公厅关于加快电子商务发展的若干意见》(以下简称《意见》),第一次通过政策性文件的形式阐述了国家对发展电子商务的基本态度,粗略提出了我国电子商务发展的指导思想和基本原则。其中加快电子商务发展的基本原则包括"政府推动与企业主导相结合原则""营造环境与推广应用相结合原则""网络经济与实体经济相结合原则""重点推动与协调发展相结合原则""加快发展与加强管理相结合原则"。这个电子商务政策性文件通过"五个相结合"的方式表达了我国发展电子商务的国家态度。这五个原则与美国和欧盟发展电子商务的国家战略原则虽有相似之处,但仍以差异性为主,体现了我国儒家文化的中庸思想,也透露出我国对电子商务这一新型贸易形态的认识还处于初期阶段。

另外,《意见》提供了六种促进电子商务发展的举措,包括完善电子商务立法、加快发展电子商务支撑体系、发挥电商企业主体作用、普及公民电子商务意识、加强国际交流合作等。虽然《意见》的内容具有一定的局限性,但作为我国电子商务领域第一个全面的政策文件,该文件的颁布结束了我国长期以来缺乏对电子商务发展明确指引的状况,在我国电子商务发展的历史上具有重要的意义。

在《意见》颁布后的第六年,2011年我国将发展电子商务写入《国民经济和社会发展第十二个五年规划纲要》,明确提出了五年规划中的电子商务发展的任务。之后2011年10月18日和2012年3月27日,商务部、工业和信息化部分别发布了《"十二五"电子商务发展指导意见》《电子商务"十二五"发展规划》。这些规划和意见共同构成了我国发展电子商务的国家宏观政策。追随这些宏观政策的制定轨迹,可见我国发展电子商务的国家策略日益清晰,指导和规划日益具体和明确。

②《电子签名法》。2005年4月1日正式施行的《电子签名法》是我国电子商务领域立法级别最高的一门法律。该法一方面规范了电子签名行为和电子签名的安全保障措施,通过电子签名立法确立电子签名具有与手写签名或者盖章同等的法律效力,从而使现行的民商事法律同样适用于电子文件。同时该法明确了与电子签名配套的第三方认证服务机构的法律地位及认证程序,制定了电子认证服务提供者严格的管理规范,确保程序安全、信息保密,以改善网络交易环境,保护消费者和经营者的合法权益,维护网络市场秩序,促进网络交易健康发展为目的。

在电子认证服务方面,《电子签名法》《电子认证业务规则规范》和《电子认证服务管理办法》,共同构成了规范电子认证服务机构的法律地位、基本认证程序的法律文件,为电子认证服务业的发展奠定了坚实的基础。

③《电子认证服务管理办法》。为了配合《电子签名法》的实施,2005年1月28日,中华人民共和国信息产业部第十二次部务会议审议通过了《电子认证服务管理办法》,并于2005年4月1日起与《电子签名法》同步开始实施。

《电子认证服务管理办法》共分八章四十三条。它的制定依据是《电子签名法》的第二十五条,该条规定:国务院信息产业主管部门依据本法制定电子认证服务业的具体管理办法,对电子认证服务提供者依法实施监督管理。《电子认证服务管理办法》的制定和实施有其特殊的现实意义,表现在三个方面:一是由于我国电子认证服务业还处于起步阶段,靠市场引导与行业自律的条件还不具备,政府部门有必要对从事电子认证服务的机构实施适度监督管理;二是政府部门如何进行适当监督,还需要在时间中进行探索,需要边实践边总结经验;三是不能等条件完全成熟后再出台相关法律,必须提前制定,以保证《电子签名法》的顺利实施。《电子认证服务管理办法》以电子认证服务机构为主线,围绕电子服务行为规范等方面的内容做出了明确规定,而其他问题暂时还不予涉及,目的是为了尽快出台,以保证《电子签名法》的顺利实施。

④《关于实施支持跨境电子商务零售出口有关政策的意见》。2013年,商务部等部门联合发布了《关于实施支持跨境电子商务零售出口有关政策的意见》,针对跨境电子商务企业、跨境消费者在现行管理体制、政策、法规及现有环境条件中无法得以解决的实际问题,支持跨境电子商务零售出口快速发展。在《关于实施支持跨境电子商务零售出口有关政策的意见》中特别明确了对电子商务出口经营主体的分类、建立适应电子商务出口的新型海关监管模式并进行专项统计、建立相适应的检验监管模式、支持企业正常结汇、鼓励银行和支付机构为跨境电子商务提供支付服务、实施相适应的税收政策,以及建立电子商务出口信用体系。同时,商务部外贸司称将加紧研究对于跨境电子商务进口政策以及跨境电子商务其他有关问题,并视跨境电子商务发展的实际需要协同拟定后续相关政策。

⑤《网络交易管理办法》。2014年3月15日正式实施的《网络交易管理办法》是我国第一

部规范网络商品交易及有关服务行为的行政规章,该办法亦是在《网络商品交易及有关服务行为管理暂行办法》实施近四年的基础上,随着网络交易商业模式的发展和管理手段的完善,经过充分酝酿的基础上产生的。针对互联网和电子商务的发展形势,相关的主管部门也陆续制定规章,发布意见和指导,制定电子商务发展配套的行业制度,对网络支付平台和网络购物辅助服务,以及它们的提供商的行为加以规范。这些行业包括电子认证服务、网上银行和在线支付服务、快递服务、第三方电子商务交易平台等。

未来,完善我国跨境电子商务风险法律防范体系的构想将从以下几个方面着手:

① 制定符合发展规律(国际惯例)的跨境电子商务战略。在市场经济环境下,我国不能否定市场主体——企业的主要作用,但也不愿意放弃政府的积极推动、宏观规划和严格管理的重要角色。《国务院办公厅关于加快电子商务发展的若干意见》中的五大原则反映出,我国缺乏大国的国际视野和权力限制的意识,欠缺对电子商务发展趋势和风险的预判。

在政府作用的问题上,世界各国电子政府都未放弃对电子商务的监督干预的权力,但关键是如何限制政府干预和控制的范围,充分发挥政府的宏观规划与指导作用。将联合国和发达国家的电子商务立法原则进行了引鉴和研究,我们可以可以学习到关于电子商务立法的原则。这些原则包括功能等同原则、最小化原则、技术中立原则等,希望在未来我国电子商务立法中可以为立法者考虑和借鉴。

② 建立统一的、多层次的、可协调的跨境电子商务法制环境。在跨境电子商务的法律体系上,应该以国家宏观规划为建立的根基。在我国,具有根基作用的文件应该是《国务院办公厅关于加快电子商务发展意见》(国务院 2005)、《国民经济和社会发展第十二个五年规划纲要》(国务院 2011)、《商务部"十二五"电子发展指导意见》(商务部 2011)、《电子商务"十二五"发展规划》(工信部 2012)等诸多政策文件。通过这一根基,我国政府应明确表明在电子商务发展中政府的引领、监督作用,支持企业创新探索的主导地位,维护传统贸易和电子商务的平等地位以及保护电子商务消费者的合法权益。

法律层面上,针对电子商务的安全、支付、物流、平台等问题还需要制定有关电子签章、电子商务认证、电子商务支付、电子商务纠纷解决等法律规范。电子商务是一个对传统贸易形态具有颠覆性的新的贸易形态,因此,电子商务法律制度,势必是一个涉及多个法律领域的综合法律体系。简·考夫曼·温和本杰明·赖特的《电子商务法》专著中,包括了电子商务的技术和信息安全问题、电子商务法律纠纷的司法管辖和法律选择、电子合同的订立、电子支付与借贷、知识产权与数据库权、电子商务市场的管理、电子证据的认定等问题;相关法律门类已经涵盖了合同法、经济法、税法、知识产权法、民事诉讼法、国际私法等法律门类。我国早在 2004 年制定了《电子商务签名法》,这也是目前我国电子商务最高层级的立法规范。另外我国相关部门和地区已经开始关注电子认证、电子商务支付、物流、第三方平台等支撑领域的规范的制定,但是电子商务整体的立法层次较低,还有诸如电子商务知识产权、电子证据、电子商务纠纷解决、跨境电子商务纠纷管辖和法律选择等问题还未引起关注。

完美的法律如果没有正确的适用和执行也是徒劳。尽管我国关于电子商务和跨境电子商务的法律制度体系还未建立起来,但跨境电子商务的边境管理部门之间的制度协调和数据共享显然更加滞后。电子商务对纸质文件的抛弃是推动海关无纸化通关、电子口岸建设的重要挑战和契机;海关、国税、商检、外汇管理等部门可以在电子口岸和单一窗口的建设中实现对跨境电子商务监管,服务创新和整合。

③ 确立积极主动的跨境电子商务国际合作和竞争姿态。至 2015 年 1 月底，我国已经与 10 个国家和地区签署了自由贸易协定。在《内地与港澳更紧密经贸关系安排》(CEPA)的"关于贸易投资便利化"附件中原则性规定了内地与香港地区、内地与澳门地区在包括电子商务等八个领域开展贸易投资便利化合作，并将具体工作的开展交由根据 CEPA 设立的联合指导委员会指导和协调。关于电子商务方面的合作主要限于四个方面：首先，双方致力于电子商务规则、标准、法规的研究和制定等，以营造良好的电子商务环境；其次，双方政府积极推动电子商务企业的交流和发展；再次，开展电子政府合作；最后，开展电子商务的其他经贸信息交流合作。综合考虑协议制定的目标和电子商务的特征，除了该附件中对"电子商务"的专项规定外，附件中有关海关的"通关便利化"和"中小企业合作"部分的规定也有利于该自由贸易区内电子商务的发展。

除了 CEPA 提及了电子商务的合作方向外，中国签订的其他九个自由贸易协议均没有对双边跨境电子商务合作作出规定。而 CEPA 中关于电子商务的规定也过于原则和抽象，仅仅指出了合作的方向，关于合作的原则和具体制度都没有提及，无法预测和分析该区域内跨境电子商务的政策指向。由此可见，中国在双边、区域以及国际领域对跨境电子商务的国际合作关注还远远不够，未来应该致力于先从双边自由贸易协定，如中澳、中韩自贸区协定取得突破。

8.7.2 构建完善跨境电子商务信用体制

(1) 信用机制的内涵

在跨境电子商务交易中，相关利益主体为了确保交易能够按照各自期望的条件执行，不仅要确保自身平台的可靠性，而且要确保其他交易方及其所用平台以及基础设施的可靠性，才能保障跨境电子商务交易活动正常进行。然而，虽然交易各方可能认为交易平台、通信系统等基础设施在技术上完全可靠，但是他们出于各自的商业或个人利益考虑，可能会选择不相信这些系统，除非存在一个有效、合法的制度框架，用于规范跨境电子商务市场中的信用交易行为，而这正是信用机制的应有之义。信用机制作用的对象是主体的信用行为，构建信用机制的目标是改变主体信用行为的价值取向，其从经济学分析角度具有以下几方面的内涵：

① 信用机制建立的前提条件是预期偿还性。信用存在于具有价值转移、偿还风险的经济活动当中。因此，信用机制以授信人对受信人所做出的承诺和能力信心为基础，是建立在授信人与受信人之间在诚实、守信基础上所做出的心理承诺以及按照约定施行的意志和能力。

② 信用机制是市场经济环境下平等主体间建立关系所遵循的基本准则。在市场经济环境下，商品交易人们之间进行的以实现自身利益最大化为目标的等价交换活动。而等价交换只有在双方人格或主体地位平等的前提下才可以实现。因此，在现代经济社会中，信用机制是市场经济发展的内在要求，是对每个个体平等权利的尊重及认同。

③ 信用机制代表一种经济契约关系。在市场经济环境下，交易双方基于自身财产所有权，以平等身份进行商品交换，这种交换是建立在双方承诺及合理预期基础上的权利与义务的交换。在交换过程中，只要交换不是在同一时空进行，由于信息不对称性存在，信息占优方如果实施机会主义行为，则信息劣势方的利益就会受到损害。因此，信用机制中对交易主体遵守契约的要求，不仅指交易主体要严格遵守所签订的合同条款，而且包括交易主体必须遵守的经济交往活动惯例。

(2) 跨境电子商务交易特征及其对信用机制的影响

电子商务市场也称为"虚拟市场",是电子商务相关利益主体间完成产品或服务交换活动的场所,由于其基础条件是互联网,所以又被称为"网络市场"或"在线市场"。跨境电子商务是电子商务与时俱进的一个新产物。

① 跨境电子商务交易特征分析。跨境电子商务市场相对于现实生活中的实体商务市场而言,其是在互联网大规模转向商业应用、跨境电子商务经济飞速发展的背景下形成的。在跨境电子商务交易中,交易主体、交易客体及交易行为以数字化方式,部分或全部的在网络虚拟社会中进行商品交换。因此,其技术支撑是以互联网为主的网络、电子技术,业务基础是各类跨境电子商务交易,活动主体是跨境电子商务交易相关利益主体。与传统的实体交易相比,跨境电子商务交易在以下几个方面具有显著差异:

第一,从交易主体来看,传统实体交易市场中的交易方是自然人或者法人实体,在一般情况下其市场交易主体的性质、特征是较为明确的。而在跨境电子商务交易中则不同,跨境电子商务交易中交易主体间是通过网络进行交易的,交易各方不过是网络联络的各个结点,因而其是具有虚拟性的。同时,在跨境电子商务市场中网络交易主体受地域、国别分布范围的限制大大减少,极大地缩短了供需双方距离,增大了交易覆盖范围与产生交易的可能性。

第二,从交易客体即交易对象来看,传统实体交易中大部分交易对象是可以在跨境电子商务中进行交易的。但从交易效率的角度分析,适合实体交易与适合跨境电子商务的交易对象是不同的:有的产品或服务适合于实体交易,有的产品或服务完全适合在跨境电子商务市场进行交易,有的产品或服务既适合于实体交易,也可适合于跨境电子商交易。跨境电子商务实际上扩大了传统交易对象的范围,例如以跨国界的数字产品、跨国界的信息产品以及跨国界的可数字化的服务等为代表的交易对象正是适合于在跨境电子商务中进行交易的,且随着跨境电子商市场的发展其需求不断扩大。

第三,从交易行为过程来看,典型的对外贸易过程包括产品信息采集、询价、谈判、签约、付款、交割等交易环节。在传统实体交易过程中,这些程度都是通过传统手段完成的,如电话、传真、面对面交易等。而在跨境电子商务中,交易行为过程的部分乃至全部程序通过网络来进行。例如,交易对象为实体产品的,可以通过网上询价、谈判、签约与网下支付、实物交割相结合方式;交易对象若为数字化产品,则可通过网络完成整个交易的全过程。同时,在跨境电子商务交易过程中,对于交易记录与保障工具的使用也与传统商务交易有很大不同:手写签名、印章等方式被网络认证、电子签名等方式所取代;纸制凭证记录被电子表格、电子提货单、数据库记录等所取代。

② 跨境电子商务交易对信用问题的影响。跨境电子商务交易的出现导致时间、空间分离程度大大加剧,加速了从"熟人社会"到"陌生人社会"的转变进程,而跨境电子商务的交易主体复杂性、远程性、交易记录可更改性及虚拟性等导致其面临的信用问题比实体交易市场更加突出。交易一方更容易欺骗另一方,因为失信行为的成本是非常低的,但收益却是巨大的。随着跨境电子商务欺诈事件的盛行,信用缺失、信用危机及信用状况恶化的问题也越来越严重。总的来看,跨境电子商务对信用问题的影响体现在以下两个方面:

A. 跨境电子商务对信息不对称程度的影响。

一方面,与货币同样,信用是一个交换的中介,信用信息只有进行有效地传递才能真正发挥应有的作用。在传统社会中,人们的活动范围较小,信息传送较为充分,一个人如果不守信用,相关信息会迅速传开,那么在他今后与别人进行交易时就会受到惩罚。与之相比,跨境电子商务交易平台的虚拟性使得交易双方不能直接见面,这是跨境电子商务市场对信息不对称性的最大影响。空间上的分离使得交易双方难以识别虚假身份,因而很容易滋生网络欺诈、欺骗行为,最常见的是卖方制造虚假身份欺骗处于信息不对称劣势的买方。在我国互联网的开放再加上信用立法方面滞后的情况下,此方面问题尤为突出。

另一方面,跨境电子商务交易在信息传播速度、传播广度方面的巨大优势,对抑制和约束交易各方失信、欺骗行为又有显著的功效。跨境电子商务虽然具有信息不对称性的特点,但是互联网在信息传递方面却是公平的、快捷的,尽管所传播的信息并不完全是信用相关记录,但在无形中也是一种社会舆论监督,并确实对商家的信用行为产生了重要影响。因此,从某种意义上来说,在互联网社会中,客观形成了一种信息化的民主力量。需要注意的是,信息技术所提供的仅仅是让信号传递得更快,至于信号所负载信息的真实与否仍取决于处理信息的本体。例如,利用互联网随意捏造、传播虚假信息,从而误导网民的现象在金融、投资类电子商务网站尤为严重。在缺乏有效的信用机制引导条件下,互联网的"信息泛滥"会造成跨境电子商务市场的可信度降低,从而进一步加剧信息的不对称性。因此,跨境电子商务与信用的关系好比一把"双刃剑"。

B. 电子商务对交易方式的影响。

从典型的跨境电子商务交易来看,买家在决定购买某一款产品时,其所获取的产品信息仅仅来自网络上的文字描述或照片,无法亲眼查看和亲手触摸检验。因此买方较容易产生怀疑,其通过交易获得的产品会不会不是所看到的产品或者与其真正需求的产品功能差距较大,从而对跨境电子商务交易产生不信任心理。只有那些可高度标准化的产品如书、唱片等,可以超越产品识别的障碍成为跨境电子商务市场的畅销产品。

跨境电子交易市场不可能一手交钱一手交货,钱货交割是存在一定时间差的:如果采用先付款后交货方式,买方有可能不信任卖方;如果采用先交货后付钱方式,卖方有可能不信任买方。由于距离问题,跨境电子商务中买卖双方几乎从不见面,甚至匿名交易,而不像在传统交易中可进行面对面接触。跨境电子商务的买卖双方可能通过建立长期合作伙伴关系,从而使得彼此的信任程度提高。

此外,跨境电子商务的出现使得跨国交易中搜寻成本、比较成本大大下降。网络消费者可在同一个交易平台上搜寻到来自世界各国的产品,消费者获得远比国内更为广阔的选择空间。但是,产品信息获取比较容易,转移成本非常低,这对于信用机制的建设十分不利。另一方面,客户信任度、忠诚度也可以通过跨境电子商务交易平台来建设。

(3) 跨境电子商务交易信用机制存在的问题

伴随着交易额的快速增长,跨境电子商务的发展面临着诸多亟待解决的难题,其中信用问题最为突出。由于语言和文化的差异造成的信息不对称,跨境电子商务交易存在巨大障碍;国内外信用体系的差异而产生的信用问题也会给跨境电子商务带来更大的风险。目前,各国、各地区的法律规范存在差异,尚未出现统一的信用管理标准,更缺乏全球统一的信用管理机制,这对跨境电子商务交易活动的发展造成了较大的负面影响。跨境电子商务交易双方信用缺失、网上侵权、假冒伪劣等问题屡见不鲜。具体来说,跨境电子商务交易信用存在的问题主要包括以下几个方面:

① 立法工作推进缓慢。全球有关跨境电子商务信用的法律法规明显滞后,不能适应当前

跨境电子商务的高速发展。目前,我国尚未建立一套完整的跨境电子商务信用法律体系,仅有的几部和跨境电子商务相关的法规和政策还远远不能满足跨境电子商务发展的需求。各政府部门近年出台的发展跨境电子商务的政策、法规仍不能较好地解决信用问题。如外汇管理局2015年1月出台的《支付机构跨境外汇支付业务试点指导意见》仅能解决跨境支付的问题；2015年5月海关总署出台了《关于调整跨境贸易电子商务监管海关作业时间和通关时限要求有关事宜的通知》,目的是加强通关便利；质检总局出台的《关于进一步发挥检验检疫职能作用促进跨境电子商务发展的意见》仅是解决了质检问题。

正是由于跨境电子商务信用法律法规的制度缺失,致使跨境电子商务交易主体因失信行为而承担的成本往往很低。根据"委托——代理"博弈理论,代理方的失信行为会造成委托方较大的损失。有关消费者隐私保护、权益保护、纠纷诉讼等方面的法律法规不健全,导致许多跨境电子商务交易纠纷的解决缺乏完善的法律依据。在信用体系不健全的环境下,企业在跨境电子商务平台上屡屡发生店铺刷单、虚假评价、夸大宣传、商品伪劣、期满诈骗等事件,引起众多消费者差评和投诉,降低了跨境电子商务企业在国际上的声誉度。与此同时,部分跨境电子商务平台为了净化市场环境,专门针对信用差的卖家做出了更高的要求甚至是歧视性的条款,制定了更为严厉的惩罚举措。

② 跨境电子商务平台监管不力。跨境电子商务平台都会要求卖方在注册网店时进行实名认证,但仅凭实名认证还不足以了解其营业资质、信用情况及其在非诚信交易后所受到的惩罚；而平台对买家的审核更为宽松,仅凭手机号或者邮箱就可以注册成功,一旦进行失信交易,其违规成本基本可以忽略不计。同时,跨境电子商务平台的用户涵盖了来自世界各地的卖家和买家,商品种类繁多且发布标准各异,造成跨境平台监管工作困难重重。

③ 缺乏有效的信用管理体系。社会信用制度不完善也是制约跨境电子商务发展的重要因素。与发达国家相比,发展中国家的社会信用制度建设明显滞后,征信系统构架不完善,比如个人征信系统所包含的评价项目偏少,且社会各界难以通过便利渠道获取征信结果。再者,由于社会信用监管不到位,且公民未养成良好的信用意识和素养,导致失信成本较小,这些问题或多或少地阻碍了跨境电子商务的良性发展。一旦在跨境电子商务交易中发生信用纠纷,对信用制度建设滞后地区、国家的消费者没有任何优势可言。因此,为保护消费者的合法权益,尽快建立有效的信用管理体系显得尤为必要。

④ 信用信息披露问题。不仅许多国家的政府没有建立完善的跨境电子商务信用系统,而且,各跨境电子商务平台自身建立的信用体系存在评价标准模糊、评价体系不严谨,缺乏对交易主体信用评价的权威标准,导致其信用体系并不能完整地反映交易主体的信用状况。另外,各跨境电子商务平台依据自身的情况建立独立的信用评价体系,彼此之间缺乏沟通与交流,无法形成一致的评价标准。这便导致各自的评价体系成为信息孤岛,各平台交易主体的信用状况无法实现信息共享,无法掌握交易主体在其他交易平台的真实信用状况,这在一定程度上导致跨境电子商务的交易主体鱼龙混杂、良莠不齐。因此,亟须解决各跨境电子商务平台各自为政的混乱局面。

(4) 完善跨境电子商务信用机制的对策及建议

为促进跨境电子商务交易健康发展,有必要采取相关举措促进跨境电子商务诚信体系建设。

① 构建有效的信息传递机制。为约束跨境电子商务企业的不诚信行为,各国政府、各跨

境电子商务平台有必要统一行动,构建透明的、有效的信息传递机制。一方面,各国政府部门或跨境行业协会应加强沟通,制定统一的权威标准,建立客观的、公正的国际信用信息传递机制;另一方面,各跨境电子商务平台在不断优化自身信用评价体系的基础上,彼此之间积极沟通,运用技术手段打破信用评价的信息孤岛,尽快实现各跨境电子商务平台的交易主体信用信息的共享和高效传递,提供方便快捷的信息获取渠道,确保跨境电子商务交易参与者能随时随地获知对方的信用状况,从而降低交易风险。

② 发挥跨境电子商务平台的监管作用。跨境电子商务诚信体系的建设离不开跨境电子商务平台的积极参与。平台方可采取企业认证、原产地认证、支付方式认证等多种认证措施,把好入驻卖家的准入关;还可对卖家的营业资质、信用情况进行详细审查并备案,并要求卖方发布所有信息包括货物的各种参数。此外,对不诚信经营的卖家,跨境电子商务平台可采取严厉的惩罚措施,包括在平台上公示曝光、对卖家予以警告甚至关闭店铺、将卖家列入黑名单,并将其不诚信记录报送卖家所在国家或地区的工商行政部门。例如,2015年速卖通启用"严入准出"政策,采取严格的认证、限制新卖家发布的商品数,坚决将商品品质差、服务差的"劣质"卖家清除出去。通过规范速卖通的卖家行为,一定程度上净化了该平台的市场交易环境。另外,对不诚信买家也要予以警告甚至限制其在跨境电子商务平台上购买商品或服务。总而言之,通过跨境电子商务平台的上述监管举措,有助于净化跨境电子商务交易的市场环境。

③ 加快跨境电子商务信用立法进程。加快有关跨境电子商务交易的立法进程,建立完善的信用体系,有助于营造健康的交易环境,保障跨境电子商务持续快速发展。一方面,与跨境电子商务相关的政府部门(如商务部、海关总署、质检总局、工商总局、财政部等)应从规划层面入手,尽快出台相关法律法规,采取边试点、边完善的策略,建立较为完善的跨境电子商务法律规范体系,明确跨境电子商务交易各方的权、责、利,规范交易行为,做到有法可依。另一方面,政府部门应尽快建立功能完善的信用监管体系,广泛利用一些类似于云计算、大数据的现代信息技术,建立以大数据为基础的信用共享机制,对跨境电子商务交易各方的信用进行监管。此外,还要采取激励惩罚措施,对诚信经营的卖家大力表彰和鼓励,对存在失信行为的买家和卖家加大处罚力度,对违法行为予以刑事处罚,提高欺诈交易的违规成本,为跨境电子商务的发展营造良好的社会环境。

④ 建立健全的信用评价体系。明显滞后的信用评价体系建设,严重制约了跨境电子商务的整体发展,完善的企业或个人的诚信评价体系可以有效地约束交易双方的经济行为。可借鉴某些国家先进的诚信评价体系,建立起能为更多社会成员所用的公开的诚信档案。政府部门、跨境电子商务平台可联合建立相关制度,对经营者的信用状况进行全程跟踪。比如,可对入驻平台的卖家进行详细的资质调查,确保卖家之前没有不诚信经营行为;在卖家入驻平台后,从卖家发布的商品宣传、商品发布数、商品质量等方面予以实时关注;在交易完成后,可从交易记录、买家评价、纠纷记录等方面对卖家的信用状况进行综合评估。因此,建立健全动态的、客观公正的信用评价体系,才能督促卖家诚信经营,杜绝失信行为,使之成为跨境电子商务交易市场的守信者。

8.7.3 完善管理和监控制度

(1) 企业角度的防范措施

① 技术措施。A. 利用防火墙技术。防火墙的目的是提供安全保护、控制和鉴别出入站点的各种访问。它建立起网络通信的控制过滤机制,从而有效保证交易的安全。在此需说明,利用防火墙可有效但不是绝对能防止黑客的攻击。B. 利用身份认证技术。由于跨境电子商务是在网络中完成,交易各方不见面,为了保证每个参与者都能无误地被识别,必须使用身份认证技术。在非对称加密体系中,密钥被分解为一对(公开密钥/专用密钥)。公开密钥可以向网络公开,专用密钥只能由生成密钥的交易方(不妨设为交易方甲)掌握。交易方乙使用得到的公开密钥对机密信息进行加密,这样的数据只能由交易方甲用专用密钥解开,这就保证了数据的安全。而经过专用密钥的数据可被所有持有公开密钥的交易方解开,由于专用密钥只有交易方甲保存,这样就证明该信息发自交易方甲,这种特性可用作身份认证。为了确定公开密钥也真正属于某一个实体,可以由认证授权中心(Certificate Authority,简称 CA)认证,将公开密钥与其他信息一起形成证书,用作鉴别身份的证明。采用了身份认证技术后,就可以在跨境电子商务中建立交易信任关系。C. 建立漏洞识别和检测系统。应该用多种工具和方法来清查网络的各种弱点。如,许多跨境电子商务应用都要求在网页表格中输入数据,并检验输入的有效性。如果不对输入进行检验,那么黑客就可能有机会输入破坏性代码,并被计算机程序处理。检验输入数据的有效性是一种防范措施,而不检验输入数据就是一个安全漏洞。

② 管理措施。"三分技术、七分管理"的理念不能只停留在理论阶段,更重要的是企业应该将其转化为具体的操作。A. 加强网上客户档案管理。欧美跨境电子商务企业对客户的档案一般进行定期(一般是半年)审查,根据客户信用信息的变化,及时调整信用额度。而我国企业在进行跨境电子商务的过程中,不能及时根据用户信息的变化及时调整信用额度,使得优良的客户订单得不到增加;同时也不利于及时发现信誉较差的客户,造成坏账损失,给企业蒙上阴影。所以,随着跨境电子商务的发展,企业应建立完善的网上客户档案,并定期进行跟踪调查,以更好地维护企业自身利益。B. 加强法律保护意识。针对目前各国对跨境电子商务认识的不一致,有关跨境电子商务的法律、法规正在不断完善这种状况。企业应根据自身的情况做出相应的调整以回避风险,并且需要逐步建立和完善一个法律风险防范的控制系统,如及时搜集新出台的法律、法规,或通过相关的咨询部门以及求助于有关的法律部门以获取相关专业信息,为企业正常运作寻找法律依据,避免因为对法律不清楚等原因而使企业陷入不必要的纠纷或遭受不必要的损失。C. 提高风险防范意识。对 IT 从业人员进行跨境电子商务运作和安全管理的系统而全面的教育,并培养其相关的风险防范意识,给予其更多的培训及资格认证,从而使其对跨境电子商务有一个全面和客观的认识。D. 加强内部管理机制。内部管理机制设计的基本原则是:要求发生在系统内的所有行为都符合程序控制的要求,所有行为的发生都有审计记录。管理的有效性可以解决许多技术层次解决不了的风险问题。E. 实施风险防范等级管理。此点可借鉴我国实施的"信息安全等级保护政策"。对企业来讲,风险可以分为重要风险和一般风险,企业应该坚持安全成本与风险相平衡的原则,根据企业的实际需要,抓住重点,力求具体、明确、到位,讲究实效。

(2) 政府角度的防范措施

对现有的跨境电子商务监管模式和相关法律漏洞导致的政府失灵,可以通过以下几个方

面着手进行改进:

① 创新监管模式。对海关的监管模式创新可以在完善系统风险控制的基础上着重事后监管,提高电脑自动审单的运用,从而提高跨境电子商务通关效率。对检验检疫监管模式可以实行"事前准入备案、事中风险监测、事后有效处置、便捷快速放行"的模式,完善备案登记的同时(尤其是小企业和个人),建立源头可追溯,产品可追查的监管体系。

② 实施严厉的处罚措施。《网络交易管理办法》等规定对于不服监管的企业最重也只处以三万元人民币的罚款,对跨境电子商务的处罚力度更不大,需要针对跨境电商违法行为制定更严格的处罚标准。只有提高其违法成本,才能让其惮于违法,才能有效地降低行政成本和社会成本。尤其是可以加重对于跨境电子商务平台的处罚措施,使得其主动地去监管和规范其平台上运营的其他跨境电子商务企业,化政府被动监管为企业主动自我监控。

③ 完善登记备案制度。登记备案是政府对跨境电子商务进行监管的前提,如果没有实现对跨境电子商务的登记,政府的监管就无从下手。尤其是对于现在处于灰色地带的诸如奶粉代购等的小企业和个人代购业务,应该出台相应的法律规范对相关小企业和个人的登记注册进行规定。

④ 建立信用体系环境。跨境电子商务交易涉及厂家、商家、网站、银行、消费者等多方面的利益,其中的信用问题难以孤立地解决,必须建立一个社会信用体系环境。全社会首先要建立一种自己守信用、人人守信用、也相信别人守信用的心态。其次要健全完善信用制度。通过设置合理的运行机制和运行标准,并通过监督机构,保证参与交易各方按期、按质、按量支付货款和交送货物。

⑤ 进一步出台相关法律法规。从立法和执法方面,在现有政策的支持上继续对跨境电子商务给予支持。可以参考国外比较先进的跨境电子商务监管模式和相关做法,并对大型的跨境电子商务平台进行资金扶持、技术支持和政策倾斜,促进中小企业和个人依靠平台进行对外贸易,使得电商平台做大做强。

8.7.4 建立完善售后服务制度

(1) 电子商务售后服务的特点

售后服务(after-sales service)是企业对客户在购买产品后提供多种形式服务的总称,其目的在于提高客户满意度、建立客户忠诚。在电子商务环境下的服务质量是指在虚拟网络市场上,客户对服务提供物的优越性和质量的总体评价和判断。电子商务售后服务具有以下三个特点:

① 不可感知性。电子商务模式下的售后服务是具体为"表现"而非实物,是某种形式的"客户体验"。所以必须有效地让客户感受到提供的服务,比如可以通过售后服务咨询、产品注意细节、产品故障维修咨询等把服务的质量"有形"地提供给客户。

② 移动性。目前,绝大多数客户无论身处世界何处,只需移动客户端连接互联网,便能进行网上交易。通过跨境电子商务,买家可以随时随地购买其他国家的产品,但是相应的售后服务却必须提供到在不同国家、不同地理位置上的客户身上,服务才算完成。

③ 灵活性。电子服务被比喻为"积木式"的功能设计,这个比喻恰当地体现了电子服务的灵活性。为客户量身打造个性化产品与服务是一种以客户为中心的服务管理方法,也是电子商务成功必须采取的经营方式。根据客户的要求适时提供或者改变服务的内容和方式,是提

高客户满意度的有效方式。

（2）售后服务存在的问题

① 售前及售中环境不完善。A. 图片与实物不相符，不能退货或退货手续复杂。很多跨境电子商务企业在应用跨境电子商务平台进行网络销售时，刻意美化图片，蒙骗消费者。当消费者收到实物并提出退换货要求时，厂家只是口头应承，并不给消费者真正退货或者换货，消费者的权益得不到保证。B. 物流服务水平影响服务质量。物流问题处理不当，便会引起消费者的强烈不满。例如，一些家电、易碎品等商品对物流过程中的操作提出了较高要求，在一些节假日，当需快递产品数目突然增加时，一些物流公司往往不能及时采取一些应对措施而导致配送时间延误。C. 平台管理不规范。跨境电子商务平台管理规则不健全的现象仍然存在。例如一些企业为了眼前利益，常利用权限修改消费者评价，屏蔽中评或差评，从而引起来自消费者更多的信任危机。

② 服务观念淡薄。很多企业为了迅速扩大市场、提高销售量，只重售前，忽视售后。在企业用人方面，对用人尺度放宽了要求。大多数企业没有建立规范的服务制度和管理体系，未对服务人员进行系统的培训和教育，整体业务服务素质较低。服务人员对售后服务工作没有责任心，工作态度不积极，目标也不明确。现实情况中，大量用户对跨境电子商务卖家的客服人员的服务感到不满意或非常不满意。

③ 售后服务信息反馈环节被忽略。虽然很多企业都建立了售后信息的收集平台，售后服务人员也做客户回访。但大多数只是流于形式，并没有从意识上重视售后信息的作用，也没有充分的利用售后信息为企业服务，为公司的竞争及战略决策提供依据。一些跨境电子商务企业售后评论的页面上留有大量消费者投诉问题，表明这些企业从来没有关注过网络平台上消费者的意见，而这种局面又必定对其潜在客户造成很大的负面影响。

④ 售后服务形式缺乏创新性。多数跨境电子商务企业仍然只是依靠传统的方式，如技术人员上门、热线电话咨询指导等为用户提供售后服务，而忽视了互联网的巨大作用。没有充分使用在线技术咨询、产品升级等网络手段来节约各种服务成本，提升综合服务满意度。

（3）跨境电子商务中售后服务制度的改进对策

跨境电子商务环境下的售后服务对于企业的发展具有至关重要的作用。面对现实的种种机遇和挑战，企业更加需要通过跨境电子商务售后服务制度的改进来提高自身的竞争能力。

① 企业自身建设。A. 售后服务理念的重新认识。传统理念认为售后服务是企业服务链中一个重要的环节，它既是一个服务流程的末端，也是新一轮销售与服务的起点。如果从产品生命周期理论出发，显然低估了产品售后服务的地位；从体现产品价值的观点出发，产品售后服务在产品整个生命周期中都占有最重要的位置。一定程度上，我们可以说产品的售后服务阶段是产品生产的目的，是产品价值和使用价值的体现，没有售后服务，产品就没有存在的必要性。

B. 提高售后服务的创新能力。只有从每一个用户入手，对产品售后服务进行适合顾客个性化需求的改进，才能真正符合消费者的需求。如，可以把详细的产品使用说明上传到网上，以供消费者随时下载；可以建立相关社区、论坛供购买同样产品的用户自由地进行交流体会，以便更好地使用产品；企业还可以通过在线交流的方式跟消费者进行直接交流，解答用户在产品使用过程中遇到的各种问题。除了服务体系的创新之外，更要求服务人员在服务过程中注重创新，善于变通，以达到用户的最大满意度。

C. 创建规范的服务流程和相应的绩效考核体系。首先应有一整套规范化的服务流程，同时也要建立相应的正、负激励，形成和谐的竞争氛围，提高售后服务人员的积极性和创造性。同时将售前服务、售中服务、售后服务很好地结合起来。在售前服务时，能提供产品的真实图片，并将有关商品的详细信息呈现在图片旁边，并将物流配送细则展示给消费者。售中服务时，要用良好的态度与顾客交流，要将顾客所订购商品的信息进行详细而清楚的记录，发货时严格对比记录。售后服务时，当消费者的商品出现问题或需退货时，需要耐心解答、及时处理。

② 跨境电子商务政策的扶持。跨境电子商务企业除了技术、资金和人才方面的支持外，还需要得到政府的帮助。各级政府应迅速建立"电子政府"以全面推动跨境电子商务的发展。在政府与市场的关系方面，采取市场机制基础上的政府主导的方法；在资本层面，推动国家资本与民间资本相结合；在市场层面，市场调控与政府管理相结合。最终，便可达到政府主导的跨境电子商务建设的最高效率。跨境电子商务的建设是一项复杂的社会系统工程，跨境电子商务的各个层面——网络基础平台、跨境电子商务基础平台和跨境电子商务应用系统，需要协调发展。通过发展网络基础平台，推动跨境电子商务的发展；通过跨境电子商务的应用系统，推动网络基础平台和跨境电子商务基础平台的建设。

③ 完善的物流配送、网络支付等第三方服务体系的构建。从商家到用户，这是一个端到端的服务能力。随着跨境电子商务交易额的增长，这种情况下的物流服务效率的提高是一个难题，跨境电子商务的高速发展无疑给物流提出了新的挑战。从目前来看物流配送存在的问题主要有：差错大、物损大、终极服务粗糙、满意度低，物流成本高等。这些问题需要不断完善，才能够提高客户满意度，从而获得客户的忠诚。因此，跨境电子商务需要得到进一步的发展，只有建立完善的物流配送及网络支付体系，并将其作为整体跨境电子商务解决方案的一部分，将物流渠道、商流渠道及信息流渠道进行捆绑，真正的融合、渗透到电子商务企业的各个环节，而绝非简单的将其外包给第三方。

总之，在如今的电子商务时代，售后服务是买方市场条件下跨境电子商务企业参与市场竞争的尖锐利器，是保持顾客满意度、忠诚度的有效举措，是跨境电子商务企业摆脱价格大战的一剂良药。通过完善跨境电子商务售后服务制度所获得的成交额提升将会得到巨大的提高。所以，完善跨境电子商务售后服务是发展跨境电子商务的必要保障。

8.8 案例分析——亚马逊店铺被封系列：侵犯知识产权

雨果网从外媒的报道中了解到，在亚马逊平台，确保所售产品合法且拥有产权所有人授权，是卖家的责任。如果做不到，就会面临账号被停的局面。但这到底意味着什么？如果卖家不太了解知识产权侵犯行为，可浏览下列信息。

亚马逊卖家需维护四类知识产权：版权（copyright）、商标（trademark）、发明专利权（utility patent）和设计专利权（design patent）。换句话说，如果不想亚马逊账号被停，卖家需要避免非法制造、剽窃、销售仿品和假货。

理论上来讲，在平台上出售这些产品需要亚马逊和卖家共同承担责任。但考虑到平台的商业模式，最近法院规定亚马逊无须为此担责。这就意味着，卖家需独立承担侵权后果。

8.8.1 侵权后果

产权所有人或法定代理人可能会向亚马逊提起诉讼。亚马逊政策也规定,不允许出售假货、盗版和未授权产品等。侵犯知识产权会导致卖家亚马逊账号被封,资金被冻结。

8.8.2 应对措施

1. 当亚马逊通知卖家存在侵权行为后,卖家要积极应对。
2. 浏览内容指南和防伪政策。
3. 找出侵犯知识产权法和亚马逊政策的产品或相关 listing 信息。
4. 联系知识产权所有人,直接与他们对话,通常情况下他们比律师更易交流。如果找不到知识产权所有人,就联系亚马逊在暂停账号通知邮件里提到的法定代理人。
5. 提供供应商名单,及双方签订的合同条款。
6. 请求知识产权所有人或代理人撤销投诉。
7. 如果知识产权所有人或其代理人没有回复,那就联系律师帮忙。
8. 如果卖家能够承担账号被停的成本,可以等到与产权所有人把事情解决后再写具体改善计划(POA)。
9. 写一份行动计划。
10. 如果投诉未撤销,那就给亚马逊提交一份详细的步骤清单,表明卖家律师采取了哪些措施规避未来侵权行为,或证明投诉的不合理性。
11. 检查质量管理措施,对员工进行培训,让他们识别易侵权产品和 listing 类型。
12. 下架或清理导致亚马逊账号被停的所有库存产品以及禁止在平台销售的产品。
13. 向亚马逊提起上诉,并采取以上措施。

8.8.3 如何避免未来侵权?

对于自有品牌产品:
1. 刊登产品信息时,要特别注意使用的词语,确保都是原创的。
2. 在商标数据库中检测品牌关键词或短语,比如 Justia Trademarks。
3. 刊登自有品牌产品之前,确保它是独一无二的,即使已经通过专利审核。

如果从第三方进货:
1. 如果有可能,了解每一件产品的知识产权所有人和销售权代理人。
2. 确保刊登的所有产品信息包括图片,都具有知识产权所有人的认可。
3. 记录每一件产品的项目清单和发票,在刊登前进行检查。
4. 确保拿到的文件是发票,而不是订单确认、形式发票、商业发票等。
5. 调查供货商和他们的竞争对手,避免从不能提供相关文件的批发商那里进货。

总而言之,如何避免亚马逊账号因触犯知识产权而被封取决于卖家的商业模式。要么在刊登自有品牌前做所有必备的调查,要么保存供货商提供的合法文书。

第九章　跨境电子商务操作实务

9.1　网店注册操作

这里以敦煌网店铺注册为主要案例介绍跨境电子商务店铺注册流程。

1. 注册入口

登录卖家首页 http://seller.dhgate.com/，点击"免费注册"或者"免费开店"，进入注册页面，如图 9-1 所示。

图 9-1　敦煌网注册入口界面

2. 填写商户信息

填写真实的注册信息，填好后点击提交注册信息并继续，如图 9-2 所示：

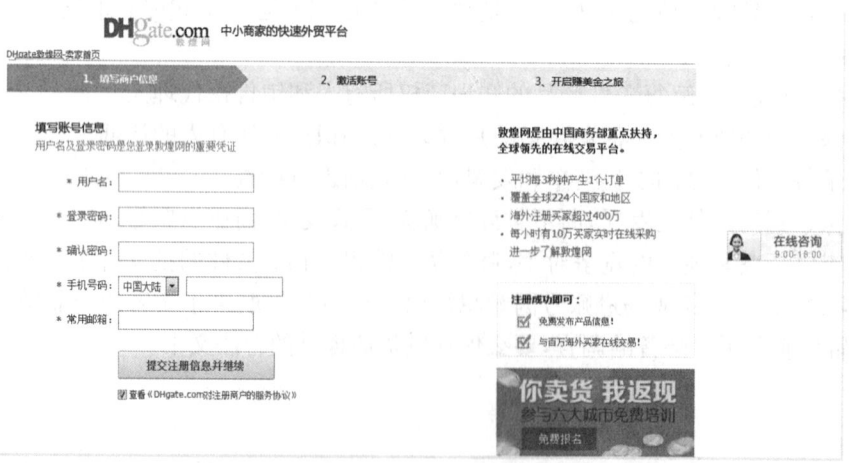

图 9-2　敦煌网注册客户信息填写

3. 验证邮箱

在提交信息后您的注册邮箱会收到一封激活邮件,请您登录到您的注册邮箱并打开邮件,点击激活链接,如图9-3所示。

图9-3 敦煌网注册激活图

4. 身份认证

(1) 身份认证流程:

在通过手机和邮箱验证后,为更好的保障您在网络交易中的安全,防止网络交易欺诈,请根据要认证的身份类型提交对应的身份认证资料。您可以通过如下方式开始认证:

进入"我的DHgate"后,平台会给予您提醒:为避免影响您的提款,请尽快完成身份认证,详见图9-4所示。

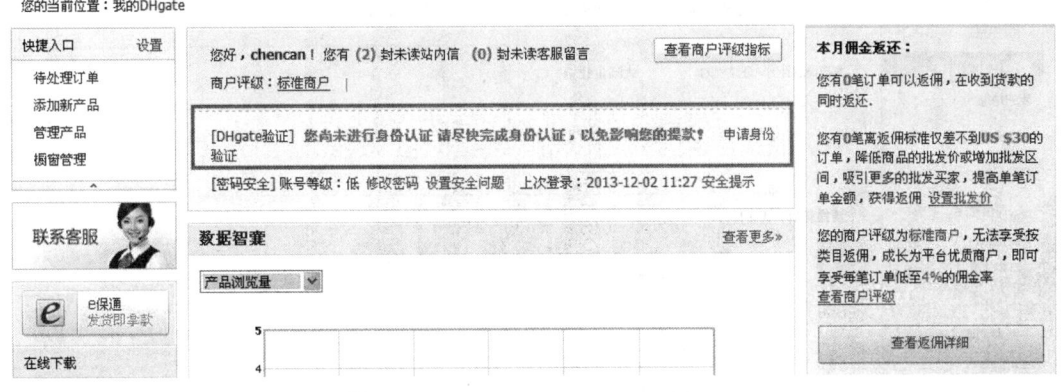

图9-4 敦煌网注册的身份认证提醒

选择点击图中"申请身份认证",进入设置中的"身份认证",详见图9-5:

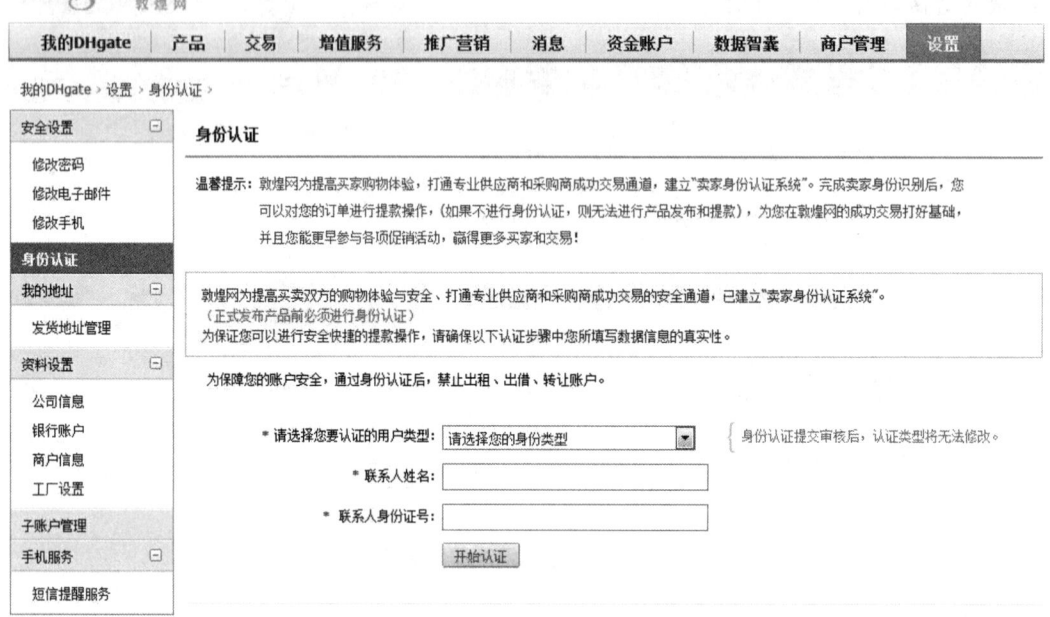

图9-5 敦煌网身份认证申请

选择身份类型后,点击开始认证,详见图9-6:

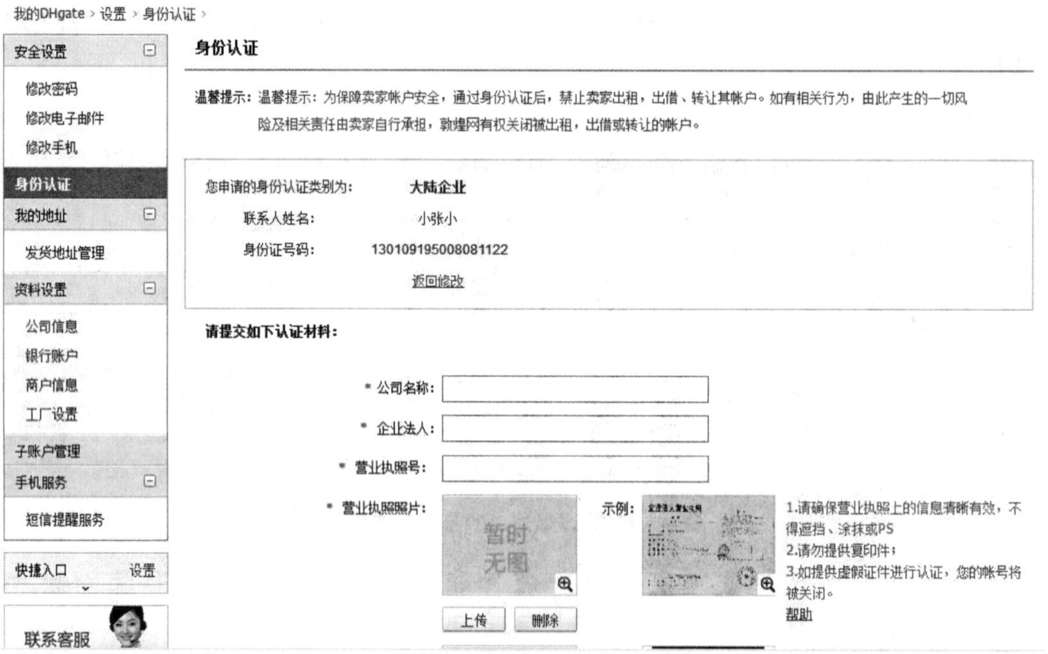

图9-6 敦煌网身份认证

提交身份资料认证后,即完成身份认证。

(2) 申请认证需要提供的资料,如图 9-7 所示。

卖家身份认证类型	需提交的身份认证信息	有无示例
个人卖家	Dhgate 联系人手持身份证正面头部照	有
	Dhgate 联系人手持身份证反面头部照	有
个体工商户	公司名称	无
	企业法人	无
	个体工商户营业执照号	无
	个体工商户营业执照图片	有
	个体工商户经营者手持身份证正面头部照	有
	个体工商户经营者手持身份证反面头部照	有
	DHgate 联系人手持身份证正面头部照	有
	DHgate 联系人手持身份证反面头部照	有
	经营场所图片	有
大陆企业	公司名称	无
	企业法人	无
	营业执照号	无
	营业执照副本图片	有
	法人手持身份证正面头部照	有
	法人手持身份证反面头部照	有
	DHgate 联系人手持身份证正面头部照	有
	DHgate 联系人手持身份证反面头部照	有
	带有企业门牌及企业名称的图片	有
香港企业	公司编号	无
	公司注册证明书	有
	香港公司注册处法团成立表第 4 页	有
	董事手持身份证正面头部照	有
	董事手持身份证反面头部照	有
	DHgate 联系人手持身份证正面头部照	有
	DHgate 联系人手持身份证反面头部照	有
	带有企业门牌及企业名称的图片	有

图 9-7 敦煌网注册需要提供的资料

(3) 申请认证资料要求:

① 营业执照号:营业执照号是指营业执照的注册号,而并非是营业执照编号;

② 营业执照副本图片:需提供有年检章的营业执照正本或者副本,营业执照图片要求注册号、公司名、法人、经营范围以及年检章清晰可辨,无修改、遮挡、涂抹、PS 或者污渍等痕迹;

③ 法人的手持证件照(正反面):请提供营业执照上登记的法人证件照,务必是手持证件的头部照,而且需要身份证正反面各一张。身份证信息要清晰可辨,无修改、遮挡、涂抹、PS 或者污渍等痕迹;

④ 联系人的手持证件照(正反面):请提供在 DHgate 上现有平台联系人的证件照片,务必是手持证件的头部照,而且需要身份证正反面各一张。身份证信息要清晰可辨,无修改、遮挡、涂抹、PS 或者污渍等痕迹;

⑤ 带有贸易公司门牌及公司名称的图片:须提供贵公司或工厂带有公司名称的门头照或者前台的图片,如不能实现请务必提供手持营业执照在办公场所内的照片,不可盗用其他公司的图片,无修改、遮挡、涂抹、PS 或者污渍等痕迹。

5. 其他主要平台的注册

各个不同的跨境电子商务平台,注册尽管有不同的要求和流程,但需要提供的主要信息和内容大体相同。这里对几个主要跨境电子商务平台注册的特点予以介绍。

① 速卖通店铺注册

注册入口登陆 http://seller.aliexpress.com,进入全球速卖通,点击"我要开店"——验证信箱——填写账号信息——支付宝实名认证——照片身份实名认证——注册审核。

支付宝认证是速卖通注册的主要要求。

② eBay 店铺注册

根据注册地不同,卖家账户分别为海外账户和国内账户,eBay 对中国卖家有诸多限制,而海外账户却限制不多,因此海外账户优势明显。假如卖家办公地点在中国,而要使用海外账户,则需要使用翻墙软件来保护账户安全,否则如果 eBay 检测到卖家使用的 IP 和注册的 IP 不一样,会要求卖家进一步提供注册资料,这样就有可能导致制裁从而影响正常销售。

此外,按照注册主题不同,卖家账户又可分为普通账户和企业商户,普通账户再分为个人账户和商业账户。个人账户和商业账户区别在于:如果要在 eBay 欧洲站如德国站刊登销售,卖家账户必须为商业账户,如果注册企业账户,可以通过 eBay 提供的绿色通道来申请。

eBay 卖家个人账户注册登录 www.ebay.com.hk 或者 www.ebay.cn——设定密码和信箱认证——注册 PayPal 资金账户——PayPal 认证:双币信用卡或借记卡认证——绑定 eBay 账户与 PayPal 账户——注册审核。

PayPal 资金账户注册、双币信用卡(借记卡)认证、绑定 eBay 账户与 PayPal 账户的主要要求。

③ 亚马逊店铺注册

亚马逊是跨境电商商家的必争之地,在亚马逊上开店又分成几种,可以参与亚马逊全球开店,也可以在亚马逊的国家站点进行开店,比如在亚马逊美国、加拿大、德国、日本、英国等网店开店。几种方式在企业资质、审批时间、所需材料、客户服务等方面存在差异,想从事亚马逊跨境业务的企业应该根据自身企业和产品的特点,选择适合自己的亚马逊开店方式。

下面以亚马逊美国站的开店为例,介绍在亚马逊美国的开店流程。

店铺注册登录 https://www.amazon.com/,将页面拖至最下方,点击"Sell on Amazong",——按指示操作后,点击"Start your free trial",便可开始注册——新用户提供注册邮箱并设置密码——填写详细的用户信息(注意:姓名和地址填汉语拼音就可以,不需翻译成英文)——电话验证,完成注册申请——修改收款方式和收款信息——注册审核。

美国 Amazon 联盟一共提供三种收款方式。

(ⅰ) Amazon Gift Card(Amazon 礼品卡),可以在美国 Amazon 网站消费;

(ⅱ) 银行转账,但是需要美国银行卡;

(ⅲ) 支票邮寄,全球通用,100 美元起付。

9.2 产品发布与优化

9.2.1 产品发布流程

跨境电子商务是以网络上的虚拟店铺为媒介,让买卖双方在其中达成交易。因此,运营跨境电子商务网店的首要内容,最重要的工作内容也就是发布产品。

不同的跨境电子商务平台的产品上传方式不尽相同,但都需涵盖设置产品标题、放置产品图片、计算产品价格、填写商品属性信息等环节。国外的一些跨境电子商务网站如亚马逊等则在上传产品的时候制作表格。

由于上架的产品数量不断增多,为了便于管理,有时候还需要填制产品信息表格,涵盖产品的编号、成本、重量、不同利润率下价格等。下面以敦煌网平台为例,介绍其一系列发布流程。

产品是由文字和图片组成的,详细的文字描述和清晰的图片可以更多地吸引买家的眼球。敦煌网平台上传产品时需要填写如下信息:产品名称、产品简短描述、产品属性值、产品信息描述、产品销售信息、我的服务承诺、其他信息。

1. 添加新产品

首先请您登录到"我的 DHgate"—"我的产品"—"添加新产品页面",如图 9-8 所示:

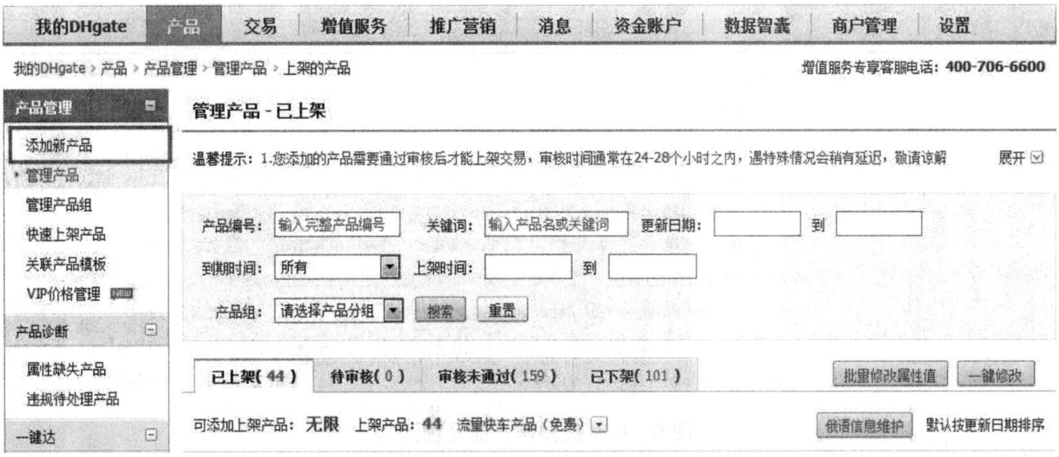

图 9-8 敦煌网产品添加

2. 产品基本信息

（1）产品标题和关键字。产品标题要清楚、完整、形象，最多输入140个字符；产品关键字要与产品匹配，便于机器识别，可添加多个关键字。如图9-9所示。

图9-9 敦煌网产品标题和关键字添加

（2）产品基本属性。填写完标题和关键词后，需要添加"产品基本属性"。为了更方便卖家上传产品、为了让卖家的产品能以更多的展现方式出现在买家页面，平台在上传产品页面，会根据卖家上传产品的特征，设置了产品相关的多种属性，例如品牌、款式、尺寸、材质、颜色等，卖家需要根据自身的产品，选择页面所提供的属性选项。填写的属性值将会直接显示在买家页面。如图9-10所示。

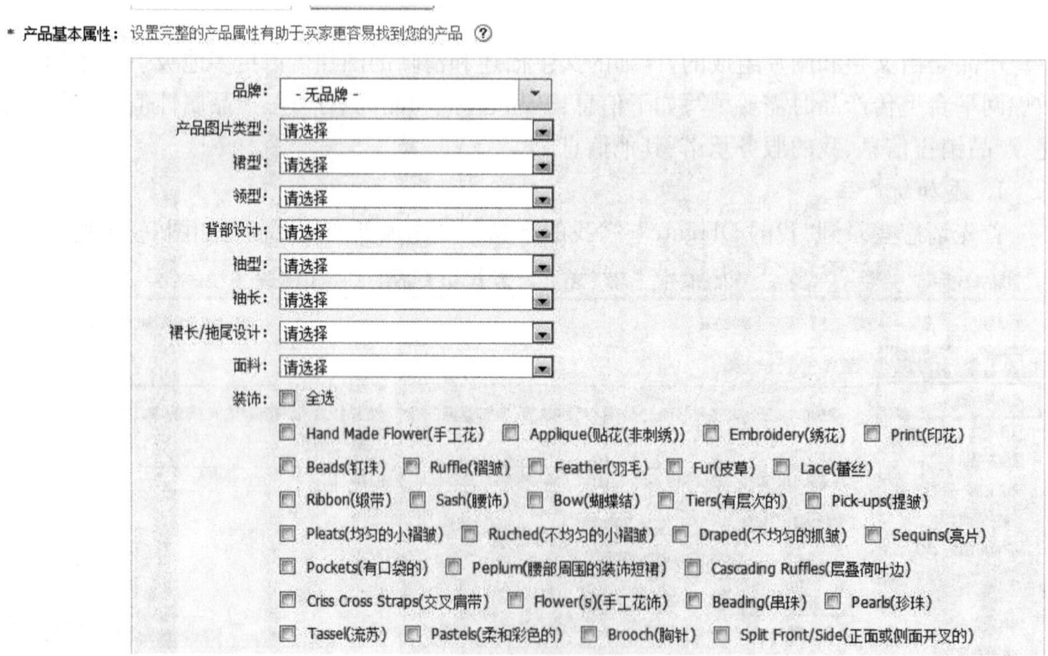

图9-10 敦煌网产品属性添加

(3)产品规格。产品的不同的规格,可以设置不同的零售价,并在前台展示给买家,如图9-11所示:

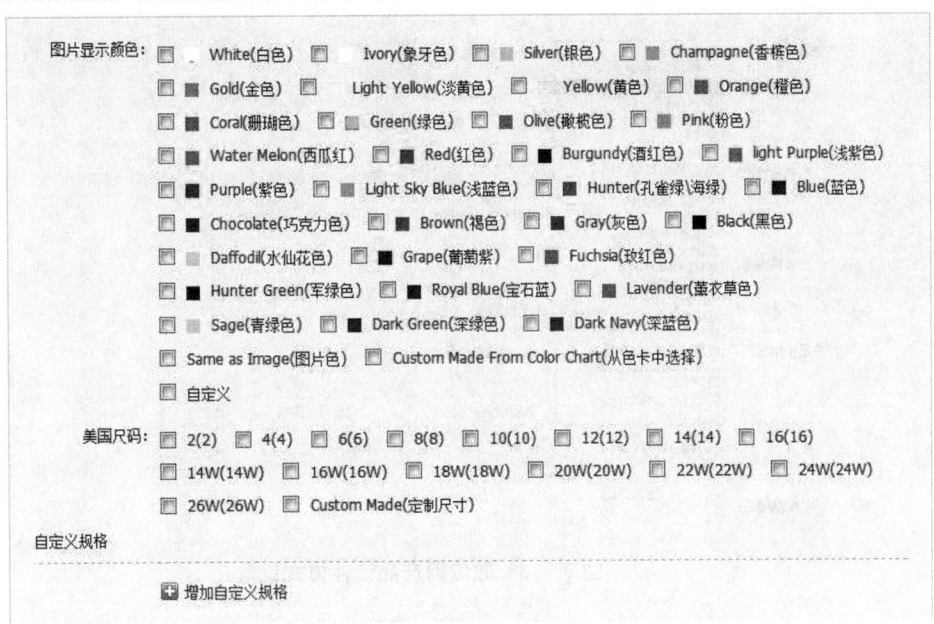

图9-11 敦煌网产品规格设置

注意:

① 如果系统所供您选择的规格不能满足您的需要,您可以选择"自定义规格"选项后进行自主设置;

② 如果您希望能在买家页面呈现其他属性(主要指系统未设置的),您可以通过"自定义属性"进行自主添加您所特有的属性,如图9-12所示:

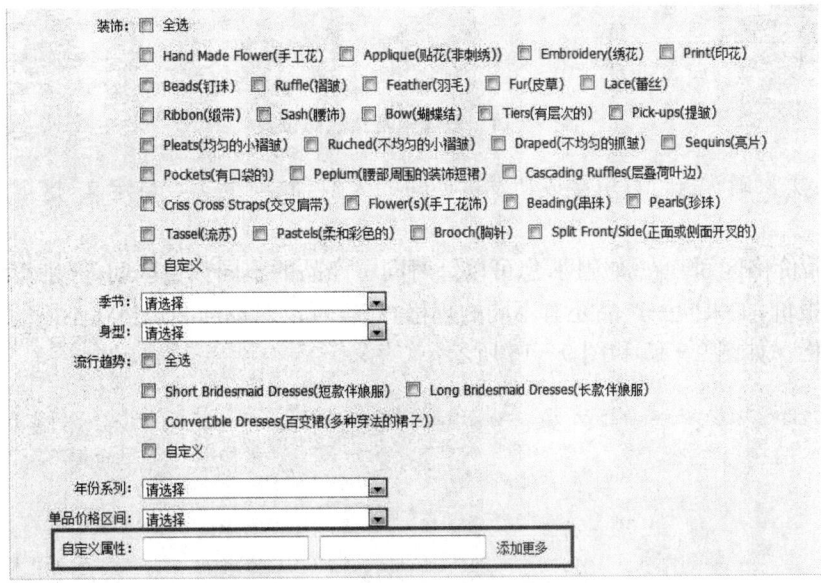

图9-12 敦煌网产品个性化属性设置

3. 产品销售信息

（1）计件方式。在此可以选择按件销售或按包销售。如选择按包卖，请您输入每包产品的数量，其中单位为"件"，也可以在右侧选择其他销售单位，如图 9-13 所示。

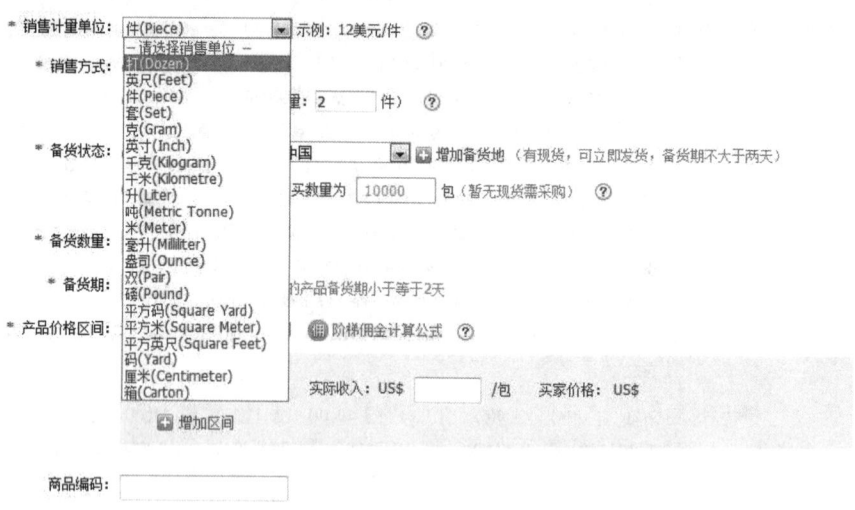

图 9-13　敦煌网产品计件方式设置

（2）备货状态。产品可以选择有备货，或者待备货。其中有备货可以选择备货地、备货数量，备货期 2 天（有备货的产品备货期小于等于 2 天）。待备货的产品可以设置客户一次最大购买数量，并且备货期可以设置 1～60 天，详细请查看图 9-14。

图 9-14　敦煌网备货状态设置

备货期：卖家确认执行订单至成功发货期间的天数，此项由卖家自定义，这里不含国际运输时间。

（3）产品价格区间。在敦煌网，您可以针对同一产品的不同数量区间，分别设置各个数量区间的不同报价；如果同一产品还有不同的规格，您也可以对不同的规格在不同的数量区间设置各自的价格。如图 9-15 和图 9-16 所示：

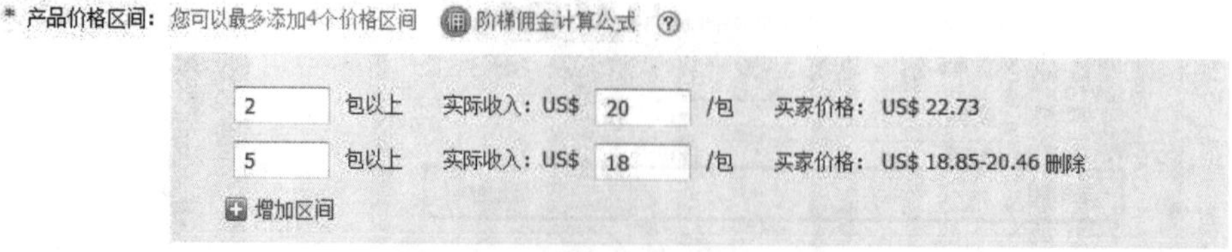

图 9-15　敦煌网产品价格区间设置 1

图 9-16 敦煌网产品价格区间设置 2

自定义规格:如果产品分为不同的规格,如 U 盘产品有 8 G、16 G 等规格,那么可以在此处填写不同规格的名称,并为他们设置不同的产品价格;如果产品不需要区分规格,此项可以不用填写。

销售状态:即这个规格是否展示到买家页面来销售,如果暂时没有此规格,那么可以选择"不可销售"。

实际收入:指的是产品实际的销售价格,由卖家填写。此数目为卖家最后收到货款的数目。

买家价格:指的是买家所看到的价格,是系统根据实际收入和类目佣金自动计算出来的。同时可以将鼠标放到"佣"字上来具体查看该类目的佣金比率。

商品编码:您可以为产品设置商品编码,从而来区分产品来自不同的厂家,不同的类目,不同的规格。

4. 产品内容描述

(1)产品图片。用生动真实的图片展示您的产品,上传产品之前要准备好图片。上传图片可以选择从"本地上传"或者从"相册上传"。

可以根据自己的意愿从"本地上传"或者"相册上传"的方式添加图片,这两种方式都较为简单,现在以"相册上传"的方式来介绍上传图片的操作:点击"相册上传",将进入原先设置好的产品相册中,在相应的相册中选择你想要的图片(最多为 8 张图片)点击"确定",可同时上传你所选择的图片。

(2)站内推广图片。请上传一张高质量的图片用于站内外推广(例如 google shopping),图片上无人为修改,无促销、产品属性、名称等信息,无 PS 修改涂痕。

(3)产品组。为方便卖家自己管理产品,可以创建产品组,将同一类别的产品添加到同一个产品组中,如图 9-17 所示。

图9-17 敦煌网产品类别设置

(4) 产品简短描述。建议在产品简短描述栏目中多填入一些可以让买家在查找物品时会搜索到的词语。可以输入中文标点符号,会自动转化成英文标点符号,最多可输入500个字符,如图9-18所示。

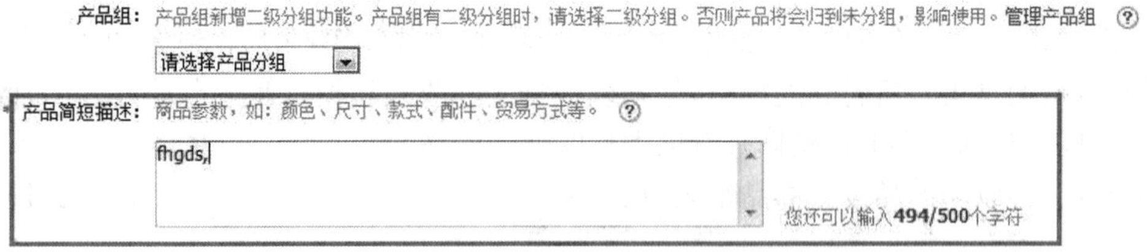

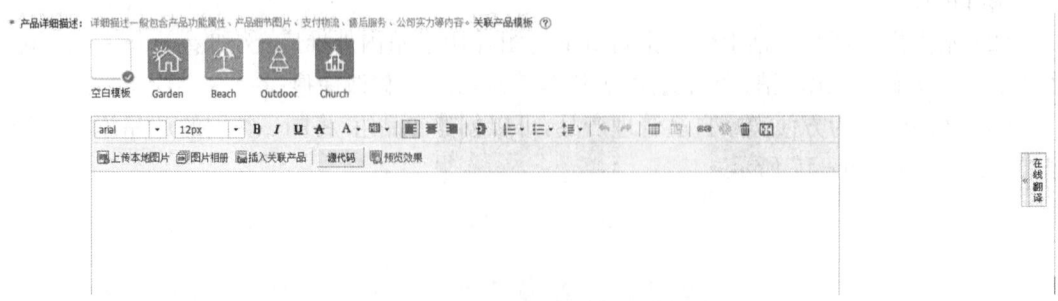

图9-18 敦煌网产品简短描述

(5) 产品详细描述。把在产品名称和规格说明中不能涵盖的产品信息进一步详细地展示给买家;将买家比较关注的产品的特色、功能、服务、包装及运输信息等展示出来,让买家可以一目了然地、尽可能多地了解产品相关信息;还可以通过一些个性化的描述展现卖家的专业性,如制作模板、敦煌网相关产品的站内链接,向买家展示更多的相关产品,进行自我促销,引起买家的兴趣等等。详细描述中有8万个字符空间,支持 HTML 语言,如图9-19所示。

图9-19 敦煌网的产品详细描述

5. 产品包装信息

(1) 包装后重量。

(2) 包装后尺寸:输入产品长、宽、高。

考虑到部分产品的包装重量不是完全根据产品的数量等比增加,所以平台对于产品包装重量比较大、体积比较小的产品,特别提供了自定义重量计算功能,如图 9－20 所示。

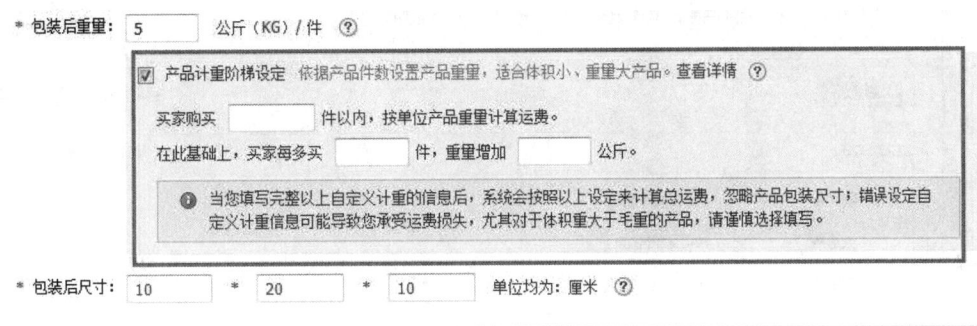

图 9－20　敦煌网自动用重量计算设置

6. 设置运费

(1) 如果是第一次上传产品,则需要创建一个运费模板,如图 9－21 所示。

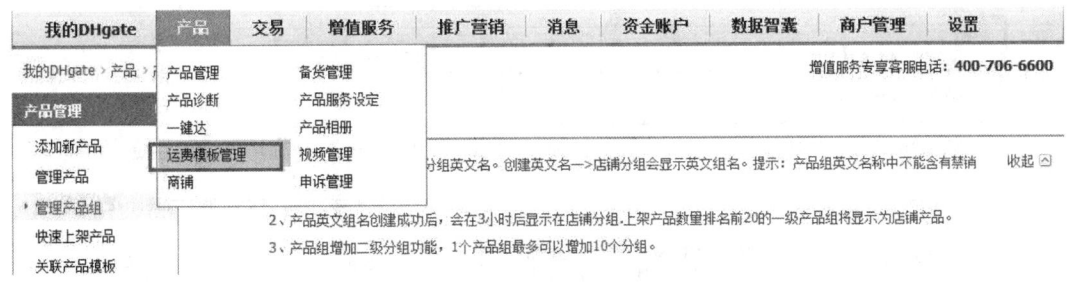

图 9－21　敦煌网运费模板设置

(2) 点击"运费模板管理"链接,会在新窗口打开添加运输模板页面。如图 9－22 所示。

(3) 点击"添加新模板"需要添加"运费模板名称"并选择想要使用的物流方式,如图 9－23 所示。

(4) 添加好模板名称并设置好物流方式,那么就可以点击保存,这个模板就创建完成。

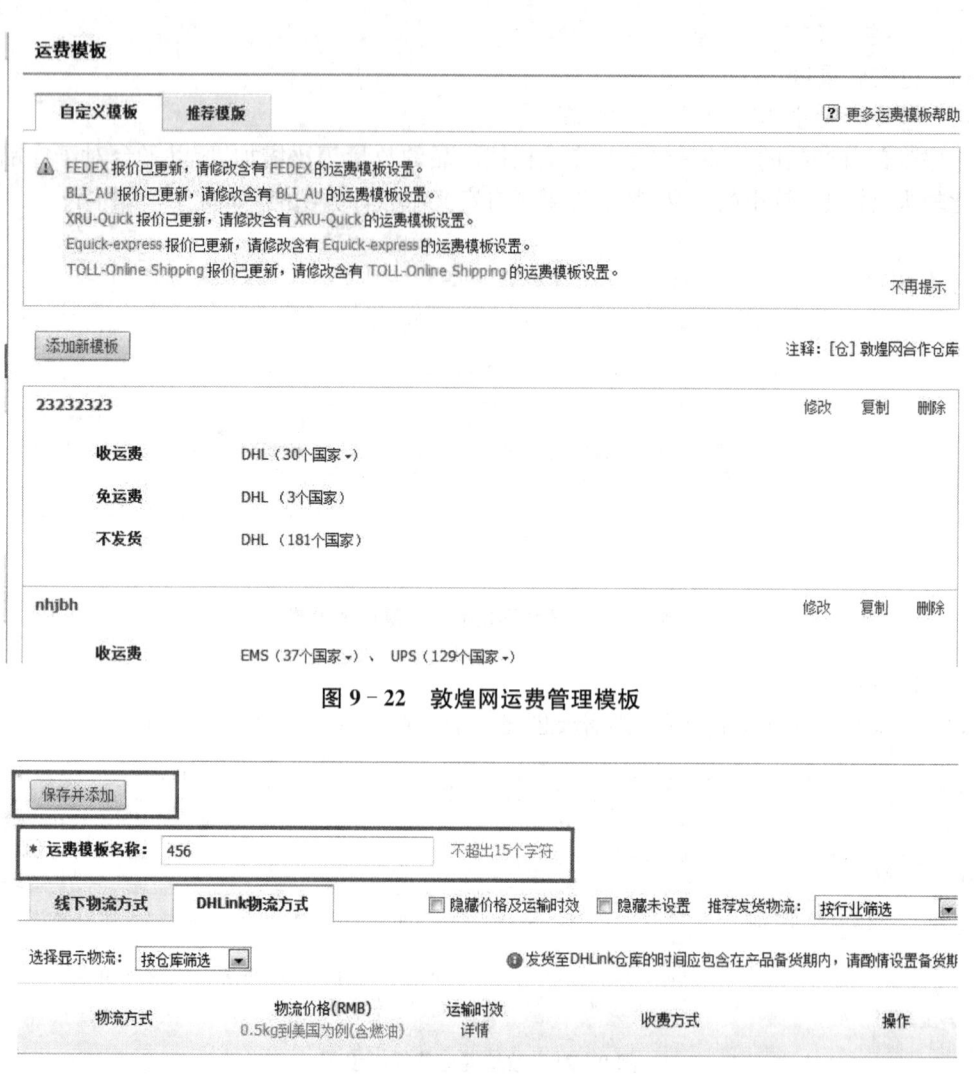

图 9-22 敦煌网运费管理模板

图 9-23 敦煌网运费模板添加

9.2.2 产品发布优化

1. 标题、关键词的拟定

（1）标题的拟定技巧。在网店经营中，如何能够吸引买家点击商品是一个比较重要的问题，这和宝贝标题的编写密切相关，如果你的标题比较吸引人，那么被点击的次数就越多，由于点击次数比较多，那么买家浏览的页面也就比较多，必然就会使买家的购买量增加的概率变大。

宝贝标题编写时最重要的就是要把商品最核心的卖点用精炼的语言表达出来。你可以列出四五个卖点,然后选择最重要的三个卖点融入宝贝标题中。下面是在宝贝标题中突出卖点的一些技巧:

① 标题应清晰准确。宝贝标题不能让人产生误解,应该准确而且清晰,让买家能够在一扫而过的时间内轻松读懂。

② 标题的充分利用。各个平台的标题都有字数的限制,在组合理想的情况下,包含越多的关键字,被搜索到的概率就越大。

③ 价格信号。价格是每个买家关注的内容之一,也是最能直接刺激买家,形成购买行为的因素。所以,如果店里的宝贝具备一定的价格优势,或是正在进行优惠促销的活动,完全可以用简短有力的词杂标题中注明。

④ 进货渠道。如果店铺的商品是厂家直供或从国外直接购进的,可在标题中加以注明,以突出商品的独特性。

⑤ 售后服务。因在网上不能面对面交易,不能看到实物,许多买家对于某些宝贝不愿意选择网上购物,因此,如果能够提供特色的售后服务,例如,"无条件换货""全国联保"等,这些都可以标题中明确地注明。

⑥ 店铺高信誉度记录。如果店铺的信誉度较高,可以在宝贝标题中注明店家的信誉度,这些都会增强买家与卖家的交易信心。

⑦ 避免标题的堆砌。对标题堆砌的商品,平台将在搜索排名中靠后,并将该商品记录到搜索作弊违规商品总数里;当店铺搜索作弊违规商品累计达到一定量后,平台将给予整个店铺不同程度的搜索排名靠后处理;情节严重的,将对店铺进行屏蔽。

(2) 选择关键词的技巧:

① 选关键词要避开竞争,精确定位。这条策略可以看作是第一条策略的延伸,因为你选择不宽泛的关键字其实就很有效地避开了激烈竞争,进行了产品精确定位,用"情人节"这个比较宽泛的关键字和"情人节礼物"这个相对不宽泛的关键字搜索后的结果就是,"情人节"竞争激烈,搜索结果远比"情人节礼物"多得多。

② 使用扩展关键词。扩展关键字在主流搜索引擎优化行业被称为长尾关键词,也就是那些比较长的,较少人使用的但也能给你带来一些买家的关键字,比如我是卖礼品的,那么生肖礼物、男生女生礼物、约会见面礼品、夫妻情人节礼物等都是扩展关键字。虽然一般人都不用这些而习惯用"生日礼物"和"情人节礼物",但是你有多少产品能在这些热门关键字下取得好排名,即使有很多的话那你也应该适当使用扩展关键字,毕竟扩展关键字很容易排好的名词。同时,用扩展关键字搜索到你的商品的买家一定是你产品的潜在的最有可能买你产品的人。

③ 关键词不要太宽泛。越是宽泛的关键词就面临着越剧烈的竞争,网店的销量也会大打折扣,因此,在满足前面条件的关键词前面,不妨加上类似于"大减价""零利润""包邮""打折"等优惠信息的形容词,吸引目标客户。

④ 关键词不要太单一。假如你的网店有 500 件商品,但基本 100% 以上都使用一个或者两个主要关键词,那造成什么结果呢?就是自己的产品相互竞争不说,另一个坏处是,一段时间内搜索这个关键字的买家是有限的,而你只能从这个关键字上得到流量,可想而知是不合理的。搜集所有与你产品相关的字词,然后挑选 10 个以上为你的常用关键词,然后只要你是在同一短时间内上传商品,把这些关键词都用在不同的商品上。如果你的商品少,上传时间又分

散,那就用你的主要热门关键词。

⑤ 符合用户的搜索习惯。假如你是个有实力的卖家(有实力暂且定义为高信用,高好评率的卖家),而且你是卖礼物的,但是你确在情人节的时候把关键词选择为"情人节礼品",而不是"情人节礼物",这你就损失大了,要知道这两个关键词一字之差的但带来的搜索流量却是天壤之别的。

⑥ 好的关键词组合。什么是关键字组合？就是一种商品选择多种不同的关键字然后组合在一起使用,以便这个商品能出现在多种关键字搜索的结果中,让商品曝光率增大。选择关键字组合的方法是一个主流热门关键字加一到两个扩展关键字,不宜堆砌关键字,否则会让你的买家不爽。要在有限的字数内让顾客知道你卖的是什么产品。

2. 产品的拍摄与图片处理

(1) 产品的拍摄技巧如下：

① 保持相机的稳定。这一点非常重要,实在不行就去准备个三脚架。许多刚学会拍摄的朋友们常会遇到拍摄出来的图像很模糊的问题,这是由相机的晃动引起的,所以在拍摄中要避免相机的晃动。你可以双手握住相机,将肘抵住胸膛,或者是靠着一个稳定的物体,并且要放松,整个人不要太紧张。

② 背光拍摄。摄影缺少了光线就不能成为摄影,它是光与影的完美结合,所以在拍摄时需要有足够的光线能够照射到被摄主体上。最好的也是最简单的方法就是使太阳处于你的背后并有一定的偏移,前面的光线可以照亮宝贝,使它的色彩和阴影变亮,轻微的角度则可以产生一些阴影来显示出宝贝的质地。

③ 缩小拍摄距离。有时候,只需要简单地离宝贝近一些,就可以得到比远距离拍摄更好的效果。你并不一定非要把整个宝贝全部照下来,有时候,对宝贝的某个具有特色的地方进行夸大拍摄,反而会创造出具有强烈视觉冲击力的图像出来。

④ 拍摄样式的选定。相机不同的举握方式,拍摄出来的图像的效果就会不同。最简单的就是竖举和横举相机。竖着拍摄的照片可以强调宝贝的高度,而横举则可以强调宝贝的宽度。

⑤ 变换拍摄风格。你可能拍摄过很多宝贝,但它们很可能都是一种风格,所以看多了就会给人一种一成不变的感觉。所以你应该在拍摄中不断的尝试新的拍摄方法或情调,为你的宝贝增添光彩。比如说你可以分别拍摄一些宝贝的全景、特写镜头或单个、多个,等等。

⑥ 增加景深。景深对于好的拍摄来说非常重要。每个卖家都不希望自己拍摄的宝贝看起来就像是个平面,没有一点立体感。所以在拍摄中,就要适当的增加一些用于显示相对性的参照物。最好通过对比,可以显示出宝贝的大小(在拍摄毛绒玩具是就经常用矿泉水瓶作为参照,这样大家对他的大小就一目了然了)。

⑦ 正确的构图。拍摄好宝贝构图非常关键。摄影上比较常见的构图就有三点规则。画面被分为三个部分(水平和垂直),然后将被摄物体置于线上或是交汇处。总是将宝贝置于中间会让人觉得厌烦,所以不妨用用三点规则来拍摄一下你的宝贝。

(2) 产品图片的处理。产品图片处理包括给图片加相框、去水印、补光、修改图片尺寸、制作海报等,图片处理需要用软件来完成。图片处理的软件很多,比较专业和常用的软件是Photoshop。光影魔术手和美图秀秀等图片处理软件也因为其简单实用被越来越多的年轻人喜欢,用这些软件给产品加边框等工作非常方便。另外,这些软件一般都有批量处理功能,可以一键处理多张图片,这样大大减轻了工作量。

总结图片处理的四个步骤:
① 图片大小的调整
② 亮度、色彩饱和度的调整
③ 白平衡的功能
④ 锐化提高精度

3. 商品详情描述

(1) 详情页一般格式。产品的详细描述是让买家全方面了解商品并形成意向下单的重要因素。一个优秀的产品描述能够打消买家对于网上购物的不信任感,给买家一个非常专业的印象,增强买家的购买欲望。详情页的一般格式,如表9-1所示。

表9-1 敦煌网产品详情页

区域	图片类型
广告区	欢迎光临图
	关联营销模块
产品图区	尺码表、产品图
	摄像图
	细节图
	效果图
与产品相关的图片区	特点介绍图
	真假对比图
	消费者分享图
	包装图
售后服务区	网购流程图
	物流示意图
	售后赔付图
	请给好评图
	FAQ常见问题解答
	公司图

(2) 如何制作好详情页。在做商品描述页之前,我们都应该先想清楚一件事情,就是商品描述页最重要的是什么,是要做的大气美观?还是要做的操作方便?或者要做的信息丰富?这些都不是商品描述页最重要的,或者说这些都是为了达到一个目的,就是最大化的促进用户的购买,也就是提高用户的转化率,只有围绕着这样的一个中心做出来的产品描述页才会是用户真正需要的。具体如下:

① 内容陈列要有连贯性。网购用户在买一件东西前,会有很多心理的过程,网站建设觉得他会去比价格,会去考虑商品的正规性,会思虑该商品的性价比,等等,为了打消用户有这么多的心理顾及,我们的产品描述页是需要有很多的内容才行。内容众多,就必须做好内容排版

的规划,而规划最重要的一点就是要有连贯性,要一步一步地引导用户去购买,而不是让用户的思维有所跳跃。跳跃的内容只会让用户产生更多的疑问,购买的欲望就会被降低。

② 相关推荐、专题活动应放在产品描述后面。当一个用户进入到某个商品的详情页的时候,他最大的目的一定是想要去了解这个商品,或者想买这个商品,而相关推荐和专题活动,这其实从根本上违背了用户的目的,但这样的版块又必须存在,因为可以带来关联销售和引导推荐的作用。针对这样的情况,最正确的做法一定是将相关推荐、专题活动放到产品描述的后面。这样用户进入到产品页首先了解的会是这个产品的信息,网站建设相信这符合他需求,而假如这个产品看完,用户觉得还不是自己想要的东西的时候,接着出现的相关推荐和专题活动就可以恰到好处的引导用户,减少用户的跳出和加大成交的概率。

③ 图片比文字更具有渲染力。图片阅读简单,不容易引起视觉疲劳,同时好的图片说明会比文字来的更有力度。举个很简单的例子:你要去说明店铺的正在做促销,你用文字描述可能是:亲!现在全场半价,5折优惠!这样的文字看起来并没有很强烈的促销感,但是用一个50%sale 的图片,一个向下的箭头,就足够表达,而且更显眼,促销味道更浓。

④ 展示好的口碑很重要。商品描述页一定不要只有产品展示和介绍那么简单,这些平庸的内容完全不能起到推动用户购买的作用。真正好的描述页,是不给以用户太多的思考要不要买,而是告诉他们很应该去买,所以在前面勾引的玉米和后面催赶的棒子都不能少。玉米可以是权威的认证,可以是用户的好评,也可以是一些名人的引导,这些都可以对用户购买产生勾引的作用。棒子则可以是一些用户用后的晒照等,这些会在用户已经产生一定购买欲望的时候让他们更快地下决心购买。

详情页设置比较成功的可以参见以下几个示例,如图 9-24-1、图 9-24-2、图 9-24-3、图 9-24-4所示。

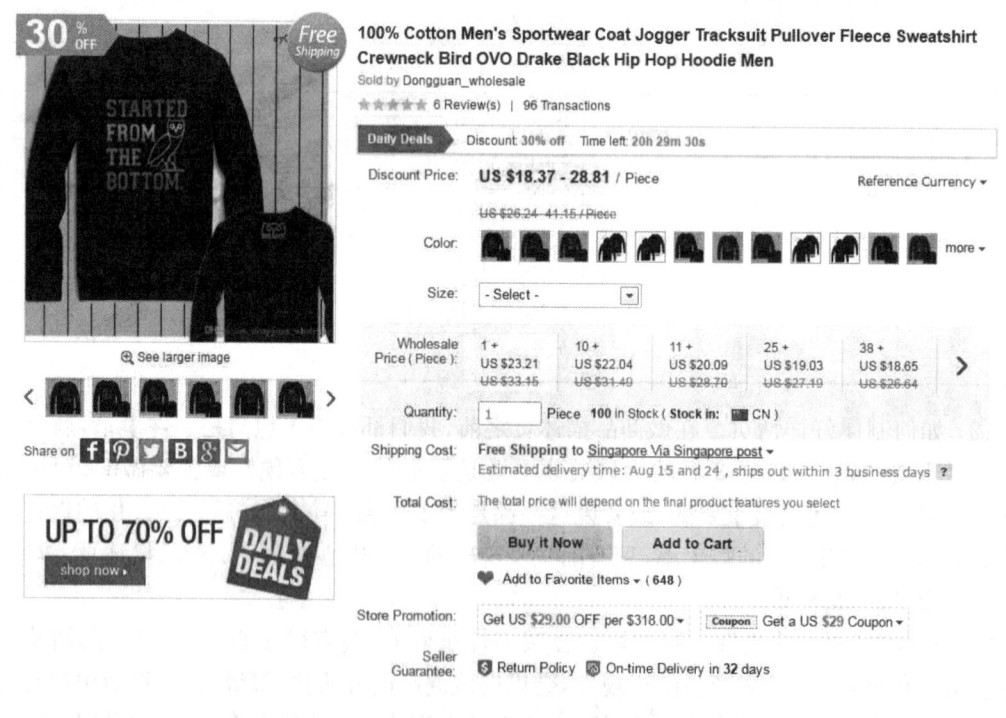

图 9-24-1　详情页设置较好的示例 1

Return Policy details

Buyers can return item(s) for a refund within 7 days from the day the item(s) were received, and the buyer is to afford the return shipping cost. The item(s) must be returned in the same exact condition as once it was delivered.

Description

Product Name: Cheap No Hoodies Sweatshirts Best Regular Fashion Hoodies
Item Code: 254039728
Category: Hoodies & Sweatshirts
Short Description: Item Type:Hoodies,Sweatshirts / Gender:Men / Hooded:No / Collar:O-Neck / Sleeve Length:Full / Style:Fashion / Material:Cotton / Thickness:Fleece / Size:S,M,L,XL,XXL
Quantity: 1 Piece
Package Size: 35.0 * 25.0 * 10.0 (cm)
Gross Weight/Package: 0.51 (kg)

图 9-24-2　详情页设置较好的示例 2

Photos	Size	S	M	L	XL	XXL
	Bust(cm)	102	108	114	120	126
	Shoulder(cm)	46	51	55	58	61
	Length(cm)	61	66	71	75	78
	Height(cm)	160-170	165-175	170-180	175-185	180-190
	Weight(kg)	45-50	50-65	60-70	75-85	90-100

图 9-24-3　详情页设置较好的示例 3

Return	If you want to exchange the items received, you must contact us within 7 days BY the receipt of your order. And you should pay the additional shipping cost incurred and the items returned should be kept in their original status
Feedback	We welcome the opportunity to exchange Feedback with you. If you are not satisfied with your purchase for any reason, we`re appreciated you contact us before leaving neutral or negative feedback. Longing for our long-term cooperation and good friendship!

图 9-24-4　详情页设置较好的示例 4

在图 9-24-1 中我们可以看到：

① 大展示图的左上角有 30％降价的标识，右上角有免邮费的标识，这两种讯号直接给予买家强烈的冲击，让他们觉得很优惠，增加购买欲望。

② 标题的关键词恰到好处，突出百分百纯棉男士运动外套等关键信息，并且每个英文开头字母大写。

③ 颜色和尺寸的选择设置多样，让买家直观地看到各种样式的选择，间接加深了其购买的欲望。

④ 除了一张静态图片，左边还设置了六张动态图片，方便买家进行比对。

在图 9-24-2 和图 9-24-3 中可以看到商家给出了产品的详细信息，以及对于不同的尺码都给出了详细的参考标准，使顾客可以更清楚地知道自己该如何选择，节省了时间少去了顾虑。

在图 9-24-4 中商家给出了明确的退换货条件以及买家反馈邀请,对于证明自己是一个诚信的卖家起到了很好的作用,也刺激了顾客的购买欲。

9.3　跨境电子商务支付

1. PayPal

(1) PayPal 的概念。PayPal(在中国大陆的品牌为贝宝),是美国 eBay 公司的全资子公司。是一个总部在美国加利福尼亚州的因特网第三方支付服务商,针对具有国际收付款需求用户设计账户类型,允许在使用电子邮件来标识身份的用户之间转移资金。PayPal 也和一些电子商务网站合作,成为它们的货款支付方式,是目前全球使用最为广泛的网上交易工具之一,但使用这种支付方式转账时,须交纳一定金额的手续费。

(2) PayPal 支付流程。通过 PayPal 付款人欲支付一笔金额给商家或者收款人时,可以分为以下几个步骤:

① 只要有一个电子邮件地址,付款人就可以登录开设 PayPal 账户,通过验证成为其用户,并提供信用卡或者相关银行资料,增加账户金额,将一定数额的款项从其开户时登记的账户(例如信用卡)转移至 PayPal 账户下。

② 当付款人启动向第三人付款程序时,必须先进入 PayPal 账户,指定特定的汇出金额,并提供收款人的电子邮件账号给 PayPal。

③ 接着 PayPal 向商家或者收款人发出电子邮件,通知其有等待领取或转账的款项。

④ 如商家或者收款人也是 PayPal 用户,其决定接受后,付款人所指定之款项即移转予收款人。

⑤ 若商家或者收款人没有 PayPal 账户,收款人得依 PayPal 电子邮件内容指示连线站进入网页注册取得一个 PayPal 账户,收款人可以选择将取得的款项转换成支票寄到指定的处所、转入其个人的信用卡账户或者转入另一个银行账户。

从以上流程可以看出,如果收款人已经是 PayPal 的用户,那么该笔款项就汇入他拥有的 PayPal 账户,若收款人没有 PayPal 账户,网站就会发出一封通知电子邮件,引导收款者至 PayPal 网站注册一个新的账户。所以,也有人称 PayPal 的这种销售模式是一种"邮件病毒式"的商业拓展方式,从而使得 PayPal 越滚越大地占有市场。

(3) PayPal 的优缺点。PayPal 的优势:

① 品牌效应强。PayPal 在欧美普及率极高,是全球在线支付的代名词,强大的品牌优势,能让用户的网站轻松吸引众多海外客户。

② 资金周转快。PayPal 独有的即时支付、即时到账的特点,让用户能够实时收到海外客户发送的款项。同时最短仅需 3 天,即可将账户内款项转账至用户国内的银行账户,及时高效的帮助用户开拓海外市场。

③ 安全保障高。完善的安全保障体系,丰富的防欺诈经验,业界最低风险损失率(仅 0.27%),不到使用传统交易方式的六分之一。确保用户的交易顺利进行。

④ 使用成本低。无注册费用、无年费,手续费仅为传统收款方式的二分之一。

⑤ 数据加密技术。当用户注册或登录我们的站点时,PayPal 会验证用户的网络浏览器是

否正在运行安全套接字层 3.0(SSL)或更高版本。传送过程中,信息受到加密密钥长度达 168 位(市场上的最高级别)的 SSL 保护。

用户的用户信息存储在 PayPal 的服务器上,无论是服务器本身还是电子数据都受到严密保护。为了进一步保护用户的信用卡和银行账号,PayPal 不会将受到防火墙保护的服务器直接连接到网络。

PayPal 的缺点:

① 资料审查严格,提供错误资料会被冻结账号。

② 对收款人限制特别多,如忽然收到一笔不明来源的款项就会被 PayPal 认为是可疑款项而限制,并要求解释款项的来源,如解释得不到 PayPal 接收则会被冻结。

③ 解冻时间长,需要提供许多隐私资料。

④ 因为 PayPal 是按交易金额百分比收取手续费的,所以不太适合大额贸易。

(4) PayPal 账户详解。PayPal 账户分三种类型:个人账户、高级账户和企业账户。用户可根据实际情况进行注册,个人账户可以升级为高级账户再而升级为企业账户,反之企业账户也可以降为高级或者个人账户。

① 个人账户。适用于在线购物的买家用户。主要用于付款,可以收款,但比起高级或企业账户少了一些商家必备的功能和特点,如:查看历史交易记录的多种筛选功能、商家费率、网站集成、快速结账等集成工具,因此不建议卖家选择。

② 高级账户。适用于在线购物或在线销售的个人商户。可以付款、收款,并可享受商家费率、使用网站付款标准、快速结账等集成工具以及集中付款功能,帮助商家拓展海外销售渠道,提升销售额,推荐进行跨国交易的个人卖家使用。

③ 企业账户。适用于以企业或团体名义经营的商家,特别是使用公司银行账户提现的商家用户。拥有高级账户的所有商家功能,可以设立多个子账户,适合大型商家使用,每个部门设立子账户进行收款,另外,企业账户需要添加企业名开办的电汇银行账户进行转账,添加个人名字开办的电汇银行账户可能导致转账失败。

(5) 目前 PayPal 支持以下国内银行发行的银联卡:中国工商银行、中国建设银行、中国农业银行、中国银行、交通银行、招商银行、上海浦东发展银行、华夏银行、中信银行、兴业银行、中国民生银行、中国光大银行、中国邮政储蓄银行。

2. 国际支付宝(Escrow)

(1) 国际支付宝概念和交易流程。阿里巴巴国际支付宝由阿里巴巴与支付宝联合开发,是为了保护国际在线交易中买卖双方的交易安全所设的一种第三方支付担保服务,全称为 Escrow Service。如果你已经拥有国内支付宝账户,只需绑定国内支付宝账户即可,无须再申请国际支付宝账户。

国际支付宝的服务模式与国内支付宝类似:交易过程中先由买家将货款打到第三方担保平台的国际支付宝账户中,然后第三方担保平台通知卖家发货,买家收到商品后确认,货款放给卖家,至此完成一笔网络交易。

国际支付宝的交易流程如下:确认订单→买家付款→卖家发货→买家收货→卖家收款。

(2) 国际支付宝的优势

① 多种支付方式:支持信用卡、银行汇款多种支付方式。目前我们的国际支付宝支持的支付方式有信用卡,T/T 银行汇款。后续将会有更多的支付方式接入进来。

② 安全保障：先收款，后发货，全面保障卖家的交易安全。国际支付宝是一种第三方支付服务，而不是一种支付工具。对于您而言，它的风控体系可以保护您在交易中免受信用卡盗卡的欺骗，而且只有当且仅当国际支付宝收到了您的货款，才会通知您发货，这样可以避免您在交易中使用其他支付方式导致的交易欺诈。

③ 方便快捷：线上支付，直接到账，足不出户即可完成交易。使用国际支付宝收款无须预存任何款项，速卖通会员只需绑定国内支付宝账号和美金银行账户就可以分别进行人民币和美金的收款。

④ 品牌优势：背靠阿里巴巴和支付宝两大品牌，海外潜力巨大。

（3）国际支付宝支持的产品交易及运输方式。目前国际支付宝（Escrow）支持部分产品的小额批发、样品、小单、试单交易，只要您的产品满足以下条件即可通过国际支付宝（Escrow）进行交易：① 产品可以通过 EMS、DHL、UPS、FedEx、TNT、SF、邮政航空包裹七种运输方式进行发货；② 每笔订单金额小于 10 000 美金（产品总价加上运费的总额）。

（4）国际支付宝的支付方式。目前 Escrow 支持多种支付方式：信用卡、T/T 银行汇款、Moneybookers、借记卡。如果买家使用信用卡进行支付，订单完成后，平台会将买家支付的美金结算成人民币支付给卖家；如果买家使用 T/T 银行电汇进行支付，订单完成后，平台会直接将美金支付给卖家。

① 信用卡支付。买家可以使用 Visa 及 Mastercard 对订单进行支付，如果买家使用此方式进行支付，订单完成后，平台将会将订单款项按照买家付款当天的汇率结算成人民币支付给您。

② T/T 银行汇款支付。国际贸易主流支付方式，大额交易更方便。如果买家使用此方式支付，其中会有一定汇款的转账手续费用，收到的金额可能会有一定出入。此外，银行提现也需要一定的提现费用。

③ Moneybookers 支付。欧洲也是速卖通的主要市场，Moneybookers 是一个欧洲的电子钱包公司（类似与 PayPal）而且集成了 50 多种支付方式，是欧洲一种主流的支付服务商。

④ 借记卡支付。国际通行的借记卡外表与信用卡一样，并于右下角印有国际支付卡机构的标志。它通行于所有接受信用卡的销售点。唯一的区别是，当使用借记卡时，用户没有 credit line，只能用从账户里的余额支付。

（5）国际支付宝与 PayPal 的比较。国际支付宝与 PayPal 的相似点：

① 都是卖方支付手续费用

② 都适用于快递产品

③ 都适用于小额交易

④ 都支持多币种，适用于外贸收款

国际支付宝与 PayPal 的不同点：

① 国际支付宝收款流程是：确认订单→买家付款→卖家发货→买家收货→卖家收款；PayPal 的收款流程是确认订单→买家付款→卖家收款→卖家发货→买家收货。两个支付方式都在保护国际在线交易中买卖双方的交易安全，但是流程方法有所不同。

② PayPal 手续费是 3.10％交易额＋0.3USD；国际支付宝是卖家的每笔订单收取 3％（中国供应商会员）或 5％（普通会员）的手续费。

③ 如果第一次用 PayPal 需要免费注册账号，而国际支付宝则在自己的支付宝账户申请

开通国际功能就可以。

（6）关于国际支付宝每年 5 万美元收款限制的问题。当买家使用信用卡支付时,所有的外币都将由中国银行按照买家支付当天的平均汇率直接转换为人民币,卖家收到的是人民币,因此没有 5 万美金的收款限制。

如果你设置了美元收款账户收取美金,使用公司账户收款时,必须办理正式报关手续,并在银行端完成相关出口收汇核查、国际收支统计申报之后,才能顺利收汇、结汇;如果使用个人美金收款账户,会受到每年 5 万美金的限制。

① 如果设置了美金个人收款账户,超过 5 万美金的限制可以通过 2 种方式解决:如果一次提现已经超过 5 万,可以分年结汇,例如 2010 年先结 5 万美金,剩余的待下一年结汇。

② 在金额未超过 5 万美金时提现一次,下次提现时更改个人收款账户,分开提现。

9.4 国际物流操作实务

目前跨境电商的国际物流主要有四种:邮政物流、商业快递、专线物流和海外仓储模式。

9.4.1 邮政物流

1. 中国邮政物流

中国邮政物流,根据运营主体不同可分为两大业务种类:一是中国邮政邮局的中国邮政航空小包和航空大包,二是中国邮政速递物流分公司的 EMS 和国际 E 邮宝等业务方式,两者运营的主体不同,包裹的收寄地点也不同。

（1）中国邮政航空小包(China Post Air Mail)

又称中国邮政小包、邮政小包、航空小包。是指包裹重量在 2kg 以内,外包装长宽高之和小于 100 厘米,且最长边小于 60 厘米,通过邮政空邮服务寄往国外的小邮包。它包含挂号、平邮两种服务。可寄达全球各个邮政网点。挂号服务费率稍高,可提供网上跟踪查询服务。中国邮政航空小包出关不会产生关税或清关费用,但在目的地国家进口时有可能产生进口关税,具体根据每个国家海关税法的规定而各有不同。

（2）中国邮政航空小包规格及产品限制

① 重量不超过两公斤;

② 非圆筒货物:长＋宽＋高≤100 cm,单边长度≤60 cm,长度≥14 cm,宽度≥10 cm;

③ 圆筒形货物:直径的两倍＋长度≤104 cm,单边长度≤100 cm,直径的两倍＋长度≥17 cm,长度≥10 cm;

④ 清楚的收件人地址和邮编;

⑤ 请按照规定填写报关单及包面,申报物品要中英文。;

⑥ 禁止邮寄国家规定的不能邮寄和出口的物品;

⑦ 禁止邮寄带有危险性、爆炸性、放射性、易燃性的物品;

⑧ 鲜活的动植物以及易腐烂的产品不能邮寄。

（3）中国邮政航空小包资费说明:

挂号资费:标准资费 x 实际重量 x 折扣＋挂号费 8 元＝总额

平邮资费：标准资费×实际重量×折扣＝总额

例如，200克到韩国，当前折扣为7折标准资费71.5元/kg

平邮：71.5元/kg×0.2 kg×7折＝10.01元

挂号：71.5元/kg×0.2 kg×7折＋8元挂号费＝18.01元

备注：挂号件，每件加收挂号费8元

（4）中国邮政航空小包操作说明：

① 中国邮政航空小包只能贴中国邮政格式的报关单，不能贴香港邮政报关单；

② 收件人姓名地址须用英文填写完整；

③ 中国邮政小包报关单上内件物品、数量、重量及价值须由客户填写；

④ 中国邮政小包报关单上寄件人签名处，请客户签署自己的中文姓名；

⑤ 包装要完好，不要易破损，在包装袋外侧除地址标签外，尽量不要带其他无关标识。对于易碎品，最好外包装上贴有易碎品的标志，在邮包正面的中间位置贴上地址标签。

（5）中国邮政航空小包优势所在

① 价格优势：资费低，直接按首重50 g续重1 g计费，首重最低5元即可以发到国外；

② 全球化：中国邮政航空小包可以将产品送达全球几乎任何一个国家或地区的客户手中，只要有邮局的地方都可以到达，大大扩展了外贸卖家的市场空间；

③ 适用范围广：eBay、敦煌等平台都可以使用，一般无特别的邮寄限制，除了国际违禁品和危险品以外。

2. 中国邮政航空大包(china post air parcel)

（1）中国邮政航空大包。又叫中国邮政大包、中国邮政国际大包裹、中邮大包。中国邮政航空大包是适合邮寄重量较重（超过2 kg）且体积较大的包裹，可寄达全球200多个国家。

此渠道全程航空运输，可以到达世界各地。是中国邮政区别于中国邮政小包的新业务，对时效性要求不高而重量稍重的货物，可选择使用此方式发货。

（2）中国邮政航空大包规格限制如下：

① 重量限制：

0.1 kg＜＝重量＜＝30 kg（部分国家不超过20 kg，每票快件不能超过1件）

② 体积限制：

单边＜＝1.5 m，长度＋长度以外的最大横周＜＝3 m；

单边＜＝1.05 m，长度＋长度以外的最大横周＜＝2 m。

中国邮政大包最小尺寸限制为：最小边长不小于0.24米、宽不小于0.16米。

（3）中国邮政航空大包禁寄物品如下：

① 国家法律法规禁止流通或寄递的物品；

② 反动报刊、书籍、宣传品或者淫秽物品；

③ 爆炸性、易燃性、腐蚀性、放射性、毒性等危险物品；

④ 妨害公共卫生的物品；

⑤ 容易腐烂的物品；

⑥ 各种活的动物；

⑦ 各种货币；

⑧ 不适合邮寄条件的物品。

(4) 中国邮政航空大包资费说明如下：

中国邮政航空大包直接采用中国邮政网页上的计费方式，查询中国邮政包裹资费见中国邮政官网。

其计费方式是按首重 1 kg 的价格＋续重 1 kg 的价格×续重的数量计费，包裹重量要求不能超过 30 kg（部分国家不能超过 20 kg）；

中国邮政大包需要收取 8 元/件的报关手续费用。

(5) 中国邮政航空大包优势所在：

① 成本低。价格比较 EMS 稍低，且和 EMS 一样不计算体积重量，没有偏远附加费，相对于其他运输方式（如 EMS、DHL、UPS、Fedex、TNT 等）来说，中国邮政航空大包服务有较好的价格优势。采用此种发货方式可最大限度地降低成本，提升价格竞争力。

② 交寄相对方便，可以到达全球各地，只要有邮局的地方都可以到达。

③ 方便，快捷，单一的运单，并由公司统一打印，减少了客户的麻烦。

④ 提供包裹的追踪查询服务。包裹离开当天可在中国邮政网，查询到信息，且有全程跟踪。可以在中国的邮政网页上进行查询。

3. 国际 E 邮宝

(1) 国际 E 邮宝，国际 e 邮宝，ePacket，隶属 EMS 业务下面，是中国邮政为适应国际电子商务寄递市场的需要，为中国电商卖家量身定制的一款全新经济型国际邮递产品。国际 e 邮宝和香港国际小包服务一样是针对轻小件物品的空邮产品，目前，该业务限于为中国电商卖家寄件人提供发向美国，加拿大，英国，法国和澳大利亚的包裹寄递服务。

(2) 国际 E 邮宝规格限制如下：

① 重量限制

单件最高限重 2 公斤。

② 体积限制

最大尺寸：单件邮件长、宽、厚合计不超过 100 厘米，最长一边不超过 60 厘米。圆卷邮件直径的两倍和长度合计不超过 104 厘米，长度不得超过 100 厘米。

最小尺寸：单件邮件长度不小于 14 厘米，宽度不小于 11 厘米。圆卷邮件直径的两倍和长度合计不小于 17 厘米，长度不少于 11 厘米。

(3) 国际 E 邮宝的资费如下：

国际 E 邮宝运费＝单位运价×重量×折扣率＋挂号费

截至 2015 年 7 月，国际 E 邮宝开通运往的国家是美国、澳大利亚、英国、加拿大、法国和俄罗斯。运价如表 9-2 所示。

表 9-2 E 邮宝运价表

运往国家	美国	澳大利亚	英国	加拿大	法国	俄罗斯
运价(元/kg)	80	80	70	70	70	100
挂号费(元/单)	7	30	25	25	26	10

(4) 国际 E 邮宝优势所在：

① 经济实惠，支持按总重计费，50 克首重，续重按照每克计算，免收挂号费

② 时效快，7~10 天即可妥投，帮助卖家提高物流得分

③ 专业,为中国 eBay 卖家量身定制。
④ 服务优良,提供包裹跟踪号,系统与 eBay 完美对接,一站式操作。

4. EMS 邮政快递

(1) EMS 概念。EMS(即 Express Mail Service),邮政特快专递服务。它是中国邮政提供的一种快递服务。提供该服务的为中国邮政速递物流公司,是中国邮政集团公司直属全资公司,主要经营国际、国内 EMS 特快专递业务。EMS 国际快递是中国邮政联合各国邮政开办的一项特殊邮政业务。该业务在各国邮政、海关、航空等部门均享有优先处理权。这是 EMS 区别于很多商业快递的最根本的地方。

(2) EMS 规格限制。EMS 的体积、重量限制参考网站:http://www.ems.com.cn/.

(3) EMS 资费说明。EMS 国际快递的资费标准请参考官方网站:http://www.ems.com.cn/. 分区不同,折扣不同,卖家可与邮政或货代公司协商。

运费的计算页示按运费=首重+续重×重量来计算。

(4) EMS 优劣势如下:

EMS 优势:

① EMS 可以说是目前中国范围内最广的快递,到全国各大中城市为 1 天,到县乡 2 天。
② 网络强大,全国 2 000 多个自营网点。任何地区都能到达。
③ EMS 限时速递,相当快。100 个城市之间的速递,能送货到手。
④ EMS 的货物丢失损坏率一直维持在百分之一以下,安全性较高。
⑤ EMS 为了保证客户服务质量,法定节假日均保持营业,天天配送(农村地区节假日除外)。

EMS 劣势:

① 定价灵活性不足,在民营快递价格战面前竞争力不强。
② EMS 网站查询有待进一步改善。
③ 资费比普通民营快递稍高。
④ 航空件可能比普通件还慢,国内件有的要自取。

9.4.2 商业快递选择

国际快递是指在两个或两个以上国家(或地区)之间所进行的快递、物流业务。国家与国家(或地区)传递信函、商业文件及物品的递送业务,即是通过国家之间的边境口岸和海关对快件进行检验放行的运送方式。国际快件到达目的国家之后,需要在目的国进行再次转运,才能将快件送达最终目的地。

1. DHL

(1) DHL 概念

DHL,敦豪国际航空快递公司,是德国邮政全资子公司,总部设于布鲁塞尔,是四大国际商业快递之一。

跟中国合作的中外运—敦豪国际航空快件有限公司于 1986 年 6 月 25 日在北京登记成立。合资双方为中国对外贸易运输集团总公司和敦豪国际航空快递公司,双方各占一半股权。

(2) DHL 规格限制

大部分国家的包裹要求为:单件包裹的重量不超过 71 kg,单件包裹的最长边不超过 1.2 m。但是部分国家要求不同,具体以 DHL 官方网站公布为准。

(3) DHL 资费说明

普通运费：

① DHL 价格可在出口易首页"物流方案查询"直接查询（www.chukou1.com）

② DHL 体积重量计算公式为：长 cm×宽 cm×高 cm/5 000，如果货物体积重量大于实际重量，则按体积重量计费，二者取较大者。

燃油附加费：

① 偏远附加费：去往偏远地区的快件需加收偏远地区附加费（美国除外），标准为：HKD3.6/kg，每票最低收费为港币 180 元，偏远附加费需加收燃油附加费；DHL 查询偏远网址为：http://remoteareas.dhl.com/jsp/first.jsp 出口易操作人员会按照邮编或城市名查询是否偏远，网站查询并非百分百清准，但最终均以 DHL 账单为准。如 DHL 账单显示为偏远需要加收偏远费用，我司将自动收取此件偏远费用；

② 纺织品费用：纺织品一票加 50 元（美国 60 元，尼日利亚不接纺织品）；

③ 燃油附加费：HKDHL 的燃油附加费已经包括在运费中了。

(4) DHL 优缺点

优点：去西欧、北美有优势，适宜走小件，可送达国家网店比较多；时效快，一般 2 至 4 个工作日可送达；查询网站信息更新快，遇到问题解决速度快。

缺点：价格贵，适合发 5.5 kg 以上或者 21 kg 至 100 kg 的货物；对托运货物的限制比较严格；物品描述需要填写实际品名和数量，不接受礼物或样品申报。

2. UPS

(1) UPS 概念

UPS 快递（United Parcel Service）在 1907 年作为一家信使公司成立于美国华盛顿州西雅图，是一家全球性的公司。作为世界上最大的快递承运商与包裹递送公司，同时也是运输、物流、资本与电子商务服务的领导性的提供者，四大国际商业快递之一。

(2) UPS 规格限制

体积和重量限制：UPS 国际快递小型包裹一般不递送超过重量和尺寸标准的包裹，若 UPS 国际快递接收该类货件，将对每个包裹收取超重超长附加费 378 元人民币。

体积和重量标准：每个包裹最大长度为 270 cm，每个包裹的最大尺寸：长度＋周长＝330 cm；每个包裹最大重量为 70 kg。

(3) UPS 资费说明

① UPS 价格可在出口易首页"物流方案查询"直接查询；

② UPS 的体积重量计算公式为：长 cm×宽 cm×高 cm/5 000，如果货物体积重量大于实际重量，则按体积重量计费，二者取大较；

③ 偏远附加费：偏远为：3.5 RMB/kg X 当月燃油，最低一票收 171 RMB X 当月燃油；

④ 更改地址费用：每件加收人民币 77，每票最高 273 人民币；

⑤ 寄件人支付目的地进口关税款附加费 125 元/票；

⑥ 以具体清关费用为准（一般是申报价值高的产生的关税比较高，如果申报的价值比实际价值过于低，也会产生比较高的关税，如收件人拒付关税，关税将自动改为寄件人支付）。

(4) UPS 优缺点

优点：速度快，一般 2 至 4 日可以送达。特别是美国、加拿大、南美、英国、日本等国家；运送范围广,可送达全球200多个国家和地区;查询网站信息更新快,遇到问题可及时解决。

缺点:运费较贵;有时会收偏远附加费和进口关税,增加买家负担;计体积重。

3. Fedex

(1) Fedex 概念

Fedex 全程 Federal Express,即联邦快递,是全球最具规模的快递运输公司,隶属于美国联邦快递集团,也是四大国际商业快递之一。

(2) Fedex 规格限制

单件最长边不能超过 274 cm,最长边和其他两边的长度的两倍不能超过 330 cm;一票多件(其中每件都不超过 68 kg),单票的总重量不能超过 300 kg,超过 300 kg 请提前预约;单件或者一票多件包裹有超过 68 kg 的,需提前预约。

(3) Fedex 资费说明

联邦快递的运费标准最终以其官方网站公布为准。联邦快递的体积重量计算公式为:长 cm×宽 cm×高 cm/5 000,如果货物体积重量大于实际重量,则按体积重量计算。

(4) Fedex 优缺点

优点:适合走 21 kg 以上的大件,到南美洲的价格比较有竞争力;时效较快,一般 3 至 7 天可以到达;网站信息更新快,覆盖网络广,查询响应快;速卖通 Fedex 线上发货的折扣优惠力度大。

缺点:价格较贵,需要考虑物体积重,收偏远附加费。

4. TNT

(1) TNT 概念

TNT 快递为企业和个人提供快递和邮政服务。总部位于荷兰的 TNT 集团,在欧洲和亚洲可提供高效的递送网络,且通过在全球范围内扩大运营分布来优化网络域名注册查询效能。提供世界范围内的包裹、文件以及货运项目的安全准时运送服务。是四大国际商业快递之一。

(2) TNT 规格限制

单件包裹重量不能超过 70 kg,三条边长度分别不能超过 2.40 m×1.50 m×1.20 m。

(3) TNT 资费说明

TNT 快递运费包括基本运费和燃油附加费两部分,其中燃油附加费每个月变动,以 TNT 网站 http:/www.tnt.com 公布数据为准。运费要考虑体积重,体积重量(kg)计算公式为:长 cm×宽 cm×高 cm/5 000。货物体积重量若大于实际重量,则按体积重量计算。

5. TNT 优缺点

优点:速度快,通关能力强。

缺点:价格较高,算体积重,收偏远附加费。

9.4.3 专线物流选择

专线物流是指针对某个指定国家的一种专线递送方式。它的特点是货物送达时间基本固定,如到欧洲英法德要 5 至 6 个工作日,到俄罗斯要 15 至 20 个工作日,运输费用较传统国际快递便宜,同时保证清关便利。下面以出口易与国际邮政联盟成员或海外快递公司合作开通的专线为例:

1. 英国专线

(1) 英国专线概念

出口易英国专线是出口易与英国当地邮政(Royalmail)合作,英国当地由英国皇家邮政进行派送的国际专线快递服务,覆盖英国全境、时效稳定。货物标签免贴 CN22 报关单,适合 10 kg 以下的货物。

(2) 英国专线规格限制

① 尺寸限制:最大规格为 61 cm×46 cm×46 cm

② 重量限制:10 kg

(3) 英国专线资费说明

英国专线采用首重 100 g+续重 100 g 计费,具体如图 9-25 所示:

出口易英国专线平邮	
首重 100 g(元)	续重 100 g(元)
23	5

出口易英国专线挂号			
挂号费 (票/元)	首重 100 g(元)	续重 100 g(元)	
	100 g	101 g~500 g	500 g 以上
10	28	6	5

图 9-25 英国专线资费表

(4) 英国专线优势

① 价格优惠,时效快:价格较其他供应商便宜,一般 5 至 8 个工作日完成妥投;

② 操作简单:邮包通过皇家邮政派送,标签为英国当地邮政标签,无须填写报关单;

③ 覆盖范围广:配送范围可达英国全境;

④ 产品选择范围广:限重 10 kg,较小包类可以满足更多产品类型的派送需求。

2. 美国专线

(1) 美国专线概念

美国专线是出口易与美国当地邮政(USPS)和当地快递公司合作,美国当地由 USPS 或快递渠道进行派送的国际专线快递服务。

(2) 美国专线规格限制

最小尺寸:10 cm×12.5 cm×2 cm

最大尺寸:54 cm×48 cm×32 cm

(3) 美国专线资费说明

100 元/kg+挂号费 12 元/件

客户可以登录 www.chukou1.com 主页,在"物流方案查询"直接输入货物重量体积进行系统查询。

(4) 美国专线优势

① 运费划算:实际重量计费,无首重计费,整体比 DHL 等快递运费低 30%~40%,小包裹运费仅为国际快递的 20%~30%;

② 服务稳定,时效快:最快 4 天妥投,一般 5 至 8 个工作日可以完成妥投,满足物流速度需要;

③ 派送范围广:可达美国全境;

④ 产品选择范围广:限重 30 kg,不计泡,较小包类满足更多产品类型的派送需求。

参考文献

1. 张浩.新编办公室主任日常工作管理实用手册[M].海潮出版社,2014.
2. 董铁.物流电子商务[M].清华大学出版社,2009.
3. 溪利亚.计算机网络教程[M].北京邮电大学出版社,2014.
4. 李婷.电子商务概论[M].华东理工大学出版社,2010.
5. 杨波,徐丽娟.电子商务概论[M].北京邮电大学出版社,2014.
6. 杨雪雁.电子商务概论[M].北京大学出版社,2010.
7. 吴功宜,吴英.计算机网络应用技术教程[M].清华大学出版社,2014.
8. 卫星,周瑜龙.大学计算机基础及应用教程[M].清华大学出版社,2014.
9. 兰宜生.国际电子商务教程[M].首都经济贸易大学出版社,2015.
10. 张永捷,姜宏,李冰.跨境电子商务新手攻略[M].对外经济贸易大学出版社,2015.
11. 周安宁,戈雪梅.跨境电子商务网络营销[M].中国商务出版社,2015.
12. 樊坤.电子商务概论[M].人民邮电出版社,2013.
13. 金虹,林晓伟.我国跨境电子商务的发展模式与策略建议[J].宏观经济研究,2015(9):40-49.
14. 曹淑艳,李振欣.跨境电子商务第三方物流模式研究[J].电子商务,2013(3):23-25.
15. 赵广华.破解跨境电子商务物流难的新思路:第四方物流[J].中国经贸导刊,2014(26).
16. 冀芳,张夏恒.跨境电子商务物流模式及其演进方向[J].西部论坛,2015,25(4):102-108.
17. 慕艳平.我国跨境电商物流解决方案分析与选择[J].物流技术:装备版,2015,34(10):83-84.
18. 纪曼.RFID技术在电子商务物流中的应用[J].现代商贸工业,2012(17):167-169.
19. 国家外汇管理局 国家外汇管理局关于印发货物贸易外汇管理法规有关问题的通知 http://www.safe.gov.cn/safe/2012/0630/5426.html 2012.6
20. 搜狐网 国家外汇局:支付机构外汇业务单笔交易原则上不得超5万美元 https://www.sohu.com/a/311020866_260616 2019.4
21. 中国人民银行网 中国人民银行办公厅关于实施支付机构客户备付金集中存管有关事项的通知 http://www.pbc.gov.cn/zhifujiesuansi/128525/128527/3234922/index.html 2017.1
22. 搜狐网 海关总署公告2018年第27号 关于规范跨境电子商务支付企业登记管理的公告 https://www.sohu.com/a/228558439_99956734 2018.4
23. 中国人民银行网 非金融机构支付服务管理办法 http://www.pbc.gov.cn/zhifujiesuansi/128525/128535/128629/2811672/index.html 2015.4

24. 艾媒网　中国快递业务量连续 6 年居全球首位,2019 中国线上快递市场发展趋势分析 https://www.iimedia.cn/c1020/68380.html　2020.1

25. 雨果网　印度电商市场——爆发中的潜力之星 https://www.cifnews.com/article/64994　2020.4

26. 雨果网　2018 年印度电商市场将达 500 亿,热门产品都有哪些? https://www.cifnews.com/article/31657　2017.12

27. 知识库　YeahMobi:《全球移动互联网市场数据大揭密系列(中东篇)》https://www.useit.com.cn/thread-11081-1-1.html　2016.1

28. 雨果网　中东人热衷于用手机上网购物 https://m.cifnews.com/article/8552　2014.3

29. CSDN　巴西外贸电商必看:巴西人的网购习惯及他们都爱用的支付方式分析 https://blog.csdn.net/habert/article/details/53837086　2016.12

30. 百度百家号　国际在线　俄罗斯电商市场增长迅速 https://baijiahao.baidu.com=16543040840974750748&wfr=spider&for=pc　2019.12

31. 雨果网　英国电商平台 Top10:亚马逊、eBay、本土零售商三足鼎立 https://www.cifnews.com/article/46517　2019.7

32. 199IT NCSC:2019 英国网络调查报告 http://www.199it.com/archives/867237.html　2019.7

33. 澎湃　叶青看数据:全国拥有 105 个跨境电商综合试验区 https://www.thepaper.cn/newsDetail_forward_7118791　2020.4

34. 亿邦动力网　2020 年全球 B2C 跨境电商交易额达 9 940 亿美元 http://www.ebrun.com/20181207/310971.shtml　2018.12

35. 搜狐网　《2018 全球跨境电商营销白皮书》(全文) https://www.sohu.com/a/241165756_100020617　2018.7

36. 亿邦动力网　2020 年全球 B2C 跨境电商交易额达 9 940 亿美元 http://www.ebrun.com/20181207/310971.shtml　2018.12

37. 第一财经　占全球比重过半,中国跨境电商交易额将达 1.24 万亿美元 https://www.yicai.com/news/100186827.html　2019.5

38. 人民网　中国新设 46 个跨境电商综合试验区跨境电商加速消费回暖 http://finance.people.com.cn/n1/2020/0421/c1004-31681420.html　2020.4

内容简介

本教材在撰写过程中,不断地试图列举出与跨境电子商务经营管理相关的各种知识点和应用技能,同时考虑到跨境电子商务应用的具体实践与市场技能需求。本文以出口电商为主,兼顾国内跨境买家,将写作重点聚焦于跨境电子商务物流和供应链管理、跨境网络营销、跨境客户沟通与服务、主要跨境电子商务市场分析、跨境电子商务服务与监管、跨境电子商务的实务操作等。

图书在版编目(CIP)数据

跨境电子商务运营与管理 / 黎新伍,叶晗堃主编.
—2版. —南京:南京大学出版社,2021.8
ISBN 978-7-305-24831-3

Ⅰ. ①跨… Ⅱ. ①黎… ②叶… Ⅲ. ①电子商务—运营管理 Ⅳ. ①F713.365.1

中国版本图书馆CIP数据核字(2021)第156153号

出版发行	南京大学出版社
社　　址	南京市汉口路22号　邮　编　210093
出 版 人	金鑫荣
书　　名	**跨境电子商务运营与管理**
主　　编	黎新伍　叶晗堃
责任编辑	尤　佳　　　　编辑热线　025-83592315
照　　排	南京南琳图文制作有限公司
印　　刷	南京鸿图印务有限公司
开　　本	787×1092　1/16　印张17.5　字数437千
版　　次	2021年8月第2版　2021年8月第1次印刷
ISBN	978-7-305-24831-3
定　　价	45.00元

网址:http://www.njupco.com
官方微博:http://weibo.com/njupco
官方微信号:njupress
销售咨询热线:(025) 83594756

* 版权所有,侵权必究
* 凡购买南大版图书,如有印装质量问题,请与所购
　图书销售部门联系调换